Photo ©Khanh Renaud

**[法]
埃莱娜·卡雷尔·唐科斯**

Hélène
Carrère d'Encausse

1929 — 2023

1929年出生于巴黎一个格鲁吉亚裔移民家庭，1963年在巴黎政治学院获得博士学位，1976年在巴黎一大获得国家博士学位，1990年成为法兰西学术院第三位女院士（院士席位编号14），1999年成为法兰西学术院首位女性常任秘书。她曾任教于巴黎政治学院、索邦大学和布鲁日的欧洲学院，也是蒙特利尔大学、鲁汶大学和布加勒斯特大学的荣誉博士。

唐科斯毕生致力于俄国史、苏联史的研究，已出版相关作品30余部，她的其他主要作品有《分崩离析的帝国：苏联国内的民族反抗》《苏联：从革命到斯大林去世，1917—1953》《尼古拉二世：中断的变迁》《列宁传》《叶卡捷琳娜二世：俄国的黄金时代》《欧亚大陆的帝国：从1552年至今的俄罗斯帝国史》等。其中，《分崩离析的帝国：苏联国内的民族反抗》获得了法国重要的文学奖项今日奖，《尼古拉二世：中断的变迁》获得了法国外交部支持的历史学奖项大使奖。

在学术研究之余，唐科斯女士还积极投身政治活动和社会活动。1992年，她受邀担任欧洲复兴开发银行顾问。1994—1999年，她担任欧洲议会议员。她还曾担任法国外交档案委员会主席和法国国家图书中心人类科学委员会主席。

唐科斯女士1998年获得俄罗斯"友谊"勋章，2008年获得俄罗斯科学院的罗蒙诺索夫大金质奖章，2011年获得波兰共和国功绩勋章和法国荣誉军团大十字勋章，2023年获得西班牙阿斯图里亚斯亲王奖。她还是比利时皇家科学院准院士，俄罗斯科学院和雅典科学院的外籍院士，俄罗斯艺术科学院、罗马尼亚科学院和格鲁吉亚科学院的荣誉院士。

2023年8月，唐科斯女士在巴黎逝世。她逝世后，法国总统马克龙称她为"伟大的历史学家"，表示她留下的遗产将是不朽的；俄罗斯总统普京表示，希望唐科斯的"遗产"有助于改善莫斯科和巴黎之间的关系，并表示深刻记得与这位伟大的法国女性的对话。她的葬礼在荣军院举行，马克龙总统出席了葬礼。

新思历史
Book

探索世界 | 发现自己

暧昧
La Russie
的
et
对手
la France

俄国和法国
从彼得大帝到第一次世界大战
De Pierre
le Grand à Lénine

Hélène
Carrère d'Encausse

[法] 埃莱娜·卡雷尔·唐科斯 著
林剑锋 译

中信出版集团 | 北京

图书在版编目（CIP）数据

暧昧的对手：俄国和法国，从彼得大帝到第一次世界大战 /（法）埃莱娜·卡雷尔·唐科斯著；林剑锋译. -- 北京：中信出版社，2025.4. -- ISBN 978-7-5217-7247-0

I. D851.29；D856.59

中国国家版本馆 CIP 数据核字第 20242152FQ 号

Originally published in France as:
La Russie et la France. De Pierre le Grand à Lénine by Hélène Carrère d'Encausse
Copyright © LIBRAIRIE ARTHEME FAYARD, 2019.
Current Chinese translation rights arranged through Divas International, Paris 巴黎迪法国际.
Simplified Chinese translation copyright © 2025 by CITIC Press Corporation
ALL RIGHTS RESERVED
本书仅限中国大陆地区发行销售

暧昧的对手：俄国和法国，从彼得大帝到第一次世界大战
著者：　［法］埃莱娜·卡雷尔·唐科斯
译者：　林剑锋
出版发行：中信出版集团股份有限公司
　　　　　（北京市朝阳区东三环北路 27 号嘉铭中心　邮编　100020）
承印者：　河北鹏润印刷有限公司

开本：880mm×1230mm 1/32　　印张：12.5
插页：8　　字数：278 千字
版次：2025 年 4 月第 1 版　　印次：2025 年 4 月第 1 次印刷
京权图字：01-2025-0309　　书号：ISBN 978-7-5217-7247-0
定价：88.00 元

版权所有·侵权必究
如有印刷、装订问题，本公司负责调换。
服务热线：400-600-8099
投稿邮箱：author@citicpub.com

目录

序一　一部俄法关系史，半部欧洲史 / III

序二　透过俄法关系"发现"大历史 / VII

前言 / XXI

第一章　彼得大帝：朝向欧洲……以及法国的窗口 / 001

第二章　从法国梦到德意志人的统治 / 013

第三章　伊丽莎白一世：一个法国的选择 / 031

第四章　彼得三世：普鲁士的诱惑 / 059

第五章　俄国的启蒙时代 / 069

第六章　保罗一世：改换门庭 / 115

第七章　亚历山大和拿破仑：无法共存的两人 / 123

第八章　尼古拉一世：监视下的欧洲 / 177

第九章　克里米亚战争 / *211*

第十章　亚历山大二世—拿破仑三世：俄法和解？ / *239*

第十一章　终于结盟了！ / *263*

第十二章　尼古拉二世：法兰西岁月 / *279*

第十三章　经历现实考验的联盟 / *291*

第十四章　冲向深渊 / *307*

第十五章　联盟从巅峰跌落谷底 / *321*

后记 / *331*

参考文献 / *341*

序一　一部俄法关系史，半部欧洲史

呈现在读者面前的是一部关于俄法两国近现代关系史的著作。俄国与法国分列欧洲大陆的两端，两个大国各自雄踞一方，其一举一动无不牵动着整个欧洲乃至世界的格局，而欧洲的争霸也影响着两国关系的走向。所以我们可以说，一部俄法关系史，半部欧洲史。同时深究俄法关系也是了解俄法两国历史所必需的。对于中国人来说，对俄法关系略知一二者实繁，知其全貌者盖寡。世人皆知拿破仑兵败俄国荒原，千秋帝业一场空。然而，俄法关系具体始于何时，有什么波折，其间又有多少掌故，恐怕知者寥寥。在这部著作中我们可以找到以上问题的具体答案。

本书作者埃莱娜·卡雷尔·唐科斯为法国研究俄国史的大家。唐科斯1929年出生于巴黎一个格鲁吉亚裔移民家庭，1990年成为法兰西学术院第三位女院士。唐科斯毕生致力于俄国史、苏联史的研究，已出版相关作品30余部，她的主要代表作有：《分崩离析的帝国：苏联国内的民族反抗》（1982年被翻译成中文，由新华出版社出版）、《列宁传》和《尼古拉二世：中断的变迁》等。这些著作

为她赢得了巨大的国际声誉。她曾应邀在北美和日本讲学，当选欧洲多国科学院和文学艺术院的院士，其中就有俄罗斯科学院的外籍院士。如此丰厚的知识和学术积累使她在历史叙事方面驾轻就熟，各方面的史料运用信手拈来，且在通俗生动的叙事后面蕴含着深刻的分析，这些都赋予了本书很好的可读性和权威性。

  本书是法国学者书写的俄法关系史，有趣的是，在对这两者关系的论述中，主角是俄国，即以俄国为主体来勾勒俄法之间关系的起伏。原著主书名为《俄国和法国》（*La Russie et la France*），二者之间的前后顺序就已显露，而原著的副书名《从彼得大帝到列宁》（*De Pierre le Grand à Lénine*）就完全展现了以俄国为主角的叙事结构。俄国横跨欧亚两洲，一直想跻身欧洲强国之列，因此在欧洲进入近代以后，它就一直师法欧洲，而欧洲国家中最让其着迷的就是法国。路易十四、启蒙运动、革命和帝国、思想、语言、文化、自由和强权等，如此法国让所有罗曼诺夫王朝的君主仰望、钦慕和追赶，渴望获得与法国权力平等的地位。但从法国大革命开始，俄国对法国的认识发生了微妙的变化。俄国开始摸索属于自己的道路，对欧洲文明进行重新审视。此外，因为现实的政治利益和地缘政治，俄国与法国也有了多次冲突。拿破仑战争后，俄军以胜利者之姿进入巴黎，军事上的胜利助长了俄国骄矜的心态。这种对欧洲文明的"反动"在克里米亚战争之前达到了极点。这一时期的俄国知识分子热衷于界定俄国民族的特性。大历史学家波戈金指出："无条件崇拜西方的时代已经过去了。"克里米亚战争失败后，俄国在内忧外患的情况下不得不实行改革。然而，直至罗曼诺夫王朝灭亡，俄国也不愿接受欧洲式的民主政治。在这一点上，末代沙

皇尼古拉二世表现出了世界历史上罕见的偏执。唐科斯在著作中写道，尼古拉二世"认为君主制已经消亡，他无法想象以另一种方式进行统治。尼古拉二世加冕之时曾发誓保全君主制，并将其完完整整地传给继承人。正是基于这一理念，当沙皇的谋士和近臣恳求他任命一个对人民负责的政府时，尼古拉二世拒绝了，尽管这样原本可以保住他的皇位。对于尼古拉二世而言，放弃一切比成为立宪君主更为自然，也更容易接受"。

在法国和俄国的关系中，法国曾经对俄国不屑一顾，而且持有一种不太信任甚至敌视的态度。在法国人眼中，俄国是一个落后、野蛮的国家，对欧洲来说是陌生的，而且是危险的。当面对已经变得过于强大的德意志帝国时，法国才与俄国结盟。俄国和法国两百多年的交往史让我们思考许多有意思的问题：在国际关系中，文化扮演着怎样的角色？当两国在交往中考虑到地缘政治利益时，文化的吸引力是否会降低？在两国关系的发展中，有没有资本力量的介入？在决定两国关系的因素中，国家统治者的决策和民间舆论的压力哪个为主，二者之间是否存在互动？两国的交往在多大程度上受到与其他国家关系的影响？我们也可以从这部讲述俄法关系史的著作中，得出自己的结论。

本书还有一个重要的特点，就是立论公允、持中守正。一个人写外交关系史在情感倾向上总免不了偏向母国。然而，唐科斯作为一个法国人写俄法关系史，全书读下来，读者竟觉察不出作者明显的偏向。这一点是非常难得的。比如，在讲到拿破仑战争后的场景时，作者就描述了一个饶有兴味的画面。作者指出，为了激起巴黎人的抵抗精神，拿破仑的宣传机器曾不遗余力地宣传俄军会像野

蛮人一般烧杀抢掠，犯下各种罪行。出乎意料的是，俄军对巴黎秋毫无犯，以至于那些曾害怕野蛮人的巴黎人很快就对俄军的文明程度赞叹不已。然而，更大的反差来自路易十八，他是靠着亚历山大一世的军刀才坐上王位的。可是路易十八竟然"在卢浮宫以过时的礼节接见了亚历山大，法国国王端坐在扶手椅上，却只给了这位访客一把椅子"。这种不偏不倚的态度使得此作更易取信于中国读者。

  本书译者林剑锋曾在我门下攻读博士学位，专治法国史，就学期间，刻苦钻研，专业精进。更可贵的是译者精通法语和英语，这就保证了该书翻译的正确性和专业性。本书出版，我为林剑锋感到高兴，并向他表示祝贺。当他请我为此书作序时，我慨然允诺。

  是为序。

沈坚
（中国法国史研究会会长 / 浙江省历史学会会长 /
浙江大学历史学系教授）
2024 年 12 月 10 日于杭州守纯苑寓所

序二　透过俄法关系"发现"大历史

俄国和法国作为影响欧洲历史和世界历史进程的两个大国，位居欧洲大陆的东极和西端，不仅地距遥远，而且在种族血缘、文化语言、宗教信仰等方面也存在着巨大的差异。但是，两国在近代以来却形成了特殊并且密切的关系。

俄法关系始于古老又俗套的宫廷联姻。基辅罗斯大公"智者"雅罗斯拉夫一世（Ярослав I Владимирович Мудрый）执政时期（1019—1054）是俄国历史上第一个强盛时期，他不仅平定了周边国家，而且通过政治联姻的方式提升了俄国的国际地位。1051年，雅罗斯拉夫一世将小女儿安娜（Анна Ярославна）嫁给法国国王亨利一世（Henri Ier de France），中古时期西欧史学著作中把她称作"来自罗斯的安娜"（Anne de Russie）。1052年，安娜生下法国王位继承人腓力一世（Philippe Ier de France）。1059年，亨利一世去世，腓力一世即位，安娜随后却下嫁给宫廷中位高权重的瓦卢瓦伯爵拉尔夫四世（Ralph IV），历史学家们认为安娜不是为了爱情，而是为了借力辅助刚刚继位的腓力一世。拉尔夫四世是在没有与前

妻解除婚姻关系的情况下迎娶安娜的，因此被法国天主教会斥责为违反人伦纲常，安娜被迫退居圣文森特修道院闭门思过，并在此结束了自己孤老的余生。安娜的个人命运或许是悲惨的，但她的婚姻却让偏安于东欧一隅的基辅罗斯攀附上了欧洲的显贵——法国卡佩家族，因为"智者"雅罗斯拉夫一世不仅是法国国王亨利一世的岳父，还成了腓力一世的外祖父。

直至19世纪中期，人们才在俄罗斯帝国档案馆里意外地发现了安娜写给"智者"雅罗斯拉夫一世的家书，此件历史故事才变得真实起来，这封来信的真实性已经得到了俄罗斯学界的证明。在信中，安娜用古斯拉夫语描述了她在法国的生活。她在字里行间诉说了法国宫廷生活的野蛮，她与亨利一世的家庭生活是不幸福的。相信老父亲"智者"雅罗斯拉夫一世在阅读了女儿万里迢迢寄来的家书后的心情也是无法言表的。

俄法外交关系正式建立是在俄国历史上的首位"大帝"彼得一世（Пётр I）执政时期。早在1697年，彼得一世化名陆军下士米哈伊尔，带领二百五十人的俄国大使团，开始了西欧之行。这是彼得一世第一次出国旅行，法国是他重点想要访问的国家，因为他的好友兼助手法国人弗朗索瓦·勒·福尔特（François Le Fort）多次向他介绍了法国。但遗憾的是，法国拒绝了他的到访，原因是法国是奥斯曼土耳其帝国的盟友，而俄土战争刚刚结束。彼得一世访问法国的愿望在二十年后才得以实现。1717年5月29日，年仅七岁的法国国王路易十五（Louis XV）和摄政奥尔良公爵菲利普二世（Philippe II）在凡尔赛宫会见了四十四岁的沙皇彼得一世，沙皇在塞纳河畔度过了六十四天难忘的日子，他的礼貌、真挚、善良

和真诚的好奇心，特别是其巨人般的举止给法国贵族留下了深刻的印象。法国史书记载：路易十五在身高两米有余的"斯基泰人和汪达尔人后裔"（Descendant des Scythes et des Vandales）彼得一世面前毫不怯场，朗声宣读法国国书。俄国史书记载：彼得一世将路易十五抱在怀里并亲吻了他，事后彼得一世颇为得意地在写给妻子叶卡捷琳娜一世（Екатерина I）的信中说，此时感觉"整个法国都在自己手上了"（Всю Францию несу на себе）。彼得一世参观了凡尔赛宫、王家图书馆、植物园、法国科学院和巴黎天文台，并会见了一大批法国艺术家、科学家和大学者，甚至还爬上了巴黎圣母院的塔楼瞭望巴黎全城。此次访问法国发生在俄国与瑞典的北方大战的第十七个年头，政治和外交目的显然是彼得一世的首要目标。虽然与法国结盟对抗瑞典的目标并没有实现，但俄法两国毕竟建立了正式的外交关系。对法国文化极其仰慕的彼得一世更是将宫廷法语、法文书籍、法国艺术品和法国生活方式带回俄国，并强制在俄国贵族阶层中推广。

在俄法关系活跃之时，彼得一世还曾仿效"智者"雅罗斯拉夫一世，建议将小女儿伊丽莎白（Елизавéта I Петрóвна）嫁给法国国王路易十五，为此时年八岁的伊丽莎白开始苦学宫廷法语和法国宫廷礼仪，但是这个建议最终被法国王室婉拒。1725年彼得一世去世后，女沙皇叶卡捷琳娜一世再次提起此门亲事，天生丽质、时年十八岁的伊丽莎白欣喜万分，甚至准备改宗天主教，以等待法国王室的聘仪。西班牙驻俄国大使利里亚公爵（граф Лириа）曾称赞伊丽莎白："我从未见过如此出众的美人。迷人的面容，闪烁的双眼，完美的嘴唇，颈部和胸部都透着鲜有的洁白。她身材高

挑,性格活泼,总是兴高采烈,充满幻想。你能感觉到她非常聪慧,也非常可亲,但同时你也会意识到她胸怀大志。"但是此次提亲仍然被法国王室拒绝。伊丽莎白因此对婚姻大事丧失信心,终身待字闺中,成为俄国历史上唯一的"童贞女皇"。尽管与法国王室的爱情和婚事不顺,但这并没有影响伊丽莎白对法国和法国文化的态度,她终生对法式教育、法国艺术,以及法式服装和化妆品情有独钟。在七年战争(1756—1763)期间,已经是女沙皇的伊丽莎白一世选择与法国和奥地利结盟,对阵英国和普鲁士同盟,普鲁士国王腓特烈二世(Friedrich II)因此嘲笑奥地利女大公玛丽亚·特蕾莎(Maria Theresia)、法国国王路易十五的情妇蓬帕杜夫人(Madame de Pompadour)与俄国女沙皇伊丽莎白一世形成了"三条裙子联盟"。

由此,俄法两大国家、两个民族和两种社会之间两百多年爱恨情仇和恩怨杂糅的关系史就开始了。

值得一提的是,当历史时光流转大概两百年后,在1929—1933年经济大危机的沉重打击之下,在法国诺贝尔文学奖获得者罗曼·罗兰(Romain Rolland)的眼中,"整个欧洲就是一所疯人院","这里就是你的归宿,躺下吧!让别人领导世界",他说的这个"别人"就是被称为"红色麦加"的苏联,因为苏联在连续提前十八个月完成了第一个五年(1928—1932)计划和第二个五年(1933—1937)计划之后,已经跃居为欧洲第一工业强国和美国之后的世界第二工业强国。世界的目光转向苏联,罗曼·罗兰宣布:"我自己毫不犹豫地站在苏联的一边。她是代表着新的劳动世界的唯一堡垒,即使苏联不代表我们的共同理想,但她的公敌却是我

们的死敌。"另一位法国诺贝尔文学奖获得者安德烈·纪德（André Gide）在访问苏联之前则宣布，"从心灵、气质和思想来看，我过去一直是共产主义者"，"我们在心中和头脑里毅然决定将文化的前途系于苏联的光辉命运"。他强调，"我赞赏并热爱苏联。那里的尝试前所未有。让我们心中充满希望，期待那种尝试获得巨大的进展，并带动全人类的飞跃"。

　　罗曼·罗兰和安德烈·纪德分别于1935年和1936年访问了苏联。在苏联各地参观的过程中，他们每天都为苏联的巨大成就和苏联人昂扬向上的情绪所感动。罗曼·罗兰认为俄国十月革命"使人类向前迈出的脚步，比从旧政体跳向法国大革命的飞跃还要来得更高更远"。安德烈·纪德宣布："苏联对我们曾经意味着什么？不只是一个遴选的祖国，还是一个榜样、一个向导。我们所梦想的、几乎不敢期望的但始终致力的却在那里发生了。由此可见，在那片土地上，乌托邦正在变成现实。"但是在深入苏联社会和认真观察思考之后，两人对苏联的看法发生了重大分歧。安德烈·纪德给苏联下的定义是"生虫的红苹果"，因为"那里有好的事情，也有坏的事情"，"有最好的事情，也有最坏的事情"。安德烈·纪德将自己的感受忠实地记录在《访苏归来》之中。罗曼·罗兰在被苏联巨大的成就感动之余，也承认苏联和"斯大林对我来说是一个谜"，他将自己的真实观感写入《莫斯科日记》之中。但是罗曼·罗兰担心他的言论被反苏人士利用，更不愿让他心中的红色圣地蒙尘。他在日记中强调："目前这些政策包含着某种消极的东西，这是不可避免的；任何打算都不可能没有错误。可是，斯大林的政策所包含的积极的东西远远超过

所包含的消极的东西。我丝毫不怀疑，世界更美好的未来是与苏联的胜利联结在一起的。"因此，他在日记法文原件的扉页上留下了这样的文字："未经我的特别允许，在自1935年10月1日起五十年期满之前，不能发表这本日记，无论是全文，还是片段。我本人不发表这本日记，也不允许出版任何片段。"两位法国著名作家的苏联之行和访苏日记既是俄法关系史的重要史例，又是研究俄法关系史的特殊文献。

当历史时光再流转近一百年后，2017年5月29日，俄罗斯总统普京应法国总统马克龙邀请访问了法国。三百年前，沙皇彼得一世正是在这一天访问法国的。《欧洲时报》（*Nouvelles D'Europe*，2017年5月24日）称，"时隔三百年，法国将迎来俄罗斯的另一位'大帝'"。马克龙总统特别选择凡尔赛宫作为与普京总统会见的地点。由凡尔赛宫和圣彼得堡艾尔米塔什宫（冬宫）联合举办的"彼得大帝：沙皇在法国，1717"（Pierre Le Grand, un tsar en France, 1717/Пётр Великий, Царь во Франции, 1717）大型展览也于同一天在凡尔赛宫揭幕，展品包括油画、雕塑、家具、雕刻、素描、沙皇私人图书馆藏书、肖像等。马克龙总统表示，"我尊敬俄罗斯，所以我邀请普京来访，这象征着两国三百年的外交关系和友谊"，于是自2014年乌克兰危机之后严重受损的法俄关系迅速升温。

但是，本书作者埃莱娜·卡雷尔·唐科斯当年在接受俄法两国新闻界采访时却给出了颇为冷静的回应。在接受法国《费加罗报》（*Le Figaro*，2017年11月22日）采访时，她评价俄法两国经历了"从蔑视到联盟"（du mépris à l'alliance）的关系历程。在接受俄罗斯《文学报》（*Литературная газета*，2017年12月23日）的采

访时，她评论说"俄法无数次接近、联合、冲突与和解"（столько раз сближали, объединяли, противопоставляли и примиряли Россию и Францию），"俄法关系实际上就是一场失败约会的历史"（отношения между Францией и Россией-это история несостоявшихся свиданий）。

法俄之间在国家、民族、社会和文化方面有着长久和紧密的特殊关系，因此法国学界对俄国的关注和研究亦由来已久。著名启蒙运动主师伏尔泰早在1775年就著有《彼得大帝在位时期的俄罗斯帝国史》（*Histoire de l'empire de Russie sous Pierre le Grand*），他对俄国的评价甚低，他认为："莫斯科人的文明程度甚至不如墨西哥人，他们天生就是那些像自己一样野蛮的统治者的奴隶，在无知中徘徊，他们既不知晓艺术，也不懂得工艺，更不了解它们的好处在哪里。古代圣法禁止他们在未经族长允许的情况下离开自己的国家，如果违犯，他们将面临死亡的危险。这条法律完全符合这个民族的精神，这个民族生活在无知和懒惰的深处。"

法国著名历史学家和政治学家托克维尔在1835—1840年完成了闻名于世的《论美国的民主》，他则断言："美国人使用锹镐征服世界，俄国人则用剑戟征服世界。为达到征服世界的目的，美国人根据自身利害得失开辟让个人发挥聪明才智的自由途径，俄国人则把社会一切力量集中于某一个人。美国人把自由作为行动的基本准则，而俄国人则把服从作为行动的基本准则。两者出发点不同，道路各异，尽管如此，看来他们都在上帝意志的驱使下为有朝一日能够掌握半个世界的命运而奔命。"关于俄国对欧洲的影响，法国著名作家维克多·雨果在19世纪中期也发出了这样的慨叹："法国、

英国和俄国是当今欧洲的三巨头。从它们近来在欧洲引起的震荡来看，每个巨人都有各自的姿态。英国维持着，法国在复兴，俄国在崛起。最后一个帝国在旧大陆中还很年轻，且一个世纪以来疯狂扩张。"

20世纪和现当代从事俄国史与俄法关系史研究的法国学者则人数更多，研究成果亦更加丰富。阿尔贝·旺达尔（Albert Vandal）于1903年出版了《路易十五和伊丽莎白女皇》（*Louis XV et Elizabeth de Russie*），阿兰·贝桑松（Alain Besançon）著有《19世纪的俄国》（*Être russe au XIXe siècle*, 1974）、《论列宁主义的精神根源》（*Les Origines intellectuelles du léninisme*, 1977）和《苏联的现在与俄罗斯的过去》（*Présent soviétique et passé russe*, 1980）等。

而本书作者唐科斯则是当代法国史学家中的翘楚，也是当代法国学界最优秀的俄国史学家，她还被俄罗斯学界称为"无与伦比的俄国史大家"（непревзойденный Знаток российской истории）。但是与法国其他俄国史学家相比，唐科斯最大的不同来自她的俄裔出身。

唐科斯1929年出生于巴黎，但是她拥有标准的俄裔血统。她原姓祖拉比什维利（Зурабишвили），唐科斯是她丈夫的姓氏。她的父亲出生于帝俄时代的格鲁吉亚，其祖先与18—19世纪的俄国世袭贵族和宫廷显贵奥尔洛夫（Орлов）、帕宁（Панин）、帕连（Пален）、维涅文基诺夫（Веневитинов）等家族有着血缘关系。唐科斯自幼就熟悉并掌握俄语，而且其口音是地道的圣彼得堡贵族口音。她在苏联时代多次赴苏参加学术活动时，苏联同行为她古老而标准的俄语口音称奇。唐科斯1955年毕业于索邦大学历史学

系，后来进入巴黎政治学院任教。唐科斯出生在巴黎，但因为她父亲是格鲁吉亚人、母亲是意大利人，而被法国方面拒绝入籍，她直到 1950 年才获得法国国籍。唐科斯的朋友、法国著名外交家让-克里斯托夫·鲁芬（Jean-Christophe Rufin）在她去世后评价她"捍卫了两个平行的身份"，"通过语言，她在法国和国外捍卫了她所代表的法国"。

唐科斯在 1978 年出版了她的首部苏联史著作《分崩离析的帝国：苏联国内的民族反抗》（*L'Empire éclaté: La révolte des nations en U.R.S.S.*），她因在书中大胆预测苏联解体的结局而引起国际学界的广泛关注，被称为"苏联问题研究的诺斯特拉达穆斯"。

1990 年 9 月 13 日，唐科斯被选为法兰西学术院院士，该学院自 1635 年成立以来，仅设 40 个院士席位，唐科斯获得的是 14 号席位，该席位原属于法国著名作家、外交家和政治家让·米斯特勒（Jean Mistler, 1897—1988）。1992 年，唐科斯受邀担任欧洲复兴开发银行顾问，参与了原社会主义国家民主化原则制定委员会的工作。1994 年，唐科斯当选为欧洲议会议员。1999 年 10 月 21 日，唐科斯接替辞职的法国作家、法兰西学术院院士、法国文化部原部长莫里斯·德吕翁（Maurice Druon）的职务，被选为法兰西学术院常任秘书，成为担任这一职务的第一位女性。1999 年，她被选为俄罗斯艺术科学院荣誉院士。唐科斯曾与中国原驻法国大使卢沙野会面，她称赞："我想向大使先生令人钦佩的法语水平表达敬意。"唐科斯曾获得法国荣誉军团大十字勋章（2011）、荣誉军团高官勋章（2008）、荣誉军团指挥官勋章（2004）、荣誉军团军官勋章（1999），她还获得了比利时政府的利奥波德一世勋

章和巴西政府的南十字勋章，以及俄罗斯政府的"友谊"勋章（орден Дружбы, 1998）、俄罗斯科学院的罗蒙诺索夫大金质奖章（Большой золотой медаль М. В. Ломоносова РАН, 2008）和俄罗斯政府荣誉奖章（орден Почета, 2009）。

　　唐科斯出版了 30 余本关于俄国和苏联历史和文化的著作，如《从列宁到斯大林的苏联》（*L'Union Soviétique de Lénine à Staline*, 1972）、《斯大林传》（*Staline*, 1979）、《老大哥：苏联和苏联化的欧洲》（*Le pouvoir confisqué: Gouvernants et gouvernés en U.R.S.S.*, 1980）、《大挑战：布尔什维克与国家，1917—1930》（*Le grand défi: bolcheviks et nations, 1917-1930*, 1987）、《俄罗斯的悲剧：政治谋杀》（*Le malheur russe: Essai sur le meurtre politique*, 1988）、《各民族的荣耀：苏联帝国的终结》（*La gloire des nations: ou la fin de l'Empire soviétique*, 1990）、《胜利的俄国》（*Victorieuse Russie*, 1992）、《苏联：从革命到斯大林去世，1917—1953》（*L'U.R.S.S.: de la Révolution à la mort de Staline, 1917-1953*, 1993）、《尼古拉二世：中断的变迁》（*Nicolas II: la transition interrompue*, 1996）、《列宁传》（*Lénine*, 1998）、《亚历山德拉·科伦泰：革命的女战神》（*Alexandra Kollontaï: la walkyrie de la Révolution*, 1999）、《不完整的俄罗斯》（*La Russie inachevée*, 2000）、《叶卡捷琳娜二世：俄国的黄金时代》（*Catherine II: Un âge d'or pour la Russie*, 2002）、《欧亚大陆的帝国：从 1552 年至今的俄罗斯帝国史》（*L'Empire d'Eurasie: Une histoire de l'Empire Russie de 1552 à nos jours*, 2005）、《俄罗斯，错过的变迁》（*Russie, la transition manquée*, 2005）、《亚历山大二世：俄国之春》（*Alexandre II: le printemps de la Russie*, 2010）、《戴高乐将军和俄国》（*Le Général De Gaulle et la Russie*, 2019）和

本书《暧昧的对手：俄国和法国，从彼得大帝到第一次世界大战》（2019）。唐科斯的著作在苏联解体后大部分被翻译成俄文在俄罗斯正式出版，这表明她的俄国史研究赢得了俄罗斯政府、学界和社会的承认与尊敬。自1999年至2023年，唐科斯多次获得俄罗斯总统普京的接见。

2023年8月6日，唐科斯以九十四岁高龄去世。法国电视一台、法国新闻广播电台、法新社都在第一时间报道了唐科斯离世的消息。法国政界、学界和文学界称她"热情洋溢、不知疲倦、充满信念，对一切都充满好奇"，同时称赞她"思想开明、意志坚定"。法国总统马克龙称赞她的"遗产，就像她本人一样，是不朽的"，"她对这个见证她成长的国家，对这个国家的语言和遗产充满感情，她在二十一岁时成了法国人"。

普京总统于8月7日亲自致信唐科斯的儿子和女儿："亲爱的埃马纽埃尔·卡雷尔先生，亲爱的娜塔莉亚·卡雷尔女士，亲爱的玛丽亚·卡雷尔·唐科斯女士，请接受我们对你们的母亲埃莱娜·卡雷尔·唐科斯去世的深切哀悼。她是杰出的学者和公众人物、法兰西学术院常任秘书、俄罗斯艺术科学院荣誉院士。她是我们国家的好朋友，她为她的俄罗斯根源感到自豪，对她的历史家园保持着敬意，她著有众多研究俄罗斯的学术著作，在学术界和广大读者中都获得了当之无愧的极高评价与赞扬。"唐科斯生前曾多次表示，"我用俄语思考，我用俄语工作"（Я думаю по-русски, работаю на русском）。

本书是唐科斯于2019年以九十岁高龄出版的最后一部俄国史著作，此书很快在2021年被翻译为俄文，在俄罗斯政治百科出版

社（Политическая энциклопедия）出版，并一直高居俄罗斯图书排行榜高位。在 2023 年俄罗斯文学网主页（https://www.litres.ru/）上，该书获得了 5.0 的评分。

值得一提的是，一般历史学家在撰写本国与他国关系史时，大都习惯于将本国国名置前，而将他国国名置后，但是身为法国人的唐科斯在为该书命名时却将俄国国名置前，将法国国名置后，这显现了她的个人喜好和倾向，也体现了普京总统在信中所称赞的"她为她的俄罗斯根源感到自豪，对她的历史家园保持着敬意"。

唐科斯将本书定义为大众通俗读物，因此在书中删除了学究式的烦琐注释，她认为法俄关系史实际上就是"真正令人兴奋的小说"。但是唐科斯还是在本书的结尾为专业读者列出了丰富的法俄关系史的档案文献和参考著作，表示"我们仍然特别关注那些对我们的思考起到指导作用，并为我们的知识增添了丰富内容的作者和著作。为了更加清晰，我们将作为整个著作基础的主要参考文献与作为各章内容的参考文献分列开来"，从而为专业读者和研究者提供了进一步研究的便利。

本书的法文版和俄文版书名都是《俄国和法国：从彼得大帝到列宁》（*La Russie et la France: De Pierre le Grand à Lénine/Россия и Франция. От Петра Великого до Ленина*），因此书中内容基本未涉及法兰西第三共和国后期和苏联早期的法苏关系。但是，作者在本书的后记中，以神来之笔展望当代，尤其是当下风云变幻、大潮迭起的世界局势下的法俄关系，"三个世纪以来，法俄关系一直高潮迭起，不曾衰退，它将成为这一地缘政治转变的推动力吗？它能否应对历史的挑战？这将是未来几年的关键问题"。

唐科斯的鸿篇巨制历史见解深邃，她的此番表述意味深长，值得读者朋友们认真阅读和深入思考。

是为序。

（北京师范大学二级教授 / 中国苏联东欧史研究会副会长）

2024 年 12 月 12 日于珠海金凤路 18 号粤华苑

前言

这是一部跌宕起伏的传奇，它讲述了俄国与法国两个多世纪的漫长关系：二者时而相互吸引，时而联合一致，时而彼此敌对，时而又重归于好！

不过在一开始一切都进展顺利。11 世纪，一位来自远方的美丽公主——基辅的安娜——嫁给了法兰西国王亨利一世。公主的父亲雅罗斯拉夫一世（Iaroslav le Grand）是位声名远播的君主。在其治下，以拥有四百座教堂（饰有华美的壁画）而闻名于世的国都基辅成了能与君士坦丁堡媲美的城市。地方富庶，加之君主本人极具权威、宽宏大量（他欢迎所有逃离祖国的被驱逐的王公），这一切都令雅罗斯拉夫得以跻身当时最显赫的君主之列。这就是为什么在全欧范围内，各位君主都对这个名门望族青睐有加。将其中一个女儿嫁给法兰西国王后，雅罗斯拉夫又将另外两个女儿伊丽莎白（Élisabeth）和阿纳斯塔谢（Anastasie）分别许配给挪威国王和匈牙利国王。当时的基辅是欧洲大陆的灯塔之一，位处最耀眼的城市之列。安娜公主来到贡比涅后的一席话就是见证，法国宫廷的粗野

习性让她悒悒不乐,她不禁怀念起基辅的壮丽辉煌。

然而,基辅的辉煌不过是昙花一现。雅罗斯拉夫刚一断气,瓜分土地的传统就使得先王的遗产损失殆尽。两百年中,近两百位王公争抢雅罗斯拉夫一度聚拢起来的土地;基辅不再统一,也失去了往日的辉煌。当然,这样的灾难并非俄国一家所独有。在那个时代,西欧自身也备受封建无政府之害。不过,另一场灾难,持续两个半世纪的蒙古侵略,使得基辅和俄国东北部的分裂雪上加霜。俄国从一度身处其中的欧洲脱离出来。然而,就当俄国在数个世纪中踽踽独行时,欧洲却在觉醒。在法国,一些可圈可点的君主,如查理七世、路易十一,致力于建立一个强大的国家。除了法国的君主之外,西班牙的天主教双王、英格兰都铎王朝的君主和奥地利的君主都使得欧洲文明熠熠生辉。

在这一欧洲复兴的进程中,俄国被远远地甩在了身后。只是到了15世纪中叶,才有一位君主挺身而出整饬旧日河山,并着手有朝一日驱除外敌。伊凡三世是这一缓慢重建的工程师,他最先做的就是降伏所有反叛的王公。伊凡三世娶了拜占庭帝国末代皇帝的侄女索菲娅·帕列奥罗格(Sophie Paléologue),并因此宣称是拜占庭皇帝的继承人。这场婚姻不仅巩固了伊凡三世的权威,也使俄国受益良多。此后,来自各地的外人,尤其是希腊人和意大利人络绎不绝。他们是建筑师、工程师、军人、炮兵,给俄国人带来了其所欠缺的知识,并为俄国人打开了一扇通向他们一无所知的外部世界的大门。

伊凡三世(人们经常将其功业与路易十一的相比较)及其继承人瓦西里(Vassili)成功地使俄国恢复独立,建立了一个实力迅

速增强的国家，并重获了在鞑靼人统治的几个世纪中失去的身份。这一壮举本应确保俄国得到欧洲的承认，并重返欧洲。

然而，这一承认迟到了。欧洲人不太在意这个国家。对于他们来说，俄国早已是个"不明之地"（terra incognita），而且俄国人也不敢前往欧洲。俄国君主不允许臣民出境，也不鼓励外国商人来俄国。欧洲方面的漠然处之，加之俄国方面的怀疑谨慎，便是俄国与欧洲错过的原因。不过，自伊凡三世的儿子瓦西里于1505年登基伊始，他就谋求结束俄国的孤立状态。他向除了法国和英格兰之外（原因不得而知）的所有欧洲国家派遣大使。最终，打开国门的事业落在了瓦西里的继承人伊凡四世身上。这位君主就是日后闻名于世的"伊凡雷帝"，他"朝着欧洲开了一扇窗"。他尤其注重波罗的海，因为这是俄国当时唯一的出海口。在伊凡四世的布局中，商人和冒险家云集的岛国英格兰位列各个国家之首，当时这些商人和冒险家已经涉险踏足俄国的边境。伊凡四世向伊丽莎白女王提议，给予英格兰商人与俄国贸易的独家权利，用以换取英格兰支持俄国与它的两大邻国死敌波兰和瑞典的斗争。这一提议没有得到回应。正是在法国那边，伊凡四世成功地发起了更有希望的对话。亨利三世给沙皇派去了法国批发商，作为对俄国提议的回应。他们随身携带着法王的一封引荐信，信中明确表露了法王想要在两国之间建立有效关系的意愿。此事的最终结果虽不像预兆那样令人印象深刻，但也绝非无关紧要。法国批发商被俄国以及接待他们的话语吸引了，他们决定在莫斯科驻留下来。这是法兰西元素在俄国存在的开端吗？

不幸的是，抛开王室联姻不谈，法俄之间的最初接触很遗憾

地没有后续。这是因为俄国内部的纷争再次将整个国家拖到深渊的边缘。在"伊凡雷帝"统治后期,国家前期的进步与架构已被摧毁。伊凡四世甫一驾崩,各种纷争便开始了。这一阶段的各种糟糕事中还得加入一个日后影响深远的大问题——俄国在这一时期建立了农奴制。

不过这一混乱时期随着俄国国家的觉醒结束了,国内恢复了和平,一个新的王朝罗曼诺夫王朝建立。

随着罗曼诺夫王朝于1613年登上历史舞台,俄国再度重生,其向西方开放的意愿也即刻显露了出来(尽管在一开始开放得很谨慎)。西方国家也同样转向了俄国。首先开始行动的是英格兰,它向沙皇请求让它控制通往波斯和印度的道路。沙皇米哈伊尔(Michel)咨询了莫斯科的商人,而他们对此表示反对。他们声称如果英格兰人攫取了这样的特权且不必承担关税,那么他们就竞争不过英格兰人了。由于英格兰人不打算支付任何关税,此次协商破裂了。

俄国再一次在法国那边找到了建立关系的渠道,且发展势头良好。1615年的时候,沙皇向法王路易十三派遣了一名信使来宣告自己登基,并请求法王协助对付瑞典和波兰。1629年,法国使者迪盖-科尔默南(Duguay-Cormenin)来到莫斯科,就通往波斯的道路一事进行协商(此前英格兰商人已被拒绝),并提及建立政治联盟的事。使者说:"沙皇陛下,您是东方各国和东正教信仰的领袖。法兰西国王路易则是南方诸国的领袖。如果沙皇陛下和法国国王建立友谊并结成联盟,这会大大削弱两国的敌人。因为既然皇帝[①]和波兰国王同穿一条裤子,那么沙皇就需要和法国同心同德。"

---

① 这里是指神圣罗马帝国的皇帝。——译者注

俄国和法国之间的政治联盟缺乏进一步明确的意向，二者从未设想过第一个俄法联盟。它们倒是讨论过商贸关系，只是最终也没有后话。不过，在路易十三之前，亨利四世曾希望与俄国建立关系。然而，谨慎的苏利公爵打消了亨利四世的念头。

1645年，沙皇阿列克谢继承了父亲米哈伊尔的皇位。如同父亲一样，沙皇阿列克谢也是冲龄即位，同样缺乏经验，但也同样对向欧洲打开国门心心念念。阿列克谢得到了哥萨克人波格丹·赫梅利尼茨基（Bogdan Khmelnitski）把"小俄罗斯"（乌克兰）纳入俄国的统辖之下的许诺，从而将沙皇的领土拓展至欧洲。他树立了俄国对基辅这一东正教摇篮的权威。根据1667年俄国与波兰签署的《安德鲁索沃停战协定》（波兰是受害者），基辅将在两年内归俄国管辖，而且莫斯科不允许他人质疑自己的这一征服成果。当波兰因乌克兰归属俄国而与俄国开战时，沙皇米哈伊尔已经向法国国王派遣了使者，期待法王知晓此事后可以提供支援。1668年，另一位使者代替了先前的使者负责与路易十四就维持两国之间稳固的关系，以及向法国船只开放阿尔汉格尔斯克（Arkhangelsk）港口进行洽谈。这位使者名叫皮埃尔·波将金（Pierre Potemkin），他竭力向科尔贝（托尔西侯爵）证明回应俄国的需求符合法国的利益，但最终无功而返。俄国的热脸贴了法国的冷屁股，法国的商人也对俄国的提议意兴阑珊，那么沙皇转向德意志人又有什么值得大惊小怪的呢？莫斯科市郊的德意志人聚居区日益兴盛就证明了德意志影响的与日俱增。

要想理解法俄在推进双方关系方面的犹豫不决，我们得考虑两个国家对对方的看法。

对于俄国来说，法国乃是欧洲实力和光芒的象征，这种观念在路易十四统治时期达到了顶峰。俄国的君主们一旦执掌权力，就转向法国，想要谋求法国的认可，并尝试与其建立关系。亨利一世与基辅的安娜的联姻被俄国视为它想要建立的关系的模范和榜样。然而，尽管俄国的君主们已经竭尽所能（重建内部秩序，复建国家，再次获得独立），但他们所受的欢迎仍极为有限。对于法国人而言，俄国是迥异于欧洲及其文明的国度。根据一小群涉险踏足这些遥远之地的人的言论，俄国即便不是蛮荒之地，充其量也就是一个具有异域风情的国家。

二者对对方的看法迥然不同且难以调和，除此之外，还有一个非常重要的因素：法国和俄国各自与某些欧洲国家的关系。自三十年战争以来，法国密切关注着哈布斯堡王朝日益增强的实力。为了对抗哈布斯堡王朝，法国和三个国家，波兰、瑞典与奥斯曼帝国，构建了联盟体系。对法国来说，这些国家是它抵抗哈布斯堡王朝的东方屏障，它们能牵制哈布斯堡王朝在欧洲的注意力，从而可以使法国在欧洲放开手脚。

然而，这三个国家是俄国的邻国，且长期以来是它的敌人。一句话，甲之蜜糖，乙之砒霜，这三个国家也将成为法俄对抗的前哨阵地。

阿尔贝·旺达尔在其有关路易十五外交政策的著作中呈现了法王所面对的困境，关键就在于与俄国的关系。他写道："俄国似乎被一种天生的好感吸引。"旺达尔在这里化用了圣西门讲述彼得大帝造访凡尔赛宫时的话："彼得大帝被一股与我们联合的极致激情推动着。"从此以后，法国要么选择"与俄国明确地联合起来"，用

它取代体系中的瑞典、土耳其和波兰；要么坚定地站在传统盟友这边，"将俄国赶至不毛之地，并关闭其通往文明世界的大门"。在很长一段时间内，法国一直举棋不定，这反映了法国国王面对一个如此遥远且始终被视为欧洲异类的国家时的困惑。不过，这种困惑无法抵御时间。差不多在彼得大帝造访法国的一个多世纪后，维克多·雨果对俄国在欧洲的地位发出了这样的喟叹："法国、英国和俄国是当今欧洲的三巨头。从它们近来在欧洲引起的震荡来看，每个巨人都有各自的姿态。英国维持着，法国在复兴，俄国在崛起。最后一个帝国在旧大陆中还很年轻，且一个世纪以来疯狂扩张。俄国的未来对我们的前途有着举足轻重的影响。有一天，这个野蛮帝国反过来淬炼我们的文明也未可知。"

从一个应被"赶至不毛之地"的野蛮国家到一个能给欧洲带来活力的年轻帝国，这是一段怎样的旅程啊。这条道路是彼得大帝开拓的，是他那想要同法国联合的热切之情（尽管总是受到冷落）促使俄国得到了欧洲身份并跻身欧洲强国之列。

第一章

彼得大帝：朝向欧洲……以及法国的窗口

在彼得大帝的治下，俄国在欧洲的形象大为改观，俄国与大部分欧陆强国的关系也为之一振。彼得大帝的践祚开启了另一个时代，他与法国的路易十四一道给这个时代打下了烙印。这两位君主将会主宰这一时期的欧洲政坛，不过他们彼此之间却从未见过面。

1689 年，十七岁的少年君主——彼得·阿列克谢耶维奇·罗曼诺夫——掌握了俄国实权。彼时，这位年轻的君主醉心于兵法和船只，对权力并不倾心。一开始，他在自家土地的池塘里操练小型船只。然而，过家家式地摆弄假的武器和小型船只很快就让彼得失去了兴趣。他想要的是一场真正的战争，他的眼前浮现出两个敌对的国家——瑞典和奥斯曼帝国。彼得选择了后者，也就是曾统治俄国的鞑靼人的伊斯兰盟友奥斯曼帝国。这也是罗曼诺夫王朝的第一位沙皇米哈伊尔曾梦想征服的国家。刚刚二十二岁的彼得，对于除了少年打仗游戏之外的带兵打仗毫无经验，但他毅然地发动了对亚速的征服。彼得打了胜仗。1696 年亚速被攻克标志着摆脱了鞑靼人桎梏的俄国开始复兴，也象征着随着获得黑海出海口，俄国未来的

实力将会不断增强。在此之前，俄国一直被困于大陆之中；有了出海口，俄国就有了成为海军强国的可能性。彼得就这么实现了诸多梦想中的第一个。

不过彼得并不打算止步于此。彼得刚回到莫斯科，俄国民众就得知了这位年轻君主的宏伟蓝图。他向欧洲派遣了一个共计二百五十人的豪华外交使团。此行旨在窥探那个遥远的异域世界，发掘其力量和光辉的秘密。这个消息传开的同时，一则令人难以置信的传言也散播开来，说沙皇本人打算加入这个豪华使团，不过不是以俄国君主的身份，而是乔装打扮、微服私访。这个两米高的巨人怎么能够行走自若而不被发现呢？而且俄国内政向来云谲波诡、诡计丛生（彼得本人就曾是受害者），沙皇怎能像人们所说的那样离开国家长达十八个月呢？

然而，彼得大帝就是这么谋划的，攻占亚速翌日他就着手准备了。为了给此行正名，他有一个无可争辩的理由——巩固对奥斯曼帝国的胜利。他需要给俄国找一些盟友来对抗土耳其人。他还需要向欧洲学习令欧洲取得进步的技术与思想，并向俄国引进适合传授本领的能人。最后，对于这位二十四岁的沙皇来说，这个豪华使团将使他的教育圆满完成，并给欧洲接受俄国提供一个机会。

1697年3月20日，这个二百五十人的豪华使团离开了首都。他们身后是满载华贵衣物（包括貂皮以及嵌有珍珠和宝石的绸缎）的雪橇和箱子。这些衣物是出席欢迎场合时穿的或是被当作礼物送人的。沙皇混在了一众使者当中，但还是引起了人们的注意，并很快被人认了出来。不过他倒是受到了所有迎接他的君主的尊重。德意志、荷兰、英格兰，彼得在欧洲各地游历。所到之处无不张灯结

彩、热情洋溢,他在各个地方都发现和学习到了一些他想要的东西。然而,在此行中,彼得避开了一个国家:法国。对此,圣西门给出了一个理由:法国国王路易十四的态度冷淡。这个理由非常站得住脚。路易十四是当时欧洲大陆上最有影响力的人,他的荣耀和实力主导着整个欧洲。对于他来说,沙皇俄国不属于现代世界,现代世界是他的禁脔,沙俄充其量只停留在中世纪。此外,彼得大帝对奥斯曼帝国的胜利也让路易十四开心不起来。攻击法国盟友体系的支柱之一就是在挑战路易十四的权威,这是一种"弑君罪"。

此外,来自俄国的使者在法国也名声不佳。这些人傲慢自大,对礼节问题斤斤计较(或许是为了掩盖弥补自身的不足),拒不遵循西方的习惯。1687年,彼得同父异母的姐姐,摄政索菲娅(Sophie),派遣一支代表团到荷兰、西班牙和法国时,法国人就已经领教过了。当时,这个由雅各布·多尔戈鲁基(Jacob Dolgorouki)亲王带队的使团在法国的遭遇就是一场灾难。这个使团自跨过法国边境后就麻烦不断。为了解决经济问题,使团成员在广场上干起了倒卖貂皮的营生(貂皮本是被当作礼物的)。这可真是颜面无存啊!后来,他们在凡尔赛宫受到了法王的慷慨接待,但他们居然赖在宫里不走了。回国后,他们就抱怨受到了不公正的待遇,遭受了冷遇和蔑视。这个使团吵吵嚷嚷、不文明、不礼貌的消息由此传开,这使得法国和俄国之间的关系恶化。当彼得大帝宣称要带队造访欧洲时,法国人脑子里都是对上个使团的鲜活回忆。

除了圣西门的解释之外,彼得本人也很有可能不大愿意去法国。多尔戈鲁基一行人回国后,强调他们遭受了粗暴对待、冷落蔑视,这使得彼得对法国抱有一种敌视的态度。此外,如果说路易

十四因沙皇攻击土耳其而心生怨怼，那么彼得则因法国支持他的敌人而大为光火：要知道法国可是同一个伊斯兰国家结盟，反对另一个基督教国家。在17世纪，对于俄国这样一个自称拜占庭帝国继承者的国家来说，上述结盟是难以想象的。

这个豪华使团避开法国之后，俄国和法国的关系并没有得到改善。因为甫一回国，彼得就和法国盟友体系的另一支柱瑞典干上了。这又向路易大帝发起了一个新的挑战。

数个世纪以来，俄国与瑞典的关系就一塌糊涂。两国为了抢夺芬兰湾海岸争斗不休。对于俄国来说，此事关系重大，是俄国能否通向波罗的海的关键。在13世纪，面对瑞典，俄国丢了卡累利阿（Carélie）和英格里亚（Ingrie）。彼得的父亲沙皇阿列克谢曾试图收复失地，但是当时他正与波兰作战，没有能力同时与两个国家开战。对于彼得来说，波罗的海的出海口问题是明确无误的：丢失的省份属于俄国，俄国需要收复失地。1700年，瑞典国王查理十二还是个十八岁的年轻君主，没有任何经验。彼得觉得此时正是收复失地的良机。北方战争就此开启。战争伊始，查理十二在纳尔瓦战役中大败俄国军队。然而，彼得大帝不慌不忙，伺机进行反击。自1703年起，彼得趁查理十二在波兰纵横捭阖之时（查理十二打算废黜波兰国王奥古斯特二世），成功地收复了英格里亚，并将国境线推到了波罗的海沿岸。尽管查理十二竭尽全力收复失地（彼得说这是俄国的土地），但他还是力有未逮。为了彰显胜利，彼得大帝决定将首都建在波罗的海沿岸，正对欧洲的门户。营建首都工程浩大且颇费时日。彼得需要在沼泽上建一座城，而周边又缺乏建城所需的石料和木材。彼得还需要强行将一批习惯莫斯科生活的

居民迁到新城来。然而，不到几年的时间，圣彼得堡这座以彼得的名字命名的城市便拔地而起，一扫人们之前对这座城市不宜人居且荒凉寂寥的印象。

彼得大帝对奥斯曼帝国和瑞典的胜利冲击了欧洲的政治生态。法国再也不能指望瑞典遏制实力与日俱增的哈布斯堡王朝了。法国得换个盟友扮演瑞典的角色。法国这时候想到俄国了吗？1710年，也就是瑞典军队在波尔塔瓦（Poltava）被击溃之后（瑞典从此一蹶不振），时任外交大臣的托尔西侯爵试图说服路易十四转向俄国，不要再忽视俄国，而是将其拉入新的盟友体系中。他建议将波兰、丹麦和勃兰登堡纳入包括俄国的这一体系中。然而，路易十四似乎不为所动，甚至连考虑新盟友的想法都拒绝了。

1715年9月，路易大帝的驾崩开启了一个新时期。所有人都承认是时候重新考虑与俄国的关系了，整个欧洲都将目光转向了这个长期以来受到轻视的国家。托尔西侯爵提议的联盟体系即将成形。被查理十二赶下王座的波兰国王奥古斯特二世靠着俄国的庇护重登王位。他来到沙皇驻地缔结了波兰与俄国结成联盟的条约。与此同时，丹麦也宣称做好了拿起武器抗击瑞典的准备。人们甚至谈及了一桩皇室联姻计划，传言称皇帝约瑟夫的一个女儿将嫁给沙皇的儿子阿列克谢。

彼得大帝意识到了这一新的政治气氛给俄国带来的可能性，于是投入了一场真正的"魅力攻势"。他建议法国与俄国之间缔结盟友关系，而且向对话者保证可以带上普鲁士和波兰。彼得还指出，这一联盟关系不会影响凡尔赛方面所珍视的法英与法荷关系。另外，彼得表示俄国将会尊重《乌得勒支和约》。最后，彼得提议

七岁的路易十五与自己的长女伊丽莎白（年长一岁）结合，两国组成一个强有力的联盟。法国摄政对此提议颇为心动，但是枢机主教杜布瓦（Dubois）却对此抱有敌意。他已经在与英国协商缔结新的联盟，唯恐任何与俄国结盟的建议会影响他的计划。他给摄政如此写道："假如您为了扶持沙皇而把英国人和荷兰人赶出波罗的海沿岸，那么您就会永远自绝于这两个民族。"杜布瓦还补充说，与俄国结盟就是牺牲真正且稳固的盟友而同一个不牢靠的盟友结盟，因为"沙皇身体抱恙，而他的儿子不足为信"。

  法国的犹豫不决促使沙皇本人亲自前往法国洽谈相关事宜。1717年5月，彼得一行来到法国，他们受到的接待可谓隆重，但收获寥寥。法国摄政不吝溢美之词，举凡一位雄主应享有的荣誉和尊崇，法国方面一点儿都没有落下。沙皇及其六十名随从得到了盛情招待，不过彼得还是拒绝了某些安排。他不想住在特意为他安排的卢浮宫的房间里，反而偏爱自由度更高的旅馆，这也更契合他清戒的品位。他见到了所有他想要与之碰面的人，造访了所有他感兴趣的地方。到法国的第一天，彼得见了摄政。翌日，彼得迎接了小国王的造访。此次会面有很多记录，不过不论哪一次记录都会强调这位雄主与小国王的亲密互动。身材伟岸的彼得如父亲般一把将小国王拥入怀中，毫不怕生的小国王则宣读了事先准备好的讲话。第二天，彼得回访了小国王，这次的气氛甚至比前一天更为热烈。彼得在给妻子叶卡捷琳娜的一封信中详细地叙述了这一事件："国王比我们宫廷中的小矮人高二指有余。不论身形还是长相，国王都是一个很讨喜的小孩，也是一个在同龄人中相当聪明的小孩。"看来这个被彼得称为"强人"的七岁小国王已然收获了彼得的好感，促

使彼得动了与法国联姻的念头。

在抵达巴黎之前,沙皇已经表达了想要抛开礼节造访各地,会见各界人士的愿望。摄政对此表示同意,但是出于安全考虑,还是要求王家卫队的士兵护卫沙皇。沙皇提出的要求显示了其永不满足的好奇心。天文台以及拥有逾2 500种品类的植物园自然吸引着沙皇。彼得还想参观典型的沃邦堡垒,也想观摩造币厂并亲眼看到一枚金币的铸造过程。他在索邦学院受到了盛大的欢迎,人们向他提出了一个东方教会联合的方案。他把这一方案带给了主教们,让他们考虑考虑。彼得大帝对东方教会的排场不感兴趣,觉得其充斥着保守精神,人们认为这个联合方案能使他感兴趣。彼得还去了科学院,他对科学院的工作非常熟悉。他在那里亲自修正了呈现在眼前的一幅地图(俄国某个州的地图)——这幅地图经常在科学院的档案馆和彼得大帝的档案夹中出现。六个月后,彼得心满意足地得知他当选了这个杰出团体的成员。在漫步的过程中,彼得还参观了一些手工匠人的商店,他对一切都感到好奇,会详细询问店员的技术及其产品。所有遇到过彼得的人都被他的学习精神震撼。当然,彼得也有一些难忘的会面。6月3日,彼得来到了凡尔赛,住在特里亚农宫。彼得想要见一见曼特农夫人。自路易十四去世后,曼特农夫人便隐退至她在圣西尔修建的修道院。修道院的人听闻这一诉求后感到困惑不已,彼得答复道:"曼特农夫人对国王和国家贡献良多。"彼得大帝还多次会见了王室和贵族的家庭成员。比如摄政的母亲就对彼得的造访颇有好感,不过她也指出彼得对德意志的了解非常欠缺;贝里女公爵则邀请彼得去卢森堡宫。这些会面场合有太多的繁文缛节,相比之下,彼得大帝更喜欢与"有一技之长"的

人见面，他与其谈论他们的职业和日常生活。彼得还去了兵营、医院，以及各种他认为能从对话人那里学习到技术或方法以提升自己同胞的生活水平的机构。因此，总是充满好奇心的彼得在离开巴黎之前想要观摩一次治疗白内障的手术。

最后，在归国的路上，彼得在兰斯短暂停留。人们向他展示了用斯拉夫语写就的福音书，这是当年基辅的安娜结婚时带过来的。自此以后，法兰西的国王在他们加冕的那天，都会对着这一法俄第一次联盟的珍贵象征宣誓。

彼得给法国留下了难以磨灭的记忆，圣西门如此写道："这位沙皇的平易近人与雄才伟略难以尽言。尽管沙皇的出身、祖国及其教育有着各种野蛮的缺陷，但是彼得独具魅力，还罕见地多才多艺，哪怕万世之后他也是一位值得尊崇的君主。"然而，震惊并不是彼得给法国留下的唯一印象。穿越法国的途中，彼得大帝被农民的贫困景象惊到了，巴黎奢华富裕的生活与穷困百姓之间的鸿沟让他惊愕不已。彼得不禁高声问，这样的体制还能维系多久呢……

返程路上，彼得又在阿姆斯特丹停了停。俄国和法国的外交官正是在那里就两国之间的政治、商贸协议进行磋商。政治协议中的一项秘密条款委托法国调停俄国和瑞典之间的冲突，确保两国之间的和平。沙皇此行看上去取得了重大的外交胜利，但其效果却迟迟未能被人感受到。再加上沙皇很重视的一个计划没有成功，彼得大帝因而非常失望。此行结束之时，彼得希望带一些各领域的法国专家到俄国去。二十年前的那个豪华使团为彼得从德意志和荷兰带了一大批人到俄国去，他们为彼得的现代化计划助力良多。彼得的此次法国之旅也想复刻上次的规划，然而法国方面却对此支支吾

吾，他们不理解在俄国建立法国社区（这些社区可以将知识，尤其是法国的精神和观念带到那里）对法国有什么好处。因此，俄国没有像德意志郊区那样的法国郊区，法国在俄国的影响力也因此受到损害。法国之所以对俄国有所保留，可能是因为它想要维持与瑞典的关系，尤其是它想要稳住英国（这是杜布瓦政策的核心）。圣西门不客气地评论道："很长一段时间以来，我们都因着迷于英国的不祥魅力，以及对俄国的愚蠢轻视而后悔。"

尽管凡尔赛方面在政治上犹豫不决，但是彼得此行之后，两国之间的外交关系还是定型了。两国开始互派大使。先是库拉金（Kourakine），后来是多尔戈鲁基被派到巴黎；康普勒东（Campredon）则被派到圣彼得堡。

各种磋商原本应该继续下去。然而，1718年查理十二在挪威战役中战死，这打乱了原本的一切。俄国与瑞典之间的战争重启，并于1721年以俄军的胜利告终。英国舰队对俄国的敌人的支持是徒劳的。1721年签订的《尼什塔特和约》，使俄国获得了立窝尼亚、爱沙尼亚、英格里亚，以及芬兰和卡累利阿的一部分。法国自以为为和平出了力，并在调停过程中帮了俄国。然而事实是，俄国在《尼什塔特和约》中所获得的一切完全是彼得大帝军事胜利的成果，彼得也深知这一点。1717年的《阿姆斯特丹条约》，尤其是之后的《尼什塔特和约》，彰显了俄国的实力及其在欧洲政坛中无可争议的地位。

当俄国首都举行盛大仪式欢庆胜利之时，彼得大帝对法国大使表现出了特别的关注。彼得在喀琅施塔得（Cronstadt）迎接康普勒东的到来，并在整个节庆周都把康普勒东留在身边，这使得这位

法国大使受宠若惊。然而，不管此等礼遇多么令人愉悦，这种状况也同样使人不适，因为彼得大帝总是不停地问问题。法国何时会给予商贸和友好条约以实际内容呢？就沙皇提出的联盟建议，法国会给出什么样的回应呢？在这一点上，彼得大帝应该感受到了法国方面是多么不情愿，而传闻已经给出了法国犹疑的理由。杜布瓦不愿谈论一个可能会惹恼英国的联盟。法国王室也不大愿意同一个身份可疑的公主结亲。伊丽莎白公主当然是彼得大帝的女儿，但她母亲出身低微而且其婚姻受到批评。彼得大帝并没有因此气馁，他提出了另一门俄法王室联姻的亲事。他提议伊丽莎白和另一位法国王室成员，也就是摄政的儿子沙特尔（Chartres）公爵婚配。然后，这对王室夫妻通过努力坐上波兰王位，如此就能确保圣彼得堡和凡尔赛最终控制这个桀骜不驯的王国。身边有一批亲俄派的摄政，被这个想法吸引。不过，这个想法遇到了一个现实的障碍：波兰国王萨克森的奥古斯特还活着，而且想要一直干下去，彼得大帝无意以武力除掉他。彼得提议两国的结亲无须等到波兰王位空缺。对于凡尔赛方面来说，等下去会更好，这样公爵竞选波兰国王就会先于婚期。康普勒东为俄国的想法辩护，但最终这一计划还是由于英国的反对而被搁置。在得知英国不支持这个计划之前，杜布瓦一直拖延商谈时间，对康普勒东催促的信息拒不回复，后来则明确表示必须搁置这一计划。事情拖到了1723年。杜布瓦和摄政双双死去，路易十五亲政了。沙特尔公爵最终娶了一位德意志公主。1724年，波旁公爵成了法国首相。彼得大帝从来不是一个缺少想法的人，这回他又认为波旁公爵能够成为伊丽莎白的夫婿，并且是波兰王位的热门人选。彼得向波旁公爵提出了这个想法，后者则声称俄英和解是

先决条件。1724年，彼得大帝在高加索的战役结束后，完成了俄英和解。与法国进行决定性商谈的时刻总算到来了吗？彼得做了最后一次努力，再次提出了先前的建议。法国方面则回复称，与俄国签订的任何协议都必须包括英国。彼得还没来得及回应这一要求，就于1725年2月逝世了。彼得给俄国留下了丰富的遗产。莫斯科公国成了俄罗斯帝国，成了欧洲首屈一指的强国之一。彼得大帝将帝国建到了波罗的海沿岸。然而，彼得有两大壮志未酬。他想要同法国结盟，并将自己的女儿嫁给法国王室成员。法国拒绝考虑这样的联盟是非常令人遗憾的。彼得大帝构想的方案，即两个王室共有波兰王位，有双重好处。一方面，波兰本是法国的盟友，是法国外交政策的工具。通过彼得的这一方案，波兰就成了法俄共有的外交工具，这无疑会巩固法俄联盟。另一方面，关于波兰王位继承的永恒问题将不再是法俄之间产生冲突的原因，法俄将会协调一致共同应对。

当彼得大帝彪炳史册的统治结束之际，俄国与法国结盟的前景似乎一片暗淡。我们不难发现，为了促进俄法联盟，彼得大帝可谓不遗余力。然而，法国方面总是持令人失望的观望态度，甚至使人感到气恼。波尔塔瓦胜利后的翌日，参政院与东正教神圣宗教会议一致授予彼得"皇帝"头衔（从此，俄国改称俄罗斯帝国），而法国人是不愿看到这样的。当然，除了荷兰和普鲁士的君主，俄罗斯帝国这一称号还是很难为欧洲君主所接受的。1723年，瑞典归顺俄国。英国国王乔治很长一段时间内都不承认俄罗斯帝国这一称号，直至1742年才接受。法国则要等到1745年，而且还只是有保留地承认。这种小心眼的行为给两国关系蒙上了一层阴影。

第二章
从法国梦到德意志人的统治

　　彼得大帝既殁,"立窝尼亚贫寒出身"的皇后叶卡捷琳娜如彼得所愿,继承了皇位。1718年,彼得大帝不顾保证俄国权力稳定的继承制度,废黜太子,以叶卡捷琳娜时年两岁的儿子彼得取代原继承人——彼得大帝的另一个儿子阿列克谢。小彼得不到一年就死了,唯一的男性继承人就只有阿列克谢那个同样名叫彼得的儿子,但彼得大帝并不想传位给他。尽管此前俄国未曾有女性登上大宝,但彼得大帝的想法日益倾向叶卡捷琳娜。1722年2月,彼得一纸敕令废除了俄国传统的继承规则——父死子继、兄终弟及——取而代之的是沙皇的个人意愿。在1723年11月19日的敕令中,彼得的人选已经流露出来,他打算正式加冕叶卡捷琳娜为皇后(出于礼节,她已经拥有这一头衔)。1724年5月7日举行了加冕礼。彼得去世时,一群宠臣声称叶卡捷琳娜应获得女皇尊号。王公德米特里·戈利岑(Dimitri Galitzine)曾试图提出异议,他希望能遵守传统,让叶卡捷琳娜在已故沙皇的孙子,也就是阿列克谢的儿子幼年期间担任摄政。参政院拒绝了这一提议,送叶卡捷琳娜登上了宝

座,成为叶卡捷琳娜一世。

甫一登基,叶卡捷琳娜就宣布她会延续彼得大帝的事业,落实彼得的选择及其计划。与法国结盟是先皇的心头事,叶卡捷琳娜遂将此事当作自己的事,她召集大臣们开会,强调重启俄法联盟商谈的紧迫性。叶卡捷琳娜知道是否同意英国加入联盟是此前商谈搁浅的原因,因此她随即宣布同意英国加入;俄方立即晓谕一直在俄国首都的康普勒东。俄法商谈的前景看起来一片大好。

此外,人们刚刚得知路易十五与西班牙公主的联姻计划被取消了。以先皇遗愿为己任的叶卡捷琳娜立即让康普勒东着手安排路易十五与伊丽莎白的联姻。在此前的洽谈中,法国方面声称天主教的君主不能娶信仰东正教的妻子。叶卡捷琳娜表示此事不足挂虑,伊丽莎白已经准备好改信天主教。然而,法国方面仍是兴趣索然。叶卡捷琳娜转而考虑波兰王位。她像彼得大帝一样思维活跃,又提出了一个新的联姻计划。这一次,波旁公爵将会成为法俄两方推出的波兰王位的候选人,叶卡捷琳娜给他安排了玛丽·莱什琴斯卡(Marie Leszczyńska)作为妻子。波旁公爵未来的妻子当然不是玛丽,但是俄国表示会让这对夫妇登上王位。1705年,在查理十二的授意下,玛丽的父亲斯坦尼斯瓦夫曾被选为波兰国王。虽然他后来退位了,但是他始终对这一饱受争议的王位享有某种永久候选人资格。凭借这一层关系,波旁公爵的候选人地位占有很大的优势。在这一过程中,俄国的支持是具有决定性的,而俄国支持法国王公。

叶卡捷琳娜让康普勒东去说服一下他的朝廷,阐明接纳此提议的好处(两国之间结成伟大的联盟)。俄国方面还声称会为法国

的雄心出兵。叶卡捷琳娜预计洽谈将分两步进行：首先是俄法之间签订协议，然后拓展至英国。

事态似乎在朝着有利于叶卡捷琳娜的方向发展。法国和西班牙的联姻破裂后，西班牙公主被送了回去。西班牙国王怒不可遏，法国和英国都成了西班牙的眼中钉。卡尔六世想要挑起争端。叶卡捷琳娜就利用了这一点。为什么法国不寻求俄国方面的支持呢？为了强化这一论点，叶卡捷琳娜决定加入同法国对立的一方，以便让法国最终理解与俄国结盟的重要性。

就在叶卡捷琳娜一世想方设法实现其法国计划时，两个阻碍冒了出来。首先是法国出了状况，已放弃与西班牙联姻的法国国王突然宣布，他将娶玛丽·莱什琴斯卡为妻。这一消息使得法国人震惊不已且大失所望。对于法国宫廷来说，国王的行为乃纡尊降贵之举。对于俄国来说，此举则是莫大的冒犯。法国国王宁愿选择一个出身微贱的女子（玛丽不过是一个王位还没坐热的波兰国王的女儿），都不选择伟大的俄国皇帝的女儿，这无异于一种羞辱。此外，法国此举也是在向叶卡捷琳娜表示，法国此后不会再去干涉波兰事务了。此番联姻的失败并不是这位俄国女皇遭遇的唯一失败。1725年，彼得大帝的长女嫁给了荷尔斯泰因-戈托普（Holstein-Gottorp）公爵。叶卡捷琳娜一世对女婿关照有加，让他进入最高枢密院。公爵本人却想要收复1721年被丹麦夺走的石勒苏益格（Schleswig）。问题在于丹麦的这一征服是得到英法保证的。由于英法两大强国签了协议，叶卡捷琳娜只好退而求其次，要求两国补偿女婿失去石勒苏益格的损失。然而，英法两国都不予理会，英国断然拒绝，路易十五则命令康普勒东停止与圣彼得堡的洽谈。

第二章　从法国梦到德意志人的统治

叶卡捷琳娜一世的为政举措最显著的标志就是忠于彼得大帝的意愿，但还有一个人也对女皇的外交政策产生了影响，这个人就是奥斯特曼（Osterman）。此人是威斯特伐利亚一位牧师的儿子，1708年进入了沙皇近臣圈子。尼什塔特会议时，奥斯特曼以"北方事务"著名专家的身份陪侍彼得左右。彼得死后，奥斯特曼又被召去主持最高枢密院。《尼什塔特和约》签订之前的几年里，奥斯特曼一直是俄法联盟的热心支持者。然而，至1725年时，奥斯特曼的想法就有些微妙了。他注意到法国对俄国的波兰计划几乎没什么热情，在斯德哥尔摩对俄国的支持也显得有气无力，也拒绝就圣彼得堡与土耳其宫廷之间的冲突明确立场。因此，1725年，当法国、普鲁士和英国同奥地利-西班牙同盟发生冲突而请求俄国支持它们时，奥斯特曼不禁思考该如何答复。与此同时，奥地利不再害怕彼得大帝的惩罚，它认为自身的利益和俄国的利益相近。奥地利派其驻圣彼得堡的代表拉布丹（Rabutin）伯爵与俄国商谈外交和军事协议。奥地利方面的提议一下子就吸引了缅什科夫（Menchikov）。此人乃是彼得大帝的宠臣，如今则对叶卡捷琳娜有着举足轻重的影响。奥斯特曼起先还是表现出了一点迟疑。然而，在整个彼得大帝统治时期，彼得一直想着同奥地利结盟。这就是为什么奥斯特曼只是在最初有点犹豫不决。在给最高枢密院的报告中，奥斯特曼指出法国对俄国的提议没有给出任何回应，他建议俄国先转向奥地利，然后转向英国、普鲁士和丹麦。最高枢密院通过了奥斯特曼的提议。1726年8月6日，俄奥在维也纳签订了友好协定，此举也促成了一系列协定的签署。奥地利皇帝加入了1724年成立的俄国-瑞典同盟，俄国则加入了1725年成立的西班牙-奥地利同盟。俄国同奥地利签署

的条约在接下来的十五年中左右了俄国的外交政策,此条约满足了俄国各方面的诉求。缔约双方承诺,若一方受到攻击,另一方会给予3万人的军事支援,这是一个非常重要的军事保障。维也纳方面也考虑了荷尔斯泰因公爵的补偿问题。还有一项秘密条款规定,如果奥斯曼帝国进攻俄国,奥地利皇帝将与俄国并肩作战。

奥斯特曼认为与奥地利的这一条约完全是防御性质的,他不觉得此条约会把俄国拖入欧洲战争。而且他加入此条约时还别有盘算。他想以此为契机或早或晚地拉近与法国的关系,并同时削弱法国在欧洲的影响力。不过,缔结此约的首要目的还是确保整个俄国边界的和平稳定。波兰问题是奥斯特曼所有考量的核心。在奥斯特曼看来,有朝一日,当奥古斯特二世的继承问题出现的时候,不管怎么说,法国、瑞典或土耳其在此事件上都不应再有影响力,更遑论干涉了。接下来,我们就会看到奥斯特曼成功地实现了他的想法。

1727年,叶卡捷琳娜一世去世了。继承皇位的是彼得大帝的孙子、年纪尚轻的小彼得。彼得二世长得很像他祖父,和他祖父一样高大、俊美且强壮。不过,二者的相似之处也就止于此了。与祖父不同,彼得二世对世界几乎没有什么好奇心,相比于追求学问和思考,他更喜欢游冶和娱乐。不过彼得二世的缺点对俄国的政治倒是没有多大的影响,登上皇位差不多两年后,小彼得就因天花病故了。继承人问题再一次摆在了世人面前。彼得二世是暴毙,因此他还没来得及按彼得大帝设想的程序任命自己的继承人(他有没有想过这个事都不得而知)。继承人的选择最终被交由最高枢密院决定。谁有资格继承这位短命的君主呢?彼得大帝的长女伊丽莎白?她当然有资格。但是这位法国看不上的公主,在俄国也同样为人所轻

视。彼得大帝其中一个女儿的十二岁的儿子也有可能成为继承人。然而，继承人之争会引起各个阵营间的纷争，他们各自都想扶持一位于己有利的皇帝。

不同阵营之间的竞争产生了一个意想不到的后果——皇位继承人的世系发生了变化。人们转向了伊凡五世的后代。伊凡五世是彼得大帝同父异母的兄弟，在索菲娅担任摄政期间，他曾与彼得共享皇位。伊凡五世有两个女儿：一个嫁给了梅克伦堡（Mecklembourg）公爵，另一个名叫安娜的女儿成了库尔兰公爵的遗孀。皇位最终落在了安娜的身上，因为她无依无傍，流落在库尔兰，在俄国不为人所知。人们觉得她容易被操控并能够接受最高枢密院的权威，于是给她定下了严苛的规定：严禁再嫁，不允许指定继承人，在内政外交诸事务上都没有决定权。安娜不吭一声地全盘接受了，她觉得用库尔兰换来一顶皇冠再划算不过了，而且她相信自己能挣脱人们给她设下的陷阱。

安娜很快就证明了这一点。刚到俄国不久，她就赢得了禁卫军和小贵族的支持。靠着这批人的支持，原本反对她的统一阵线解体了。

安娜曾久居库尔兰，因此她对一切同德意志有关的东西都怀有好感。安娜的宫廷是由三位德意志人主导的：奥斯特曼执掌外交，比龙（Biron）和元帅米尼赫（Münnich）统领军队。这一时期，奥斯特曼仍旧是俄奥同盟的支持者。不过，他还想拉拢英国以补充这一联盟。同英国的和解就是他的杰作。1734年俄英之间签订了商贸协议，英国人承诺支持俄国在波兰的利益，人们甚至在某一时刻设想过俄英之间的王室联姻——英国的威廉王子与年轻的女公爵

梅克伦堡的安娜（安娜一世的侄女和潜在的继承人）。将一位英国王子扶上罗曼诺夫王朝的皇位，这一计划没有成功，而且英国也不愿与俄国过从太密。历史的讽刺在于，俄英的接近最初是由法国促成的，是法国将俄国的提议带给乔治二世国王的。如果考虑到奥斯特曼在其任内最后几个月的举动，法国的行为就更令人震惊了。当时奥斯特曼打算组建一个敌视波旁王朝的北方联盟，将普鲁士、丹麦、波兰和荷兰拉到英国和俄国一边。此计划没有成功。然而，自1730年起，俄国便与奥地利一道反对法国。与法国结盟的想法早就被抛在九霄云外了，两国之间的关系很少像这一时期这样糟糕。一名无所事事的代办取代了在圣彼得堡的康普勒东。继任波旁公爵的弗勒里（Fleury）对欧洲北部的问题几乎不感兴趣，对俄国就更无所谓了，因为他一直将俄国视为与文明绝缘的堕落国家。

不过在俄国，事情倒是迎来了转机。政府中大量充斥的德意志人惹恼了贵族。米尼赫担心贵族的不满会招致严重的政治后果，他隐约地感觉到同法国接近可能会带来好处。于是，一场秘密谈判开始了。一开始是米尼赫与接替康普勒东大使的代办马尼昂（Magnan）沟通，后来则是沙皇本人与马尼昂协商。安娜一世对改换盟友颇感兴趣，但她希望俄国能从中获益。因此她提出了以下前提条件：法国支持俄国重返黑海，支持俄国再次拿下亚速，而且法国应当承诺不阻挠俄国对波兰的计划（正如我们所知，波兰王位的继承问题很快就会爆发）。枢机主教弗勒里犹豫了。与俄国结盟的前景曾一度对他充满诱惑，然而，这也意味着法国需要牺牲其传统的北方和东方盟友，意味着它不得不在奥地利仍很强大时放弃自己的东方屏障。弗勒里四处打探女沙皇的政治能力，想要了解后彼得

大帝时代俄国的真正实力。总而言之，弗勒里又回到了法国与俄国打交道的老套路上，总是虚与委蛇，什么都不决定，一直拖拖拉拉。如此一来，此次俄法接近的尝试半途而废就没什么稀奇的了。不论与奥地利的联盟在俄国多么不得人心，维也纳仍旧是俄国唯一可能的盟友，而法国则仍然是那个俄国想要将其变成朋友的敌人。

波兰王位的问题不久就再度成了各位君主的首要考量，因此此番俄法接近的失败就更加令人烦恼了。1733年2月1日，奥古斯特二世去世，波兰王位招致了众多候选人的觊觎。对于那些因继承法的规定无法在本国继承王位的人来说，此次选举是他们登上王位的唯一机会。头号候选人是奥古斯特二世自己的儿子腓特烈-奥古斯特（Frédéric-Auguste），他是萨克森的选帝侯。还有一位候选人从波兰贵族中脱颖而出，就是斯坦尼斯瓦夫·波尼亚托夫斯基（Stanislas Poniatowski）。法国则支持其所保护的斯坦尼斯瓦夫·莱什琴斯基（Stanislas Leszczynski），他是法王的岳父，曾在查理十二的支持下当上波兰国王（后来不得不退位）。为了扶持斯坦尼斯瓦夫·莱什琴斯基，法国方面提出了一些政治论据：由于远离波兰，法国无法干涉波兰的事务。因此，法国扶持的候选人是波兰及其未来国王独立自主的保证。法国是拿出了真金白银来支持斯坦尼斯瓦夫·莱什琴斯基的。法国驻波兰大使蒙蒂（Monti）侯爵向一切有可能影响议会选择的人分发了近400万法郎。然而，事情远没有那么简单。在此前的一年，也就是1732年，皇帝卡尔六世、沙皇安娜一世和普鲁士国王签订了《三黑鹰条约》。条约规定，奥古斯特二世的儿子和斯坦尼斯瓦夫·莱什琴斯基都被排除在王位继承人之外。后来，腓特烈-奥古斯特成功地解除对自己的限制，斯

坦尼斯瓦夫·莱什琴斯基就成了唯一被排除在外的人，法国似乎已经输掉了这场继承战。斯坦尼斯瓦夫·莱什琴斯基的候选人资格有其棘手之处，他过去曾被选为波兰国王，因此他坚称自己就是国王而不是候选人，故而不愿意提出候选申请。他也拒绝像蒙蒂大使催促的那样立即动身前往波兰。不过，蒙蒂靠着在议会上下打点，已经得知议会将外国的候选人排除在外了。如此一来，萨克森选帝侯就失去了候选人资格，斯坦尼斯瓦夫面前的道路就更为平坦了。俄国于是决定在华沙先发制人。在议会准备投票的时候，俄军踏上了波兰的土地。选举于9月11日进行。除了三票弃权外，斯坦尼斯瓦夫·莱什琴斯基全票当选。然而，就在同一时刻，俄军抵达并驱散了议会。10月5日，腓特烈-奥古斯特以奥古斯特三世的名义当上了波兰国王。斯坦尼斯瓦夫逃至但泽，在那里等待法国国王的救援。

面对俄国的武装干涉，法国方面的反应却谨小慎微，尤其是对俄国，而恰恰是俄国该对斯坦尼斯瓦夫的失败负责。枢机主教弗勒里不敢对这一他不曾接受其联盟要求的国家动武，仅仅满足于召回驻俄代办，谴责皇帝卡尔六世。不过，弗勒里最先要考虑的还是救出被俄国人围困在但泽的斯坦尼斯瓦夫。在法国驻丹麦大使普莱洛（Plélo）伯爵的带领下，一小股军队展开了救援行动。然而，迎接他们的却是一场溃败，大使普莱洛本人也于5月27日战死。6月24日，但泽投降协议签署，斯坦尼斯瓦夫不得不再一次逃亡以求活命（因为俄国提出的和平条件就是交出斯坦尼斯瓦夫）。

法国此次经历十分狼狈，斯坦尼斯瓦夫两次失去王位，尤其是1733年的但泽之战，这是法军和俄军的第一次军事冲突（当然

规模有限）。为了洗刷在波兰遭受的耻辱，法国对奥地利发起了攻击。它召集了科隆、美因茨、巴伐利亚和普法尔茨这几位选帝侯，军队长驱直入克尔（Kehl）、菲利普斯堡（Phillipsburg）、帕尔马公国以及那不勒斯王国。奥地利向俄国求援，但俄国却没有立即回应。1735年签署的《维也纳和约》结束了战争，承认了法国的胜利。奥地利失去了洛林以及意大利的一部分。俄国没有参战，也没有在任何协议上签字，但是俄法之间的外交关系并没有恢复。

　　法国在波兰政局上输了一局，但赢得了和平并羞辱了奥地利。在东方阵线，法国的收益就更可观了。当时法国的盟友奥斯曼帝国正受到俄奥联军的威胁，两国军队踏上了奥斯曼的领土。虽然困难重重，但俄国军队还是接连取胜，拿下了心心念念的亚速，越过了普鲁特河（给彼得大帝报了仇），屯兵摩尔多瓦。然而，奥地利人却屡战屡败。精疲力竭的奥地利人谋求媾和，只剩俄国独自进攻奥斯曼帝国。此时，法国的角色突显出来，这在某种程度上弥补了其在瑞典阵线遭受的失败。法国驻奥斯曼帝国大使维尔纳夫（Villeneuve）侯爵是位很有手腕的外交官。他成功地动员了奥斯曼人，并挑起了奥地利和俄国这两个盟友之间的不和。正是他鼓动因接连失败而士气低落的奥地利人放下武器，寻求和平。他还成功地促使瑞典人攻击俄国，钳制俄国的兵力，并且促进了奥斯曼帝国与瑞典之间的联盟。这些举措搞得俄国焦头烂额，俄国不得不结束战争并缔结违背其利益的和约。这就是1739年9月18日签署的《贝尔格莱德和约》。这对俄国来说是多么耻辱的和约啊！俄国被迫将塞尔维亚和瓦拉几亚归还给奥斯曼帝国；俄国不得不放弃在亚速城的防御工事，也无权在黑海拥有商业船队。俄国此战损失了10万

人。就法国而言，它在这一事件中的表现非常出色，但也为自己的调停行动付出了高昂代价。不过法国赢得了俄国的认可。为了向维尔纳夫表示感谢，安娜一世将尊贵的圣安德烈十字勋章授予了他，还附赠了一大笔金钱（维尔纳夫婉拒了）。圣彼得堡从这次事件中得出的结论令人震惊。安娜一世派到巴黎的俄国大使康捷米尔（Kantemir）亲王宣称："俄国是唯一能够与法国抗衡的强国。"

另一边，陆军元帅米尼赫委派法国官员托特（M. de Tott，他是监督俄军撤出摩尔多瓦的人）向枢机主教弗勒里传递了如下信息："我从来不主张俄国与奥地利皇帝结盟。原因是，相较于俄国，奥地利更容易卷入战争，而一旦战争开启，俄国承担的责任比奥地利更重。此外，奥地利皇帝总是像对待底下的诸侯一样对待盟友。英国人和荷兰人对此深有体会，他们很明智地退出了联盟……现在是时候重塑我们与法国的友谊了。"

提及瑞典的情况时，米尼赫补充道："法国可以成为瑞典的朋友，也可以成为我们的朋友。不过，相较于瑞典，我还是建议法国更重视它与俄国的友谊。在瑞典，一把枪就能解决争端。然而，俄国政府却是专制的，法国也只能期待从这种政府获得巨大的帮助。"

俄国已经意识到法国的干涉意味着什么。法国阻断了俄国进军伊斯坦布尔的路，给俄国的野心浇了一盆冷水。法国的这一举动也证实了康捷米尔亲王表达的担忧。法国不能接受俄国的崛起，每当俄国稍一起势，法国就会把势头按下去。

然而，俄国却还在想着同这个犹豫不决的伙伴结盟。以下举动就是明证，安娜一世异常热情地对法国国王表示感谢，且火急火

燎地任命了一名驻法国代表。法国方面得做出回应，法国国王于是也任命了一名驻俄国代表。此人就是拉·切塔尔迪（La Chétardie）侯爵，他当时是法国驻普鲁士的公使，在柏林待了十年之久。

这一选择可不是随意为之的，它证实了康捷米尔的想法。凡尔赛方面想要的并非法俄之间的接近，而是对俄国情况及计划的全面了解。就在法国重新和圣彼得堡建立外交关系的同时，它也在和俄国的对手，就是法国那些一直以来的盟友接触。法国与瑞典签署了一份新的防御协定，更新了与奥斯曼帝国的投降协议。法国给新任大使下达了如下指令：研究俄国的情况，评估伊丽莎白公主享有的信任，以及"发现任何预示革命可能性的迹象"。

拉·切塔尔迪在俄国受到了异常盛大的欢迎。在他途经的城市中，军团列队欢迎，法官们也前来致意。安娜一世带着文武百官迎接拉·切塔尔迪。然后，拉·切塔尔迪便马不停蹄地前去拜访伊丽莎白公主。他向彼得大帝的女儿（包括她的美貌）表达了敬意。不过这一姿态更多是政治性的。拉·切塔尔迪知道，对于许多俄国人来说，伊丽莎白才是彼得大帝的合法继承人。各种上不得台面的操作使得伊丽莎白无法继承皇位，但是她的支持者们决计将她扶上她出生时就为她预留好的位置，而这正是伊丽莎白想要的。此外，对于那些受够了安娜"德意志人统治"的俄国人来说，伊丽莎白是他们重归民族传统的希望。伊丽莎白是地地道道的俄国人，能讲一口流利的法语，但她的德语则说得很勉强。拉·切塔尔迪注意到了这一特点，他觉得这也许意味着伊丽莎白会偏向法国。上头给拉·切塔尔迪下达的指令是明白无误的，他就是要细致地评估伊丽莎白登上皇位的可能性。

拉·切塔尔迪第三个造访的是女大公安娜·利奥波多芙娜（Anna Leopoldovna）。她是安娜一世的侄女且深得女皇宠爱。女皇把她嫁给了不伦瑞克公爵，并决定将来由这对夫妻的孩子继承皇位。伊丽莎白有多么吸引拉·切塔尔迪，安娜·利奥波多芙娜在拉·切塔尔迪看来就多么地无足轻重。

就在拉·切塔尔迪熟悉俄国社会之际，俄国边界却乌云密布。芬兰方向传来了军靴的踢踏声，瑞典军队在那里搞起了小动作。俄土战争期间，瑞典本应进行干涉，通过开辟第二条战线来削弱俄军。然而，瑞典并没有这么做，因此在冲突结束后也未能从中获益。不过，俄国到底还是受到了上一场战争的影响，瑞典打算趁机挥师芬兰，收复被彼得大帝侵占的土地。奥斯特曼知道瑞典军队的举动意欲何为，他希望法国能让斯德哥尔摩方面克制一点，但是他又不想过于公开地表明他的想法。正当俄法宫廷间秘密地谈论此事时，突如其来的一件大事颠覆了俄国的政局——1740年10月，沙皇安娜一世去世了。

对于俄国人来说，这意味着德意志人统治的终结。首当其冲的就是被俄国人称为"该死的德意志佬"的比龙。比龙早就知道他不得人心，提前料到了会有如今的状况。应比龙之请，安娜一世在位时任命他为不伦瑞克的小伊凡亲王①的摄政。那时的安娜一世已重病在身且易受人摆布，但她还是等到死前才将皇位传给小伊凡亲王。消息一出，举国哗然。这一决定不就意味着延续德意志人的统治吗？这不就是将国家交给一个外国人吗？更何况这还是一个异教

---

① 小伊凡亲王指的就是未来的伊凡六世。

徒，一个被所有人鄙视的且与已故女沙皇有着不可告人的关系的人？怎么能够接受这样的决定呢？一时间声称有合法继承权的人都冒了出来。首先自然是到处都被人谈论的伊丽莎白。当然，如果人们想要结束不怎么符合民族传统的女性统治者的统治，彼得大帝的外孙彼得·荷尔斯泰因也是人选之一。这也是已故女沙皇的方案很快被人们抛在脑后的原因。11月17日，一场阴谋发生了，为首的就是德意志帮，奥斯特曼和米尼赫在其中扮演了重要的角色。一无所知的比龙被一把从睡梦中拽起，即刻被逮捕并被流放至西伯利亚。安娜一世的政治遗嘱被撕毁，女大公安娜·利奥波多芙娜担起了摄政之职。不伦瑞克亲王被任命为大元帅，米尼赫成了首相，奥斯特曼则依然保有副掌玺官的头衔。得知这一举动后，三个军团以为将伊丽莎白扶上皇位的时机已到，急忙赶去伊丽莎白的宫殿。意识到判断失误之后，他们极其失落地返回自己的兵营。然而，这段小插曲怎么会没有后续呢。将伊丽莎白扶上皇位的念头已经产生，这一想法会进一步发展，而法国将在其中发挥重要的作用。

在继续接下来的叙述之前，我们得先考虑一件震撼欧洲的大事，这是一件再次改变优先性的事件。在安娜一世归西的八天前，奥地利皇帝卡尔六世在维也纳去世了。这就又产生了一个皇位继承问题。从《国本诏书》来看，先皇是想传位给女儿的。然而，先皇一死，他的安排就受到了挑战。巴伐利亚选帝侯想要戴上皇冠，还想要奥地利的全部邦国；萨克森国王想要波希米亚；普鲁士的腓特烈则丝毫不掩饰自己的野心，直接不宣而战，入侵西里西亚。除非有大国介入，否则《威斯特伐利亚和约》和《乌得勒支和约》所奠定的欧洲平衡就会被打破。而所谓大国，就是《国本诏书》的保证

者法国和俄国。它们会驰援刚刚取得匈牙利女王头衔的玛丽亚·特蕾莎吗？它们会团结一致支持玛丽亚·特蕾莎并拯救奥地利吗？抑或相反，它们会屈从腓特烈二世的野心，牺牲奥地利吗？最后，法国和俄国会背道而驰，一个支持维也纳，一个支持柏林吗？

自黎塞留统治时期开始，法国就一直想着削弱奥地利皇室。但是到了1740年，情况已今非昔比了。在西班牙，波旁王朝已经取代了哈布斯堡王朝；在东方，奥地利已经被打得俯首称臣，普鲁士更是成长为它的一个强劲对手。法国还有兴趣继续打压这一没落的强权吗？法国关起门来展开了一场讨论。弗勒里已然意识到了新的平衡，他力促国王抛弃过往的反奥政策，转而支持玛丽亚·特蕾莎。在他看来，这样做有两大好处。其一，玛丽亚·特蕾莎已经放出口风，如果法国支持她，法国可以获得荷兰。其二，法国可以遏制普鲁士的崛起。此外，弗勒里还辩称这不会引起俄国的反对。

然而，一群聚集在贝尔岛（Belle-Île）公爵身边的年轻幕僚却说服法国国王采取削弱奥地利皇室的政策。此政策就是支持巴伐利亚选帝侯的皇位诉求，并与腓特烈二世结盟。法国国王被这一想法吸引了。意识到危险的玛丽亚·特蕾莎扭头转向俄国，但没有得到俄国的回应。这首先是因为俄国正处于左右为难的境地：俄国与双方都签有协议。1726年，俄国与奥地利签订了条约；彼得大帝在位时，俄国又与勃兰登堡家族有约在先，且俄国刚刚同腓特烈二世更新了条约。俄国该何去何从呢？环绕在不问世事的女摄政周边的德意志帮内部意见不一，不伦瑞克亲王想要支持匈牙利女王，腓特烈二世的支持者米尼赫则持某种观望态度。不过，米尼赫受到的敌意太过强烈，他干脆递交了辞呈。如此一来，亲奥地利一派在圣彼

得堡取得了胜利。

米尼赫退出俄国政坛后，奥地利从俄国那里得到了经济上的支持，以及1726年条约所规定的3万名士兵。与此同时，法国也终于下定决心，同普鲁士、巴伐利亚和萨克森签订了同盟条约。法俄以共同立场稳定欧洲的希望不复存在。二者之间的裂痕由于英国的干涉显得更深了：英国向不伦瑞克家族保证，扶持其成员登上俄国皇位，条件是俄国支持英国反对法国。

在此之前，俄国已多次发表意向声明。不过，俄国尚未明确采取支持奥地利的立场，只是说它会尊重两国的条约，且有意愿为维护和平环境采取行动。

凡尔赛方面知道，目前的情况需要先发制人，试图说服圣彼得堡放弃维也纳是没用的。不伦瑞克家族将奥地利的支持视为确保王朝永固的保证。米尼赫退出政坛后再也没有人能够遏制亲奥派的力量了，作为俄国外交政策的强人，奥斯特曼宣称："哪怕奥地利的领土受到一丁点儿侵犯，都会对整个欧洲造成致命的伤害。"怎么做才能迫使俄国调转方向呢？老方法就是怂恿瑞典在俄国边境制造事端。斯德哥尔摩早就摩拳擦掌、跃跃欲试，只要给点暗示就足以让瑞典人行动起来。1741年8月，瑞典向俄国宣战，理由是"把持俄国朝政的外国大臣对瑞典国王造成了损害，瑞典军队越过边界是为了讨回公道，并解放俄国人民"。

不过，瑞典人的介入只是凡尔赛方面构想的应对措施中的一项。推翻不伦瑞克夫妇，并将彼得大帝的女儿送上皇位才是计划的核心。此时的拉·切塔尔迪已然成为伊丽莎白的心腹，他担保伊丽莎白非常亲法，让她登基是结束俄国狂妄的最好方式。

组织上述的谋划很容易。不伦瑞克家族不得人心，德意志帮在惹人厌上也不遑多让，整个国家都将目光投向了彼得大帝的女儿。此外，伊丽莎白也获得了军队的支持，她造访军营，与各级军官和普通士兵会面。伊丽莎白平易近人且热情洋溢，这为她赢得了众多的支持者。当然，伊丽莎白还没有自己的阵营，但是她有朋友，尤其是来自汉诺威的医生朋友莱斯托克（Lestocq）。他意识到伊丽莎白既没钱又缺乏支持，就把这情况告诉了拉·切塔尔迪，后者则将情况告知了凡尔赛宫。

然而，接下来的事要运作起来有时复杂很多。瑞典是支持上述计划的，但是它有个要求：一旦伊丽莎白登上皇位，俄国需要归还波罗的海沿岸一部分被彼得大帝掠走的省份。法国对瑞典的诉求表示支持。伊丽莎白忠于父亲的事业，也不愿背弃俄国的利益，拒绝了这一要求。她甚至不愿像其他人要求的那样以书面形式向瑞典国王乞援，唯恐落下同世仇俄国合作的口实。我们可以理解她的担忧。她太懂自己将会面临什么样的威胁——一辈子待在修道院里，这就是俄国传统上对谋反或被废掉的公主的惩罚。伊丽莎白明白，一旦女摄政发现了正在策划中的阴谋，她会毫不犹豫地按照祖制将自己一直关到死。拉·切塔尔迪也利用这一危险敦促伊丽莎白赶紧满足瑞典人的要求。不过，这一切都没什么用。

关于阴谋的流言四起，奥地利和英国的代表将这一情况报告给女摄政，伊丽莎白被召见了。这真是一场伪善至极的会面啊。两个女人互相发誓，没有任何加害对方的计划。然而，每个人都心知肚明。女摄政明白时间紧迫，她需要尽快除掉伊丽莎白，使阴谋无处依存，而伊丽莎白对此也了然于胸。俄历1741年11月24

日（公历1741年12月5日）夜晚至25日清晨，鹿死谁手，在此一举。瑞典军队的军靴踢踏声在边界隐隐作响，俄国需要派军队前去迎战，首先被派去的就是禁卫军。而一旦禁卫军离开首都，政变就没戏了。是夜，伊丽莎白一身戎装到访普列奥布拉任斯基（Preobrajenski）军团的兵营，公主殿下向禁卫军喊道："你们都知道我是谁的女儿。"这就足以号召一支人数众多的军队跟随伊丽莎白夜闯皇宫了。在军队的簇拥下，伊丽莎白突袭了正在睡梦中的摄政夫妇。夫妻俩被人从床上拽起来，军队押着二人以及他们的两个孩子坐上雪橇，将他们运至一个隐秘的地方关押起来。

第三章
伊丽莎白一世：一个法国的选择

谕旨传檄全国，言伊丽莎白登皇帝位，是为伊丽莎白一世。拉·切塔尔迪即刻译谕旨飞书法国，题为《叙1741年12月6日俄国发生的革命》①。

俄历1741年11月28日（公历1741年12月9日），伊丽莎白一世又发布了一条上谕，声称本人已经不打算结婚生子，立姐姐的儿子彼得·德·荷尔斯泰因-戈托普为储君。此举恰好与叶卡捷琳娜一世的意愿相契合，她在一开始时，曾打算将皇位传给彼得大帝的孙子。

参与政变之时，伊丽莎白曾许诺此次政变乃不流血的政变。如此一来，一个棘手的问题冒了出来，就是该如何处置伊凡六世呢？拉·切塔尔迪千叮咛万嘱咐：伊凡六世活着一天，就会对伊丽莎白一世的皇位构成威胁；女皇应该斩草除根，不留祸患。然而，女皇并没有这么做。伊凡六世在远离首都的数个偏远之地飘荡了数年，

---

① 拉·切塔尔迪在向他的政府报告时，使用的是公历。

最终被关押在施吕瑟尔堡（Schlüsselburg）的堡垒里。此后，他就像一个幽灵般时不时就对继之而起的两位沙皇形成威胁。政变的第二晚，一组钦差衔命处置前朝旧臣。钦差们办事可谓干脆利落。奥斯特曼死于车轮刑，米尼赫被五马分尸，其他人则被砍头。除此之外，宽宏大量的伊丽莎白一世将所有刑罚都改为永久流放。

在某些历史学家看来，此次政变全然出自拉·切塔尔迪之手，或者至少是法国阴谋的实现。这一判断建立在女皇执政之初拉·切塔尔迪的行为之上。自命不凡的拉·切塔尔迪认为，他是女皇唯一的顾问，是女皇的首相。然而世事无常，形势突变，女皇身边出现了另一位大臣——阿列克谢·别斯图热夫-留明（Alexis Bestoujev-Rioumine）。女皇对其荣宠有加（他被授予圣安德烈十字勋章，享有副掌玺官和公爵头衔）。此人将重新把俄国的政策拉回到传统的轨道上。

一上任，别斯图热夫便直言他会追随彼得大帝的事业，维持政策的稳定性。而这一规划即刻就与法国的利益发生了冲突。

别斯图热夫要面对的第一个问题就是凡尔赛方面鼓动的瑞典与俄国的战争。伊丽莎白登上皇位的当天，也许是在拉·切塔尔迪的要求下，瑞典人宣布临时停战。然而，瑞典的官员并不赞成拉·切塔尔迪的做法，因为俄国君主更迭后，凡尔赛方面是高兴了，但不应该忘记瑞典这个盟友。瑞典希望政变会带来一定程度的混乱，从而使得瑞典在军事上取得有利的局面。然而，事情并未如瑞典所愿。拉·切塔尔迪谈下的短暂停战结束后，战争重启，瑞典人处境不佳，法国又开始了调停。1742年3月，磋商于圣彼得堡举行。尽管瑞典人在军事上屡屡失利，但是在法国的支持下，瑞典要求收回维堡（Vyborg）及其周边地区。怒不可遏的别斯图热

夫拿出了《尼什塔特和约》，断言俄国决不会割让以上地区。一时间，圣彼得堡和凡尔赛对于对方的幻想都破灭了。法国长期以来一直就想发动一场政变，但是法国国王和弗勒里的观念并没有因此改变。俄国过去是，现在仍然是一个野蛮的国家。无论君主是谁，俄国永远不会成为法国的盟友；而瑞典过去是，现在仍然是法国联盟体系的支柱。如果俄国控制了瑞典，法国就会按传统方式给瑞典提供支援，也就是说怂恿俄国的其他敌人。此次法国的外交策略选择了丹麦和土耳其来扮演这样的角色。在伊斯坦布尔，卡斯特拉内（Castellane）侯爵忙于说服土耳其武力对抗俄国。虽然鼓动没有成功，但他还是从土耳其君主那里讨来了一笔钱来资助瑞典。

尽管法国在背后四处使力，但瑞典军队还是土崩瓦解了。俄国军队占领了芬兰全境，瑞典不得不进行谈判了。在奥布［Abo，即图尔库（Turku）］举行的和平会议为1743年签订的条约做好了准备。瑞典被迫放弃了一切要求。俄国得到了芬兰的一部分。被排除在谈判之外的法国也无法维护自己的盟友。凡尔赛和圣彼得堡之间的关系亦没有得到改善。拉·切塔尔迪最终两面都不讨好：女皇对其气愤不已，法国则觉得他太注重俄国的利益。拉·切塔尔迪被召回，路易·达利翁（Louis d'Alion）取而代之。别斯图热夫很高兴看到拉·切塔尔迪总算走了。然而，他不知道的是，拉·切塔尔迪只是虚晃一招，这个被他视为仇雠的人几个月后将会带着复仇的念头卷土重来。

和平既已实现，别斯图热夫总算可以腾出手来推行自己的主张。他最先考虑的是遏制正在崛起的普鲁士。与之相对，英国则是一个俄国可以携手合作的伙伴，俄国能够与其一道维持欧洲的均

势，并打压任何强权过分的野心。最后，别斯图热夫对奥地利抱有好感。这就是别斯图热夫给女皇呈上的外交策略，当务之急是尽快推行以上战略，因为奥地利王位继承战争要求俄国赶紧表明立场。

别斯图热夫的构想与法国的战略相抵牾。如何避开这一困境呢？凡尔赛方面不禁如此思忖。再度干涉俄国政局，除掉别斯图热夫的想法冒了出来。法国对女皇有信心，行动也正是假女皇之手进行的。1743年，法国代表路易·达利翁弹劾其来自奥地利的同僚博塔（Botta），指控他与俄国大贵族（别斯图热夫一党）密谋推翻女皇，立伊凡六世为帝。谋反者很快被捕，并被流放至西伯利亚，伊凡六世受到更为严格的看押。不过，别斯图热夫倒是逃过了一劫。匈牙利女王发誓她与此事全然无关，并将逃至她处的博塔交给了伊丽莎白一世。其中有个问题：普鲁士扮演了什么角色吗？事实上，就在女皇挫败谋反阴谋之际，作为灵魂人物的来自奥地利的大臣却身在柏林。他去柏林是为了同普鲁士人里应外合吗？还是为了避嫌？

法国再次赢得了女皇伊丽莎白的青睐。不正是依靠法国的介入以及达利翁的弹劾，女皇才发现阴谋的吗？唯一令法国不快的是，别斯图热夫的职位没有受到影响。然而，几个月后拉·切塔尔迪的丑闻让俄法之间短暂缓和的关系破裂了。拉·切塔尔迪是以胜利之姿返回俄国的。然而，别斯图热夫却在时刻密切监视着他，这给警察最终逮捕他提供了理由。1744年春，别斯图热夫破译了拉·切塔尔迪与凡尔赛通信的密码，并将解码后的信件呈给女皇，信中涉及了帝国的生活、政治以及"女皇不为人知的一面"。一个不怎么讨喜的女皇形象跃然纸上：浅薄、懒惰，重私事甚于国事；

信中充斥着大量关于女皇私生活的细节，俄国宫廷的污浊腐败，甚至连贿赂的金额都一清二楚。伊丽莎白一世从未想过拉·切塔尔迪对她本人有这么大的敌意！拉·切塔尔迪在自家遭到逮捕，警察命令他必须在24小时内离开俄国，且永远不得回来。拉·切塔尔迪还被要求归还女皇授予他的圣安德烈十字钻石勋章，以及不知何时赠予他的女皇画像。伊丽莎白一世展开的调查表明，是安哈尔特-策布斯特（Anhalt-Zerbst）公爵夫人（俄国皇位继承人的年轻配偶叶卡捷琳娜[①]的母亲）嘴巴不严，将女皇的私生活透露了出去。这位公爵夫人被赶出俄国，这也使得伊丽莎白一世和叶卡捷琳娜的关系恶化了。

　　拉·切塔尔迪被打发走后，法国并没有要求俄国进行解释。然而，经此一事，法国该如何缓和与俄国的关系呢？此事发生得不是时候。外交大臣阿姆洛（Amelot）已经告老还乡，此时正是法国国王独自一人在处理事务。此后，1744年冬，法王任命阿尔让松（Argenson）侯爵担任外交事务的领导人。阿尔让松与伏尔泰关系密切（至少他本人是这么说的），就本性而言，他并不怎么支持同俄国联盟。不过，他意识到了俄国的实力，遂立刻决定与俄国建立正常的外交关系。接替拉·切塔尔迪的会是谁呢？事出紧急，阿尔让松选择了一个简单的解决方案，即让达利翁重返圣彼得堡担任全权公使，由他负责评估该如何修复与俄国恶化的关系。达利翁来到圣彼得堡后向法王报告称，同他谈话的每个人都反法情绪高昂。为了同伊丽莎白一世和解，法王决定放低一下外交姿态，最终承认了

[①]　她就是未来的叶卡捷琳娜二世。——译者注

俄国的帝国称号。法国一直以来不愿意这么做，这也是法国低看俄国地位的体现。法国还附赠了一份王家礼物：一张由名贵木头制成的桌子。女皇对此并没有表现出多少感激之情。

圣彼得堡和凡尔赛之间还存在着另一个礼节性的问题——法国驻俄国代表的选择。符腾堡人海因里希·格罗斯（Heinrich Gross）在女皇安娜一世主政期间进入俄国的外交部门。此时，他在巴黎接替了上一任驻法大使康捷米尔亲王。派谁去俄国呢？法国有两个人选：圣-塞弗兰（Saint-Séverin）公爵和贝尔岛元帅。圣-塞弗兰公爵并不合适（格罗斯对阿尔让松说了不少圣-塞弗兰公爵的事），因为公爵在逗留瑞典期间，恰好碰到瑞典和俄国在打仗，当时他旗帜鲜明地反对俄国。这使得他无法取信于俄国人。至于贝尔岛元帅，人们觉得更适合他的是到战场上去，而非当一名大使。在寻求其他候选人之前，阿尔让松表示圣彼得堡也可以再换一位驻法大使。伊丽莎白一世拒绝了，她明确表示格罗斯会留在法国，而且她只会授予他公使的头衔，而非全权代表。这对法国国王而言真是莫大的羞辱！女皇无视法方想要换一名俄国驻法代表的诉求，自顾自地任命了一个法国认为不合适的人，而且此人的外交级别也不高。既然如此，法国国王也就做了如下回应：让达利翁继续留在俄国。

不久之后，法俄之间的小打小闹就变成了一场真正的对抗。1745年1月，神圣罗马帝国皇帝卡尔七世去世，帝国需要另立新皇。当然，俄国没有介入皇帝的选择。然而，它并不想放过这一影响欧洲均势的机会。法国也在鼓动俄国，因为它想要借机动摇俄奥同盟。法王建议俄国女皇支持萨克森选帝侯奥古斯特三世，反对奥地利女大公的丈夫洛林的弗朗茨。如果伊丽莎白一世采纳了法国的

建议，这对她的盟友而言简直是奇耻大辱！此外，假设俄国支持萨克森选帝侯，它就将面临普鲁士-萨克森-奥地利这三顶王冠合而为一的风险，这显然完全不符合俄国的政策。不难想象伊丽莎白一世断然回绝了法国的提议，更何况就连法国的普鲁士盟友腓特烈二世都拒绝了法国的提议。腓特烈二世一开始选择了支持巴伐利亚选帝侯马克西米利安-约瑟夫。然而，约瑟夫本人觉得当选无望，很快就弃选了，并声称他支持洛林的弗朗茨。洛林的弗朗茨就这么轻轻松松地当选了。

法国方面一点儿也没有气馁，马上就想了新招。阿尔让松在同一时间努力说服俄国公使明白建立法国、俄国、瑞典和普鲁士联盟的紧迫性。这一联盟应补充完整法俄之间的商贸协议，以便共同对抗强大的英奥同盟。达利翁负责向别斯图热夫说明这一计划，为了能使后者接受法国的提议，达利翁甚至向别斯图热夫大肆行贿。不过，不肯妥协的别斯图热夫拒绝了。

1745年秋，法国军队取得了丰特努瓦大捷，占领了一部分奥地利的领土。与之相对，奥地利则在政治上取得了胜利，弗朗茨亲王加冕称帝。伊丽莎白一世两位负责外交事务的顾问对上述事件有着不同的看法。在掌玺官别斯图热夫看来，俄国的态度取决于普鲁士的实力和侵略性。腓特烈二世已然攻击同时担任波兰国王的萨克森选帝侯。俄国应该加入经由1745年1月签订的《华沙条约》联合起来的几大强国（英国、荷兰、萨克森、奥地利）的联盟，在外交上支持奥地利，遏制普鲁士。然而，副掌玺官沃龙佐夫（Vorontsov）却表示俄国需要克制，在经济上支持一下萨克森就足够了。伊丽莎白有些举棋不定，她既敌视普鲁士，又对玛丽亚-特

蕾莎放心不下。最后，伊丽莎白一世决定用武力解决，计划在来年春天武装干涉萨克森。在准备此计划的过程中，俄国开始从库尔兰撤军。腓特烈二世觉察到了俄国的动向，遂分别与萨克森和奥地利单独缔结和约，这就是1745年12月的《德累斯顿和约》。既然别斯图热夫已经让伊丽莎白一世明白遏制普鲁士野心的重要性，那么他接下来要做的就是真正同奥地利接近。别斯图热夫做到了。1726年俄奥签署的防御联盟条约于1746年5月22日续签，且条约有效期为二十年。两国承诺建立一支3万人的军队以防备潜在的敌人，这个潜在的敌人显然就是普鲁士。条约还规定，一旦遭入侵，两国应该互相帮助，且不能单独媾和。

面对这一联盟，法国还是有点担忧的，它只好进一步加强与波兰和瑞典的纽带。当时法国的太子路易正处于鳏居状态。因此，太子路易与萨克森的玛丽-约瑟夫（Marie-Josèph）的联姻就成了法国上述布局的一部分。1747年1月10日举行了婚礼，法国一方面想借此巩固自己与波兰的友谊，另一方面也希望波兰能因此摆脱俄国的影响。6月6日，法国和瑞典在斯德哥尔摩续签了同盟条约，并给了瑞典一大笔贷款。这些条约都出自皮赛（Puisaye）侯爵之手，他于1747年1月取代了外交大臣阿尔让松，后者被认为应该对法国外交的艰难处境负责。皮赛侯爵还成功地拉近了普鲁士和瑞典的关系，1747年5月18日签订的条约就是明证。如此一来，法国就布置了一个针对俄奥同盟的反制格局。对于俄国来说，还有一个问题至关重要，那就是如何获取启动掌玺官的军事方案所需的资金。只有英国能够提供"打仗所需的粮草"，而别斯图热夫也向来将希望寄托于英国和奥地利这两位盟友身上。然而，英国却始终拖

着不给，它觉得俄国的要求太过了些。此外，法国已于4月与荷兰开战，英国人还盼着俄国派兵同法国作战。6月12日，英国最终签订了给俄国贷款的协议。俄国可以把军队调动起来了。在列普宁（Repnine）亲王的统领下，一支军队深入德意志，直插莱茵河。在另一个方向，前往救援英荷联军的俄军被通过波罗的海运送到荷兰。最后，俄军同样朝着阿尔萨斯进发。

这下法国能够感受到它的盟友是多么不靠谱了。波兰把俄军放了过去，瑞典一动不动，腓特烈二世的做法也如出一辙（尽管在法国的鼓动下，普鲁士加入了同瑞典的联盟）。幸运的是，在如此不利的情况下，1748年和1745年一样，战端要起的传言产生了同样的效果，敌对双方最终放下了敌意。数个月的协商后，1748年10月18日，各方签订了《亚琛和约》。以此和约为标志，奥地利王位继承战争结束。俄国并没有在和约上签字。协商刚开始时，戈洛夫金（Golovkin）伯爵代表俄国去了亚琛。然而，法国和普鲁士表示俄国并没有"参战"，因此不能参与会谈。

条约追认了卡尔六世的《国本诏书》以及玛丽亚·特蕾莎的继承权。西里西亚成了普鲁士的领地。法国向奥地利归还它被占领的尼德兰的土地，向英国割让马德拉斯（Madras）和美洲的部分领地，并且同意摧毁敦刻尔克的防御工事。

俄军的调动在很大程度上促进了和平，那么俄国能从这场战争中总结出什么呢？别斯图热夫的谋划是"维持欧洲均势，确保长期和平"——事实上，在"两次战争之间"，和平维持了八年。俄国的确按照别斯图热夫的谋划走了，但这一和平的后果对俄国并不是那么有利。俄法之间算是结下了仇怨。俄国把普鲁士当作主要敌

人,而法国则与其盟友普鲁士一道在斯德哥尔摩、华沙和伊斯坦布尔处处给俄国使绊子。

凡尔赛和圣彼得堡之间的直接联系荡然无存,所有的冲突也都因此恶化。自《亚琛和约》起,两国首都之间的联系完全破裂。达利翁离开圣彼得堡的时候,女皇甚至连传统的离职照面会都没有举行。后来,达利翁回去过一段时间,为领事圣-索弗尔(Saint-Sauveur)做好过渡工作。到了6月份,就连圣-索弗尔都被召回法国,格罗斯也离开巴黎去了柏林,两国之间一个代表都没有了。多亏了奥地利,人们才想出一个折中的办法。维也纳打算委派一名驻法国的代表(这是战后的第一位代表)。别斯图热夫促使这位大使,也就是考尼茨(Kaunitz)伯爵,与戈利岑(Golitsyne)亲王合作,这就确保了俄国与巴黎的某种联系。

和约已签下,但这并不足以消弭外交的焦灼气氛。仍旧大权在握的别斯图热夫害怕普鲁士的威胁,他担心这个"危险的邻居"。由于瑞典,或者说有腓特烈二世"出谋划策"的瑞典一直困扰着俄国,别斯图热夫成功地从女皇那里获得了加强军备的承诺。腓特烈二世把妹妹嫁给了瑞典王位的继承人荷尔斯泰因亲王。此外,"法国-普鲁士党"在斯德哥尔摩颇有影响力,这些人宣称在国王死后应该改变一下瑞典的体制。时任俄国驻瑞典代表的尼基塔·帕宁(Nikita Panine)以"捍卫瑞典人自由"的名义反对上述言论,并警告说,倘若瑞典发生了这样的变化,俄国将派兵进入芬兰。当阿道夫-腓特烈登上瑞典王位时,俄国的威胁足以扼杀原本的计划,国王马上宣布他不会改变政治体制。

至于华沙,人们总是说不久于人世的奥古斯特三世还在统治

波兰。法国在那里筹划着一场排除俄国的继承阴谋。法国派了布罗伊（Broglie）伯爵当大使，让他负责将支持法国人的群体团结起来，并为候选人孔蒂（Conti）亲王登上王位做好准备。然而，由于俄奥的反对，法国的计划显然很快就行不通了。布罗伊伯爵又想到了另一位候选人，萨克森的莫里斯（Maurice）亲王，不过此人更不符俄国人的心意；腓特烈二世也对此表示反对，并威胁说，如果法国一意孤行的话，普鲁士将不再与法国续订同盟条约。

和法国断绝关系后，俄国仍将普鲁士视为自己最可怕且最恒久的敌人。1752年，当腓特烈二世将手伸向汉诺威时，女皇伊丽莎白声称如果普鲁士冥顽不灵，她将会在普鲁士边界陈兵15万。腓特烈二世觉得冒犯俄国的风险太大了，遂放弃了自己的计划。他知道女皇对他抱有多大的敌意。此种敌意因另一起事件加深了。圣彼得堡又一次发现了普鲁士推动下的意在推翻伊丽莎白一世、扶持伊凡六世登基的阴谋。女皇非常重视此事，下令将不幸的伊凡六世（迄今为止，女皇还算是放了他一马）关押到一个人们难以接近的地方——阴森恐怖的施吕瑟尔堡的城堡。伊凡六世在那里一直被囚禁至死。面对女皇如此激烈的反应，腓特烈二世明白她的敌意非常不符合普鲁士的利益，于是尝试了各种措施来安抚女皇。然而，一切都是徒劳的。女皇对普鲁士恨之入骨，一心只想着削弱，甚至彻底摧毁普鲁士。

如此一来，腓特烈二世只能寻求新的盟友，他转向了英国。然而，这并不是件容易的事。一方面，普鲁士对汉诺威的企图刺激了英国；另一方面，英俄之间有着漫长的友谊。别斯图热夫向来是俄英联盟的坚定支持者，而且两国之间还有密切的商贸联系。别斯

图热夫还趁着汉诺威冲突之机，于1755年9月30日同英国签订了《圣彼得堡公约》。在这一条约中，英国承诺在发生战争的情况下，立即给俄国一笔50万利弗尔的津贴，以及每年10万利弗尔的年金。俄国方面则承诺将在立窝尼亚和立陶宛布置一支6万至8万人的大军。一旦英国或它的某个盟友受到袭击，俄国就会派遣这支军队前往支援。

腓特烈二世被这一条约吓到了。不过，他很好地利用了批准条约耽搁的时间，抓紧与英国于1756年1月19日签订了《威斯敏斯特条约》。两国承诺团结一致，共同对付任何侵犯德意志领土的行径。腓特烈二世得意扬扬，他觉得自己一劳永逸地解决了俄国的威胁并且羞辱了奥地利。他没有想到的是，法国感受到了深深的背叛，因为如果说普鲁士的大敌是俄国的话，那么英国的敌人无疑就是法国。

对于英国来说，与普鲁士缔约没那么困难。既然腓特烈二世业已放弃对汉诺威的领土要求，那么建立英国和普鲁士的联盟也就是自然而然的事了。腓特烈二世派他的大使克尼普豪森（Kniphausen）男爵去稳住凡尔赛。"普鲁士和英国的协议不会影响普鲁士国王同法国续签防卫协议，也不会影响普鲁士对法国的感情。"

另一方面，《威斯敏斯特条约》也影响到了1755年的英俄协议。别斯图热夫想着保全这一协议。然而，女皇创立了一个专门负责外交政策的"国际会议"机构。该机构在经过漫长的讨论之后，终于在3月14日得出结论：英俄协议已经没有存在的意义了。腓特烈二世犯了个大错。他居然相信盟友永固，然而并没有永恒的朋友，任何联盟体系都可能被推翻。《威斯敏斯特条约》也不例外。别斯

图热夫是这一条约的大输家,因为波旁王朝和哈布斯堡王朝因此和解了。打路易十五知道那些促成《威斯敏斯特条约》的协商之日起,他就通知维也纳法国有意和解。消息甚至传到了圣彼得堡。奥地利驻法大使施塔尔亨贝格(Starhemberg)向法方话事人坦露了奥地利的意愿:法国帮助奥地利收复西里西亚和格拉茨(Glatz)公爵领地,并参与反对普鲁士的军事行动。法国有些犹豫,问题出在奥地利对两块领土的索要上。法奥双方都想知道战端一开,俄国的态度是怎样的。玛丽亚·特蕾莎觉得还是让俄国女皇知晓她与法国的协商比较好。奥地利的通报来得正是时候,因为伊丽莎白一世正想着解决普鲁士。女皇想要通过秘密的谈判重新建立与法国的外交关系。俄国方面的开放立场加速了凡尔赛和维也纳之间的沟通,1756 年 5 月 1 日,双方签订了中立和共同防御条约。然而,这一条约中存在着误解。玛丽亚·特蕾莎一心只想收复西里西亚,哪怕造成全面的冲突也在所不惜,而路易十五最看重的是确保和平。而为了达成和平目标,法国需要一个靠得住的俄国。自 1756 年起,两国之间的外交关系就中断了,因此凡尔赛和圣彼得堡之间很难重启对话。这时,在国际政治生活的舞台上,有别于传统外交范式的参与者扮演了相当重要的角色。它们在推动棘手的法俄关系上厥功至伟。在这些参与者中,路易十五的"机密局"(Secret du Roi)占据中心地位。人们在其中可以找到一系列秘密人士。其中头号人物就是一个叫作米歇尔的人,他是彼得大帝时代留在俄国的一个法国批发商的儿子。米歇尔生在俄国,长在俄国,不过因为生意往来,他一直在法国和俄国间奔走。机会合适时,他还会带一些信件和消息。1753 年,米歇尔给法国官员带去了一则有关女皇的秘密消息:女皇想要恢复两

国的正常双边关系。米歇尔对对话人说,沃龙佐夫支持女皇的想法,但是别斯图热夫竭力阻止这一计划的实施。法国方面遂决定再观望观望,看俄国那边到底谁会最终取得胜利。法国想着一边等待,一边收集有关俄国政局的更全面信息。在此期间,法国又启用了一个新的中间人(或者说线人)——瓦尔克鲁瓦桑(Valcroissant)骑士。他是法国驻波兰大使馆的随员。瓦尔克鲁瓦桑更名改姓,负责秘密观察俄国的军事力量,打听有关联盟的计划。他的工作很出色,但他暴露了身份,被以间谍罪逮捕。一通严刑审讯后,他被关到了施吕瑟尔堡城堡。瓦尔克鲁瓦桑的遭遇使得法国在挑选新的密使时越发小心谨慎。

　　米歇尔和瓦尔克鲁瓦桑提供的情报唤起了凡尔赛对俄国的兴趣,因为这两位密探都强调了俄国同法国修好的决心。然而,派谁去才能不引起俄国的怀疑呢?孔蒂亲王最终在自己的陪臣中找到了一个适合此艰巨任务的人选,那就是麦肯齐·道格拉斯(Mackenzie Douglas)骑士,一位忠于斯图亚特王朝的事业、被迫流亡到法国的苏格兰贵族。派给道格拉斯的任务非常重大。他需要了解女沙皇对法国的态度,还要了解俄国的国情(包括金融、军队)、英国驻俄大使威廉斯(他负责统筹英俄之间的贷款协议)领导下的协商的进展、俄国在波兰的动作,等等。道格拉斯骑士要做的事情简直列不完。此外,还要再加一件孔蒂亲王的私事,这是亲王秘密派给他的:为孔蒂亲王争取波兰王位,并首先确保其能获得库尔兰的公爵位。渴望这些荣誉的孔蒂还让道格拉斯骑士向女皇请求一件事,就是让他(孔蒂亲王)指挥俄国的军队!知道此事的人,除了国王之外,就只有一些圈内人,包括孔蒂亲王、负责外交事务的大臣

泰尔西耶（Tercier），以及王室信件总管夏尔·弗朗索瓦·德·布罗伊（Charles François de Broglie）。往来俄国的信件都是加密的，而且信中的内容得装作只是在谈论毛皮贸易。别斯图热夫在信中的代号是"猞猁"，威廉斯的代号是"黑狐"。1755年，道格拉斯完成了他在俄国的第一项任务，但由于还没能见到女皇，他取得的成绩仍旧非常有限。第二年，道格拉斯更为出色地完成了任务。这一回道格拉斯带着委任状，正式代表法国，因而受到了伊丽莎白一世的接见。女皇很高兴能接见法国国王的正式使节，她向道格拉斯还了礼，并决定派外交官别赫捷列夫（Bekhteev）前往凡尔赛。同道格拉斯一样，别赫捷列夫的身份尚未明确下来，因此他是以私人身份被介绍给法国国王的。至于道格拉斯，他不久就迎来了一位助手——埃翁（Éon）骑士。在出发之前，孔蒂亲王已经把他招进了"机密局"。在这一混乱动荡的时期，这些冒牌的外交人员，或者说这些没有职衔的使节、密探在拉近凡尔赛和圣彼得堡的关系中发挥了重要作用。需要指出的是，当道格拉斯骑士进入人们的视野之后，米歇尔并没有停止工作。他还在两国之间不断穿梭，一直为凡尔赛提供情报。

至于道格拉斯，在等待任命大使期间，他仍继续代表法国。他需要推动俄国与法国签订条约。从这一角度看，道格拉斯的任务是最复杂的。他需要推动签订的条约中的一项秘密条款特别指出，若受到英国或其任何一个盟友的侵犯，缔约方负有相互援助的责任。然而，这样俄国就面临着左右为难的困境，因为它已然与英国于1756年2月12日签订了共同防卫条约。此外，还有一个有关波兰的问题。如果俄国要介入欧陆事务的话，它的军队就需要经过波兰，而凡尔赛对此是有所忌惮的。那个路易十五想要支持而奥地利

却想要摧毁的土耳其又是什么想法呢？以上种种问题解释了为何法国与圣彼得堡之间的协商进展这么缓慢（法国希望进行协商，但又担心协商的后果）。道格拉斯骑士为了想出一个十全十美的方案伤透了脑筋。

1756年9月，没有时间再犹犹豫豫了。一场新的战争开始了，这场战争将持续七年。腓特烈二世先下手为强，发兵攻打萨克森，一举拿下了这个公国。错综复杂的联盟体系将所有的君主都调动了起来。玛丽亚·特蕾莎需要捍卫自己的盟友，《凡尔赛条约》迫使法国国王进场，因1746年的条约和奥地利捆绑在一起的俄国女皇也不能置身事外。然而，俄军要想进入德意志，必须先要经过华沙。战争也彻底终结了迁延日久的协商〔俄国原本定于12月31日加入由道格拉斯和奥地利大使埃斯特哈希（Esterhazy）签署的《凡尔赛条约》〕。俄法之间的协商也因法国和土耳其的关系而变得更为复杂。伊丽莎白一世想要确保当俄国受到土耳其攻击时，法国会支持俄国。事情变得棘手了。法国已经不得不接受俄国军队经过波兰。为了满足俄国的要求，法国业已牺牲了波兰这个盟友，法国国王不想再牺牲第二个盟友了。法王给道格拉斯下令，让他在条约中排除伊斯坦布尔。法国下达的命令是很正式的，但是埃斯特哈希成功地说服了道格拉斯骑士，劝他不要因为还没有发生的冲突耽误条约的签订。道格拉斯在最终的文本中加入了法国关于"排除伊斯坦布尔"的诉求，但又附上了一项秘密条款（最高机密），声称一旦俄国与土耳其发生战争，法国将会给盟友提供可以供应2.4万名士兵的物资。作为交换，伊丽莎白一世承诺一旦法国遭到英国袭击，俄国也会提供同等的帮助。然而，英国袭击法国完全是没影的事。

路易十五得知此条约时不禁火冒三丈，他一把撕掉秘密条款，拒绝批准条约。冷静下来后，路易十五又想着还是别撕破脸皮，他以个人的名义向这位"尊贵的姐姐"写了封信。信中解释说，道格拉斯骑士越权了，他不具备提出此类倡议的权限，并请求女皇撤销秘密条款。路易十五还向女皇宣布，道格拉斯已经被撤职了，他派了洛皮塔尔（l'Hôpital）侯爵担任大使。出于对法国的尊重，女皇接受了法国国王的处理方式。俄国不再提及这一插曲，并在不考虑秘密条款的情况下加入了《凡尔赛条约》。1757年1月22日，女皇签署了将其与奥地利女皇联合在一起的条约。两位女皇各自承诺，将派遣8万人共同抗击普鲁士。直至战争结束，奥地利每年向俄国支付100万卢布，此举给俄国空虚的国库解了燃眉之急。3月21日，瑞典也加入了联盟。俄国与英国的联系虽并未因此断绝，但是上述新的联盟意味着别斯图热夫体系的终结，也就是说英国不再拥有直到目前享有的优先地位。圣彼得堡和威斯敏斯特之间的商贸往来仍在继续，但俄国不再是从前那个忠实的盟友了。

然而，上述联盟本应推动的战争却姗姗来迟。没有法国的加入，奥地利无力攻击腓特烈二世，俄国的军队则在其西部国境线焦急地直跺脚。而当奥地利军队终于准备好时，俄国却令人纳闷地观望起来。俄军由大元帅阿普拉克辛（Apraxine）统领，他那令人捉摸不透的态度与当时俄国宫廷的特定局势有关。事实上，此时俄国的宫廷有两股势力。一股是日益衰老、身体抱恙的女皇，她对国事越来越不上心，宠臣们渐渐把持了朝政。另一股是持对立观点的少壮派。作为皇位的继承人，彼得·德·荷尔斯泰因-戈托普公开表达了他对普鲁士及其君主的喜爱。洛皮塔尔侯爵是这么描述他的：

"彼得沐猴而冠，整天崇拜普鲁士国王。"人们都知道这位继承人性格怯弱。然而，彼得的妻子叶卡捷琳娜·安哈尔特却完全不同，她有着非常坚毅的个性。叶卡捷琳娜·安哈尔特聪慧又富有修养，她知道她得在女皇面前隐藏自己的野心及对权力的渴望（毕竟，伊丽莎白一世从未对她放心过，也不怎么喜欢她）。叶卡捷琳娜·安哈尔特在所谓的少壮派中有很高的威信。她与一些大使保持着联系，尤其是与那些有钱的大使，因为叶卡捷琳娜夫妇负债累累。叶卡捷琳娜·安哈尔特还与别斯图热夫结下了友谊，因为两人的外交理念相通。此外，叶卡捷琳娜还爱上了波尼亚托夫斯基。在她的鼓动下，波尼亚托夫斯基还被任命为波兰驻圣彼得堡的公使。波尼亚托夫斯基和英国大使威廉斯保持着联系，还对女大公叶卡捷琳娜有着很深的影响。女皇对此非常警惕，她想要把波尼亚托夫斯基遣返回国。洛皮塔尔侯爵明白要想讨好叶卡捷琳娜，关键在于他是不是支持波尼亚托夫斯基。得知皇位继承人夫妇缺钱后，那些有钱的大使就挖空心思，希望通过花钱赢得他们的好感。奥地利方面为他们花了重金，洛皮塔尔侯爵也收到指示照着奥地利的例子来。此外，少壮派还与关心继承之事的阿普拉克辛保持着联系。叶卡捷琳娜并不希望发生战争。阿普拉克辛也明白这一点。女皇有好几次处在死亡的边缘，人们觉得女皇的大限看来不远了，阿普拉克辛决定再等一等。在此期间，腓特烈二世在萨克森和波希米亚横冲直撞。冬天到了，奥地利人怒不可遏：俄国什么时候才发兵？女皇身体好一点后，就给阿普拉克辛下令准备战斗。然而，阿普拉克辛还是拖延了好几个月（按照他的说辞，这是为了军队能够进入战斗状态）。1757年夏，数个月的观望之后，战斗最终打响了。

俄军朝着涅曼河挺进。只是到了这个时候，人们才感受到法国外交策略的矛盾之处。一直在休假的布罗伊伯爵于1757年7月1日重返岗位，此时正当战争开始之时。临行之前，法国国王嘱咐他关注波兰的利益，如果波兰和俄国起了冲突，要优先照顾波兰。这些指令与法俄同盟的要求相龃龉，也与俄国在这场战争中扮演的角色相悖。这些指令还与布罗伊从上司贝尼斯（Bernis）那里接收的指令相左。贝尼斯是"参与机要"之人，也是个两面派。布罗伊自然是敌视俄国的，因此他决定遵守国王的命令。布罗伊的使馆就成了所有抱怨俄国行为及其过分之举的波兰人的会面场所。甚至布罗伊本人就在挑唆，他将这些抱怨报告给国王，将充满威胁语调的信息讲给圣彼得堡方面听。俄军知道布罗伊在煽风点火，他们担心爆发起义，因此行事谨慎，持观望态度，以至于普鲁士有时间组织起来。法国的两面派作风就这么暴露在所有人面前。布罗伊并不局限于收集不满，他还让波兰贵族为接下来的王位继承做好准备，鼓动他们反对俄国推荐的候选人，鼓励他们支持法国的候选人。从原则上来说，这是一场法国和俄国共同面对的战争，但是法国自相矛盾的外交策略削弱了二者的联盟。

贝尼斯知道了布罗伊的行为后，把他好好训斥了一番。布罗伊向国王诉苦，国王则不置可否，不明确表态。布罗伊遂继续从事反俄活动，致使波尼亚托夫斯基被召回波兰，此事的后果关系重大。叶卡捷琳娜大为震动，也因此敌视法国。她同别斯图热夫走得越发近了，两人不再局限于规劝阿普拉克辛不要贸然介入，还敦促他停止战斗。

在往东普鲁士进军的过程中，阿普拉克辛最终遇到了普鲁士人。

他拿下了梅梅尔，但是在格罗斯-雅杰恩多夫（Gross-Jägersdorf）与普鲁士军队的正面交锋中，阿普拉克辛被吓得不轻。幸亏精锐部队前来营救，他才躲过一劫。通往柯尼斯堡的路就在他面前。然而，阿普拉克辛停了下来，接着便折返了。俄军就这么没什么明显理由地撤出了战争舞台。不过倒是有一个理由可以解释阿普拉克辛的决定——传闻女皇快要死了，争夺皇位的时刻到了。伊丽莎白一世再次挺了过来，并展开了复仇。阿普拉克辛受到了军事法庭的审判，按叛国罪被处以死刑，不过他倒是死得很及时。在女皇眼中，别斯图热夫才是阴谋的灵魂人物。别斯图热夫被解职，被控犯有弑君罪，并被流放至西伯利亚。通过检查阿普拉克辛的文件，女皇知道了众多有关其与女大公叶卡捷琳娜关系的信息，这两个女人的关系因而并没有得到改善。康复后的女皇重掌军务。女皇起用另一名老练的主将维利姆·费莫尔（Villim Fermor）取代了阿普拉克辛。在之前的梅梅尔战役中，维利姆·费莫尔表现出色。他下令占领东普鲁士（阿普拉克辛从此地撤军时，俄国败坏野蛮的军纪完全超出了当地居民的想象）。费莫尔整肃军队，拿下了柯尼斯堡，朝着勃兰登堡进发。至1758年夏，柏林似乎已经触手可及。不过普鲁士人还没有被彻底打败。首都告急的状况激发了普鲁士人的斗志，而事实证明腓特烈二世仍是那个战无不胜的战术大师。8月25日，俄军和普军在曹恩道夫（Zorndorf）兵戎相见。俄军在人数上占优，但最终还是败给了普鲁士，且损失惨重。腓特烈二世携胜利之姿在罗斯巴赫痛击法国人，一个月之后，又在洛伊滕（Leuthen）战胜了奥地利人。不过，腓特烈二世的敌人并没有就此出局。

罗斯巴赫战役在法国产生了难以估量的震动。到处都流传着

法国即将和普鲁士单独媾和的消息。俄国人对此很警觉。贝尼斯忙着澄清谣言，说媾和的事只有《凡尔赛条约》的签署方一致同意方有可能。然而这些话并非真心实意的。贝尼斯知道法国已经精疲力竭了。法国当时在两线作战：一边对付普鲁士，一边在几大洋和几大洲上抗衡英国。他也知道只要保持普鲁士领土的完整，腓特烈二世便愿意和谈。而奥地利方面只要收回西里西亚，其他什么都好说。贝尼斯唯一把握不准的就是俄国，他担心俄国会冥顽不灵。贝尼斯努力争取让玛丽亚·特蕾莎接受媾和的想法，但后者却把这一想法告诉了伊丽莎白一世。女皇的反应很激烈，两个女人约定一起给法国施压，阻止法国单独媾和。

1759年伊始，法国的外交策略发生了巨大的变动。贝尼斯辞职了，他的副手舒瓦瑟尔-斯坦维尔（Choiseul-Stainville）伯爵升为公爵，并接替了他的位置。这位新任的官员，同时也是首相，好几次表明了自己的立场：战争应该继续下去，应该解决腓特烈二世，这就完全与贝尼斯的策略背道而驰了。至于盟友关系，舒瓦瑟尔-斯坦维尔自然是在意与奥地利达成的协议的，不过他也认为俄国的支持对于战争是不可或缺的（他知道俄国在地缘和战略上的重要性）。舒瓦瑟尔-普拉兰（Choiseul-Praslin）公爵是舒瓦瑟尔-斯坦维尔的一个堂兄。他向舒瓦瑟尔-斯坦维尔递交了一份有关法俄关系的论文。舒瓦瑟尔-斯坦维尔基于论文，思考起了法国与俄国建立真正稳固关系的必要性，或许法国应该直接与俄国洽谈，而非加入由维也纳当中介的条约。舒瓦瑟尔公爵遂下定决心与女皇本人建立更为直接的联系，让女皇知道法国也像俄国一样想要摧毁它们共同的敌人——普鲁士。

舒瓦瑟尔想要越过奥地利，改善与俄国的关系。但是他的想法和路易十五的观念产生了冲突。他还不知道国王的"机密局"的存在。

1759年春，法国和俄国再度发起了进攻。卑尔根（Bergen）的胜利者布罗伊元帅朝着威悉河（Weser）的方向挺进。维利姆·费莫尔的继任者萨尔特科夫（Saltykov）则带领俄军杀向奥得河（Oder）。这些分头的进攻并不能让舒瓦瑟尔满意，他认为联合行动更为有效。这也是1759年舒瓦瑟尔想要推动法俄联军登陆苏格兰的原因。伏尔泰讥讽这一计划是"天方夜谭"。考虑到俄军的装备，专家们也指出此计划是不可能的。

1759年夏，长期以来眷顾腓特烈二世的战争运数到头了。在离法兰克福不远的库勒斯道夫（Kunersdorf），腓特烈二世遇上了俄军。面对8万敌军，腓特烈二世的4.8万人整整齐齐地摆开了队形。在一开始，腓特烈二世的军事天赋使其能够包抄敌军，但他操之过急地宣称自己能够取胜。后来，风云突变，俄军改变了战术，迫使普鲁士军队后撤。腓特烈二世不得不弃柏林而逃。然而，俄军和奥地利军队可没有就此停下，他们先后占领了西里西亚（这是玛丽亚·特蕾莎心心念念的土地）、勃兰登堡以及柏林（柏林向俄军投降了）。奥军和俄军洗劫了柏林。听闻腓特烈二世（尽管吃了些败仗，但将星仍旧闪耀）率大军返回时，奥军和俄军撤离了柏林。俄国打了不少胜仗，但其自身也损耗巨大，无力继续作战。接替别斯图热夫担任掌玺官的沃龙佐夫将这一情况告知了盟友，而盟友们的情况也都差不多。是时候缔结和约了。奥地利和法国都是这么想的。然而，当沃龙佐夫向女皇提出媾和问题时，他却遭到了女皇激烈的反对。女皇想要粉碎普鲁士并彻底消灭腓特烈二世。伊丽莎白

一世一心只想继续作战，直到取得完全的胜利，而她的盟友应该跟着她继续干。对于躲在布雷斯劳（Breslau）的腓特烈二世来说，战斗已经输了。他把最后的希望寄托在奥斯曼苏丹身上。七年战争打到最后，欧洲已经乱成了一锅粥，此时有利于奥斯曼进场攻打俄国。然而，奥斯曼苏丹什么都没做，任由普鲁士国王自生自灭。

不过时来天地皆同力。穷追不舍的俄国女皇伊丽莎白一世死了。1762年1月5日发生的这一事件对于腓特烈二世来说简直就是一个奇迹，当时他以为自己必败无疑了。1762年5月5日，俄国和普鲁士签订了和约。

这一和约来之不易且酝酿已久。1760年，也就是伊丽莎白一世去世的两年前，法国就已经想结束战争，或者至少自己能够退出。法国驻圣彼得堡的新任大使布勒特伊（Breteuil）男爵，不止一次向俄国的负责人说，法国想要缔结和约。法国的心情是可以理解的，当时它在美洲和印度战场节节败退，在欧陆战场上也缺乏亮眼的表现。布勒特伊男爵一方面努力让女皇明白继续作战毫无意义，另一方面敦促两国加强联系，尤其是加强两国间的商贸往来（一直以来商贸都被英国人垄断了）。为了能让腓特烈二世坐下来谈判，首先得切断对其来说不可或缺的英国的协助，为此就得与英国谈一谈。法国国王认为，在西班牙和荷兰的支持下，他最适合进行谈判。得知法国的计划后，俄国女皇提出了异议：她认为和平的目的不仅在于结束战争，还在于确保普鲁士从今以后不再对邻国与和平构成威胁，因此有必要战斗到底，直至彻底摧毁普鲁士的战斗力。

俄国大使切尔内舍夫（Tchernychev）在巴黎逢人就说同样的

第三章　伊丽莎白一世：一个法国的选择

话。就当双方交换意见时，举行和平会议的计划已经逐渐成形。俄国在号召将战斗进行到底时，并没有反对和平会议的召开。它盘算着在战后能捍卫自己的领土要求。东普鲁士和但泽并不是俄国的首要目标，它想要的是调整与乌克兰的疆界，但这让波兰人坐不住了。为了实现这一目标，俄国需要法国的配合。这也是在与法国谋划和平谈判时，俄国女皇表现出克制的原因。在与英国进行了漫长的谈判后，凡尔赛方面最终不得不承认失败，舒瓦瑟尔转向西班牙，并于1761年8月与其签订了家族盟约。

　　俄国理解法国战败的苦涩，因此伊丽莎白一世向法国国王提议缔结一个不包括奥地利的和约。俄国承诺会向英国施加压力，以期它能在殖民地问题上顾及法国的利益。俄国要求法国支持其"乌克兰诉求"，以此作为自己支持法国的回报。这个提议契合舒瓦瑟尔的想法，但不符合国王的意愿，而他并不知道国王的想法——君心难测啊！这意味着舒瓦瑟尔必须谨慎行事。法国国王提醒，倘若放任俄国在乌克兰扩张，势必会导致土耳其的敌意以及波兰的担忧。现在情况很明显了：较之法国一直以来的盟友，即伊斯坦布尔和华沙，同俄国的关系没那么重要。不过，如果说与俄国建立真正的联盟尚未被提上日程，两国之间的商贸关系倒是在朝着有利的方向发展。关于这方面，法国国王考虑的重点同样不在于与俄国的关系，而在于将英国排挤出它甚为看重的商贸关系。1760年春，圣彼得堡和伦敦正在协商新的商贸协议，而这是法国想要极力避免的。圣彼得堡辩称俄英之间的协议并不会阻碍俄国与法国签订类似的协议。舒瓦瑟尔决定继续与俄国协商。1761年冬，协议的文本已经准备好（其中也包含了有关自由航行的条款），就等着女

皇签字了。随着女皇驾崩，一切都戛然而止。

剩下来的就是军事行动的问题了，法国希望1761年战火不要重燃。然而，维也纳和圣彼得堡铁了心要解决腓特烈二世，法国也不得不迁就它们。七年战争的最后一场战役出乎所有对手的意料。腓特烈二世一反常态地犹豫不决，然而其对手的保守态度也令人咋舌。俄军统帅布图林（Boutourline）和奥军统帅劳东（Laudon）没有利用好腓特烈二世犹豫不决的机会，他们没有扑向柏林，反倒因采取何种战略而争吵不休。这给了普鲁士人喘息的时间，让他们有可能在布雷斯劳寻求庇护。女皇的驾崩再次打消了所有的犹豫不决。

这一人们等待已久的死亡彻底改变了局势。女皇一直担心她死后俄国皇位的继承人会推翻她的政策。伊丽莎白一世的担忧变成了现实。女皇既殁，七年战争的问题就不再是军事问题，也不是每支军队各自的阵地问题。七年战争成了政治问题，取决于那个登上罗曼诺夫王朝皇位的人的个性。

伊丽莎白一世指定了她的外甥，也就是彼得·德·荷尔斯泰因继承皇位。女皇曾竭力使这位皇储为将来所要承担的角色做好准备，不过她很早就明白自己的选择糟透了，她无法确保这位继承人会延续她的政策。彼得·德·荷尔斯泰因是腓特烈二世的狂热崇拜者。更甚的是，他既不想成为俄国人，也不喜欢俄国——不论是其文化，还是他不得不皈依的宗教，他都不喜欢。他期待着登上皇位，改变俄国，按照他的德意志热情改造俄国。女皇意识到了这位未来君主的个性与俄国之间存在罅隙。她也知道这位亲王的弱点，他资质平庸且心智不成熟。他的妻子则截然相反。女皇还知道这对

夫妇的关系很不稳固。彼得了解叶卡捷琳娜放荡的生活，但他对此已经适应了，他只想摆脱这个性格强势的人。俄国有一个传统，就是把那些令人困扰的妻子关进修道院。这个念头在伊丽莎白一世的脑袋里冒了出来。因此，女皇也知道未来难以预料。当彼得夫妇的孩子保罗出生时，伊丽莎白一世一度想绕过可悲的彼得，将国家直接交由摄政领导。不过伊丽莎白一世最终还是没有那么做。直至咽气前，不安都在折磨着伊丽莎白一世。

伊丽莎白一世之所以投身这场旷日持久的战争，既是因为她个人对腓特烈二世的仇恨，也是因为她意识到了普鲁士的威胁。这个国力日增的强国对欧洲的均势和俄国的安全来说都是隐患。女皇对普鲁士和腓特烈二世一直怀有敌对情绪，除此之外，在她的政治愿景中，法国有着巨大吸引力。女皇喜欢法国的语言、文化，羡慕法国在国际上的地位。法国是欧洲的超级大国，是国家的典范和规则的制定者。女皇相信俄国的国家利益与法国的国家利益是一致的。昔日父亲彼得大帝在世时，他曾希望以联姻的方式缔结两国的友谊。无奈彼时的俄国还入不了法国的法眼，联姻计划遂无疾而终。

伊丽莎白一世也想效仿先皇，希望两国结下秦晋之好。然而，一如彼得大帝，由于法国仍旧不怎么高看俄国，女皇也碰了一鼻子灰。尽管俄国的国力与日俱增，但在法王眼中，罗曼诺夫帝国始终比不上波兰、瑞典、土耳其这些传统盟友。俄国还不至于让法国感到担忧，对于法国来说，俄国仍旧是那个处于欧洲秩序之外的国家——尽管自 1740 年以来，奥地利王位继承战争和七年战争两场大战已经动摇旧的欧洲秩序，俄国已然进入欧洲政局。靠着伊丽莎

白一世矢志不渝的努力，俄国总算在欧洲赢得了一个新的地位。然而，这一地位从未被凡尔赛完全理解和接受。将俄国置于欧洲边缘是法国在这一时期一以贯之的想法，是其政治决策的出发点，也是交给"机密局"这一特殊机构的任务之一。

第四章
彼得三世：普鲁士的诱惑

　　1762 年 1 月 5 日，女皇伊丽莎白一世挑选的继承人、时年三十四岁的彼得·德·荷尔斯泰因在军队面前即位。虽然欢呼声并不怎么热情，但他还是以沙皇彼得三世的身份得到了承认。毕竟，他是彼得大帝的外孙。一个罗曼诺夫家族的成员登上了皇位，男性继承的传统得到恢复，一切似乎都走上了正轨。当然，新皇并不怎么受欢迎，他喜欢与自己的荷尔斯泰因营玩一些幼稚的游戏，对军营有特殊的癖好，这些都让人感到惊讶。不过，新皇统治伊始似乎有一些好兆头。在 2 月份发布的宣言中，彼得三世免除了彼得大帝在位时期要求贵族对国家尽的义务。贵族因这一政策对皇帝感恩戴德。此外，彼得三世还废除了秘密刑侦衙门。由于这一机构造成的恐慌，英国大使将其同西班牙的宗教裁判所相提并论。彼得三世还大赦迄今为止遭受迫害的旧礼仪派，他们可以回到俄国，也可以要求在西伯利亚找块土地有尊严地活着。先前被流放的人——米尼赫、比龙、莱斯托克以及其他一些人——都可以离开监禁自己的流放地。这些新政意味着新皇是个仁君吗？

然而，就在这些良政颁布的同时，另一些政策却激起了社会的愤慨。彼得三世一上来就毫不掩饰他对俄国国教的不屑，一些轻浮之举显露了他的敌意。彼得三世还要求军队按照普鲁士的模式操练——无论是穿着还是训练都模仿腓特烈二世的军队。俄国宫廷也得仿照德意志模式，遵从德意志礼仪；俄国的一切都突遭禁止。几周下来新皇就不得人心了。

然而，最利害攸关的还不是内政，而是俄国放弃本国利益去讨普鲁士的欢心。自库勒斯道夫战役以来，腓特烈二世知道大势已去，即便布图林没有乘胜追击也无济于事。彼得三世登基使普鲁士国王重燃希望。腓特烈二世立马通过英国大使向沙皇表示了祝贺。沃龙佐夫曾说："和平乃吾国之所愿，然欲结和平需盟友同心协力。"彼得三世可管不了那么多，他旋即开始与腓特烈二世的特使冯·戈尔茨（von Goltz）男爵进行和谈。甚至在开始和谈之前，彼得三世就在没有咨询盟友的情况下，各种向腓特烈二世示好，特别是释放了六百多名普鲁士军官和士兵，并将他们送回自己的家园。然后，他还给奥地利女皇发了恐吓性的消息，"力促"其与普鲁士国王停战，并进行和平谈判。

腓特烈二世已经授权其全权代表将东普鲁士割让给俄国（如果沙皇需要得到这块土地才愿尽早达成协议的话）。出人意料的是，冯·戈尔茨男爵的对话人只是滔滔不绝地谈论他与腓特烈二世的友谊，还展示了一枚饰有普鲁士国王肖像的戒指，对冯·戈尔茨男爵所谈的相关和解诉求则漠不关心。俄国的负责人对冯·戈尔茨男爵说，俄国不但不要东普鲁士，还会归还俄国所占领的一切土地。他还暗示，普鲁士国王可以自行撰写和平条约，俄国会不经讨论便

签署。

1762年5月5日的俄国-普鲁士条约建立了一个攻守联盟。两国承诺互相支援。腓特烈二世承诺把荷尔斯泰因的土地给他的这位新朋友，把库尔兰公国给彼得的堂叔，他还承诺在波兰事务中支持俄国。联盟关系彻底翻转了。

对于法国来说，此乃晴天霹雳。凡尔赛知道自2月起，沙皇就想退出战争。当彼得三世将此意正式通知盟友时，路易十五提醒说，他也早就想结束战争了。然而，路易十五加了一句，他不能接受秘密交涉，和平条约的缔结应该建立在总体协调之上且经由所有盟友一致讨论。与普鲁士签署和约时，彼得三世确实表达过他想要为欧洲整体的秩序做出贡献，但是此约一签，他就违背了俄国与所有盟友签署的协议。彼得三世还自荐成为普鲁士和瑞典的调停人。

如果说法国对俄国新皇的处理方式心怀不满的话，那么奥地利女皇更是气不打一处来了，因为她才是最大的受害者。女皇伊丽莎白一世向来支持奥地利对西里西亚和格拉茨的领土主张，但俄国与普鲁士的和约让这一希望破灭了。

英国对俄国和普鲁士的和解也非常不满。普鲁士本来和英国走得很近，然而腓特烈二世和两国共同的敌人媾和时甚至都没有通知英国。只有心满意足的瑞典忙不迭地追寻彼得三世树立的榜样。瑞典军队在战场上几乎没有什么亮眼的表现，国内经济已经到了崩溃的边缘，民不聊生，舆情汹汹。因此，瑞典国王阿道夫-腓特烈决定遵循堂侄的和平举措，这一决定也让身为腓特烈二世妹妹的王后欢欣鼓舞。和平条约确认了两国在战前的领土状况，而法国却因此失去了一个一直以来的盟友。至于波兰，它有充足的理由对此

和约扼腕叹息。彼得三世向来敌视波兰，他想把堂叔乔治·德·荷尔斯泰因（Georges de Holstein）亲王扶上库尔兰公爵位是无人不知的事。在俄国与普鲁士的和约中，一项秘密条款就包含了上述计划。

彼得三世已经同普鲁士媾和，然而战争并未结束，即使对俄军来说也是如此。俄国还需打败奥地利，和约上的墨迹甫干，俄军就和普鲁士军队携起手来在萨克森迎击奥地利军队。彼得三世宣称他将身先士卒，拿下石勒苏益格。彼得三世刚登基之时，俄国人民以为和平最终降临了。现在这位君主又重启战事，这对俄国人民来说是难以理解且不可接受的。

在此之前，连年的战争已使得俄国人困马乏，意志消沉，因此俄国人民对新皇的登基漠然处之。然而，随着彼得三世与腓特烈二世的和解，有那么一瞬间，俄国人民心中又燃起了希望。不过，事实证明，所有的希望不过是竹篮打水一场空，没过多久彼得三世就变得不得人心了。而彼得三世的亲普情结又让他做出了许多令俄国人惊诧的决定。俄国的大门和权力向众多德意志人敞开。即位之初的大赦的受益人更多的是德意志人，而非俄国人，比如别斯图热夫仍遭驱逐，而米尼赫则得意扬扬地返回了首都。除此之外，沙皇和俄国教会之间的危机也进一步加剧了不满。这一危机也恶化了沙皇与臣民的关系：沙皇想要将俄国及其国家机构德意志化，以此消除俄国的特性，俄国臣民则不以为然。彼得三世对俄国的厌恶还促使他想要改革东正教，使之成为受宗教改革精神和仪式启发的以彼得三世为尊的国教。对于这一计划，教会整体群起而攻之，信徒也支持教会。新皇统治伊始，没人知道这一冲突会发展到什么地步。

在国外，彼得三世也很快遇到了阻力，不过不是在战争行将结束的战场上，而是在其改革的意愿上。首先是来自法国的阻力。甫一登基，彼得三世就晓谕驻俄国的各位外国代表，说他们都应该走一种类似于重新委任的程序。除非受到沙皇新提拔的大元帅乔治·德·荷尔斯泰因亲王的认可，否则他们长期以来持有的国书将不再有效。法国代表布勒特伊男爵、奥地利代表梅西-阿让托（Mercy-Argenteau）伯爵和西班牙代表阿莫多瓦（Almodovar）侯爵都表示了抗议。搞这么奇怪的一套干什么呢？他们扬言，除非乔治·德·荷尔斯泰因亲王主动造访并邀请他们回访，否则他们决不遵从上述程序。彼得三世则火上浇油，威胁这些代表，声称假如他们冥顽不灵，就要求他们国家召回他们。这一奇怪的礼节要求产生了意料之外的后果，也就是说所有外交关系都受到了影响。此事件甚至影响到了彼得三世的皇帝头衔，这一头衔乃是俄国自彼得大帝以来一直努力想让凡尔赛承认的，并最终在伊丽莎白一世时得到了路易十五的承认。1762年的外交礼节危机时，凡尔赛宣告了一个对于俄国君主来说难以接受的消息，即皇帝头衔是授予伊丽莎白一世个人的，不能传于后世。布勒特伊男爵给俄国君主出主意，以期平息法国的怒火，也就是让沙皇责令荷尔斯泰因亲王满足使者们的要求，法国则继续承认俄国君主的皇帝头衔。然而，在俄国与普鲁士的和约签署后，这一礼节上的争论也就没有存在的意义了。布勒特伊男爵被召回国内。他向上级汇报了俄国的情况，说俄国君主是多么不得人心，皇帝夫妇是多么不和，沙皇想要废掉皇后，另立已经上位的新宠取而代之。他还细致地描述了皇后叶卡捷琳娜的性格。她虽是德意志人，但心系俄国，也因此备受俄国人民爱戴。布

勒特伊还特别强调叶卡捷琳娜与她儿子的家庭教师尼基塔·帕宁伯爵之间的密切关系。后者是个老到的外交家，先在丹麦，后在瑞典锻炼出了职业素养。召他回国是为了让他担任年轻太子，也就是未来的保罗一世的老师。在伊丽莎白一世备受争议的继承人问题上，帕宁提出了一个备选方案：由他的学生继承皇位，而作为少年君主的老师，他将成为摄政朝廷的成员。这一方案没有落实，但是帕宁一直与叶卡捷琳娜及其朋友和知己达什科娃公主（他的侄女，后来成为他的情妇）保持着密切的关系。这个三人组对彼得三世的出格之举非常担心。布勒特伊注意到了他们，并向上司汇报了这一情况。

在凡尔赛，对俄国的不满与担忧同频共振。一种共识达成：亲普鲁士的彼得三世及其任性与幼稚对欧洲构成了威胁。然而没有人知道该如何是好。身在圣彼得堡的洛皮塔尔侯爵早就给上司贝尼斯写信道："女皇龙驭宾天之时，俄国就会经历一场巨变。我们不能让彼得登上皇位。"然而，谁能取而代之呢？人们再次想到了伊凡六世，那个被囚禁在施吕瑟尔堡的可怜人。自从伊凡六世被囚禁之后，再也没有人谈论过他，甚至没有人知道他是否还活着。由亲王保罗隔代继承的方案也即刻变得不切实际，因为彼得动作迅速，很快就登上了皇位。至于叶卡捷琳娜，凡尔赛宫里尚未有人认识到她的重要性。当时她正面临着被废的危险，彼得三世喜欢掌玺官的女儿，尽管布勒特伊男爵称其像个"客栈服务员"。人们只知道叶卡捷琳娜有一堆情人，且总是缺钱花。布勒特伊对凡尔赛方面长话短说，直奔一次重大的冲突：在一次晚宴上，彼得三世下令逮捕叶卡捷琳娜。荷尔斯泰因亲王担心丑闻外扬，好说歹说才让堂侄放了

叶卡捷琳娜。然而，叶卡捷琳娜知道时不我待，于是转向了布勒特伊男爵。她告诉男爵，自己正在酝酿阴谋，需要他的资助。布勒特伊当时即将离开圣彼得堡，他已经得到了法国驻斯德哥尔摩大使馆的许诺，而他从未意识到自己会卷入一个危险的阴谋，这让他很不高兴。布勒特伊要求获悉相关的细节，还说他不能在未获法国宫廷允许的情况下擅自行动，并要求得到叶卡捷琳娜手写的证明。答复还没收到，布勒特伊就匆匆地离开了俄国首都，留下同事贝朗热（Bérenger）按照自己的要求继续追踪此事。

二十年前，拉·切塔尔迪的行事风格就大胆多了。布勒特伊男爵急于走另一条路，他甚至都没通知凡尔赛正在酝酿的阴谋。不过，从各方面来看，他还是重复了1742年的剧本。那一年，伊丽莎白害怕被关到修道院去，麇集伊丽莎白身边的密谋者劝其早日发动政变。因为同瑞典的战争需要将禁卫军调到前线去，而禁卫军正是密谋者的大本营。

贝朗热向凡尔赛报告称，彼得三世正在他最爱的奥拉宁堡（Oranienburg）行宫里与女人寻欢作乐，言下之意是说没有什么紧急的事。他甚至向上司保证，他会在行动发生的大约十天前通知上司。

1762年6月28日的政变就是在这种气氛中发动的。这与当年伊丽莎白登上皇位的情况如出一辙。禁卫军处于政变的第一线，由奥尔洛夫（Orlov）兄弟组成的四人小组功劳最大。格里高利（Grégoire）是其中的一员，作为叶卡捷琳娜的情人，他组织了政变。叶卡捷琳娜深知禁卫军在历次宫廷政变中的作用，她很有可能特地在禁卫军中挑了个情人，这个人还有三个兄弟就更好不过了。如此一来，叶卡捷琳娜对禁卫军的掌控就更真实具体了。阿列克谢·奥

尔洛夫引叶卡捷琳娜来到三个准备发动政变的军团前。他们向叶卡捷琳娜欢呼致意，向她宣誓，像拥立伊丽莎白一样拥立她。彼得三世在自己幽僻的行宫里得知了政变的消息。大惊失色的他哭哭啼啼，慌忙逃窜。被抓获后，彼得宣布他会退位。新任女皇将彼得押送至洛普查（Ropcha），根据官方的记载，四天之后彼得死于痔疮绞痛。不过，官方的说辞哪里抵得过飞短流长。流言说是叶卡捷琳娜杀了彼得，在诸如吕利埃（Rulhière）这样的法国历史学家的支持下，流言就传得更快了。然而，还流传着另一个说法。在阿列克谢·奥尔洛夫给叶卡捷琳娜的短笺中，他向女皇担保"那个蠢货在一次自找的斗殴中死了"。彼得三世死于同醉汉的斗殴，这似乎是这位受人厌恶的皇帝最解释得通的结局。无论人们采信何种解释，对于叶卡捷琳娜来说，这一结果都是好的。她摆脱了这一祸患，如果彼得还活着，支持彼得的人多少都会对她产生压力。腓特烈二世得知政变的消息后，为这位他最喜欢的对话者的死悲痛不已。不过，他在悼词中也指出彼得三世懦弱、无知，所以才有今日之变，彼得本可以投奔他的军队，那样就不至于断送江山了。

  政变在法国产生的反响是最大的。布勒特伊男爵惊讶地发现回到法国后他被上司狠狠批了一顿，上头责备他怎么不在消息传来的第一时间返回圣彼得堡。上头让他赶紧上任。政变并不怎么符合凡尔赛的心意，因为法国不看好叶卡捷琳娜的未来，人们觉得还会有动乱发生。新任女皇放荡的生活使得流言满天飞，也使得她得不到什么尊重，她的治国政策也因此受到影响。此外，伊凡六世的幽灵始终在皇位上游荡。在俄国波谲云诡的历史上第一次有一个外国人（还是个德意志人）坐上了皇位。除了那个被她赶下皇位并离奇

死亡的丈夫之外，叶卡捷琳娜与彼得大帝没有任何关系。与此同时，一个真正的罗曼诺夫家族的人却在冰冷的监狱中苦苦等待。俄国的政局前路难测，法国方面因此与这一事件保持距离。法国国王也因此给布勒特伊提出了建议：布勒特伊应密切关注叶卡捷琳娜，尤其是"你已经知道我国对俄国的政策，那就是尽量让俄国远离欧洲"。

布勒特伊很快就告知凡尔赛：与所有的预料相反，叶卡捷琳娜想要大权独揽，而她马上就会证明这一点。

第五章
俄国的启蒙时代

登上俄国皇位的叶卡捷琳娜首先要面对一个相当棘手的问题：如何稳固自己的合法性？怎么才能确保权力不受到质疑呢？她的个人情况有三大不利之处。她是通过政变上台的，这让她背负着篡位者的骂名。彼得三世虽然个性软弱且不得人心，但他的合法性毋庸置疑；作为彼得大帝的外孙，彼得三世即位意味着俄国传统的继承规则恢复。在这方面，叶卡捷琳娜二世没有任何资格可以继承俄国皇位，她既不是罗曼诺夫家族的血脉，也不是俄国人。伊凡六世和彼得三世的儿子保罗都比她更有资格继承皇位，但他们都被排除了。人们一度谋划让保罗即位，由保罗的母亲担任摄政，但这一计划很快就被叶卡捷琳娜否定了。1762年，叶卡捷琳娜成功地登上大宝。然而，她的儿子保罗始终无法忘怀这种被抢走皇位的剥夺感。在女皇的整个统治期间，母子俩的关系一直受此影响，保罗对母亲的怨恨换来的是母亲对保罗的怀疑。叶卡捷琳娜去世时，保罗的各项安排就体现了母子间的深刻矛盾。首先，保罗废除了叶卡捷琳娜为继承人布局的政治遗嘱；其次，保罗筹办的葬礼对叶卡捷琳

娜二世来说简直是一种侮辱；最后，也是最重要的，保罗重新确立了《萨利克法典》，排除了女性的继承权。

上述不利情况逼得叶卡捷琳娜不得不经常维护自己的权威。作为罗曼诺夫王朝的外人，叶卡捷琳娜的回应就是，她一开始就紧紧抓住一个原则不放，她的政策也以此原则为指南。这个原则就是忠于彼得大帝的路线，无论是内政还是外交，都依先皇故事。因此，很快就出现了对立的称呼：一种是法国国王随意说出口的侮辱性称呼，即篡位者；另一种则是其对立面，即彼得大帝的继承者。

为了理解这一点，我们得先花点时间了解一下新任女皇的个性。1762年以前，也就是叶卡捷琳娜还只是太子妃的时候，所有接触过她的人都一致认可她的素质——聪明、有文化、充满好奇心，同时也长袖善舞、野心勃勃。当然，当她还是太子妃时，她的私生活就已经引起愤慨了。她的情人一个接着一个，很少有人觉得这对夫妇的第一个孩子保罗的生父是彼得三世。然而，怎么能不去了解将这对夫妇分离的原因呢？首先是外貌上的原因。叶卡捷琳娜初见彼得·德·荷尔斯泰因的时候，他是一个身材不错的英俊少年，有一点点像他的外祖父。然而，等到结婚之时，她面对的却完全是另一个人了，彼得的脸已经因为生过天花毁掉了。她都认不出他来了，从此再也无法适应彼得。最为致命的是，叶卡捷琳娜是启蒙时代的孩子，她聪慧机敏，有思想，好奇心无限。彼得则智商平平（人们有时会说他智力发育不全），毫无魅力，他只对过家家般的儿童把戏感兴趣，一天天地只在那里摆弄铅制的玩具兵，又或是按照普鲁士的操练规则训练他的荷尔斯泰因军团。这样的两个人怎么会情投意合呢？两个人之间已经形成了一道鸿沟，他们相互怨恨，很

早就想着通过寻找情人来抚慰各自的失落。彼得并不在意叶卡捷琳娜的胡作非为。他有自己的情人，而且很确定总有一天他会把叶卡捷琳娜关进修道院，彻底地摆脱她。直到1762年，两人才出于共同的关切联合起来，那就是讨好伊丽莎白女皇，给她留下一个夫妇同心的印象，否则会有被废之虞。我们知道伊丽莎白一世一度想要绕过这对夫妇，直接册立他们的儿子保罗。因此，直到1762年，叶卡捷琳娜就一直在这种朝不保夕的不安中度过。

叶卡捷琳娜·安哈尔特可谓博览群书。她会说法语，她吸收了法国的天才们在18世纪的一切产出。法国文化在当时的那个世界，或者说至少是在那个以法语为通用语的欧洲熠熠生辉。叶卡捷琳娜是法国小说的狂热爱好者，法国的小说给她的想象、她对失落（不幸的婚姻）的发泄以及她情感上的幻想提供了素材，也给了她的出格举动以借口。不过，最令她着迷的还是启蒙思想家的著作。孟德斯鸠、伏尔泰、"百科全书派"，启蒙思想光芒万丈。叶卡捷琳娜把他们的著作都读了一遍，还深深地思索过有朝一日大权在握时，要把这些启蒙过她的想法付诸实践。

叶卡捷琳娜二世并不满足于阅读这些她喜欢的思想家的著作，她还想像腓特烈二世那样，把他们请进宫来。拉阿尔普（La Harpe）、达朗贝尔，尤其是她最喜欢的伏尔泰，都婉拒了她的邀请。不过自1763年起，叶卡捷琳娜就开始和伏尔泰通信，一直到这位哲学家去世为止（往来信件达数百封）。叶卡捷琳娜曾表示愿意帮助狄德罗出版《百科全书》，1773—1774年，狄德罗还去了俄国。作为《文学通讯》的主编，格里姆（Grimm）为叶卡捷琳娜购买了大量的法国艺术品；不仅如此，他还与叶卡捷琳娜保持着密切

第五章　俄国的启蒙时代

通信，成为她在欧洲最有影响力的代理人。

自 1762 年起，叶卡捷琳娜将要统治的那个帝国也给她提供了思考的素材，因为彼时的俄国与她在书本中读到的那个世界相去甚远。在思想上，叶卡捷琳娜生活在启蒙时代，因此她能毫不费力地理解外部世界是怎么看待俄国的。一个野蛮的国家——这是当时主导欧洲启蒙时代的法国国王笔下经常蹦出的字眼。这一判断并非无依无凭：当时俄国盛行农奴制，而这一制度在整个欧洲几乎已经绝迹了，这就是野蛮的表现。通过旅行者［最近一位是沙普·达奥特罗什（Chappe d'Auteroche）神父，他是女皇伊丽莎白时代被路易十五派往俄国了解情况的］的叙述，叶卡捷琳娜知道俄国在整个欧洲的形象是这样的：俄国一部分人口是贵族和大地主的私产，那里的人民对政府的暴行逆来顺受，他们的慰藉就是会侵害灵魂和肉体的酒类。沙普·达奥特罗什神父的叙述中还附有关于各种酷刑的场面，其中最为普遍的就是鞭刑。人们读了这些作品会产生这样的印象：这是一个奇特的异域国家，不属于欧洲文明的序列，甚至不属于人类。作为法国启蒙思想的信徒，叶卡捷琳娜怎么会接受这种观念呢？这些外国人眼中的俄国甚至都不符合彼得大帝的现代化方案。彼得大帝希望他的俄国臣民能够欧化，能有一种欧洲的气质，这些外国旅人的描述显然同彼得大帝的设想相去甚远。叶卡捷琳娜明白，要想得到彼得大帝继承人这一头衔，她就得重启俄国的现代化事业。首先要考虑的就是农奴制这一禁忌问题。当然，伊丽莎白一世也曾有过使俄国现代化的雄心。她在宫廷中引入了法语和法国风俗。然而，与此同时，她也想和那个被她的父亲鄙夷的俄国重新建立联系。在伊丽莎白一世统治时期，俄国宫廷不时地就会迁往被

彼得大帝抛弃的莫斯科。这一调和两个俄国的举动虽然是必要的，但无助于俄国的欧化进一步深化。

叶卡捷琳娜的合法性是不稳固的。为了确保自己的地位，叶卡捷琳娜一方面效法彼得大帝，另一方面也和伊丽莎白一世一样以俄国特性为荣。在这一章中，我们会看到一个同彼得大帝决裂的叶卡捷琳娜。不过这一选择实属无奈之举。因为，彼得三世不得人心，很大程度上就是由于他想要模仿外国的模式，他背弃了一切象征俄国的东西，尤其是宗教。我们从叶卡捷琳娜的文书中可以看出她的俄语学得相当不错，她从一开始就表现出了想要捍卫俄国特性的意愿。她也明确表示了她对东正教的依恋。彼得大帝将教会置于国家的控制之下，谴责他儿子与俄国传统教会的关系；彼得三世想要改革教会，使其更接近于新教；叶卡捷琳娜则不然，她明确表示了她对俄国国教的忠诚。

对于叶卡捷琳娜来说，她的任务就是回归传统并捍卫俄国的国家利益（她就是如此为她登上皇位正名的）。这也成了叶卡捷琳娜一切外交政策的准绳。

当叶卡捷琳娜登上皇位时，不论是从地理位置来看，还是从地位来看，俄国在欧洲国家（尤其是作为国家礼仪标准的法国）眼中都是一个边缘国家。就地理而言，俄国并不被视为一个欧洲国家。就规章制度而言，俄国被视为一个中间型的国家：介于维护自身国家利益的强权与性质不明确、旨在同别国协作并为别国打算的国家之间。这正是法国持有的看法。俄国应该在领土上受到限制，应避免在欧洲的其他部分有专属的利益，并维持自身的边缘地位。在18世纪，那些原本被用来遏制哈布斯堡王朝的"东方屏障"

国家，现在应该扮演遏制俄国这一角色。叶卡捷琳娜在文化上醉心于法兰西世界，在精神上服膺启蒙思想，对她来说，法国给俄国设置的障碍是难以接受的。此种不平等关系的标志就是，凡尔赛窃取了是否授予俄国帝国头衔的权力。叶卡捷琳娜后来为此进行了激烈的辩论。

1762年6月28日，在这位年轻女皇面前展开的就是这样的内政外交的图景。对于那些从外部观察俄国的人，以及那些解读俄国的外交使节（尤其是贝朗热）来说，他们记下了女皇统治伊始的风雨飘摇（非法、篡位，甚至是犯罪），记下了对其是否有能力坐稳皇位的怀疑。至少在这些不怀好意的观察者的记录中，经验的缺乏使女皇受到了各种影响，也使得她遵循俄国的政治传统。另一方面，欧洲宫廷也对俄国在国际上的方针充满好奇。七年战争还在继续，只有俄国同普鲁士讲和了。叶卡捷琳娜会做什么选择呢？或者说人们能信那些给女皇出主意的人吗？不过，首先得搞清楚那些围绕在女皇身边的人都是谁（所有目光都集中在他们身上）。

一开始，女皇身边的近臣似乎没有多大变化，还是那些陪伴在伊丽莎白一世，甚至是彼得三世身边的人：掌玺官沃龙佐夫，副掌玺官戈利岑，以及被召回首都但叶卡捷琳娜统治之初尚未抵达的别斯图热夫-留明。说实话，这帮人对自己的地位都不太放心，他们被政变搞得惊慌失措，总觉得新的局面是不稳固的，但又没人敢说出来。掌玺官沃龙佐夫老是找不到人，总是借口忙于案牍，这居然使他名望颇高。副掌玺官戈利岑则不管事，面对一切问题都等着上头的指令。但戈利岑的同僚们都没收到指令，不过叶卡捷琳娜倒是自统治伊始就发布了两条上谕。第一条上谕发布于6月28日政

变当天。上谕指出，在付出无尽的鲜血、做出极致的努力之后，俄国欢迎和平，但"俄国已经成了其最凶恶敌人的奴隶"。上谕的结论是女皇享有自由行动权。这份上谕被人解读为叶卡捷琳娜背弃了彼得三世缔结的联盟关系。仍在同腓特烈二世作战的玛丽亚·特蕾莎女皇希望，俄国能够再度投身战争，以减轻她的压力。不过叶卡捷琳娜什么都没做。此份上谕似乎是在遣责彼得三世同腓特烈二世拉近关系。然而，在接下来几天发布的一系列官方解释中，叶卡捷琳娜的立场得到了明确阐释：叶卡捷琳娜认可将俄国拉出七年战争泥潭的和平，认可和平是最终选择，但她不认可与腓特烈二世缔结和约。和平既然已经确立，重获自由的俄国无论如何都不会再涉足正在进行的战争。方针既定，叶卡捷琳娜迈出了新的一步，宣称不再受先前义务约束的俄国准备支持那些走相同道路的国家，也就是支持那些想要缔结和约的国家。彼时的俄国在欧洲还没有什么地位，因此叶卡捷琳娜的提议几乎没有得到什么回应也是再自然不过了。

  玛丽亚·特蕾莎对俄国的调停倡议不感兴趣，对叶卡捷琳娜想要的和平大会就更抵触了，不过她还是表达得比较委婉。凡尔赛方面则断然拒绝。只有腓特烈二世表现出了礼节性的关切，不过他已经与俄国讲和，他更在意的还是他的敌人们的反应。

  对于奥地利和法国而言，还在继续的战争进展不顺。少了俄国的支持，两大强国只能各自面对腓特烈二世，它们知道胜算不大。然而，叶卡捷琳娜已经明白无误地告诉它们，俄国肯定是会置身事外的。不过，叶卡捷琳娜统治伊始，近臣们给的建议倒不是如此地斩钉截铁。沃龙佐夫还是秉持着伊丽莎白一世统治时期的政

策：同奥地利交好对于俄国来说是必不可少的，两国的首要目标就是打击它们共同的敌人——奥斯曼帝国。出于同样的原因，与法国保持良好的关系也是必要的，不能将法国推向俄国的宿敌奥斯曼帝国的怀抱。当别斯图热夫回到首都时，有那么一瞬间人们觉得他会重操旧业。叶卡捷琳娜对别斯图热夫还是很尊重的，也对他表达了感谢。她把圣安德烈十字勋章还给了他，任命他为陆军大元帅（事实上他没有任何军事经验），还在谕旨中公开表达了对其功劳的谢意。尽管如此，别斯图热夫并没有官复原职。但是他却认为他已东山再起，经常毫无保留地给女皇提建议。别斯图热夫和沃龙佐夫的想法一样，但他比沃龙佐夫更执着。他建议女皇应该推翻彼得三世的政策，重新回到伊丽莎白一世的轨道上来，有可能的话，应该将俄奥同盟拓展至法国。如果说别斯图热夫不得不承认与腓特烈二世媾和有其优点（他也意识到所有的交战国早晚都会明白七年战争不能一直持续下去），那么他也不忘加上一句：虽然恢复了和平，但还是要打击腓特烈二世的狂妄自大。这等于伊丽莎白一世意志的重现，也就是摧毁在其看来不可忍受的普鲁士强权。回到伊丽莎白一世的政策意味着重新与维也纳和凡尔赛结盟，老对手柏林和伊斯坦布尔又成了敌人。叶卡捷琳娜所有下属的观点略微不同，但总体都是这种想法。然而，叶卡捷琳娜对此充耳不闻，选择另辟蹊径。

　　叶卡捷琳娜登基后，虽然俄普之间已经缔结和约，但战争仍在继续。在普鲁士军队的压迫下，已经退至萨克森和弗兰肯（Franconie）的奥地利人还在不断后撤。至于法普一线，尽管在苏比斯（Soubise）将军以及埃斯特雷（Estrée）亲王和孔代亲王的指挥下，法军做了殊死抵抗，但情况仍旧不甚乐观。法军处处都在溃

败，如同奥地利人一样，法军不得不在数个月后投降，提出和平的条件。艰难的交涉之后，奥地利和普鲁士同意了萨克森（叶卡捷琳娜本想扮演这一角色）调停下的和平条款。1763年2月15日，在萨克森的猎人小屋，奥地利和普鲁士在和平条约上签了字。在此条约中，奥地利最终放弃了西里西亚和格拉茨，腓特烈二世则承诺尊重西里西亚天主教徒的权利。在一项秘密条款中，腓特烈二世还承诺在神圣罗马帝国皇帝的选举中支持约瑟夫大公。

五天前，法国已在巴黎同英国签订和约。这份和约使法国损失惨重，因为法国割让了加拿大以及路易斯安那西部地区，而西班牙则以割让佛罗里达给英国为代价继承了路易斯安那的东部地区。此外，还要加上在印度洋中丢失的岛屿以及非洲塞内加尔的很大一部分；法国在印度只剩下五个贸易站，而西班牙则夺回了古巴，在这场自身损耗不多的战争中获益良多。最后，法国还得从汉诺威撤军，英国国王得以在这块土地上发号施令。

法国为这场旷日持久的冲突付出了高昂代价。但如果去看法国宫廷的举动以及公众的言论，我们会认为战争是以有利于法国的方式结束的。路易十五依旧傲慢。叶卡捷琳娜的调解建议遭到拒绝，这让她大失所望。那些国家在战时需要俄国，俄国也曾给予帮助。然而，战争结束后，那些国家竟拒绝让俄国收获胜利果实，也拒绝承认它同样是欧洲列强的一员。

七年战争结束时的情况以及叶卡捷琳娜从中获得的教训，能使我们更好地理解叶卡捷琳娜在顾问人选上的决定。她选了一个和她有着差不多志向的人——尼基塔·帕宁。在近二十年的时间里，他推行了符合俄国的政策，是俄国的总工程师。帕宁伯爵的

名字很早就出现在了贝朗热的信件中，他也隐约感觉到帕宁会高升。不论是对于叶卡捷琳娜，还是对于欧洲的外交圈，尼基塔·帕宁都不是个默默无闻的人。他来自俄国一个古老的家庭，直接源自彼得大帝的一位同伴，他曾代表俄国出使丹麦和瑞典。这些邻国对俄国构成了压力，而他是公认的研究这些邻国的专家。后来，他又负责叶卡捷琳娜的儿子保罗·彼得罗维奇（Paul Petrovitch）——未来的保罗一世（有一天他会统治俄国）的教育。在这个位置上，尼基塔·帕宁得以近距离地观察叶卡捷琳娜夫妇，他也很早就预见到彼得·德·荷尔斯泰因的上台对于俄国来说会是一场灾难。尽管付出了巨大努力，但他仍旧无法将保罗培养成合格的继承人。他无法让保罗把心思放在政治上，也无法开发他的智力并唤醒他的好奇心。就在保罗让他一筹莫展的时候，他注意到了未来的女皇，看到了她的优点，遂主动与其接近。尼基塔·帕宁尚未想过叶卡捷琳娜会当女皇，但想过她会担任摄政，并想着他们之间的紧密联系能够让他引领这位年轻的女性。这也就解释了在他们会面的时候，他很早就向叶卡捷琳娜分享了他对俄国的看法，包括俄国的利益所在以及俄国大体上的国际战略。虽然在政变之时以及接下来的一段时间内，他并不属于女皇的近臣，但是自那年夏天开始，他就给女皇递上了阐明自身想法的笔记。叶卡捷琳娜总是援引彼得大帝，她有时会冷冷地称彼得大帝为"亲爱的外祖父"。

一开始，帕宁也像叶卡捷琳娜那样，总是不停地重复说一件事：俄国在七年战争中发挥了无可争议的作用，在欧洲的序列中，战后的俄国已经赢得了不依附于任何人的独立地位。叶卡捷琳娜的政策应当只有一个目标，那就是维护俄国的国家利益。什么是俄国

的国家利益只有叶卡捷琳娜一人说了算，而且她只需按照自己的想法行事。从这个前提（二人对此达成了完全的共识）出发，帕宁提出了六条支配俄国国家利益的原则。

他从一个现状出发：俄国国土广袤，人口稀少，不需要扩张，因此也完全不需要再征服土地。然而，要想使地大物博的国土物尽其用，俄国需要和平，需要与世界和平相处以便集中精力发展自身。因此，除了对国家构成威胁的战争以外，任何战争都是不必要的。然而，世界并不怎么太平，俄国要有一些真正的盟友来抵御危险并增强自身。联盟关系不能是建立在不平等基础上的单边协议。要想联盟真正有效，应该确保双方在联盟中有平等的利益。最后，帕宁强调了一个国家的名声和威信。他认为在国际关系中，上述因素与一个国家的军事实力同样重要。俄国在这方面一点儿都松懈不得。

如此一来，帕宁就为俄国定下了排除军事行动（除非遇到极端的危险）、以和平为主的基调。这一倡议与女皇想到一块儿去了。无论是出于先前缔结的联盟条约的义务，还是出于有可能获得领土收益的想法，当时女皇的下属们都推动她投身七年战争。女皇否决了这一提议。除了帕宁和叶卡捷琳娜本人，没有人明白俄国已然具备了这样的实力，即俄国可以无视条约义务产生的压力。对于帕宁来说，这一和平战略属于他为俄国谋划的道路之一，而且他很快就会展示给女皇看。对于叶卡捷琳娜而言，作为伏尔泰和狄德罗的信徒，和平是她准备践行的使命。为了能够实现继承自彼得大帝的另一项事业，即实现俄国的现代化，和平亦是不可或缺的前提条件。

当帕宁没有明确的官职，还只是众多谋士中的一员时，他就

向女皇提出了一个国际体系——北方体系。在别斯图热夫最终退休以及沃龙佐夫告假之前，帕宁不得不满足于半官方的角色。从1763年10月起，帕宁身负重任的时代开始了。他先是成了外交事务学院的成员，不久之后就成了该机构的首位主席。他从未获得掌玺官这一头衔，却领导着副掌玺官戈利岑。为什么叶卡捷琳娜迟迟不给他一个正式的职位呢？帕宁又为何拒绝掌玺官这一头衔呢？关于第一个问题，答案可能在帕宁的侄女达什科娃公主身上。政变之前，达什科娃与叶卡捷琳娜关系非常密切。政变后，达什科娃到处说她有拥立之功，说她在政变中扮演了主要角色，且试图以此影响女皇的政策。叶卡捷琳娜可不是能够接受此种行为的女人，我们可以想象帕宁有一段时间因其侄女的痴心妄想受到了连累。不过，这不至于使帕宁长期受到牵连，因为他身上有女皇想要引进俄国的一切：启蒙精神、大局观以及诚实审慎。人们还知道他是个不可腐蚀的人。要知道在那个贿赂盛行的年代（赠送各种皇室礼品的做法被视为外交政策的有效工具），这可是不可多得的品质。叶卡捷琳娜敬重帕宁，但并不喜欢他。她忘不了帕宁曾反对她登上皇位，还曾质疑保罗的合法性。至于拒不任命帕宁为掌玺官，我们也很容易理解女皇的态度。叶卡捷琳娜是通过政变上台的，她知道自己的合法性受到质疑，她的近臣也相信她脆弱且易受影响。然而，打一开始，叶卡捷琳娜就想要大权独揽，她的所作所为也的确证明了这一点。她先是拒绝和情人格里高利·奥尔洛夫结婚，后来她有可能和波将金秘密结婚了，但也只是给了他在南方当总督的职位，从而将其排除在皇位之外。纵观叶卡捷琳娜的一生，乾纲独断、大权独揽、拒绝他人的影响是其一贯的作风。

虽然帕宁从未担任过掌玺官，但叶卡捷琳娜依然很尊重他，采纳他的建议，毫无保留地接受了他提出的"北方体系"。帕宁推动的这一体系旨在确保俄国在欧洲获得与其实力相称的地位，使其能够以自身的名号并根据自身的利益切实地参与欧陆事务。为了打造这一体系，俄国需要挑选自己的盟友。帕宁的体系建立在俄国-丹麦-瑞典-波兰-英国-普鲁士联盟之上，目的在于共同抵抗哈布斯堡王朝和波旁王朝的野心。为了实现这一计划，波兰应该划归俄国的势力范围，而瑞典和丹麦则应该属于英国的势力范围。如此一来，向来以这些国家为倚靠的法国就会失去构成其"东方屏障"的大部分国家，法国在欧洲北部的影响力也会骤减。这一体系的核心是俄英同盟。在帕宁看来，英国是海上强国，而俄国是陆上强国，两个国家可以互补："英国需要我们的军队，而舰队的支援对于我们来说也是必不可少的。"

然而，英国人并不持有与帕宁同样的观点。同战时相比，如今俄国的军队对他们来说没那么重要了，而叶卡捷琳娜对波兰和土耳其的野心则使英国感到担心。双方的协商进展缓慢，帕宁经常抱怨英国人的"小店主心态"。最后，本想与英国缔结政治协议的俄国只能满足于在1766年6月20日签订一份为期二十年的商贸条约。后来，当英国在美洲战场需要俄国军队时，英国才为当年的保守后悔不已。那个时候，俄国已经不愿意为了同英国结盟而做出妥协，叶卡捷琳娜不再愿意让步了。

对于俄国来说，同普鲁士的关系也是很难实现的目标。腓特烈二世反对帕宁规划的同盟体系。在他看来，这些国家（普鲁士也是其中的一分子）的接近不符合普鲁士的利益。不过一想到过去的

苦涩经历，想到国都沦丧在外国军队的铁蹄之下，腓特烈二世明白与俄国缔结条约还是有利可图的。与其公开同这一强权作对，不如与它和谐相处。这就是为什么尽管腓特烈二世有所顾虑，但还是同俄国进行了协商。就如叶卡捷琳娜所言，协商应该在平等的基础上进行，而且应以帕宁珍视的和平为目标。1764年3月31日，帕宁和索尔姆斯（Solms）伯爵签订了防御同盟条约。帕宁在其中加入了一项秘密条款，为俄国在波兰的自由行动留下空间。同普鲁士签订条约后，俄国又于1766年与丹麦、1767年与波兰签订了相同类型的条约。

凡尔赛宫的人心情复杂地看着俄国的这些举动。他们非常希望俄-普鲁士联盟（开启了整个联盟体系）很快碰到困难，从而使整个体系崩溃。舒瓦瑟尔-普拉兰公爵悄悄地写信给贝朗热说："普鲁士国王和俄国女皇之间的联盟违背自然。它主要建立在暂时的需求之上，而非出于深思熟虑的考量。波兰的事务会导致这一联盟土崩瓦解。"俄国和普鲁士的联盟不符合法国的利益。然而，将希望寄托于波兰的法国公使没有料到的是，恰恰是叶卡捷琳娜和腓特烈二世有关波兰的共同利益将两国捆绑在一起。

波兰是叶卡捷琳娜尤为关注的地方，也是欧洲的关注焦点。整个欧洲都屏气凝神，等待着波兰王位继承问题再一次在世人面前展开。1763年10月，该来的总算来了——波兰王位的继承问题一如既往地引发了俄法之间的竞争。

消息一传来，叶卡捷琳娜立马召开"国际会议"讨论相关事宜，并指定了符合俄国利益的候选人。

消息在法国产生的震动也不小，尽管法国方面的讨论已经有

了结果。1757年，伊丽莎白女皇还活着的时候，法国、奥地利、俄国这三个战时的盟友就已经讨论过奥古斯特三世死后波兰王位的人选问题。当时奥古斯特三世的身体状况一日不如一日，这意味着是时候讨论继承人的问题了。三个国家一致同意指定奥古斯特三世的长子克里斯蒂安-腓特烈（Christian-Frédéric）继承王位。说实话，此种"一致同意"令人怀疑。奥地利支持这一候选人是斟酌过的，但法国更青睐国王的另一个儿子——法军元帅格扎维埃（Xavier）亲王。至于列强们毫不在乎的波兰人，他们在1763年的意愿则倾向于国王的第三个儿子——库尔兰公爵查理。不久之前，他刚被叶卡捷琳娜二世赶下库尔兰的公爵位。女皇召回了流放在外的比龙，把他派到库尔兰重建女皇的权威。波兰人谴责叶卡捷琳娜恣意弄权，法国则拒绝承认比龙为库尔兰公爵，但是人们都在等着奥古斯特三世咽气，没有人做出任何行动。一旦波兰王位继承问题爆发，叶卡捷琳娜就打算将势力范围从库尔兰拓展至波兰。自统治伊始，叶卡捷琳娜就询问过哪个候选人符合俄国在波兰的利益，她还曾与谋士们讨论过这个问题。别斯图热夫曾参加这些秘密讨论会议，他提醒女皇，1757年俄法奥三个结盟国家已经推出了一个共同的候选人。然而，叶卡捷琳娜声称波兰国王应该由波兰人担任。此话一出，波兰人都把叶卡捷琳娜当成了波兰事业最坚定的捍卫者。女皇在两位她认为具有同样资质的候选人之间犹豫不决。其中一位是S. A. 波尼亚托夫斯基，他曾是女皇的情人。女皇长期以来想把他留在俄国，后来又想让他回到波兰。另一位候选人是亚当·恰尔托雷斯基（Adam Czartoryski）亲王。两人在波兰都颇得人心，叶卡捷琳娜觉得他们能够捍卫俄国的利益。最终女皇选择了波尼亚托夫

斯基。这是出于对二人过去关系的考虑，不过更多还是出于政治考虑，叶卡捷琳娜解释道："他当选的可能性是最小的。如果他当上国王，那就完全是俄国的意志使然。如此一来，他头顶的王冠就是拜我们所赐，因此他会比任何人都更忠实于俄国。"

时任俄国驻波兰代表的盖沙令（Keyserling）公爵，负责想尽一切办法（尤其是通过军事手段）维护波尼亚托夫斯基的候选人地位。叶卡捷琳娜二世还认为法国无法在波兰问题上反对她，毕竟它在军事和经济方面都已被战争搞得精疲力竭。因此，法国对候选人的支持将局限于给亲法的派别发发补助（金额有限），或是写写文章吹嘘一下候选人的优点。早在选举的前一年，舒瓦瑟尔公爵就已经向戈利岑保证，法国国王想要维护波兰领土的完整，而且不想干涉波兰的事务。帕宁由此得出结论，应该照顾一下法国的想法，哪怕是在口头上。为了让路易十五放心，叶卡捷琳娜派公使向法国国王说明，她对波兰领土的完整问题非常上心。然而，这并不能让法国国王安心，他还是担心波兰会被肢解。对法国国王说了一堆好话之后，叶卡捷琳娜采取了一系列措施以确保自身的利益，或者更确切地说，是确保己方候选人成功。她以维护选举期间的秩序为由派遣更多军队进入波兰，并提出宗教方面的要求，呼吁恢复东正教徒的公民权。她还支持波尼亚托夫斯基倡导且众多波兰人期待的改革，也就是废除让整个国家的政治体制陷入瘫痪的"自由否决权"（liberum veto）。

1764年9月6日，议会举行了选举。投票似乎是在和平合法的环境中进行的。俄国军队撤出了首都。反对亲俄派的那些人没有发出什么声音，这是因为一部分人被捕了，还有一部分人被拦着无法前往议会。不过一切都处理得干净利落，以至于给人一种选举是

在正常情况下进行的错觉。然而，事实却是此次选举同以往没什么两样，波兰的许多国王是根据外国君主的意愿才登上王位的。斯坦尼斯瓦夫·莱什琴斯基是被查理十二扶持上去的；奥古斯特二世是被彼得大帝扶持上去的，他退位后又是彼得大帝再度扶他上位；而奥古斯特三世则是女皇安娜一世安排的。相比前面的几位，叶卡捷琳娜想要做得更加隐蔽。不过选举的结果一出来，她就给帕宁发了消息："尼基塔·伊万诺维奇，这件事你办得好，我很高兴。此事过后我更加信赖你了。"

法国对波尼亚托夫斯基当选自然是持保留意见的，奥地利和普鲁士亦是如此。在选举的前一天晚上，路易十五提醒驻华沙的法国大使波尔米（Paulmy）侯爵，俄军出现在波兰的土地上很难使人相信波兰是独立自主的。选举翌日，普鲁士和俄国一道祝贺新当选的国王。法国和土耳其则迟迟没有发出祝贺，表现出了叶卡捷琳娜预料到的不满情绪。路易十五不想把波兰拱手让给俄国，他拒绝承认这一存在争议的选举。驻波兰的法国大使被召了回去，只留下一个级别较低的代表。两国之间正常的外交关系直到1766年4月才恢复，彼时一位全权大使将国书上呈俄国选择的君主。

波尼亚托夫斯基一当选波兰国王，俄国就迫不及待地将波兰当作自己的势力范围。波尼亚托夫斯基想要通过废除对国家运行造成危害的自由否决权①来树立自己的权威。不过，他知道这需要和他的保护者俄国的意愿一致，因此派拉泽维斯基（Rjevski）伯爵

---

① 自由否决权使得议会中的任何一个人都有可能否决任何决议或决定，议会由此陷入瘫痪。

担任密使前往游说叶卡捷琳娜二世。伯爵负责争取女皇支持这一重大的制度变革。叶卡捷琳娜二世和帕宁倾向于支持这一增强波兰力量的计划。因为波兰已经不是那个传统上反俄的国家，它现在已经成了俄国的盟友。倘若与普鲁士发生冲突，波兰可以为俄国提供有效的支持。然而，这个计划遭到了腓特烈二世的反对，因为他明白一个政治上更稳固且亲俄的波兰不符合普鲁士的利益。为了不冒犯普鲁士，叶卡捷琳娜二世宣布保留传统的政治秩序——自由否决权。另一个问题又冒了出来，这回涉及那些不信奉波兰国教的人。他们无法充分享有波兰天主教徒拥有的权利，主要是无法担任各种政治和行政职务。1764年11月23日，在波兰国王的加冕会议上，俄国驻华沙大使列普宁（帕宁的侄子）以俄国和普鲁士君主的名义，要求东正教徒和新教徒享有与波兰天主教徒一样的公民身份。以女皇所服膺的启蒙精神的名义，叶卡捷琳娜在波兰以宗教宽容的辩护人自诩。然而，不信奉国教的人（在俄国的支持下，他们已经形成一个团体）与天主教徒之间的冲突还是爆发了。由于英国、瑞典和丹麦（帕宁构想的"北方体系"）的国王纷纷给不信国教者提供支援，冲突进一步蔓延。波尼亚托夫斯基快要被撕裂了。就个人信念而言，他更倾向于满足不信国教者的要求。然而，教皇克雷芒十三世发布敕令支持天主教派，教廷大使也热情拥护教皇旨意。除了呼吁两派理性行事之外，波尼亚托夫斯基还能做些什么呢？然而，他的话没有任何效果。当议会开幕时，叶卡捷琳娜让俄军在边境集结，并下令采取严厉措施。俄国大使派人劫持了天主教派的领袖人物——克拉科夫和基辅的大主教，并将他们与议会的另外两名成员一起发配到了西伯利亚。议会不得不就范，宣称虽然天主教的

确是国家和国王的宗教,但不信国教者也享有除担任国王之外的一切权利。

1768年2月24日波兰和俄国签订的条约规定,波兰任何制度上的变动都必须经过俄国的允许。俄国由此成了波兰政治制度的后盾,甚至因此成了波兰未来的保障。波兰就这样进入了帕宁的"北方体系"中。在建立这一体系的过程中,俄国是顺着普鲁士的。1767年4月俄国和普鲁士签订的新协议就延续了1764年的条约。普鲁士在协议中承诺,如果奥地利干涉波兰事务,普鲁士将会在军事上支持俄国。作为回报,俄国承诺如果普鲁士和奥地利发生新的冲突,它也会提供军事援助。法国在一旁消极地看着俄国和普鲁士对波兰上下其手,慢慢等待机会重新在波兰找回地位(长期以来,波兰都在法国的防御体系中扮演着重要角色)。

叶卡捷琳娜二世在波兰取得的成功给法国狠狠浇了一盆冷水。就在两年前,也就是叶卡捷琳娜执政之初,法国还觉得新皇的统治根基不稳,难以预料。贝朗热在他的急信中表达了这样的想法——"篡位的外国"女皇在皇位上坐不了太久。因此他建议搞一场政变将伊凡六世扶上皇位。他甚至提议,"意识到自己得位不正的女皇嫁给伊凡六世,与其共治天下。这对女皇来说应该是可以接受的,因为考虑到伊凡的精神状态,最后还是她一个人在统治"。当时有关解救施吕瑟尔堡囚徒计划的流言的确满天飞,那些被指控准备劫狱的官员也遭到逮捕。然而,一切都随着1764年7月16日的悲剧戛然而止。当时一位官吏试图解救这位不幸的亲王,而亲王却因此次行动死了。他是被狱卒杀死的。自彼得三世以来,他们就接到了这样的命令:假如有人劫狱,就结果了他。狱卒毫不犹豫地

动手了，叶卡捷琳娜就这么摆脱了这位同样威胁过伊丽莎白一世的亲王。叶卡捷琳娜的确曾试图解决这一威胁，她向伊凡六世提议让他去修道院（人们对那些麻烦的夫妇就是这么做的），不过伊凡六世倒是更喜欢待在施吕瑟尔堡，他会在那里过一辈子。虽然叶卡捷琳娜二世并不用为伊凡六世的死负责，但这一悲惨结局还是使女皇的名声越发败坏。各种小册子满天飞，说叶卡捷琳娜杀了两位沙皇，贝朗热很满意此事产生的各种反响。然而，实际上叶卡捷琳娜的权力没有受到任何动摇。

法国国王及其公使决心削弱波尼亚托夫斯基的地位，他们尝试着在俄国寻找盟友，其目光一度落在女皇的情人身上。此人就是格里高利·奥尔洛夫，他和他的兄弟们有拥立之功。如今，他的权力与日俱增，正在为成为女皇的丈夫而斗争。贝朗热对法国公使说，奥尔洛夫在女皇面前一心想着诋毁波尼亚托夫斯基（这位女皇的旧爱现在是她在波兰的代表），但是仅凭这一点没人知道最终会有什么结果。正是由于这一原因，凡尔赛直至1768年都在该采取什么措施打击俄国在波兰的势力的问题上举棋不定。巴尔联盟的成立似乎最终打开了法国的视野。1768年时，俄国对波兰的禁锢以及赋予不信国教者权利点燃了波兰天主教徒的怒火，各种联盟随之成立。这种现象在波兰司空见惯。当议会无法运作时，各种联盟就会形成，将所有持相同观念的人联合起来。这些联盟的力量在于它们并不奉行议会的"自由否决权"制度，它们使用的是武力。1768年巴尔联盟成立时的情况就是如此，他们认为国王过于优柔寡断，于是打算废黜国王。位于波多利亚（Podolie）的巴尔成为运动的中心并不是偶然的。巴尔地处土耳其边境，联盟者知道面对俄国他们势单力薄，

因此想要获得土耳其甚至法国的支持。他们一度想寻求奥地利的帮助，但玛丽亚·特蕾莎有自己的打算：一是稳住俄国，二是保留自己干涉波兰事务的机会——她想在不久的将来付诸实践。

联盟者声称要维护天主教徒的特权以及自由否决权，这就让启蒙的法国陷入困境。伏尔泰不是说过，法国应该支持意在改革其国家、反对联盟者的 S. A. 波尼亚托夫斯基国王吗？不过路易十五听不进伏尔泰的话。他的首要考量是削弱俄国。法国不能对这一冲突进行军事干预（七年战争付出的代价太大了），但这位虔信基督的国王想利用土耳其——这是法国最后一个用得上的"东方屏障"了。在接下来的两年时间里，法国将致力于推动伊斯坦布尔攻击俄国。与此同时，法国也在帮助联盟者削弱波兰国王，甚至想要废掉他。毕竟，波尼亚托夫斯基是俄国的政治人质，为俄国的利益服务。法国君臣在凡尔赛宫谋划着取代波尼亚托夫斯基的人选：孔代亲王？但是他根本不愿意听别人的意见。萨克森亲王？在华沙的王位被人占着的情况下，这一动议对他没有吸引力。法国给联盟者提供资助，并派遣迪穆里埃（Dumouriez）和数名军官去帮助他们。迪穆里埃在回忆录中提到，联盟军一片混乱，跟波兰政局一样分成相互敌对的小团体。最终还是俄国收拾了局面。1770 年，苏沃洛夫（Souvorov）击碎了联盟，结束了波兰的纷争。然而与此同时，俄国发现自己又得面对另一个问题。在法国的挑唆下，土耳其发动了战争，俄国不得不先把波兰放在一边。两年以后，俄国会回来的。

俄土战争其实已经爆发了。韦尔热纳（Vergennes）伯爵使出浑身解数说服奥斯曼人遏制俄国实力的上升。这一宣传产生了效

果。1768年10月6日,叶卡捷琳娜派驻伊斯坦布尔的代表阿列克谢·奥布列斯科夫(Alexis Obreskov)被奥斯曼帝国大维齐尔正式召到宫中会面。刚一进宫,阿列克谢·奥布列斯科夫就被捕了,随后被投入七塔狱,他在那里待了三年。这一事件本身就相当于宣战。除此之外,还要加上俄国人与鞑靼人的冲突。二者的冲突导致俄军进入克里米亚汗国,他们在那里追击联盟者的军队。奥斯曼苏丹觉得俄军在波兰挪不开身,将无力抵抗奥斯曼军队。他援引彼得大帝和土耳其签订的《普鲁特和约》,要求俄国立即停止军事行动。尽管开辟第二战场困难重重,但俄国还是不得不面对伊斯坦布尔发动的战争。一开始,俄军面对土耳其人时似乎处于劣势(尤其在人数上)。不过,俄国高素质的军人和指挥官确保了他们在摩尔多瓦和瓦拉几亚取得胜利。这两个东正教地区是俄国在1769年从伊斯兰教的统治下抢来的。1770年,俄军又在公使的兄弟帕宁将军的率领下在本德尔(Bender)打败了克里米亚的鞑靼人。尤其使众人大为震惊的是,向来不被视作海军强国的俄国在黑海战胜了苏丹的军队。作为女皇情人的兄弟,阿列克谢·奥尔洛夫的海战能力并不为人所知,但他却接到了叶卡捷琳娜让其掌管波罗的海舰队的命令。在驶向黑海的途中,他使那些看到俄国舰队现身的希腊人燃起了摆脱土耳其人的希望——东正教徒团结起来!奥尔洛夫一路追赶奥斯曼的舰队,在希俄斯打了一仗,并于1770年7月6日在切什梅(Tchesmé)湾击沉敌船。毫无疑问,奥尔洛夫并没有成功拿下黑海海峡,但是亚速、克里米亚、黑海沿岸、瓦拉几亚和摩尔多瓦都落入了俄国之手。叶卡捷琳娜二世给彼得大帝报了仇。她没有辜负自己高调宣称的彼得大帝继承人这一头衔。叶卡捷琳娜二世取得

了辉煌的成就。在此之前一直被视为陆上强国的俄国，在切什梅一战成名，跻身海上强国之列。彼得大帝的又一个梦想实现了！叶卡捷琳娜二世，这位彼得大帝真正的继承者，将俄国带进了如英法一样的世界强国之列，而这正是法国的外交战略一直想要预防和避免的。奥尔洛夫的成功为俄国打开了法国和土耳其从未想过的局面：进军地中海。叶卡捷琳娜二世的儿子保罗一世将会继承其遗志，凭借母亲在黑海赢得的地位，于1798—1799年进攻马耳他和爱奥尼亚群岛。俄国还永久地剥削了法国赖以遏制俄国野心的土耳其。奥斯曼帝国失去了它的舰队和威望，眼睁睁地看着希腊人奋起反抗，克里米亚马上就会从奥斯曼帝国的手中溜走。

克里米亚是另一个法国能够妨碍俄国的地方。1767年，法国将"特别领事"托特男爵派往克里米亚。他负责阻止俄国在波兰冲突中使用克里米亚半岛。一个法国人造访克里米亚，即便这个人的目的并不明确，也足以让帕宁警觉起来。克里米亚毗邻俄国，一个土耳其控制下的克里米亚可以很好地对抗俄国。作为一个统治诺盖人（Nogaïs）的鞑靼统治者，沙欣·吉拉吉（Chahin Giraj）试图鼓动第聂伯河下游一带的扎波罗热（Zaporogues）哥萨克人起来反抗俄国。生性独立的哥萨克人也愿意挑战俄国权威。叶卡捷琳娜二世和帕宁在应该赋予克里米亚什么地位的问题上，也就是如何做对俄国最有利的问题上存在分歧。应该将生活在克里米亚的两大族群，即诺盖人和鞑靼人合并成一个国家，还是分为两个？女皇更倾向于第二个方案。然而，虽说俄国在克里米亚取得了军事胜利，但它还是担心克里米亚人会倒向土耳其。这两方面的因素促使叶卡捷琳娜接受一个独立且与俄国交好的克里米亚国家，那里的人民将会感激

俄国给了他们如此优厚的地位。历经犹豫和拉扯之后，1772年11月1日，俄国和部族的所有首领签订了《卡拉苏巴扎尔条约》。一个独立但与俄国有着"永恒友谊与联盟关系"的克里米亚国家诞生了。土耳其在那里遭遇了新的打击，不过后来它通过其他途径（共同的宗教信仰以及避难至土耳其的鞑靼人）在克里米亚重获了某种影响力。

俄国在政治和军事（尤其是海军）上的胜利使其他列强惊恐万分。法国此时正处于一个过渡阶段——1770年12月舒瓦瑟尔被路易十五解职。在此之前，舒瓦瑟尔向圣彼得堡派了一名新代表，即奥诺雷-奥古斯特·萨巴捷·德·卡布尔（Honoré-Auguste Sabatier de Cabre），他将在那里待三年。从他接收的命令可以看出，法国的意志一直没有变，即无论如何都不能改变对俄国的态度，任何缓和两国关系的举动都是不提倡的。与此同时，法国竭力推动土耳其同俄国作战就是上述意志的体现，托特男爵在克里米亚的行动就是明证。托特的任务不仅仅是来当代表，他还在达达尼尔海峡担任土耳其人的军事顾问，并得到了法国军事专家的支持。至于舒瓦瑟尔，他还在不停地向国王念叨，女皇的地位很脆弱，俄国人民处于水深火热之中，搞一次政变是可行的。舒瓦瑟尔倒台后，接替他的先是拉·弗里利埃（La Vrillière），后是艾吉永（Aiguillon）公爵。人事的变动几乎没有改变法国的反俄立场，相反，更为有效地援助联盟者的意愿却表现得越发明显。不过，对于叶卡捷琳娜二世来说，舒瓦瑟尔的离场还是让她松了一口气。在她眼中，舒瓦瑟尔是个顽固的对手。她从舒瓦瑟尔的离场得出结论：法国未来政策的走向以及核心利益大概率不会那么明确了。再加上土耳其损失惨重，

法国失去了一个珍贵的盟友,这些因素促使女皇相信法国不再像先前那样能够遏制俄国的意图了。当时正在谋划的惊天阴谋(这不仅仅是叶卡捷琳娜二世一个人的意图),将最终通过部分肢解波兰,使法国失去波兰这个盟友。

人们通常将瓜分波兰的责任归到俄国女皇头上。不过,通过历史学家们(比如波兰历史学家瓦利斯维斯基)勤勤恳恳的工作,上述论调(法国方面尤其持有此论调)已经得到修正。最先想到瓜分波兰的是奥地利,或者更确切地说是奥地利和普鲁士。早在1768年,腓特烈二世就已经致信叶卡捷琳娜,谈到了利纳尔(Lynar)伯爵策划的瓜分波兰的方案。俄国女皇当时几乎不怎么支持这个想法,毕竟俄国主导着波兰,是她将波兰国王扶上了王位。她明白腓特烈二世的想法,他想要和她共享波兰。与此同时,普鲁士国王和约瑟夫二世也谈了这件事。当时约瑟夫二世和他的母亲同朝理政,他已经迫不及待地想要自己做件事了。在他看来,国际事务的舞台似乎是个一展身手的地方,这位未来的皇帝竖起耳朵开心地听着普鲁士君主的谋划。尽管玛丽亚·特蕾莎对瓜分波兰的想法有所保留,但奥地利还是利用了波兰内部的困难局面趁火打劫。奥地利接连占领和兼并了斯皮什(Zips)、新塔尔格(Nowy Targ)和新松奇(Nowy Sacz)这三个伯爵领。腓特烈二世劝圣彼得堡方面说,如果俄国不同意瓜分,那么奥地利人就会继续攻城略地,最终就会爆发俄奥之间的冲突。1771年6月,叶卡捷琳娜点头了。数月之后,为了使瓜分行动显得更体面一些,玛丽亚·特蕾莎在一番犹疑之后也加入进来。1772年8月5日,瓜分波兰的协议在圣彼得堡签署。腓特烈二世得到了他梦寐以求的东普鲁士(但泽和托

伦除外），也就是波兰 5% 的土地和 58 万人口。俄国拿下了直至第聂伯河的白俄罗斯，还有德维纳河、波洛茨克（Polotsk）、维捷布斯克（Vitebsk）、波兰的立窝尼亚，并明确了俄国对库尔兰的控制。这些土地在被立陶宛征服之前曾属于俄国。俄国收获的是波兰 12.7% 的土地和 130 万人口。至于奥地利方面，玛丽亚·特蕾莎虽然略微有所抗议，但还是分到了大头：加利西亚（Galicie）、西波多利亚的一部分和小波兰的南部被她收入囊中，这些土地占波兰面积的 11.8%，且有 213 万人口。波兰失去了近三分之一的土地和居民。

  瓜分之举震惊了欧洲，但各方的反应相对来说都还比较谨慎，只有西班牙进行了大声斥责。法国表现得很克制。波兰国王呼吁法国进行抗议并给予他支持，但是舒瓦瑟尔的离开已经让法国的政策转向。布罗伊伯爵向来反对同俄国的任何和解，如今他也调转方向。他对法国国王说，一直以来法国对圣彼得堡的态度都太固执了，这只会助长俄国的成功，并最终使法国陷入孤立。路易十五决定采纳臣下再三提出的隐忍提议，派弗朗索瓦-米歇尔·迪朗·德·迪斯特罗（François-Michel Durand de Distroff）去圣彼得堡，他肩负着缓和两国关系的任务。当然，法王的使臣还是向叶卡捷琳娜抱怨了一番，他说波兰的事主要还是腓特烈二世占了好处。为了同叶卡捷琳娜和解，使臣说法王愿意满足女皇的愿望，承认她的帝号头衔。自彼得大帝统治时期以来，两国围绕帝号的问题已经吵过多次了，法俄关系也深受其害，这个问题是法国国王不尊重圣彼得堡的体现。叶卡捷琳娜当年登上皇位时，法国大使就曾向她强调过法国做好了承认女皇帝号的准备。作为交换，俄国需要承诺它不谋

求改变支配欧洲国家等级制度的礼节秩序。在这一由法国主导的等级中，俄国的地位是很低的。叶卡捷琳娜拒绝了这一置俄国于次等地位的交易，因此尽管她高调宣称自己是彼得大帝的继承人，但帝号问题仍旧悬而未决。1773年，法国的立场更为微妙，它承认了叶卡捷琳娜的帝号头衔，但仅仅承认其拉丁形式。叶卡捷琳娜早就习惯了这一套。接连战胜土耳其并瓜分波兰后，俄国在国际上的实力与地位已经有目共睹。俄国已是强国，法国在礼节上耍的小把戏已然影响不到俄国。因此，法俄之间的关系有了一定程度的回暖。

法国使臣迪朗·德·迪斯特罗趁此机会解决了一桩同样妨害两国关系的小事。二十几名跑去为波兰联盟者作战的法国官吏被俄国人俘虏了。迪朗请求释放他们，关心同胞命运的达朗贝尔也为之上下游说。女皇对达朗贝尔还是有些敬意的，这势必促使女皇做出了增强法国使臣在圣彼得堡地位的举动。

然而，小事上的成功并不能掩盖法国在波兰事务上的无能为力，事实上法国连施加微小的影响都做不到。这就是布罗伊伯爵认识到的现状。不过，尽管法国缺席了波兰事务，但它并不心甘情愿地置身于影响欧洲政局的事件之外。法国希望，俄国和土耳其仍在继续的冲突（虽然克里米亚问题已经告一段落）能给它提供机会。土耳其已经精疲力竭，而把这位老朋友撺掇进战场的法国认为自己能在外交上给予土耳其有益的帮助。对于俄国来说，它有两件非做不可的事：一是确保战争结束时俄国赋予克里米亚的独立地位，二是保证俄国在黑海上的自由贸易。和平谈判在摩尔多瓦的弗克沙尼（Fokchany）举行，协商失败（克里米亚是谈不拢的点）后，双方继续在布达佩斯谈判。两年的协商毫无结果，巴尔干地区

重燃战火。路易十五借此机会提出了调停建议。他知道叶卡捷琳娜自1773年起就面临着严重的内部问题,因此更愿意在此时扮演调停人的角色。哥萨克领袖普加乔夫(Pougatchev)在草原上发动起义,他宣称自己是真正的彼得三世,是叶卡捷琳娜的丈夫。普加乔夫宣布:"我是彼得三世,当时死的是一个普通士兵。我跑到了波兰、埃及、土耳其。"这句话传遍了整个草原,哥萨克人全部动员起来,就连草原上的非俄国人都起义了。在俄国,所谓"真正的沙皇"向篡位者讨回皇位并不是什么新鲜事。自混乱时期起,随着伪德米特里相继登台,这一传奇就一直是俄国历史的一部分。在草原上,上述说法更有市场。哥萨克人有其特殊的社会结构,他们向国家争取独立自主的地位,并且随时准备起义。普加乔夫很快就组建了一个小朝廷,构建了一个权力体系,并准备向首都进军。向其上司汇报此事的迪朗·德·迪斯特罗不假思索地解释说,他们会威胁到被打上篡位烙印的女皇的统治。为了恢复草原的秩序,阻止普加乔夫率军攻入首都(这是一个确实在实行的计划),俄国需要此时被困在土耳其前线的大量军事人员。

另一场新的危机更是使叶卡捷琳娜的处境雪上加霜。此事让法国感到高兴,因为它削弱了俄国:这就是古斯塔夫三世引发的瑞典危机。这位年轻的君主和法国很亲密。他访问过法国,受到过国王的接见;"百科全书派"对他赞赏有加,邀请他参加每个沙龙;他还和路易十五相谈甚欢,打算一同打压俄国在欧洲的地位。叶卡捷琳娜二世如此评价古斯塔夫三世:"他从头到脚都是个法国人。"这一评价切中肯綮。他将俄国当作世仇,对于北方体系来说,他是个有分量的对手。法国之行期间,他于1771年与路易十五签订了

一份秘密协议，承诺把俄国赶出瑞典——法国则将为实现这一目标提供大量的经济支援。他还准备进行宪法改革，废除俄国作保的1720年宪法。在1721年的俄瑞条约中，彼得大帝把俄国的这一保证纳入。古斯塔夫三世和法国协商一致，悄悄地准备着改革。改革的优点在于它能确保瑞典国王稳固地掌握权力，然而改革首先会触犯俄国的利益。古斯塔夫三世觉察到，对于叶卡捷琳娜二世而言，1772年是非常关键的一年——瓜分波兰，同土耳其交战。他由此得出结论，叶卡捷琳娜很难或者说几乎不可能腾出手在同一时间干涉瑞典。于是，他在1772年完成了宪法革命。叶卡捷琳娜二世犹豫过要不要采取反制措施，但是她不能冒险开辟第三个战场。再加上她担心一旦自己有什么动静，土耳其和瑞典就会结成同盟反对她。因此女皇选择谨慎行事，仅仅向芬兰派了一些军队。腓特烈二世对俄国的隐忍不发愤怒不已。他在丹麦国王（这位国王也想推动叶卡捷琳娜行动起来）的支持下怒斥、威吓古斯塔夫三世。然而，女皇还是决定保持镇定，不回应瑞典的挑战。路易十五曾暗示，如果俄国入侵瑞典，法国不会坐视一个受其子民支持的君主遭受侵略，因此会出手相助。此外，从叶卡捷琳娜和古斯塔夫三世二人地道的法语通信可以看出，女皇对瑞典国王是有好感的。叶卡捷琳娜遂决定接受古斯塔夫三世的宪法革命，也接受瑞典的政治独立以及俄国在瑞典势力的终结。对于法国来说，它在波兰和土耳其接连遭受了巨大挫折，在瑞典总算是获得了一次无可争议的胜利。

在这一胜利的加持下，路易十五更执着于担任俄土之间的调停人，但叶卡捷琳娜拒绝了。俄国派驻凡尔赛的使臣霍京斯基（Khotinski）促使叶卡捷琳娜做出了以上决定。他如此写道："这里

的人担心的是黑海的贸易自由。他们害怕生意落入我们手中。他们因此得出结论，要千方百计鼓动土耳其阻止俄国进入黑海。"

为了说服犹犹豫豫的叶卡捷琳娜同意法国的斡旋，法国让当时受女皇之邀身在俄国的狄德罗出马，让他为法国的调停说项。狄德罗接到的命令声称如果他不去和女皇说，那么他回国后就会被送到巴士底狱去。出于礼貌，也出于对客人的照顾，叶卡捷琳娜耐心地听了狄德罗的话，但她回绝了狄德罗的提议。女皇觉得法国偏袒土耳其，因此它无法成为合适的调停人，而且女皇尤其将希望寄托在最终的军事努力上。1774年，当穆斯塔法三世（Mustafa III）去世，其弟阿卜杜勒·哈米德一世（Abdul Hamid I）登上苏丹大位时，法国最后一次提出了调停建议。然而，叶卡捷琳娜对此毫不在意。她所期待的，也就是俄军决定性的胜利，正在实现中。鲁缅采夫（Roumiantsev）将军统率的军队越过多瑙河，在舒门（Choumla）营地把土耳其的大维齐尔包围。与此同时，其他俄军则步伐坚定地向巴尔干进军。眼见自家军队节节败退，尤其是通往伊斯坦布尔的道路向俄国敞开，土耳其苏丹将庇护人法国抛在脑后，向俄国表示愿意进行谈判。俄国不愿意在冗长的谈判上浪费时间，它的答复就是苏丹必须按照俄国的要求签订和平条约。1774年7月21日，《库楚克-凯那尔吉和约》签订了。除了领土（亚速、刻赤、高加索的卡巴尔达，以及布格河与第聂伯河之间的草原）之外，俄国还获得了在黑海的贸易和航行自由，以及通过黑海海峡进入爱琴海的权利。俄国的贸易商享有同法国贸易商一样的最惠国待遇。俄国有责任捍卫苏丹治下的基督徒臣民的宗教自由，也就是说俄国对基督徒享有一种保护权。

法国无力干涉波兰，但在俄土冲突中，法国是扮演了一定角色的。奥斯曼帝国的失败也就是法国的失败。不过这些都不重要了，因为此时法国发生了一件大事：路易十五去世，新的君主，即路易十六登上王位。他一下子就明白了俄国胜利的重要性，并向叶卡捷琳娜二世表示祝贺。

路易十六统治伊始的这段时间，俄国是有理由感到高兴的。俄国大使巴米亚京斯基（Bariatinski）在寄给女皇的快件中说，路易十六对舒瓦瑟尔的政策持批评态度。法国把韦尔热纳从斯德哥尔摩召回，并任命其为外交大臣。圣彼得堡对这一消息本无多大热情，不过很快各种迹象就会证明韦尔热纳带来了新的政治理念。这就涉及对俄国政策的重新评估。韦尔热纳与俄国大使会面时说："法国希望和女皇建立友好融洽的关系。"路易十六接见巴米亚京斯基的时候也说了这句话。圣彼得堡以既高兴又谨慎的态度欢迎这些迹象。多年来，法国对俄国的敌视态度已经让俄国人对拉近两国关系不抱什么希望。为了让圣彼得堡信任法国的新动向，韦尔热纳派了一名新的大使——瑞伊涅（Juigné）侯爵。这一人选应该会让女皇相信路易十六想要拉近两国关系的意愿是真诚的。瑞伊涅侯爵出身名门，是高级军官，还是王室的近臣。任命其为俄国大使体现了法国对俄国的尊重——后者对此还不适应。此外，韦尔热纳初期的一个决定也能够向俄国证明他的意图。他拒绝向波兰联盟者提供用于继续骚扰俄军的资金。巴米亚京斯基立马向帕宁汇报了此事，后者也意识到了这一举动的重要性。

路易十六对地理和政治很着迷。在地缘政治方面，人们很少承认这位君主有多少见地和能力。不过他明白，一直以来法国对俄

国的政策都以双重失败而告终。首先，法国自以为能够遏制这个地大物博、人口众多，但缺少出海口的大国的发展。俄国的政策就是要获取出海口，摆脱内陆国家的困境，在欧洲国家的序列中占有一席之地，而这是法国长久以来所反对的。另一个错误就是将外交政策建立在"东方屏障"之上，这一屏障本是用来对付哈布斯堡王朝的，后来则被用来对付俄国。路易十五没有看到，欧洲列强各自的实力已经发生变化，想要通过"东方屏障"来限制俄国实力的上升是注定要失败的战略。作为"机密局"的柱石，在遥远的过去，波兰曾支配着为统一和独立而挣扎的俄国。但如今的波兰早已不是昔日那个豪横的波兰-立陶宛王国了。分析错误所导致的结果就是，俄国成了欧洲均势的组成部分，而这与法国的意志相悖，也使两国之间的关系错综复杂起来。这些误判的代价就是，在最近的三场冲突中，当俄国强迫法国的盟友波兰和土耳其接受相应条款时，法国都插不了手（只有瑞典例外）。

路易十六很早就发现了"机密局"，决定结束这种双重外交，这有助于法国同俄国关系的改善。从此，法俄关系的新时代开启了。在国王的影响下，法国接受俄国的大国地位，接受俄国有其自身的利益，认可俄国在欧洲的序列中享有与其他国家同等的地位。尽管各种危机和困难还是会不时涌现，但这一基调将会深刻地改变两国之间的关系。

就在法国显露出新观念的同时，俄国也发生了性质相同的变化。二十年来，帕宁一直主导着俄国的外交。1774年的《库楚克-凯那尔吉和约》是帕宁外交政策胜利的标志，不过这一政策也走到了终点。帕宁遇到了一些对手，这些人日益侵蚀着他的影响

力。向来敌视帕宁的奥尔洛夫将瓜分波兰之举视为"犯罪",而在俄土条约签订同年出现的女皇新宠波将金也对帕宁的政策方向持有异议。尽管"北方体系"存在诸多弱点,但帕宁还是想要增强与奥地利的联盟。1777 年,巴伐利亚继承问题引发的战争为女皇摆脱帕宁的体系提供了可能性,也为她重新审视盟友关系提供了契机。这场各国叫法不一的战争(普鲁士称之为"土豆战争",奥地利称之为"李子战争")中,俄国没有参与其中。当时主导着奥地利政治的约瑟夫二世想借机临时占领巴伐利亚,他向自己的妹夫路易十六提出了一个交易:法国得到奥属尼德兰领地,奥地利得到巴伐利亚。他还进一步建议两国在欧洲划出各自的势力范围。鲁莽的约瑟夫二世低估了原本可预见到的英国、普鲁士乃至俄国的反应。他也忘记了法国此时正忙于美洲战场,既没有工夫也不需要在欧洲占领土地。韦尔热纳向约瑟夫二世解释了这一点,但这并没有阻止皇帝在巴伐利亚选帝侯去世时派兵进入其领地。腓特烈二世一直等着干涉的机会,因此毫不犹豫地入侵了波希米亚。叶卡捷琳娜二世观察着这场奥地利独自进场的战争,她还没有真正做好准备。女皇一直想要扮演欧洲仲裁者的角色,七年战争结束时她没能实现自己的心愿。时值 1778 年,这回她处在仲裁者的位置上了。敌对双方都请求她支援:约瑟夫二世说他们在东方有共同的利益,腓特烈二世则以俄普联盟的名义请援。此时,叶卡捷琳娜二世就可以摆出由她宣布并引起欧洲关注的"武装中立"原则的创立者身份。女皇没有想着独自扮演调停人的角色,她准备的方案获得了凡尔赛方面的认可。在她的支持下,于凡尔赛宫起草的和平计划被用作协商的基础,最终普奥双方于 1779 年 5 月 13 日达成了《切申条约》。叶卡

叶卡捷琳娜二世毫不犹豫地接受了韦尔热纳起草的和平计划。女皇的同意很容易理解,因为该草案奠定了与法国的新关系。此外,该草案还使俄国成了诞生于《威斯特伐利亚和约》的欧洲国际关系的联合保证人,而在此之前这一角色一直由波旁王朝扮演。对于叶卡捷琳娜二世和整个俄国而言,这是俄国外交数十年来梦寐以求的成就。到目前为止,俄国虽然有所突破,但仍旧处于欧洲政局的边缘。为了能在欧洲发挥影响,俄国总是不得不依赖某个盟友(普鲁士通常扮演这一角色)。从《切申条约》开始,俄国介入欧洲事务的权利就算是定下了。

帕宁逐渐淡出。普鲁士在俄国的战略中失去了重要性,而法国则以新的方式出现在俄国面前。在此之前,俄国一直在为自己的步调寻求认同,而法国只有在自己需要俄国时才会表示同意。法国从未将俄国视为维护欧洲均势的全权合法参与者。随着《切申条约》的签订,上述不平等的地位宣告结束。俄国知道,现在它能够以自己的名义行动,而不再是某个强国的辅助伙伴。法国通过韦尔热纳之口,对《切申条约》以及法俄之间的合作表示祝贺,并承认了俄国的新地位。约瑟夫二世也不得不承认俄国在欧洲大陆的新地位,并由此得出结论:有必要同俄国结盟。叶卡捷琳娜二世对俄国首次获得的"调停人"地位表示欢迎。一个新的政治路线形成。帕宁(死于1783年)退出俄国政治舞台之后,走向前台的是亚历山大·别兹博罗德科(Alexandre Bezborodko,以及后面我们还会谈到的波将金)。亚历山大·别兹博罗德科是女皇最喜欢的合作者,为女皇做了很多好事,女皇也知道他忠心耿耿。当时各个国家都在贿赂他,但是他不为所动。不过,由于女皇的慷慨赏赐,亚历山

大·别兹博罗德科积累了大量的财富。现在是时候来谈论波将金了，女皇正是同他一起策划了"希腊计划"。

自伊凡三世以来，俄国的君主们就梦想着征服伊斯坦布尔。"莫斯科，第三罗马"就是这一朦胧梦想的体现。在叶卡捷琳娜二世治下，随着俄国在黑海的征服，这一梦想越发明晰。格里姆称叶卡捷琳娜为希腊人的女皇，约瑟夫二世也赞同此说。实行"希腊计划"有个必然要求，那就是把奥斯曼帝国赶出欧洲。如果说约瑟夫二世想趁土耳其分崩离析之际扩张自己的帝国，因而支持"希腊计划"的话，那么波将金则清楚为了实现计划，俄国还需要其他支援。至少其他国家不能因俄国的雄心感到担忧，它们最少得保持中立。圣彼得堡担心一旦奥斯曼帝国受到威胁，法国和土耳其的旧盟友关系就会复萌，因此英国是俄国发力的第一个目标。前掌玺官的侄子、俄国驻伦敦大使沃龙佐夫伯爵在英国为这个计划辩护。他声称俄国和英国的利益是相辅相成的。他还提醒圣彼得堡：为了吸引伦敦，俄国需要放弃被英国视为侵害其海洋利益的"武装中立"原则。至于法国，别兹博罗德科则试图让其接受俄国、法国、奥地利、西班牙四国同盟的想法，他保证，基于这样的联盟关系而建立的欧洲秩序对每个缔约国来说都有利可图。不久前还对法俄接近兴趣盎然的路易十六此时却有些迟疑。他觉得没有必要将奥斯曼人赶出欧洲，还担心"希腊计划"会把俄国推向地中海。因此，路易十六非但不赞同这一计划，还决定派军官和军事工程师前往土耳其，帮助它增强军队和防卫力量。此外，法国大使韦拉克（Vérac）侯爵还不停地向路易十六揭示"希腊计划的愚蠢"，尤其是这一计划将导致的直接后果：克里米亚被兼并。如此一来，路易十六就更

犹豫不决了。克里米亚汗国后来的确被兼并了，部分原因是俄国扶持的沙希恩汗（Shahin Khan）面临着宗教叛乱，更深层次的原因则是叶卡捷琳娜想要确保与俄国相邻的土地的安全，而克里米亚半岛的动荡正威胁着这一安全。1782年冬，波将金在其外交备忘录中称俄国需要"边界合理化"。为了给自己的立场辩护，他援引了法国兼并科西嘉以及奥地利兼并布科维纳（Bucovine）的例子。波将金还说叶卡捷琳娜有一项基督教责任：征服那些987年时被俄国纳入基督教世界的土地（克森尼索变成了赫尔松）。如果说路易十六对这一"基督教责任"漠然处之的话，那么叶卡捷琳娜则将其利用了起来，她要兼并不久前还想要维持独立地位的克里米亚。然而，要想做到这一点，俄国还需要确保其他欧洲国家同意或是中立。法国仍忙于美洲的战事，但是和平已经接近了。叶卡捷琳娜二世由此得出结论，留给俄国行动的时间不多了。路易十六担心土耳其要是再次在军事上失利的话，俄国在黑海的影响力就更大了（不能忽视刚刚过去的教训），因此他呼吁土耳其保持克制。法国驻伊斯坦布尔的大使是圣-普列斯特（Saint-Priest）侯爵。他将法国国王的意思传达给了土耳其，规劝它要避免同俄国决裂。1783年4月19日，叶卡捷琳娜二世发表声明，宣布兼并克里米亚。俄国鼓励当地的鞑靼人向女皇宣誓效忠，那些不愿意宣誓的鞑靼人则被允许流亡土耳其。兼并行动是在和平中进行的，俄军本就屯驻在当地。在法国，巴米亚京斯基亲王已经告知韦尔热纳此次兼并丝毫不会改变俄国和土耳其的关系。为了平息韦尔热纳的担忧，巴米亚京斯基还担保俄国想要和土耳其维持良好的关系。路易十六对此感到满意，在发给俄国的消息中，他让叶卡捷琳娜二世放心，法国想要

保持和平。女皇也报以同样的说辞。

在这些和解的话语之外，凡尔赛弥漫着一股懊丧和悲伤的气氛。法国眼见俄国的势力在黑海进一步发展，它担心随之而来的影响会触及法国在黎凡特的贸易。法国还为土耳其的离场悻悻不已，它难以想象一个没有土耳其的欧洲。由于土耳其自身已经很虚弱，它必须依靠法国的支持，而这意味着土耳其会为法国的利益服务。对于法国来说，这样的盟友实在太珍贵了。法国传统政治的一个方面消失了。此外，路易十六之所以感到懊恼或怨恨，还与克里米亚被兼并的方式有关。叶卡捷琳娜先前非常高调地表达了维持克里米亚独立的意愿，人们都相信了她。兼并发生后，法国外交部门不禁问：莫非之前的言论只是为了麻痹法国？法国是被女皇耍了吗？再加上俄国吞并克里米亚后的一系列操作，法国的担忧就越发显得正当了。通过1783年签订的《格奥尔吉耶夫斯克条约》，俄国将东格鲁吉亚置于自身的保护之下。格鲁吉亚及其政府保留统治权，但是格鲁吉亚教会的权威将从属于俄国教会神圣宗教会议。

土耳其不安地看着俄国在兼并克里米亚不久后向高加索扩张，它想要寻求欧洲的支持。然而，它在维也纳收获的是一片沉默，奥地利已经倒向俄国。凡尔赛的反应倒是没有那么消极。韦尔热纳努力想要说服叶卡捷琳娜二世不应该想着在地中海维持一支舰队，而且最好让克里米亚独立。韦尔热纳甚至进一步建议，俄国不应该强迫土耳其就兼并一事签订正式的书面条约，而应该满足于非正式的接纳。如此一来，女皇开始怀疑法国对俄国的善意，甚至放弃了继续进行对话的打算。1784年1月9日在艾纳勒卡瓦克宫签订的协议确认了《库楚克-凯那尔吉和约》，不过其中保证克里米亚独立的

第五章　俄国的启蒙时代

条款被删除了。土耳其接受了克里米亚被兼并的事实。由于克里米亚被兼并，以及俄国对高加索地区发生的抗议俄国渗透的运动的反应，不久前路易十六和叶卡捷琳娜二世还一同庆祝的和平气氛被破坏了。协议的墨迹刚干，双方就摩拳擦掌准备战斗了。俄国和土耳其的又一次冲突近在眼前了。

1787年，叶卡捷琳娜觉得自己无懈可击。别兹博罗德科写道："没有俄国的允许，一枚炮都不能在欧洲放。"为了彰显俄国的信心，波将金为女皇组织了一场直至黑海边的盛大旅行。卤簿何其盛哉！叶卡捷琳娜带着整个欧洲的贵族、军事精英和文化精英先乘雪橇，后坐船。利涅（Ligne）亲王就是其中一个闪耀的名流。人们在第聂伯河下船。波兰国王在卡尼夫（Kaniev）迎接女皇及其他来宾。后来，约瑟夫二世也加入进来。銮驾穿过写有"此乃通往拜占庭的大道"的凯旋门。然后，銮驾在抵达塞瓦斯托波尔（从这一要塞出发，俄国舰队抵达伊斯坦布尔只需三十个小时！）之前朝着克里米亚胜利进发。塞居尔（Ségur）伯爵对女皇说："在塞瓦斯托波尔，您已经完成了彼得大帝在北方缔造的伟业。"人们对这一被称为"波将金村"的盛大仪式记忆深刻，然而现实却是另一回事。俄国在塞瓦斯托波尔部署了舰队，约瑟夫二世和叶卡捷琳娜在黑海岸边展示友谊。土耳其见状得出结论，不能再等了，俄国又要"秀肌肉"了。土耳其因而决定先发制人。

1787年7月，人们熟悉的剧情再度上演。土耳其向驻伊斯坦布尔的俄国代表布尔加科夫（Boulgakov）下了最后通牒，要求俄国撤出克里米亚。布尔加科夫拒绝了，土耳其苏丹召其入宫，像数年前对待奥布列斯科夫那样，逮捕了他并将他关进七塔狱。几天

后，土耳其攻击了两艘俄国舰船。俄国的回应就是宣战。一切都重演了。瑞典国王旋即想起了他和土耳其还有约在先，于是在波罗的海和芬兰朝俄国发动进攻。不过，在此之前瑞典倒是给圣彼得堡下了一份值得注意的最后通牒（由瑞典调停俄国和土耳其的冲突，撤销俄国对克里米亚的兼并以及各种次要条款）。轰隆隆的炮声直抵俄国首都近郊，叶卡捷琳娜都感受到了威胁。她本以为可以依靠盟友奥地利，但是奥地利却一副犹豫不决、不太热心的样子。最后，奥地利单独与土耳其缔结了和平协议，不由分说地抛弃了俄国。波兰也威胁着入场。普鲁士站在了土耳其人这边，承诺为瑞典提供军事援助，威胁丹麦，并派兵进入库尔兰。只剩下英国了，但英国的情况也不甚乐观。腓特烈二世的继承人腓特烈·威廉二世领导着普鲁士，在冲突爆发之前，普鲁士正在拉近与英国的关系，这预示着英国和普鲁士会有反对俄国的联合行动。皮特建议把英国舰队派到波罗的海去。沃龙佐夫在英国忙前忙后想要影响舆论，在议员福克斯（Fox）的帮助下，他算是成功地减轻了一些压力。

然而，当时俄国的境况可谓相当艰难。如同第一次与土耳其作战时那样，俄国面临着严峻的内部问题。收成不好，国家眼看着就要闹饥荒了，地方起义和暴动此起彼伏。另一方面，重整旗鼓的奥斯曼人可谓来势汹汹。他们这回可以倚仗被俄国的自大惹恼了的欧洲盟友。普鲁士国王正在动员英国人。情况变得一片混乱，丹麦人和瑞典人起了冲突，英国则支持古斯塔夫三世。尽管政局混乱且损失惨重，叶卡捷琳娜二世最终还是从冲突中脱身。1790年8月14日，俄国与瑞典签订了《维雷拉条约》；1792年1月9日，俄国与土耳其签订了《雅西和约》。别兹博罗德科对局势的观察非常敏

锐，他知道要重塑和平了。不过俄国也不得不付出代价。俄国在瑞典放弃了维护宪法的权力，也就是放弃了操纵瑞典的手段。至于土耳其，俄国则被迫抛弃"希腊计划"。不过，作为交换，土耳其最终承认了俄国兼并克里米亚。就在各方协商条约的时候，波将金死了，别兹博罗德科是唯一做决定的人了，他执行任务也更加便利了。虽然为和平付出了高昂代价，但俄国还是能高兴一下的，因为它在黑海的地位得到了承认。

法国在促进俄国与土耳其和解的过程中扮演了至关重要的角色，尽管扮演这一角色的不是路易十六，但法国确实是叶卡捷琳娜二世的救星。突然爆发的法国大革命让法国国王无力进行干涉。叶卡捷琳娜二世气愤不已，这既是因为法国发生的事件在她看来就是彻底的叛乱，也是因为法国国王软弱无能。国王应该"驱散这些暴民"，她这样说。她知道自己再也不能指望这个国家了。不过法国的一些流亡者，如朗热隆（Langeron）伯爵和黎塞留公爵将会与俄军共同作战。当时代表法国驻伊斯坦布尔的是舒瓦瑟尔-古菲耶（Choiseul-Gouffier）伯爵，他向俄国提供了有关土耳其的珍贵情报以及关于各国立场的信息，并说服土耳其大维齐尔坐下来谈判。

战争一结束，叶卡捷琳娜马上得面对一个老大难的问题——波兰。不过在此之前，她还得评估一下法国动荡的局势及其会对欧洲秩序产生的影响。这个问题不是次要的，因为法国一直在女皇的思维中占据着特殊位置。作为法国文化、"百科全书派"和启蒙运动的仰慕者，她向来视法国为模范国家，与法国的关系被列为俄国优先考虑的事项。与法国结盟，使俄国成为与法国平起平坐的国家，这是一直萦绕在女皇脑海中的梦想。

1786年，腓特烈二世的去世似乎开启了俄法亲近的时间。腓特烈的继承人敌视俄国，这促使俄国转向凡尔赛。再加上塞居尔伯爵经常向女皇念叨，说凡尔赛和圣彼得堡之间有共同的理念，两国应该拉近彼此的关系。他以1788年的英国-荷兰-普鲁士协议为由，主张俄国与法国和奥地利结盟。路易十六对这一方案很上心，不过波兰问题在很大程度上阻挠了他。凡尔赛要求在任何协商之前，首先要恢复波兰领土的完整。此外，它还对有关土耳其的问题持保留意见。既然叶卡捷琳娜无意在波兰问题上让步，法国国王也就决定此事留待他日再议。如果考虑到双方接洽之时正值俄土战争期间，法国的谨慎就很好理解了，凡尔赛担心与俄国缔约会削弱同土耳其的关系。对于俄国来说，情况则恰恰相反。俄土战争与俄法协商同时进行，这促使俄国更坚定地沿着这条道路前进，而法国推迟这一方案就显得尤为冒犯了。显然，在法国的心目中，俄国还无法同土耳其相比。俄国再一次在法国的"东方屏障"政策上碰壁，其重要性又一次被低估。女皇就是如此理解上述事件的，因此尽管女皇在一开始还对法国国王抱有好感，但后来他的形象就变消极了。在大革命前，俄国对法国及其君主就不大信任。如今，这种感受进一步加剧了叶卡捷琳娜的敌对情绪。不过，女皇倒是很努力地在理解剧变时期法国发生了什么。她密切关注着国王和议会之间的冲突。她还认为英国对法国内部的危机负有一定的责任，因为它阻挠路易十六建立一个不符合英国利益的欧洲体系，从而加剧了法国的国内危机。叶卡捷琳娜甚至认为，英法间的公开冲突可以使路易十六控制其内部问题（女皇的秘书赫拉波维茨基在日记中记录了这一说法）。英法没有开战，法国发生了攻占巴士底狱及后续事件。女皇

第五章 俄国的启蒙时代

当时相信"笃信王"无力面对发生的诸多事件。尽管如此，在对君主制造成致命打击的 7 月 14 日前的几周，女皇还是多次表达了与法国国王团结一致的态度。公主苏菲去世十一个月后，王太子路易-约瑟夫去世，这让女皇颇受触动，因为她本人就是非常疼爱孙辈的祖母。王太子去世的消息传来，女皇向法国国王表达了几近亲人般的怜悯。除此之外，她还做出了一个惊人的举动：让整个俄国宫廷哀悼。由此可以非常清楚地看出，两国君主之间虽然有些隔阂，但关系还是相当密切的。

然而，自 7 月 14 日起，叶卡捷琳娜意识到了事态的严重性。驻巴黎的俄国大使斯莫林（Simoline）写信给女皇说："王权被废除了。"虽然路易十六还是自由的，但斯莫林明白叶卡捷琳娜二世认同的君权神授观念已经不复存在。自此之后，女皇对路易十六的评判就开始变得严苛："国王在干什么？他糊涂了，人人都可以左右他。"她向格里姆吐露了苦涩的心情："这位法国国王到底是什么玩意儿？为什么绵延八百年的法兰西王朝消失了，让位给普通法国人？"她质问道："一个鞋匠能管理国家吗？"尤其需要指出的是，自大革命开始，叶卡捷琳娜二世就热情地欢迎所有感到自身受威胁的法国人。她邀请完成任务准备返回法国的塞居尔伯爵留在俄国，在俄国享受和平。她还担心那些留在法国的俄国人的命运，敦促他们返回俄国。从王室成员逃亡时的一些具有象征意味的细节就能看出女皇的命令是何等睿智。一位俄国官员在土耳其被杀，他的遗孀科尔夫（Korf）男爵夫人移居到了法国。王室子女的保姆图尔泽尔（Tourzel）夫人就曾借用科尔夫男爵夫人的身份。费尔桑（Fersen）以科尔夫男爵夫人的名义，租了一辆马车用以转移国王

及其家室。他还为逃亡的一行人搞到了俄国护照。当王室成员在瓦雷讷（Varennes）被捕时，这些被发现的护照引起了轩然大波。法国的新权力机关召见了斯莫林，斥责其与"暴君狼狈为奸。"叶卡捷琳娜二世当然与被捕的国王站在同一战线，但是她为自己的代表卷入这样一件事感到糟心。这使得她不得不在一群"鞋匠和律师面前为自己辩护，而为人君者本不能与这样的人辩论"。尽管叶卡捷琳娜对法国国王抱有同情心，但还是免不了批评他的软弱不堪。1791年9月14日，当国王接受宪法并在国民制宪议会前宣誓时，女皇怒不可遏并给格里姆写了信。她将国王的行为斥为"怯懦"，还附加了一句："我们可以帮助这样的人吗？"

女皇对革命事件的反应解释了她对路易十六的评判。女皇加入了欧洲君主们的联合行动。联合行动的核心并非针对法国国王。他们考虑的是反对这场"法国疫病"，捍卫君主制的原则。

此外，叶卡捷琳娜二世还在内政方面对她难以忍受的挑战做出了回应。她将摒弃她曾仰慕且曾深刻启发过她的18世纪法国思想。她给格里姆写道："这都是启蒙思想家的错。"她还提到了共济会。它促进了法国思想在俄国的传播，吸引了叶卡捷琳娜二世的近臣，包括尼基塔·帕宁及其兄弟、战争大臣切尔内舍夫（Tchernychev），还有列普宁亲王，甚至是她已故的丈夫彼得三世。早在大革命之前，叶卡捷琳娜二世就担忧外部势力通过瑞典或普鲁士的秘密组织对俄国施加影响。她担心共济会把她的儿子保罗拉进他们的阵营。自18世纪80年代中叶起，她就着手限制他们的影响。1789年，女皇下令禁止共济会集会，还捣毁了其支部。女皇的打击还涉及作家群体。最著名的例子就是《从彼得堡到莫斯科旅

行记》的作者拉季舍夫（Radichtchev）。她将其视为"革命的法国派到俄国的第一个特使"。这位作家遭到逮捕，被判处死刑，后被减刑，改判流放西伯利亚。

直至1792年，叶卡捷琳娜二世都因俄土战争心力交瘁，无暇介入抑制革命法国的活动中。不过她在1792年的一封给玛丽-安托瓦内特的回信（此信从未寄出）中，表达了捍卫君主联盟的观念。叶卡捷琳娜二世仍未打定主意。1792年4月20日，法国向奥地利宣战，叶卡捷琳娜二世左右为难：奥地利是俄国的盟友，该怎么做？该选择哪一方呢？驻法大使被召回俄国，俄国港口一律不准法国船只停靠，俄国与法国的协议不复存在。审判并处死路易十六引起了轩然大波。俄国宣布全国哀悼六周，并正式断绝与法国的外交关系。1787年签订的商贸协议也被废除。叶卡捷琳娜二世承认普罗旺斯伯爵路易十八为法国国王。居住在俄国的法国人被要求向女皇宣誓效忠。当女皇越来越多地发表反革命的言论并采取行动时，普鲁士和奥地利已经开始下场对这一"法国疫病"发动战争。叶卡捷琳娜打算参加君主们的联盟吗？女皇的介入一直是比较克制的。她鼓动其他人去对抗革命，自己则举棋不定。战争有可能迁延日久，她知道普鲁士国库空虚，已是穷途末路，而法国人却在瓦尔米（Valmy）以高昂的斗志抵挡住了进攻。我们可以理解女皇的谨慎。然而，为了表明对盟友奥地利的支持，她推动英国在法国海岸登陆，以援助阿图瓦伯爵。她还与英国（法国已向它宣战）签订商贸和防御条约，条约规定缔约方一致抗击法国，不可与法国单独媾和，尤其应阻止法国与中立国家进行商贸往来。因为最后一项规定，叶卡捷琳娜背弃了"武装中立"这一她高调宣称是自己所创的

原则。对于备受此原则困扰的英国来说，这也算是出了一口气。如果说俄国愿意放弃这一原则，那是因为在一个撕裂的欧洲，中立已无多大意义。此外，这一决定也使俄国在波兰的自由行动权（对于俄国来说，自与伊斯坦布尔签订和约以来，这是它首先需要考虑的）获得了英国的同意。

　　至于君主们的反法联盟，叶卡捷琳娜却并不怎么热情。她含糊地表示会派一些军队。没有多少俄军参加阿图瓦伯爵率领的法国流亡者远征队——这批人乘坐英国船只在诺曼底海岸登陆。叶卡捷琳娜拒绝承担此次行动的费用，并暗示通过兼并战败了的法国的殖民地，在未来可以补上此次费用。女皇所在意的还是她紧紧盯着的波兰。她知道利奥波德二世（Léopold II）和腓特烈-威廉二世更关注的还是瓜分波兰，而非君主们的联盟。1796 年，瓜分最终完成，俄国决定参加反革命联盟，苏沃洛夫领命率军前往莱茵河。然而，叶卡捷琳娜二世的驾崩致使该计划搁浅。俄法之间的战争并没有发生。

　　叶卡捷琳娜二世的战争宣言采取了观望态度。她向奥斯特曼如此解释道："对我来说，我要负责防备波兰人、土耳其人，甚至是瑞典人（其国王驾崩后，他们就与法国和解了）。"波兰，叶卡捷琳娜一直上心的是波兰。女皇忙于同土耳其的战争，因此没有预见到 1791 年 5 月 3 日的革命。不过，她很快就与土耳其缔结了《雅西和约》，并回到了波兰事务上。如今我们并不能确定叶卡捷琳娜是否赞同最后的瓜分方案。因为根据这一方案，俄国在波兰的权威仅限于波兰领土的一部分，而女皇向来将整个波兰视为俄国的势力范围。1792 年，别兹博罗德科与波兰要人（主要是波托茨基）

进行会谈，旨在废除《五三宪法》①，并让波兰在俄国的帮助下回归"古老的自由"。这一计划并未成功。普鲁士和奥地利密切关注着这些企图，它们不想要一个重新恢复俄国权威的方案。因此，对于俄国来说，除了重新瓜分波兰之外，别无选择。1793年1月，波兰第二次被瓜分，后果可想而知。波兰经济崩溃，政治生活受到抑制，这一切都推动了由柯斯丘什科（Kosciuszko）领导的起义的爆发。然后就是苏沃洛夫占领华沙以及波兰最后被完全肢解。"波兰的终结"（Finis Poloniae）成了这位不幸的起义首领的注脚。

波兰亡国几乎与叶卡捷琳娜辉煌统治的结束同时发生。它还与另一个人的倒台发生在同一时间。女皇最后的情人朱保夫（Zoubov）给了女皇最后一个梦想，就是她花了不少心思的波斯梦。然而，就在这一梦想即将实现的时候，女皇情人的兄弟瓦莱里安·朱保夫（Valerian Zoubov）未能拿下伊斯法罕，叶卡捷琳娜二世驾崩了。她对土耳其、波兰甚至这一神秘东方国家的关注，使其未能真正地参与君主们的反法联盟。也许正是因为这些关注，她在无意间拯救了法国大革命。

---

① 《五三宪法》，被普遍认为是欧洲第一部成文国家宪法，1791年由波兰末代国王斯坦尼斯瓦夫通过。——译者注

第六章
保罗一世：改换门庭

1796 年 11 月 17 日，统治了三十四年的叶卡捷琳娜二世驾崩。女皇的儿子保罗立刻即位。这一表面上看起来水到渠成的即位并不像想象中那么自然。叶卡捷琳娜二世曾想将皇位传给长孙亚历山大，她和亚历山大谈过此事，还向拉阿尔普请愿，希望他能说服亚历山大支持她的想法。女皇甚至找到了保罗的妻子，希望她能让丈夫答应签署放弃皇位的文书。女皇的努力徒劳无功，没有人赞成这个计划，就连受益人亚历山大也不支持。

保罗一世在历史上留下了一个相当负面的形象：一个精神错乱的君主，执行着混乱不堪的政策。因此保罗一世的统治乏善可陈。不过，这一流行评价并不能真正代表保罗一世，也无法代表其仅仅为期五年的短暂统治。

四十二岁登上大宝的保罗一世身上并不缺乏一些自然禀赋。不过，他有一个不幸的特点，就是多疑且尖酸刻薄。他的母亲一直不让他接触权力，还以他无力照管孩子的教育为由将他和孩子们分开，并强加给他一系列不断更替的、他始终无法忍受的宠臣。此

外，父亲的离奇死亡始终萦绕在他心头，他担心自己也会被关到牢里去。最后，他还像父亲一样，有种被剥夺了皇位的缺失感（他的老师帕宁曾保证他成年后就可以登基）。再加上保罗生性恋权，喜欢统治，而他要等到四十多岁才能登上宝座，这就越发加剧了他的缺失感。

保罗一世在统治初期既有充满智慧的一面，也做了一些不得人心的决定。在俄罗斯帝国的治理方面，他很有智慧地整顿了国家的财政。当时，俄国因连年的战争以及女皇近臣们猖獗的腐败面临着严峻的财政问题。他还在不动武的情况下疏远了宠臣，但留下了经验丰富的别兹博罗德科领导外交事务。他进行了一项对未来影响深远的改革，给皇位继承立了规矩。他意识到正是由于彼得大帝背弃了传统的继承制度，后来的皇位继承才一片混乱。因此他决定回到原来的皇室世袭规则上来，除了让第一个孩子继承皇位这条规定外，他还加了一条在彼得大帝之前就已流行但未被明确表述的规定：只有男性可以继承皇位。这条规定暗含着他对母亲统治的不满，也是一个缺失感严重的儿子的报复。然而，在 20 世纪，当俄国的末代皇帝经过漫长的等待终于等来一位男性继承人，却发现这位继承人得了不治之症（小阿列克谢事实上得了血友病）时，人们就会发现保罗一世的这一报复之举对其后代，乃至对君主制以及俄国的命运都产生了巨大的影响。

尽管保罗一世做了一些人们可以接受的决定，但是他很快就失去了人心。因为他从父亲那儿遗传了一种对普鲁士的病态迷恋，他在各处，尤其是军队中引入普鲁士的做法，比如操练的风格、着装等。就像彼得三世一样，此种对普鲁士的病态迷恋让俄国人难以忍受。

1. 法国国王亨利一世（右三）和他的王后"基辅的安娜"（右一）
（Chroniques de Saint-Denis，创作于1332—1350年）

2. 安娜写给"智者"雅罗斯拉夫一世的书信（收藏于俄罗斯帝国对外政策档案馆，图片由张建华教授提供）

3. 列奥波里达·别尔施达姆创作的《彼得一世与路易十五》雕像（收藏于圣彼得堡彼得一世夏宫，图片由张建华教授提供）

4. 1717年，彼得大帝在凡尔赛宫会见奥尔良公爵菲利普二世，路易十五（左一）站在彼得身后（佚名，约1717）

5. 七年战争中，俄国和法国、奥地利结盟，对抗英国和普鲁士。图为1760年9月俄奥联军占领并洗劫普鲁士首都柏林的场景（Alexander Kotzebue, 1849）

6. 1773年，奥地利、俄国、普鲁士召集波兰国家议会开会，将三国对波兰的瓜分合法化。图中描绘的是波兰贵族塔德乌什·雷伊坦（坐在地上者）为了阻止国家被瓜分，试图扰乱议会开会的场景（Jan Matejko, 1866）

7. 沙皇叶卡捷琳娜二世出席帝国艺术学院开幕式（Valery Jacobi, 1889）

8. 奥斯特里茨战役中，俄国骑兵缴获了法国一个团的军旗（Bogdan Willewalde, 1884）

9. 弗里德兰战役中的拿破仑（Horace Vernet, 1835）

10. 拿破仑、亚历山大一世,以及普鲁士国王腓特烈-威廉三世和王后路易丝在提尔西特会面(Nicolas Gosse,约1900)

11.《提尔西特和约》签署后,拿破仑和亚历山大一世道别(Gioacchino Giuseppe Serangeli,1810)

12. 博罗季诺战役后，库图佐夫在一次会议上决定将莫斯科让给拿破仑（Aleksey Kivshenko, 1880）

13. 别列津纳河战役（Peter von Hess, 1844）

14. 1814年巴黎战役后,俄军进入巴黎的场景(佚名,1814)

15. 1825年,俄国"十二月党人"起义(Vasily Timm, 1853)

16. 塞瓦斯托波尔围攻战(Franz Roubaud, 1905)

17. 1867年，欧洲各国君主齐聚巴黎参加世界博览会开幕式。第一排从左至右依次为比利时国王奥波德二世、普鲁士国王威廉一世、奥地利皇帝弗朗茨·约瑟夫一世、法兰西皇帝拿破仑三世、俄国沙皇亚历山大二世、奥斯曼帝国苏丹阿卜杜勒·阿齐兹、瑞典国王查理十五（Charles Porion, 1895）

CRONSTADT, Juillet 1891. TOULON, Octobre 1893.

18. 俄国沙皇亚历山大三世与法国总统萨迪·卡诺缔结盟约（佚名，1893）

19. 一幅描绘俄法同盟的政治漫画。画中,玛丽安娜(象征法国)与熊(象征俄国)相互拥抱(Adolphe Léon Willette, 1893)

20. 1896年,法国方面在巴黎为沙皇尼古拉二世的到访安排的欢迎仪式(Georges Becker, 1896)

21. 1901年，俄国沙皇尼古拉二世和法国总统卢贝在巴黎会面（佚名，1901）

22. 乐蓬马歇百货商场在尼古拉二世访问法国期间推广的一款流行图案（Osipov Georgiy Nokka, 1901）

23. 描绘三国协约的俄国漫画，左侧为象征法国的玛丽安娜女神，中间为象征俄国的"俄罗斯母亲"，右侧为象征英国的不列颠尼亚女神（佚名，1914）

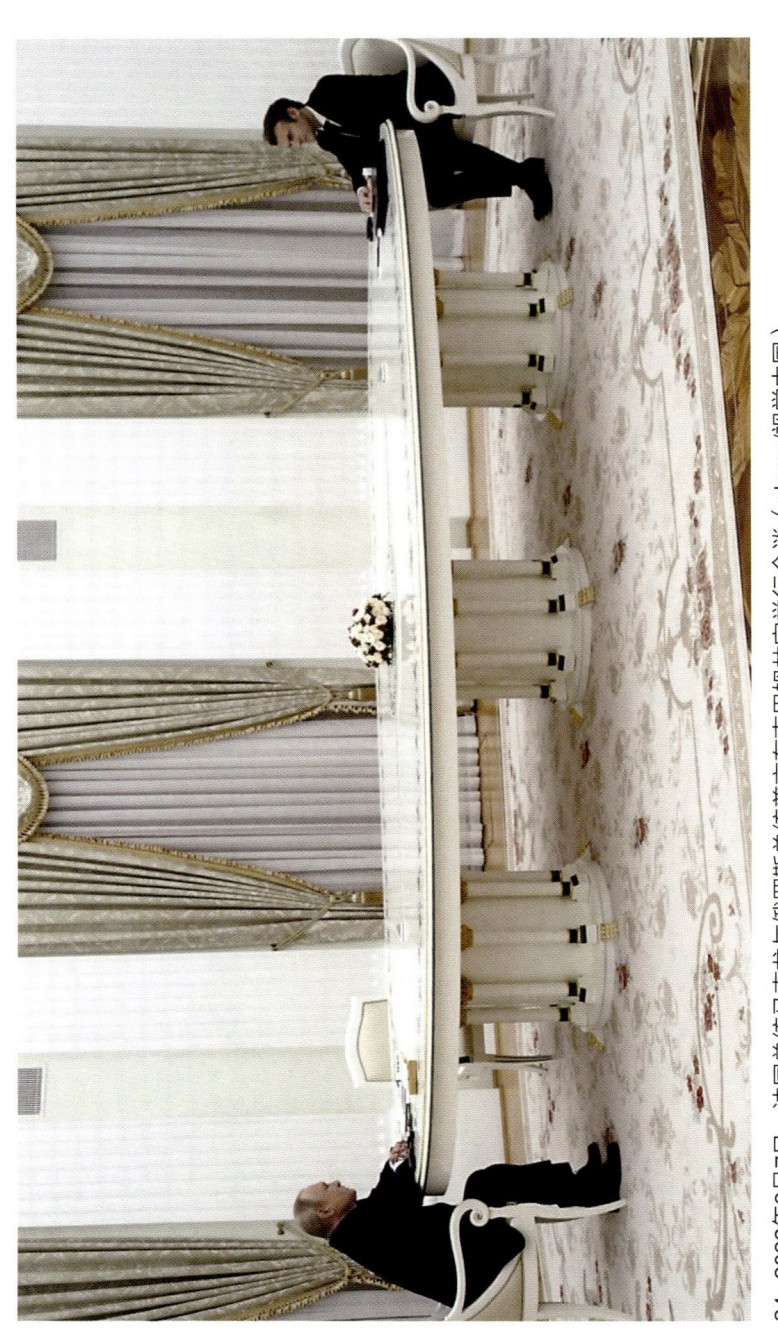

24. 2022年2月7日，法国总统马克龙与俄罗斯总统普京在克里姆林宫举行会谈（alamy/视觉中国）

作为一名位高权重的老将，苏沃洛夫对新君的指令发出哂笑并说："我们不是德意志人，而是俄国人。"他为此付出的代价就是暂时解甲归田，直至战争重启才再度出山。在对外政策方面，保罗一上来就表现出了真正的水平。即位后，保罗要面对的是叶卡捷琳娜二世业已投身的东方冒险。1796 年秋，瓦莱里安·朱保夫率领军队朝波斯前进。保罗一世做出的第一个决定就是终止这一靡费良多的计划，他认为此计划必败无疑。保罗召回了军队，叫停了不久之前方才定下的旨在为朱保夫提供援军的征兵措施。与此同时，他向外国君主伸出援手。保罗一世驻柏林的代表负责向普鲁士国王解释，俄国不寻求进一步扩张领土，征服战争不再是俄国的目标。一份由奥斯特曼签署的照会晓谕联合的各大国：自 1756 年以来，俄国连年征战，百姓已精疲力竭，都呼唤着和平。不过，照会补充说，俄国及其皇帝仍旧忠于他们的盟友，将与盟友一起抗击"令人厌恶的法兰西共和国。它通过彻底颠覆法律、权利、财产、宗教和风俗，威胁着整个欧洲"。然而，照会也明确表示俄国不会加入反对法国的战斗。保罗一世拒绝给奥地利任何军事援助，他还召回了叶卡捷琳娜派出的与英国一道封锁法国和荷兰海岸的舰队。俄国驻普鲁士的使者科雷切夫（Kolytchev）宣称俄国皇帝并不敌视法国，而是希望与法国和平共处；他还鼓励交战各方寻求和平路径，而他愿意为此进行调停。

保罗一世甚至更进一步呼吁各国恢复与法国的正常外交关系。俄国驻柏林公使尼基塔·彼得罗维奇·帕宁（叶卡捷琳娜二世重臣的侄子）致力于将协商往关系正常化的方向引导，但俄法两国因为俄国的一个要求而没有谈拢，这个要求就是督政府停止支持波兰流亡

者。保罗对此不肯妥协,督政府也不肯让步。一度初露曙光的俄法缓和关系转瞬即逝,双方又回到了敌对的气氛中,不久便兵戎相见。

法国的政治负责人此时想起了传统的盟友伊斯坦布尔。他们鼓动奥斯曼苏丹与瑞典和普鲁士结成同盟反对俄国。与这些鼓动相伴随的是一批批被派往土耳其的教官和军队。然而,拿破仑及其获得的胜利将会彻底打乱这一政治图景。《坎波福尔米奥和约》使法国将爱奥尼亚群岛收入囊中,这进一步增强了法国在东方的地位。巴黎的政客认为,法国对土耳其有了更大的影响力。圣彼得堡和伊斯坦布尔的心思逐渐变得一致。督政府在波兰方面的政策也更具有攻击性,它在意大利组建了波兰军团。在一封被成功破译的急件中,帕宁发现拿破仑想要重建一个波兰国家,并将其置于某位勃兰登堡亲王的统治之下。此外,俄国人和土耳其人还听到了令人不安的传言。据传一支法国舰队正准备离开土伦朝黑海进发。不久之后,马耳他就被拿破仑拿下了。对于保罗及其谋臣别兹博罗德科来说,威胁显而易见,法国已经准备好利用土耳其给俄国一个巨大的打击。为波兰复国的计划预示着法国想要在俄国边境制造压力,甚至意味着可能会给俄国自身带来混乱。当时别兹博罗德科给掌玺官的信就体现了俄国对这一事件的真实担忧。

不过,俄国并不是唯一害怕拿破仑成功的国家。法国自以为处于其掌控之下的土耳其,也不怎么欣赏拿破仑的野心。征服马耳他,剑指埃及,一系列的迹象都促使土耳其行动起来并转向俄国(这真是闻所未闻的举动啊),以阻遏拿破仑的胜利进军。于是,人们见证了一份始料未及的条约,即1799年1月3日的俄土条约。根据这份条约,两国互相保证各自占有的领土;在土耳其的同意

下，俄国海军司令奥尔恰克（Orchak）率领的舰队可以在博斯普鲁斯海峡下锚。俄国和土耳其之间的沉重过去使人难以想象如今的局面，法国人也为之瞠目结舌。土耳其可是法国一直以来用以制衡俄国的老盟友，如今土耳其却与死对头联合起来对抗法国。英国、奥地利以及那不勒斯王国都将加入这一新的反法联盟。保罗承诺会把俄国的舰队同土耳其和英国的舰队联合起来，为在荷兰的登陆和重新占领爱奥尼亚群岛提供军队，并派遣苏沃洛夫率领一支军队前往意大利和海尔维第共和国。

保罗一世敌视、反对法国的措施越来越多。他邀请被逐出不伦瑞克的路易十八来到米托①，给了他一笔丰厚的年金，还承担了孔代亲王军团的开销，并在沃里尼亚（Volhynie）和波多利亚安置了1万名流亡者。最后，他还收留了逃离马耳他岛的骑士团，而且同意成为骑士团的保护人，并且被冠上了"大团长"（Grand Maître）的头衔（尽管在某些历史学家看来，是保罗自己给自己安上了这一头衔）。一位东正教的君主居然成了一个天主教骑士团的头领，人们或许会对这一现象震惊不已。然而，在那样一个动荡的时代，一切皆有可能。拿破仑无视马耳他骑士团，他征服马耳他岛的举动令英国人气愤不已。对那位雄心勃勃的科西嘉人来说，俄国庇护骑士团就是在挑战他，就是让他的所有对手感到满意。俄军在反拿破仑联盟的旗帜下同法军在爱奥尼亚群岛、意大利、海尔维第共和国以及荷兰拼杀。在这些战役中，俄奥联军的人数优势确保战役获胜；然而，这一联盟只是昙花一现。俄国不久就发现与英国人

---

① 米托（Mittau）就是如今拉脱维亚的叶尔加瓦（Jelgava）。——译者注

和奥地利人的联盟脆弱不堪，这一联盟很不稳固，而且盟友之间相互怀疑，因为英国和奥地利都嫉妒俄国的军事胜利。从1799年起，俄国同奥地利的关系就开始逐渐破裂。保罗一世在给弗朗茨二世的信中谴责他不支持苏沃洛夫，而更偏向于"扩张自身王朝的方案"。紧随其后的是俄国与英国关系的破裂。同谴责奥地利的说辞如出一辙，俄国指责英国为了自身利益而牺牲盟友。

联盟关系逆转了，此时法国与俄国的和解已经初露端倪。眼见俄国日益疏远两年前成立的联盟，拿破仑给俄国发出了一些愿意接近的信号。他甚至在没有要求同等待遇的情况下就宣布释放俄国俘虏。在马伦戈战役获胜者的关照下，这些俄国士兵穿戴一新地回国了。保罗一世深感触动。他从此开始对拿破仑个人有了好感，密切关注起拿破仑的战绩，并试图理解他的战略思想。很快就发生了一起标志性的事件：保罗一世把路易十八从米托赶了出去。这象征着俄国同法国的旧制度告别，接纳了这位杰出统帅所代表的法国。塔列朗和科雷切夫始于柏林的协商在巴黎继续进行。昨日的两个对手如今携起手来共谋大局，二者打算成立一个旨在抗击英国的俄法同盟，共同打击英国在印度的统治。这一计划也意味着二者在划分势力范围。保罗一世还对普鲁士施压，希望它能对英国宣战。不等塔列朗和科雷切夫的协商结束，保罗就下令禁止英国船只出港，逮捕全体英国船员，并号召瑞典、丹麦和普鲁士的国王也这么做，还让他们加入就这么被复活的"武装中立北部联盟"。英国成了俄国的头号敌人。

1801年3月23日夜，保罗一世被刺身亡。此事件不单是国内权力斗争的结果，更是受到了国际政治的影响。1801年，保罗一

世选择背弃亲英政策（这是叶卡捷琳娜二世时期掌玺官帕宁擘画的"北方体系"），这既触犯了国内一群实力强劲的亲英派，也影响到了英国的利益。置保罗一世于死地的阴谋正是这两大利益集团合力的结果。阴谋的策划人是尼基塔·彼得罗维奇·帕宁伯爵。他是前朝叶卡捷琳娜二世大臣的侄子，也是保罗一世儿时的玩伴。1801年初，当保罗一世决计改换门庭时，他先撤换了所有支持亲英政策以及"北方体系"的人。首当其冲的就是帕宁，他被迫离开首都。英国大使惠特沃思（Whitworth）勋爵也不得不动身离开俄国，不过俄国问题仍旧是他最关注的事。正是他为帕宁提供了策划阴谋所需的大量资金。在俄国首都，帕宁的联络人是彼得·帕伦（Pierre Pahlen）将军。他是圣彼得堡的总督，还是彼得罗维奇·帕宁的表亲。惠特沃思勋爵提供的宝贵资金就是由他来支配的。当时保罗一世把一些近臣都赶走了，不论是那些他认为过于亲近英国的人，还是那些由于个人原因令其不悦的人，比如叶卡捷琳娜二世的近臣朱保夫兄弟和本尼格森（Bennigsen）将军。由于保罗一世处于这样的孤立状态，帕伦对皇帝的影响就更大了。帕伦将上述这些人召回首都，联络他们策划阴谋。英国提供的资金则使得他们可以收买军队。有了钱和人，帕伦便着手征得继承人亚历山大的同意。当然，帕伦是叫亚历山大同意发动政变，废黜父皇，自己登基，而非杀了保罗一世。虽然亚历山大亲王意识到父亲不得人心，也知道父亲在国际舞台上的反复产生的问题，但他从未明确地支持废黜父皇的计划。不过帕伦向他保证，政变只是为了换个君主，保罗一世的性命无虞，因此，亚历山大也就默不作声了。终其一生，亚历山大都背负着悔恨，因为似乎是自己的默许才导致保罗一世失去了统治及性命。

第七章

亚历山大和拿破仑：无法共存的两人

1801年3月23日晚上，保罗一世遇刺身亡。帕伦将军立马将这一消息告诉了亚历山大，并要求他"黄袍加身"。亚历山大震惊之余还是按部就班地扮演了自身的角色。亚历山大面对着聚集在米哈伊洛夫城堡庭院（保罗一世刚刚正是在这儿遇害）的禁卫军，禁卫军向他宣告了他父亲的死讯。他们当然会说保罗一世是自然死亡的。为了给亚历山大的统治指明方向，他们援引新君的祖母叶卡捷琳娜二世的先例，而叶卡捷琳娜是在厌恶法国的情绪中去世的。帕伦及其同伙获胜了，这位新君主一上来就断绝了与法国的友好关系（保罗一世偏爱法国）。

然而事实上，亚历山大一世的独立精神要远远强于那些亲英派同谋者的想象。他的父亲保罗一世一开始是亲英的，后来又亲法了。他不得不在互相矛盾的俄国政策导向之间做出选择，可是他其实更想遵循一条适度、中立的路线，扮演防御者甚至和平推动者的角色。甫一登基，他就立马转向英国，提出改善两国业已严重受损的关系。1801年6月签署的英俄条约标志着两国和解了。这一举

动反映了俄国外交政策的新安排。亚历山大召回了被流放的帕宁，在接下来的一年中帕宁将成为新政策的"工程师"。亚历山大还把父亲赶走的朋友召回身边。亚历山大的和平构想在很大程度上就出自亚当·恰尔托雷斯基亲王之手。恰尔托雷斯基被任命为亚历山大一世身边的秘密委员会的成员，此前他曾担任沃龙佐夫伯爵的副手，1804年他接替沃龙佐夫成为外交事务的负责人。

统治伊始，亚历山大一世就宣告了自己的计划。他想要避免和其他国家的冲突，为此他需要推动形成一个和平的欧洲环境，与奥地利、英国和普鲁士取得更密切的联系，因为俄国与这些国家之间存在着实际的利益纽带。帕宁鼓吹的与英国签订的条约使英国对俄国的打算放心了。俄国放弃有违英国利益的"第二武装中立联盟"，这对英国来说至关重要。不过亚历山大拒绝更进一步与英国共同反对拿破仑。这位年轻的皇帝深受叶卡捷琳娜二世亲法教育的影响，受到法国文化的熏陶，他的老师拉阿尔普也深深地影响了他。他想要和法国建立平稳的关系。他将流放中的莫尔科夫（Morkov）伯爵召了回来并派往巴黎，让其负责调解纷争。尽管亚历山大的指令有时模糊不清，但是莫尔科夫伯爵出色地完成了任务。他对亚历山大说，俄法之间要重塑信任，但并非要建立乃父统治末期一心想要的联盟关系。亚历山大试图在不牺牲与北方国家的特殊关系的情况下，同欧洲国家建立平衡的关系。帕宁的想法也差不多，稳住主要盟友英国这一意愿在所有指令中都得到了体现。1801年9月底，俄法签订了一份和平条约，几天后又签订了一份秘密协议。该条约恢复了两国的外交关系，并规定缔约双方均不可在军事或经济上支持对方的敌人。俄国承认了法国取得的领土，法

国则相应地在巴尔干地区和地中海收敛了一些。亚历山大一世在给大使莫尔科夫的指令中写道："我们知道，英国比俄国更不愿意接受法国在这些地区的霸权。我们这么做，不言而喻，英法都会把我们当作盟友。"为了更好地向英国示好，亚历山大命令沃龙佐夫向伦敦通报俄法谈判的情况以及包括秘密条款在内的协议内容。根据协议，法国承诺如下：承认爱奥尼亚群岛的独立，在俄国的调停下同土耳其开启和平谈判，保证两西西里王国领土的完整性，并确保航海自由。

随着拉祖莫夫斯基（Razoumovski）伯爵重返大使馆，俄国与奥地利的关系也巩固了。拉祖莫夫斯基主要关注的是德意志小邦的利益。柏林也被纳入了亚历山大一世的和平计划，虽然在这一点上，他遭到了恰尔托雷斯基和取代帕宁当上外交大臣的柯楚别依（Kotchoubei）的激烈反对。不过亚历山大一世没有理睬他们，他前往普鲁士宫廷所在地梅梅尔（Memel），在那里受到了路易丝王后格外热情的招待（事实上，王后在勾引他）。梅梅尔会晤在表面上更多地具有友好的社交属性，而非出于政治目的，但在未来产生了重大的影响。亚历山大一世和腓特烈-威廉三世的密切关系就是此时建立的，正是靠着这层关系，普鲁士君主日后才能保住自己的王位。恰尔托雷斯基是这么评论梅梅尔会晤的："我认为此次会晤是俄国经历过的最不幸的事件之一。"

亚历山大的和平与平衡计划很难在法国身上实现，两国很早就有了一些冲突。俄法关系恶化的责任人之一是俄国大使莫尔科夫，他没能掩饰住自己对这个新法国和拿破仑的敌视。他支持法国的流亡贵族，公然对奥地利表达好感。当俄国宫廷下令为拿破仑的

妹夫勒克莱尔（Leclerc）将军哀悼（整个外交使团都应遵循这个决定）时，莫尔科夫却认为不必这么做。塔列朗通知圣彼得堡，说莫尔科夫这样的态度是难以接受的，然而俄国却拒绝召回莫尔科夫。最后，莫尔科夫还是被召回了国。不过在此之前，他已成功地搞糟了他的使团与法国政府的关系。莫尔科夫的继任者乌布里（Oubril）也是如此，虽然他在与塔列朗的会面中极力想要缓和紧张的关系，但是这并没有什么效果。亚历山大一世受到恰尔托雷斯基自由主义言论的影响，在看到拿破仑的权威日盛，以及他在地中海和巴尔干地区的勃勃野心日益彰显时，认为这些都与1801年同法国签订的协议相悖。

1804年3月，随着昂吉安（Enghien）公爵在万塞讷森林的沟里被处决，俄法关系急剧恶化。昂吉安公爵是从他所居住的巴登选帝侯国的埃滕海姆（Ettenheim）被带走的。此事给沙皇留下了极为可怕的印象。当消息传到圣彼得堡时，俄国宫廷为昂吉安公爵举行了哀悼。乌布里向法国政府提交了一份照会，抗议法国在中立领土做出破坏国际法的行为。整个欧洲都为之气愤不已，不过亚历山大一世的气愤也受到了家庭因素的影响。亚历山大的皇后路易丝是巴登人，因此他对巴登公国特别关注。亚历山大根据《切申条约》，以德意志领土担保人的名义向位于雷根斯堡的神圣罗马帝国帝国议会提交了一份抗议声明，这份声明得到了瑞典和英国的支持。火冒三丈的拿破仑召回了大使埃杜维尔（Hédouville）将军。他谴责俄国执行敌视法国的政策，还支持法国的流亡贵族。总之，拿破仑否认俄国有任何干涉德意志事务的权利。在批评俄国的干涉主义时，塔列朗附加了一份照会，其中的一段话令亚历山大气得跳了起来：

"如今俄国提起的控诉使人不禁想问,假如英国策划了刺杀保罗一世这一事件,而我们知道幕后凶手就在边境的某个地方,我们会不会去逮捕他们呢?"

塔列朗的照会成功地激怒了圣彼得堡,两国间的外交关系也降到了冰点。双方的大使都被召回。不过,这样的矛盾升级还不足以使两国发生武装冲突。当然,亚历山大和第一执政都在设想战争了。然而,俄国君主想要拖延一会儿,想将战争置于更为宏大的政策框架中,即自己是为了和平与正义而战。亚历山大一世受到了恰尔托雷斯基在1803年提交给他的一份备忘录中阐述的观点的启发。恰尔托雷斯基建议他组织一个和平的欧洲,并为他指出了实现这个目标的途径。

战争的威胁越来越大,但是亚历山大一心只想确保欧洲的和平,因此他采纳了恰尔托雷斯基的方案。他派宠臣,同时也是秘密委员会成员之一的诺沃西尔采夫(Novosiltsev)前往伦敦。沃龙佐夫并不知晓这个决定,但恰尔托雷斯基是同意的。我们在这里瞥见了路易十五曾在法国实行的双重外交。亚历山大一世经常被批表里不一、虚伪隐瞒,这一外交政策显然就是这位君主复杂多变性格的体现。

诺沃西尔采夫呈现给皮特的方案可谓相当宏大,此方案着眼于建立一个真正能确保欧洲和平的政治组织。为了实现这一点,法国需要退回其自然疆界,摒弃拿破仑的野心。此方案以俄英联盟为核心,该联盟在第一时间打破法国的强权之后,将致力于在欧洲大陆建立和平。恰尔托雷斯基还曾主张制定一部国际法法典,以规避战争和引领各国(这可以看作国联的一个雏形)。然而

在会谈过程中，皮特表现得很务实。他担心这会导致俄国在土耳其的野心膨胀，而且他不愿意将英国置于一个条条框框太多的欧洲体系中。对于皮特来说，当下最要紧的事是共同抗击法国。当诺沃西尔采夫的任务结束时，在1805年3月签订的规定两国合作条件的条约中，皮特强调的就是上述那个朴素的愿景。俄国承诺为了共同的事业派兵11.5万人，英国则为俄国的军事参与提供相应的资金支持。7月，奥地利通过与俄国签订的联盟条约加入了英俄同盟。那不勒斯王国也同样这么做了。瑞典则是10月3日与英国签订了条约。这些条约迫使俄国做出了比预计更大的承诺，因为如今俄国要派出的人数从11.5万增加到了18万。第三次反法联盟差不多已经形成，就差普鲁士了。普鲁士担心俄国的实力在自己家门口日益强大，它也不能接受恰尔托雷斯基心心念念的想法，即牺牲普鲁士的利益恢复波兰。因为相比于18世纪末瓜分波兰的其他列强而言，普鲁士将会失去更多的领土。此外，普鲁士知道根据恰尔托雷斯基的设想，波兰会被置于俄国的权威之下，而这会进一步增强俄国的力量。尽管亚历山大一世再三鼓动（自从去过梅梅尔之后，他就成了一个亲普鲁士的人），普鲁士仍旧没有加入反法联盟。亚历山大一世没能说服腓特烈-威廉三世相信普鲁士的中立会对反法联盟造成多大的危险。不过亚历山大一世的失败只是暂时的，法国的挑衅将打乱整个局面。驻扎在汉诺威的法国军队在安斯巴赫（Ansbach）和拜罗伊特（Bayreuth）破坏了普鲁士的中立。气急败坏的腓特烈-威廉三世遂决定加入反法联盟，并允许俄军穿越普鲁士。法国的冒失替亚历山大一世实现了他梦寐以求的事，即拉普鲁士入伙，他认为这是联军取胜不可或缺的条件。为了进一步

稳住普鲁士，同时也是为了使腓特烈-威廉三世满意，在11月3日签订的俄普条约中，亚历山大一世承诺普鲁士可以调用俄军的18万人，还可以占领汉诺威。此承诺一出，俄皇其实就背弃了盟友英国，因为4月11日的英俄协议规定汉诺威应该独立。上述安排是写在俄普条约的一项秘密条款中的。这一方面说明亚历山大一世对普鲁士尤为看重，另一方面也体现了沙皇本人行事阴鸷的特点。亚历山大一世的普鲁士"激情"将在波茨坦（Potsdam）的奇特仪式上得到升华。当时两位盟友在腓特烈二世的墓前互相起誓，愿"友谊长存"。协议签署后，普鲁士有一个月的时间准备投入战争。

尽管在战前拿破仑曾竭尽所能地向俄国和普鲁士表明存在取得谅解的可能性，但冲突还是发生了。拿破仑谋求和平的最后尝试无果后，战争爆发了。战争一开始，亚历山大一世的决定就惊呆了手下的众臣。他把身边的军事统帅都换了，自己御驾亲征。我们在这里就不谈诸多优秀作品已经描述过的精彩战况了，只需记住一点：1805年12月2日，拿破仑在奥斯特里茨的胜利对俄军造成的打击，远甚于俄国在任何一次反法联盟中遭受的损失，对于联军来说也是如此。战败翌日，奥地利皇帝就请求拿破仑签署停战协议。三周多之后，即12月26日，奥地利皇帝就在普雷斯堡（Presbourg）与法国签订了和平条约。拿破仑对于战败者毫不留情，提出了极为严苛的和平条件。弹尽粮绝的奥地利无力挣扎，只能默默接受，但怨恨从此扎下根来，其后果会在以后的日子里显现出来。普鲁士也迫不及待地想要从战争中脱身，1806年2月15日，普鲁士与拿破仑签订了和约。亚历山大一世对此惊慌失措，他还曾徒劳地尝试将普鲁士拉到俄国一边。不过普鲁士的事还没完。它

第七章 亚历山大和拿破仑：无法共存的两人

占据了汉诺威，其港口也不向英国船只开放，这就引起了英国的反制。英国向普鲁士宣战，并封锁其港口。自5月11日宣战开始，瑞典也加入了封锁的行列。

  第三次反法联盟已经终结，然而新的冲突又在其成员之间爆发了。亚历山大一世想要大权独揽。他想摆脱恰尔托雷斯基，后者总是批评他对普鲁士过于亲近。恰尔托雷斯基总是说普鲁士人是反复的小人，俄国不能相信他们。他尤其担心沙皇出于对普鲁士的迷恋，会放弃恢复波兰的计划（普鲁士人相当反对这一计划）。然而亚历山大对恰尔托雷斯基的话充耳不闻。他想要结束普鲁士与英国以及瑞典之间的冲突。因为对于俄国来说，波罗的海的商贸非常关键。如今这一商业往来由于相互间的敌对已经完全瘫痪，因此俄国想要恢复和平。尤其是亚历山大一世从未放弃过与普鲁士重归于好的想法。拿破仑的举动再次帮了俄国一把。拿破仑决定将汉诺威还给英国，这对普鲁士来说是难以接受的。普鲁士国王转向俄国，并签署了一份秘密宣言，亚历山大一世随后（1806年6月至7月间）也签了一份差不多的宣言。缔约双方承诺继续抗击拿破仑，除非一致同意，否则不单独放下武器。这一条约在国际关系中并不常见，而且产生了完全矛盾的影响。因为普鲁士既与法国结盟对付俄国，同时也与俄国结盟对付法国。奥斯特里茨战役之后，双方经历了奇怪的一年，俄国人和法国人都持观望态度，他们既非处于和平状态亦非处于战争状态。亚历山大想要和拿破仑进行协商。不久就要退出台前给利沃尼亚·巴德伯格（Livonien Budberg）让位的恰尔托雷斯基也持相同观点，即"我们需要同拿破仑谈谈"，他在1806年12月的备忘录中这样说。然而，在确认能得到亚历山大一世的支持后，

暧昧的对手：俄国和法国，从彼得大帝到第一次世界大战 130

一直在法国与其敌人间摇摆不定的腓特烈-威廉三世向拿破仑下了最后通牒。他要求法军从莱茵河撤出，并解决莱茵邦联的问题，由此引发了战争。拿破仑的军队在耶拿和奥尔施塔特（Auerstaedt）击溃了普军，拿破仑于10月27日进入柏林。腓特烈-威廉三世不得不与家人一起落荒而逃，普鲁士的失败已经不可挽回，普鲁士失去了超过四分之三的领土。战败了的普鲁士国王绝望地向盟友俄国求援，后者很快就赶去援助。亚历山大一世的忠诚对普鲁士而言几乎没起到什么作用，对俄国也没什么好处。因为1807年2月8日的埃劳（Eylau）战役，正如拿破仑所说的那样，是一场屠杀。敌对双方都宣称取得了胜利。亚历山大给本尼格森将军写道："我的将军，您战胜了从未有人战胜过的人，这一荣誉是属于您的。"然而，事实上是拿破仑占了上风。

一场极为血腥暴力的反拿破仑运动在俄国上演。教会起了推波助澜的作用。在一次主日弥撒期间，俄国教会神圣宗教会议宣读了一系列"拿破仑破坏世界和平与安定的罪行"。亚历山大一世的传记作者玛丽-皮埃尔·雷伊（Marie-Pierre Rey）指出，俄国历史上第一次出现了反犹的声音，拿破仑被指想要通过亲犹精神破坏东正教。

长期以来对法国抱有好感的俄国（其精英阶层深受启蒙精神浸润），开始公开与法国作对。

不过，这一应时的仇法情绪并未阻止亚历山大一世身边的人（主要是继承人康斯坦丁·巴甫洛维奇亲王）力促沙皇与拿破仑讲和。但是亚历山大仍旧闭目塞听，直至1807年6月14日俄军在弗里德兰（Friedland）遭受惨败，他才接受议和的想法。谈判的任务

被交给了洛巴诺夫-罗斯托夫斯基（Lobanov-Rostovski）亲王，他曾于叶卡捷琳娜二世当政时期在军中服役。亚历山大一世不能在交涉中让步，因为除了一系列的军事失败之外，拿破仑及其军队业已进抵波兰边境，直接威胁着俄国。而俄国却又一次和土耳其发生冲突。一年前，拿破仑派塞巴斯蒂亚尼（Sébastiani）将军前往伊斯坦布尔，并与土耳其和波斯签订了一份三方协议。结果，苏丹将1792年签订的俄土条约抛在脑后，对俄国战舰关闭了黑海海峡，并威胁摩尔多瓦和瓦拉几亚，迫使俄国紧急向多瑙河派遣部队。显然法国对苏丹针对俄国表现出来的敌意并不陌生。失去了奥地利和普鲁士支持的俄国只有从英国那里还能得到些许帮助，但这无济于事。俄国无力面对失败，面对边境的威胁，俄国没有能力开辟与奥斯曼帝国作战的第三条战线。

因此，洛巴诺夫-罗斯托夫斯基亲王在库拉金亲王的陪同下，前往提尔西特（Tilsit）与拿破仑谈判。这两位俄国使者都经验老到，他们在叶卡捷琳娜二世身边时学习了一定的外交知识。

负责《提尔西特和约》的就是这两个俄国人，法国方面的负责人则是塔列朗。《提尔西特和约》是以如下形象被载入史册的：两位昨日还视彼此为仇雠的皇帝，突然就展现出了同舟共济的热情前景。这两个人的真实感受是怎样的？从一些证词来看，此次会晤表面上很感人。然而在内心深处，两人可能都感觉自己被骗了。拿破仑在圣赫勒拿言及提尔西特时，承认自己曾"相信亚历山大的友谊"。亚历山大一世在大致同一时间说："我为何没有早点识破他。面纱已被撕裂，错误的时机已经过去。"在一封给普鲁士国王的信中，亚历山大补充道："耐心点儿，我们会拿回我们失去的东

西。他会掉脑袋的。"他还写道:"这样我就能赢得时间。"

不过,最关键的还在于当时谈了什么。会谈的内容首先可以被总结为势力范围的划分:神圣罗马帝国西部归拿破仑,东部归亚历山大一世。除了这一地缘政治的安排之外,俄国竭力想要得到一份体面的和约:不割地,保住自己的盟友普鲁士,在与法国联盟的道路上不要走得太远。而拿破仑的目标则是组建一个真正的联盟,使他的征服、他的合法性以及他所建立的家族王国得到承认。战败的普鲁士应该为自身的败绩付出割让领土的代价。最后,拿破仑还想缔结一份共同抗击英国的条约。亚历山大一世面对法国的要求有所迟疑,但1807年7月7日还是签下了这一和约,或者更确切地说是一系列和约,因为它包括一份和平友好协议①(其中有些条款是公开的,有些则是保密的),以及一份完全保密的攻守同盟条约②。普鲁士的君主未能参与此次协商,尽管亚历山大一世竭力保全普鲁士王国的领土,但普鲁士还是为这一条约付出了高昂的代价。腓特烈-威廉三世恢复了1772年普鲁士的领土——包括波美拉尼亚(Poméranie)、西里西亚以及部分勃兰登堡,但是他失去了莱茵河和易北河之间的所有领土,也失去了波兰。拿破仑得以建立威斯特伐利亚王国,并交由他的弟弟热罗姆·波拿巴掌管。但泽成了自由市。梅克伦堡和奥尔登堡重归其公爵统治,不过由于大陆封锁令,它们仍旧被法军占领着。萨克森、图林根以及其他德意志的小邦国都被迫加入由法国创立并受其影响的莱茵邦联。普鲁士国王也

---

① 这里指的是《法俄和约》。——译者注
② 这里指的是《法俄同盟条约》。——译者注

得加入大陆封锁，而且只有在为战争付出一大笔钱之后才能收复土地。

《提尔西特和约》也涉及俄国在法国和英国之间，以及法国在俄国和土耳其之间的调停。俄国承认约瑟夫·波拿巴为那不勒斯国王，热罗姆·波拿巴为威斯特伐利亚国王，路易·波拿巴为荷兰国王；承认莱茵邦联以及拿破仑建立的其他各国。最后，和约还规定了俄国与法国互相尊重各自领土的完整性。

除了这些秘密条款外，攻守同盟条约还规定给英国下了最后通牒之后，俄国就同英国宣战；至于土耳其，如果它不在三个月的期限内与俄国议和，法俄同盟就会占领土耳其除鲁米利亚（Roumélie）和伊斯坦布尔之外的所有欧洲领土；瑞典则需要断绝与英国的关系，否则就会面临与丹麦的冲突，芬兰也会被并入俄国；最后，奥地利、瑞典、丹麦和葡萄牙都要加入大陆封锁。

因此，《提尔西特和约》动员了整个欧洲反对英国，亚历山大一世同意与昨日的盟友反目成仇。他还同意不再维护普鲁士领土的完整性，甚至参与了瓜分，拿回了比亚雷斯托克（Byalistock）省，还从盟友兼连襟的古斯塔夫四世手中夺走了芬兰。最后，他认可波兰恢复一部分领土，尽管恢复的那一部分并不在他的管辖范围之内。总而言之，虽然俄国是在战场上惨败之后进行协商的，但是《提尔西特和约》对于俄国来说算不上一件坏事。缔结和约后，法国就能腾出手来在西班牙大干一场，当时法国正在那儿深陷泥潭。亚历山大则可以在东方和多瑙河伸展手脚。

当然，在巴尔干半岛和奥斯曼帝国等亚历山大尤为在意的一些问题上，他只能满足于拿破仑的口头承诺。回到俄国后，亚历山

大自以为他会得到毫无保留的认同。然而，事实根本不是如此。上至国家、宫廷，下至自己的亲信，从皇太后开始，个个都对他按照法国的要求签订的条约愤怒不已。与此同时，俄国社会暗潮涌动的仇法情绪也促使他们谴责与法国联盟以及与英国断绝关系。此外，俄国不久就会发现它该为大陆封锁令以及断绝与英国的友谊付出多么大的代价。

俄英关系的破裂使得俄国的贸易一片萧条，整个社会都受到了影响。由此产生的不满情绪直指皇帝本人，人们认为他该对此负责。自和约签订的第二天起，谣言就满天飞，据说一场旨在废除现任皇帝、另立他的妹妹叶卡捷琳娜的阴谋正在酝酿之中。除了社会的不满外，在皇后的推动下，俄国宫廷还掀起了一股强烈的反法情绪。拿破仑派往圣彼得堡执行临时任务的萨瓦里（Savary）将军（没有大使头衔），详细记录了当时的情形。不过他本人就是被敌视的对象，因为人们认为他要为昂吉安公爵的死负一部分责任，俄国宫廷就很直白地不理睬他。只有沙皇本人努力表现出友好的样子以减轻上述行为产生的影响。拿破仑很快就明白任命萨瓦里将军是不合适的，于是有正式大使头衔的科兰古（Caulaincourt）代替了萨瓦里。在一开始，科兰古也像萨瓦里一样不受待见，他同样被怀疑参与了在万塞讷森林杀害昂吉安公爵的罪行。后来在不断的努力下，科兰古渐渐获得了俄国人的好感，因为他在接待俄国所有的精英分子时都彬彬有礼且派头十足。俄国人相信他是来为俄国服务的。只有皇太后身边仍旧聚集了一群抱有敌意的人。

亚历山大一世在巴黎的代表托尔斯泰（Tolstoï）伯爵的任务也没那么轻松。他不喜欢法国，他相信俄国和普鲁士应该联合起

来，而且他天生就不信任拿破仑。虽然他想要遵守亚历山大一世的命令，但是他的迟疑不决过于明显。亚历山大遂很快决定召他回国，让《提尔西特和约》的签署人亚历山大·库拉金亲王取而代之。库拉金在法国人中颇受欢迎。他们打趣他丑陋的相貌、他对服饰的惊人研究以及他对礼节的时刻追求。库拉金的招待会获得了巨大成功，他与巴黎歌剧院芭蕾舞女演员的密切接触也使人们摸清了他的底细。尽管两国之间还是有国家之间经常出现的小冲突，但两国的外交关系总算是缓和了一些。不过，巴黎和圣彼得堡之间的关系仍旧存在三个问题，那就是波兰、波罗的海地区和奥斯曼帝国。

　　虽然自提尔西特会面之后，拿破仑怀有一种乐观主义情绪，但他还是对俄国的实力心存芥蒂和恐惧。如果说他在提尔西特曾隐约提过瓜分奥斯曼帝国，那么当亚历山大一世表现出对这一主题的兴趣时，他立马就改变了主张，转而提议用西里西亚交换多瑙河畔的公国。至于伊斯坦布尔，拿破仑说："那是土伦和地中海贸易的关键，是统治全世界的核心。"亚历山大一世反驳道："这么说来，要是土耳其掌握在另一个人手中，我就不再是俄国的主人了。"

　　波罗的海是另一个可能发生冲突的地区。当然，拿破仑对俄国的野心已经表现出了极大的理解，他鼓励俄国与瑞典开战，夺走芬兰，并建立一个从未存在过的芬兰国家。然而，大陆封锁令致使波罗的海成了一片没有任何活动的死海，而兼并汉萨同盟[①]的土地后法国的疆界已经濒临波罗的海。在俄国看来，这对它的安全构成

[①] 汉萨同盟是德意志北部沿海城市为了保护其贸易利益而结成的商业同盟。同盟形成于1356年，极盛时期加盟城市超过160个，中心在吕贝克，1669年解体。——译者注

了长久的威胁。

最后，在提尔西特会面之后，导致法俄之间长期存在争端的波兰问题再度走向前台。两个国家都认为波兰在一定程度上得到重建后，应该处于自己的影响之下。两者的要求无法调和。拿破仑将波兰视为自身权力的前哨阵地。他认为波兰是靠他复兴的，是他凭借对奥地利取得的胜利才扩大了加利西亚。亚历山大一世则回复道："波兰问题是唯一我永远都不会妥协的问题……我不能接受俄国边界出现一个法国的省份。"尽管受到冷落，但恰尔托雷斯基还是全力支持亚历山大一世的立场。

这些哪怕在法俄和解期间也从未被忽略的分歧，在埃尔福特会晤期间达到了顶峰。同提尔西特会面时相比，此番在埃尔福特聚首的君主们已经有了不同的心态。一年前，拿破仑以胜利之姿参会；而1808年他却深陷西班牙战争中，而且他还得准备一场同奥地利的战争，为此他需要盟友俄国的支持。亚历山大一世也发生了变化，不过是朝另一个方向。他不再是弗里德兰的战败者，不再是那个需要和平的人，而是一位权威日益巩固，在欧洲的地位和角色不再受到质疑的君主。此外，他对拿破仑的傲慢无礼感到愤怒，后者无缘无故地粗暴驱逐了布拉干萨（Bragance）家族，废黜了西班牙的波旁王室，并将教皇赶出罗马。拿破仑的扩张野心似乎没有任何限制，因此俄国对他的敌意与日俱增就不难理解了。或许是为了让自己身边能够有一群人支持在提尔西特确立的政策，亚历山大一世提拔了两名众所周知的亲法人士：鲁缅采夫进了外事部，米哈伊尔·斯佩兰斯基（Mikhaïl Speranski）进了国务委员会。后者对拿破仑的才干、《法国民法典》以及启蒙运动十分钦慕。他想要将这

些原则引入俄国。陪亚历山大一同前往埃尔福特的就是这两个人，此外还有亚历山大的弟弟康斯坦丁大公。

为了吸引对话者，拿破仑在埃尔福特大搞排场。然而吸引人的时机已经过去，面对着欢庆的仪式和友善的话语，亚历山大却只是报以怀疑的目光。他一到埃尔福特就遇到了奥地利问题。拿破仑建议他同自己一起要求维也纳当局放下武器。亚历山大拒绝了这一粗暴的建议，声称对待奥地利有必要小心谨慎且留有情面。对于他的拒绝，拿破仑感到愤怒。他不理解亚历山大为什么想要保护奥地利。亚历山大知道在军事上溃败的奥地利将会被肢解，它所占领的波兰领土也会被剥夺，而华沙大公国的领土则会扩大。然而，这正是亚历山大所担心的。一个扩张的、被法国当作前哨阵地的波兰是他无法忍受的。拿破仑极力想要拉拢亚历山大，隐隐约约地向他透露出俄国可以从瑞典那里找补的可能性，但亚历山大根本听不进去。亚历山大深信，俄国的利益不在于盲目扩张，而在于维护自身的势力范围。

按照之前在提尔西特的设想，东方问题应该是埃尔福特会晤的主要议题。与会双方应该在埃尔福特瓜分奥斯曼帝国的残骸。然而，随着法国在西班牙陷入困境，与奥地利的敌意又被公之于众，拿破仑如今更愿意推迟解决这一问题，仅仅将多瑙河各公国留给亚历山大一世处理。亚历山大非但没有对这一调整感到不满，反而接受了该提议。如果说拿破仑在提尔西特提出的瓜分想法一度吸引了亚历山大，那是因为他想要得到伊斯坦布尔。然而，今时不同往日，他对拿破仑的信任逐渐减少，他几乎不想在埃尔福特谈论瓜分事宜了。因为他预感拿破仑会拿走大头，只给俄国留下一些边角

料。鲁缅采夫曾给亚历山大写道:"得到摩尔多瓦和瓦拉几亚对我们来说更为有利。"亚历山大采纳了这一想法。与此同时,他也顶住了拿破仑的压力,拒不参与反对英国的战争。亚历山大向拿破仑担保,虽然大陆封锁令对俄国经济造成了重创,影响了俄国政治的稳定(因为他所面对的普遍敌意部分源于封锁造成的负面效应),但他会贯彻执行大陆封锁令。至于其他,他最多只能邀请英国国王进行和平谈判,除此之外,他不能承诺更多了。埃尔福特会晤达成了一份书面协议,缔约双方巩固了友谊,互相承诺一同议和或作战,并向英国抛出了橄榄枝。与英国的谈判应该建立在"占有地保有原则"(uti possidetis,或称"边界占有保持原则")[①]的基础上。法国承诺,和平将确保俄国保有对芬兰、瓦拉几亚和摩尔多瓦的控制。对于俄国来说,和平应确保法国保有签约时占有的土地,以及约瑟夫·波拿巴享有西班牙和西印度群岛的王位。至于土耳其,俄国可以要求获得其多瑙河畔的土地,但它得容忍法国和奥斯曼的友谊,这是通过与法国的全权代表的联系所保证的。

拿破仑还通过身在埃尔福特的塔列朗,提出了与罗曼诺夫王朝联姻的想法。科兰古将此事报给了沙皇。拿破仑打算与无法为其诞下子嗣的约瑟芬离婚,娶亚历山大一世时年二十岁的妹妹叶卡捷琳娜·帕夫洛夫娜(Catherine Pavlovna)公主为妻。但亚历山大并不想和拿破仑有姻亲关系,这一动议令其怏怏不乐。塔列朗则进一步加剧了亚历山大的敌意,因此亚历山大想找个法子避免对这一联

[①] 这个短语来自拉丁语,意思是"你将拥有你已经拥有的东西"。这一原则确保了边界的稳定。

姻要求做出答复（毕竟此要求还未被正式提出来）。亚历山大催促妹妹嫁给奥尔登堡的一位亲王。临近 1810 年时，结亲之事又被提了出来。这一次，拿破仑的提亲显得正式且合乎礼仪。叶卡捷琳娜公主在此期间已经结了婚，拿破仑提亲的对象换成了年仅十四岁的安娜·帕夫洛夫娜（Anna Pavlovna）公主。亚历山大一世则回复说妹妹的年龄太小，不能匆忙做决定。然而，在同一时间，拿破仑宣布了娶奥地利的玛丽-路易丝为妻的消息。从许多方面看，这一小插曲都对俄法关系的演变有着深远影响，尤其是从中可以看出两位君主看待对方国家的态度。1716 年，彼得大帝造访法国时，曾提出让自己的女儿（未来的伊丽莎白女皇）与年少的路易十五结亲。当时法国的摄政没看上彼得的女儿。在他看来，伊丽莎白公主出身不好，是个立窝尼亚女佣的女儿，配不上波旁王朝的人。此外，当时俄国虽说实力处在上升中，但还没有资格玩彼时欧洲君主们甚为看重的联姻游戏。要知道联姻是事关政治利益的大事。差不多一个世纪后，这回轮到俄国居高临下地审视拿破仑的出身和合法性了。在俄国看来，拿破仑的实力还不足以弥补他的缺陷。彼得大帝可算是报了一箭之仇啊！然而，拿破仑对亚历山大一世的傲慢鲁莽也的确令人震惊。他急匆匆地提出联姻要求，甚至没有等亚历山大做出回复，就宣布了另一桩联姻的消息。这对俄国来说肯定是冒犯之举。不过考虑到亚历山大一世对法国联姻之请的不屑态度，双方算是扯平了。这个插曲也表明了在 1810 年初，两国的关系开始恶化，已经与在涅曼河上缔约时的友好相去甚远。

此外，塔列朗在埃尔福特扮演的角色并不是无关紧要的。虽然自《提尔西特和约》签署以后，他就不再是拿破仑的外交大臣，

不过他仍紧随拿破仑之后来到埃尔福特。拿破仑经常征询他的意见，向他吐露心声，并让他承担诸如推进俄法联姻之类的任务。阿尔贝·旺达尔如此总结塔列朗在埃尔福特搞的把戏："从此之后，他就在暗中秘密地反对自己的主子。他非但不想着为拿破仑的意愿服务，反倒背地里违逆其计划。他首先想要实现的是他心目中的欧洲和平，巩固他与维也纳的良好关系，在沙皇那儿建立信任以规避未来的风险。六年后，在被征服的巴黎，塔列朗与俄国君主的友谊就是在埃尔福特培育起来的。"早早到达埃尔福特的塔列朗与亚历山大一世过从甚密，并与其交谈过很多次。他在其中发挥的个人影响并没有引起拿破仑的猜疑。他挑起了亚历山大一世对拿破仑及其请求和言论的怀疑。他想要让俄国沙皇相信，拿破仑是缺乏诚意的，法国皇帝的空洞言论是无法付诸实践的。埃马纽埃尔·德·瓦雷基耶尔（Emmanuel de Waresquiel）在其传记《魔鬼瘸子》中指出，塔列朗在埃尔福特扮演了令人意想不到的角色，对其主子为害甚巨。他全程参与了协商，准备了文本，但站在俄国一边。他这么做的理由超越了简单的个人利益，而首先是出于对国家前景和利益的考量。阿尔贝·旺达尔恰如其分地指出，塔列朗当时就相信拿破仑已经失去了对现实感和可能性的认识，防患于未然的责任落到了他身上。因此，亚历山大在埃尔福特碰到了这么一个人，此人劝他拒绝拿破仑的提亲，还致力于腐蚀在提尔西特结成的联盟关系。这一将在埃尔福特进一步巩固的联盟关系迫使俄国投身于同英国、瑞典和奥地利的战争。与此同时，俄国还在与土耳其作战。不久之后，俄国又将与波斯产生冲突，而高加索地区的日益动荡使得俄国在东方的处境越发艰难。亚历山大逐渐意识到在提尔西特缔结的和

约后患无穷，这使得他对拿破仑的态度日益冷淡。

1809年4月，埃尔福特会晤后没几个月，法国与奥地利的战争开始了。俄国已承诺倘若奥地利挑起事端，俄国将与法国协同作战。奥地利的进攻朝三个方向铺开：卡尔大公入侵巴伐利亚，约翰大公进攻意大利北部，斐迪南大公则负责华沙大公国。拿破仑的反应仍体现了他一贯的风格，他行动迅猛，冲突爆发一个月后，拿破仑的大军就占领了维也纳。俄国应该介入，再说俄国已经在其西部边境集结了大量军队。战争爆发三个月后，也就是7月份，一部分俄军穿越了布格河。俄军占领了加利西亚，瓦格拉姆（Wagram）战役十余天后，他们在克拉科夫驻扎下来，并从此一动不动。这就是俄军为法奥战争出的全部力了，俄国不愿再进一步，拿破仑只能无奈地接受。如同亚历山大一世，拿破仑也意识到了法国与俄国的关系正在迅速恶化。还是像亚历山大一样，他知道在提尔西特缔结的盟友关系已没有存在的理由，并由此得出结论：在提尔西特欢庆的共同利益不过是镜花水月。在1809年的一份陈情书中，迪罗克（Duroc）针对这一点做了详尽分析。这份资料后来落到了亚历山大一世的手中。迪罗克提醒拿破仑注意，与俄国结盟不符合法国的政治传统；俄国在巴尔干的举动威胁到了法国在意大利的形势；俄国之所以支持法国的西班牙事业，是因为它认为法国会深陷其中，遭到削弱；俄国在波兰暗中损害法国的利益，以期重新控制波兰（波兰是巴黎和圣彼得堡之间永恒的纷争）。迪罗克得出的结论是，法国应该竭尽全力将俄国赶往东方。从波旁王室到拿破仑，法国的目标一以贯之，就是不能让俄国在欧洲发挥影响。俄国在奥地利的逡巡进一步证实了迪罗克的分析，拿破仑对此深信不疑。结束

战争的《申布伦和约》①既是拿破仑的复仇之举，也是他从迪罗克的分析中得出的结论。拿破仑把加利西亚的绝大部分给了波兰。虽然俄国得到了一小部分的加利西亚作为补偿，但是波兰的扩张只会使俄国君主感到不安，并进一步恶化俄国与法国的关系。

如果说俄国觉得同奥地利作战不需要全力以赴，将影响局限在一定范围是件容易的事，那么瑞典的情况就全然不是一回事了。俄国于1808年侵占了芬兰，出兵理由是古斯塔夫四世不久前与英国签订的贷款条约。1810年，当贝纳多特（Bernadotte）于动荡的政治局势中被选为瑞典国王时，亚历山大对此非常担心。他觉得瑞典势必会成为法国在北欧的一个前哨阵地。他忽视了贝纳多特的怨恨和雄心，后者想成为一个真正意义上的国王，而非拿破仑政治的工具。贝纳多特还明白俄国是抗衡拿破仑权威的宝贵力量。贝纳多特的这一想法受到了亚历山大一世一位年轻副官的支持。此人就是沙皇派驻巴黎的代表切尔内舍夫，他后来成了战争大臣。切尔内舍夫认识贝纳多特，经常与其会面，他成了亚历山大一世和瑞典国王之间沟通的纽带。他很早就明白瑞典国王想要摆脱拿破仑，而贝纳多特也意识到有必要谨慎对待俄国（拿破仑最后发动了对俄国的进攻），意识到俄英的接近对瑞典是有利的（法国颁布的大陆封锁令破坏了俄英关系）。因此，贝纳多特决定不去管芬兰，转而攻击挪威，他相信伦敦和圣彼得堡对此是不会有反应的。这一暗中心照不宣的默契的受害者是法国的盟友丹麦，而拿破仑也受到了间接影

---

① 《申布伦和约》（又称《维也纳和约》），1809年10月14日，法国与奥地利在维也纳的申布伦城堡签订。——译者注

响。1812年4月，俄国和瑞典签订了联盟条约，但其对俄国的不便之处在于俄国需要承诺支持瑞典攻击丹麦。不过，1812年之时，俄国已经不再惧怕拿破仑的反应。上述条约为俄国提供了极大的安全保障，因为俄国的首都以及芬兰不再处于瑞典的威胁之下了。这一事件也表明法俄之间的联盟关系消逝得有多快（仅仅五年）。自1811年起，俄国就知道一场反对拿破仑的战争不可避免了。

亚历山大一世为此认真地准备着。他大批调整身边的人事关系就是出于对法战争的考量。亚历山大一世用涅谢尔罗迭（Nesselrode）换下了亲法的鲁缅采夫。涅谢尔罗迭是一位莱茵贵族的儿子，一度为法国服务，后来又为葡萄牙效力，最后来到了俄国。他是位天生的外交家，其地缘政治视野对亚历山大一世来说弥足珍贵。在法俄联盟关系陷入困境的那些年里，正是他帮助切尔内舍夫（此人是向沙皇报告法国政治和军事动向的最佳人选）一起琢磨和解读拿破仑的意图。涅谢尔罗迭收到了一大笔资金用以购买情报和秘密文件，他与富歇和塔列朗的关系对其助力良多。这两个拿破仑的心腹都对他们的皇帝持模棱两可的态度，可能都还有某种受贿倾向，这使得他们愿意答复涅谢尔罗迭的问题。涅谢尔罗迭也很机智，明白不能连累自己的线人。

正是在这种情况下，1810年，涅谢尔罗迭给亚历山大一世递交了一份绝密文件。这是一份异常重要的文件，阐述了对于服务法国利益最为有利的政策。这份文件是外交大臣尚帕尼（Champagny）专门写给拿破仑一个人看的。尚帕尼在文件中称，俄国和英国是由持久且根本的利益捆绑在一起的，法国只是个局外人。因此，法国需要回到传统的政治路线上，法国的依靠是瑞典、波兰和

奥斯曼帝国，这些才是它用以抗衡俄国的国家。尤其是奥斯曼帝国，应该准备一场反击俄国的战争。至于波兰，巩固波兰首先要做的就是在西里西亚进一步扩张。按照尚帕尼的构想，波兰迟早要恢复到这样一种状态：将俄国的边界逼退至第聂伯河一侧，恢复被奥地利占领的波兰领土，尤其是要摧毁普鲁士。在这一恢复波兰领土的计划中，尚帕尼对奥地利没有赶尽杀绝，给它提供了一些领土补偿，只有威胁到法国实力的俄国和普鲁士该付出代价。如此重建后的波兰王国将再次成为法国的东部屏障。

就在涅谢尔罗迭把这份令俄国胆寒的文件放到亚历山大一世的办公桌上时，亚历山大收到了大量有关法国军事准备的情报。法国是个强大但变幻莫测、亦敌亦友的国家。法俄之间的联盟原本就是为了拖延时间。亚历山大一世想必不会怀疑这一盟友期很快就要到头了。在1810—1811年，这一盟友关系在俄国越来越不受欢迎。

不过，不先解决同奥斯曼帝国迁延日久的战争就与法国开战是难以想象的。然而，土耳其人已经感觉到法俄之间的联盟即将破裂，因此他们并不急着议和。他们更愿意等待俄国与法国的战争爆发，那时候亚历山大就不得不把大部队从东方撤走，转移到新战线上。这实在是打错了算盘！库图佐夫成功地遏制了奥斯曼军队的攻势，迫使土耳其求和，双方于1812年6月签订了和约。

同奥斯曼恢复和平之后，亚历山大需要明确奥地利和普鲁士的想法。奥地利已脆弱不堪。1812年3月，无力抵御拿破仑的奥地利与法国签订了抗击俄国的军事协议。梅特涅了解亚历山大一世的担忧，于是极力让其放宽心。他对亚历山大说，与俄国发生冲突后，奥地利会尽量拖延时间，它的军队不会进入俄国领土（正如俄

国在1809年所做的那样）。俄国与普鲁士的关系有其简单的一面，即腓特烈-威廉三世憎恨拿破仑，希望与俄国结盟；但也有其棘手的方面，就是普鲁士被法军包围了，除非拿破仑陷入困境，否则普鲁士不可能转向俄国。然而，拿破仑还远谈不上困窘。为了使普鲁士放心，俄国需要派兵进入华沙大公国，并让波兰支持自己的事业。然而，波兰人并不愿意接受重归俄国统治的计划。亚历山大一世最终不得不做好最坏的打算，即在无法确保维也纳和柏林中立的情况下，同拿破仑开战。与之相对，拿破仑拥有一支由3万奥地利人和2万普鲁士人助阵的大军。

战前，双方实力的差距显而易见。拿破仑的大军有65万人，算上预备役的话，人数超过100万。当然，如果说逾半数的士兵是法国人的话，那么差不多还有人数相当的士兵是外国人。他们是比利时人、荷兰人、汉诺威人和皮埃蒙特人，当时人们都把他们算作法国人。除此之外，还要加上意大利军队、那不勒斯军队、西班牙军团以及其他来自整个德意志的军队。6万波兰人和其他一些斯拉夫人也参与进来。

1812年的俄军已经经过重组并得到加强，不再是拿破仑数年前曾经打败的军队了。拿破仑面前有三支俄军：第一支是巴克莱·德·托利（Barclay de Tolly）率领的3.6万人，第二支是巴格拉季昂（Bagration）将军率领的5.7万人，第三支是托尔马索夫（Tormassov）将军麾下的4.8万人。这最后一支军队是1812年5月组建起来用以防范奥地利人的，这支军队里有大量的预备役部队。除了这三支军队外，还有约24.2万人的哥萨克军团。俄国的总兵力只有拿破仑在1812年6月投入俄国战场的一半。亚历山大一世

希望能集结60万人对抗拿破仑。有两个原因可以解释为什么俄军的人数不到法军的一半。首先，俄军的习惯很糟糕，登记在册的士兵与实际服役的人数难以核实；其次，也是最主要的是，俄军分散在各地，高加索、芬兰和克里米亚都有。与法国开战的同一时间，俄国与奥斯曼帝国缔结了和约，这为俄国腾出了大量可用之兵。然而军队从一个地方转移到另一个地方需要时间。俄军相较法军在人数上处于劣势，部分也是因为亚历山大一世想要拖延时间，不想过于明显地增兵，希望避免挑衅拿破仑。最后，俄军在人数上处于劣势还有一个原因，那就是俄军缺乏训练军队的教官。自1806年起，俄国就在努力征召极度匮乏的优质教官，尤其是下级军官。这种努力带来了收获，但是教官的匮乏还是在很长时间内致使俄军无法扩充更多的兵力。

如此多的原因使得亚历山大和拿破仑一样，想要尽可能地推迟一场不可避免的冲突。1812年6月24日，当近50万人的拿破仑大军穿过涅曼河时，战争最终爆发。关于1812年战争的著作不可胜数，在此就不再详述。这里需要着重点出的是双方是如何构想这场战争的。

6月24日，亚历山大一世当时正在军队的大本营维尔纽斯。在获悉拿破仑宣战之前，他就已经知道法军朝第聂伯河进军了。战争伊始，他和巴克莱·德·托利都遵循数月以来制定好的战略。英国历史学家多米尼克·利芬（Dominic Lieven）对此有过细致的研究。我们在此采取他对俄国战略选择的解释。1810年，巴克莱·德·托利就已经给沙皇递了一份备忘录，谈论"守卫俄国西部边界"一事。巴克莱·德·托利将军从一个立论出发，即俄国的西

部边界太长且无险可守，因此极度脆弱。此外，自彼得大帝时代以降，这些边界就不曾受到威胁，因此俄国也未构筑防御工事。1772年从波兰夺取的土地无从防御，它们甚至在"邀请"入侵。面对这一如此不利的处境，巴克莱·德·托利提出的解决方案就是俄军撤至白俄罗斯和立陶宛，实行焦土战略，不给进军中的敌人留下任何给养。俄军的防线应该沿着德维纳河和第聂伯河展开，那里有构筑的要塞用以加强防御。巴克莱认为敌军会被引着朝基辅方向进攻，俄军最好的回应方式就是不断后撤以减缓敌军的推进速度，但坚决不与敌人交火。在撤退期间，俄军的预备役应该在后方侵扰敌人。

巴克莱已经指出俄国西部边界缺乏防御工事，不过自1810年开始，俄国就着手进行补救：为了防卫基辅，俄国在博布鲁伊斯克（Bobrouïsk）构建工事；在德维纳河畔的里加和迪纳堡（Dünaburg）也构筑了工事。1812年时迪纳堡要塞还未完工，这使得敌军进军莫斯科，尤其是进军斯摩棱斯克的道路敞开。在德维纳河上游，俄国建起了一个重要的防御工程，即德里萨（Drissa）营地。1812年，亚历山大一世的谋臣普弗尔（Pfuel）将军践行并完备了巴克莱的计划，他指出德里萨是整个帝国防御体系的重点。当然有一些将军更倾向于主动出击，但是亚历山大一世选择了巴克莱和普弗尔的防御战略。他读了臣下的大量奏疏，其中分析了拿破仑战术的主要特点：大规模战役和速胜。俄国的战略家们由此得出的结论是，俄军应该"策划并采取与敌人的意愿截然相反的战略"。引诱拿破仑的军队进入俄国腹地，通过不断后撤的俄军引导法军的路线，迫使法军不停地跟在后撤俄军后面跑，不给法军通过交战获得胜利的机会。为了使这一战略能给法军造成致命的损失，俄国需

要实行焦土政策，敌人不能在俄国的土地上找到任何生存所需的给养。

亚历山大一世采取的这一战略也有些许不利之处。首先，俄国人民对这一战略会如何反应呢？他们会认为这是一系列的撤退，是政府怯战的表现而非精心制定的战略。难道不怕这会激起地方的不满甚至叛变吗？战前不久就有风声传出来，说在拿破仑的操控下可能会爆发"普加乔夫式"的起义，这令俄国掌权者担心不已。比"有可能爆发普加乔夫式起义"（没有得到任何证实）或普通民众的反抗更令人担忧的是，可以预见，撤退命令（官方不能向军队解释原因）会对军队士气产生影响。

俄军就这么依令撤退，留下慌乱的拿破仑茫然地找不到作战对手。俄国的军事统帅也会不时感到困惑和不安，这一类似在敌人面前逃跑的战略让他们备感羞辱。法军刚一越过涅曼河，就即刻朝着俄军在此期间撤出的维尔纽斯前进。俄军退到了德里萨，甚至撤至明斯克。拿破仑抵达维尔纽斯后没发现俄国军队，只有波兰人在那儿迎接他们的解放者。就在拿破仑琢磨这一古怪的征服时，俄军已经未做停留地穿过德里萨。尽管俄国为了加固德里萨费了一番大力气，但俄军的统帅们仍觉得德里萨营地易攻难守。为俄国服务的普鲁士战略天才克劳塞维茨（Clausewitz）上校更是如此觉得。因此俄军接到了继续撤至维捷布斯克的命令。拿破仑对这支一直拒不交战的军队穷追不舍，希望在维捷布斯克从背后攻击它。然而，拿破仑的希望破灭了，法军直至斯摩棱斯克才最终遇到两支决定作战的俄军。战况很激烈，但实力并不对等。法军在人数上遥遥领先，但是城市被彻底摧毁了，无法为法军提供任何补给。唯一的解决办

第七章　亚历山大和拿破仑：无法共存的两人　　149

法就是去征服莫斯科。拿破仑知道俄国旧都在每个俄国人心目中意味着什么,他怎么也不会料到俄国会不加抵抗便拱手相让。拿破仑还知道莫斯科是河流运输的枢纽,是俄国经济的中心,是"第三罗马"的象征;对最后一个东方帝国俄国的每一个人来说,莫斯科是神话的中心。在拿破仑看来,征服这一象征性的中心具有决定性意义。他相信会在那儿遭遇俄军,因此派了其中的一支大军过去并自信能够取胜。他还不知道他会遇到一个与自己不相上下的对手——库图佐夫。就在莫斯科的命运即将被决定的时刻,亚历山大为俄军任命了一位来自古老家族的无与伦比、功勋卓著且矢志爱国的统帅。他是位常胜将军,奥斯特里茨战役的溃败与其无关。此时,由于俄军的撤退,俄国人民也已感到非常羞耻。况且,敌人已经不是在遥远的波兰进军,而是在俄国的土地上横冲直撞,这让俄国人民感到惊慌和害怕。在俄国人看来,那些对保卫俄国不上心的"外国"将领是罪魁祸首,批评乃至咒骂之声一时间沸沸扬扬。不论人们对巴克莱的批评是多么不公正(他不过是遵循了与皇帝本人达成一致的战略而已),他的德意志出身以及他与波罗的海地区的紧密关系都始终萦绕在人们心头,并招致了很多辱骂。库图佐夫刚一上任,各地便响起了一致的呼声:"库图佐夫是来打击法国人的。"库图佐夫先是在博罗季诺(Borodino)——一个离莫斯科120千米远的村子——驻扎下来。库图佐夫手中有13万人,包括步兵、骑兵、哥萨克和民兵(opolchentsy),以及640门火炮和1 400名操作火炮的炮兵。拿破仑可以调动差不多的兵力对抗库图佐夫。这场战役被俄国人称为博罗季诺战役(法国人则称其为莫斯科河战役),着实是一场可怕的大屠杀。俄方阵亡近5万人,法军

死亡近 3.5 万人。巴格拉季昂的军队被彻底消灭了。当然，拿破仑剩下的部队人数仍旧多于俄国军队，但是法军远离大本营，因此兵源难以获得补充。拿破仑获胜了，但接下来要怎么做呢？

库图佐夫带着部队有序地撤退了，他对沙皇说此举乃是为了保卫莫斯科。博罗季诺战役之后，在一座俯瞰莫斯科的山丘上，库图佐夫征集意见，探讨了这样的问题：要不要保卫莫斯科？要不要牺牲最后一支俄军？本尼格森、符腾堡的欧根（Eugen de Wurtemberg）以及叶尔莫洛夫（Ermolov）等将领认为莫斯科不可丢，但库图佐夫最终认可了巴克莱领导下的一个小群体的意见：为了消耗拿破仑大军，必须牺牲莫斯科。巴克莱尤其补充说，在博罗季诺蒙受的损失、俄军人数上的劣势以及地形本身，都注定了俄军会在防御战中失败。那么接下来要做的就是组织撤退了。俄军已精疲力竭，博罗季诺战役以及放弃莫斯科的羞耻令俄军士气消沉。莫斯科市民的撤离使得俄军的撤退越发显得混乱。这座拥有 20 万人口的城市最终只有不到 1 万人决定留下来。

莫斯科，这座拿破仑即将再次不发一枪就进驻的城市，自 1812 年 5 月起就被置于罗斯托普钦（Rostopchine）将军的统辖之下。在圣彼得堡的上流社会，罗斯托普钦将军是个颇受欢迎的人物。正如塞居尔报告的那样，他常以温和且爱批评君主的反对派自居。沙皇不怎么喜欢罗斯托普钦，但他得到了长公主叶卡捷琳娜的支持，公主为他从沙皇那里谋到了莫斯科总督一职。被任命为总督之后，罗斯托普钦摇身一变，从爱批评的反对派变成了无可指摘的忠君人士。他的任务很艰巨，他需要调动莫斯科市民的爱国热情，让他们准备好等待着他们的严峻考验（有可能是漫长的围城）。他

还决定驱逐居住在城中的外国人,尤其是为数众多的法国人,罗斯托普钦是在拿破仑入城前的一周进行这一工作的。9月14日,当拿破仑进入莫斯科时,由于俄军士兵已经弃城而去,他原本期待能够受到市政当局的欢迎。然而,拿破仑面前只有一座死气沉沉的空城,几个未被驱逐并前去面见法国皇帝的法国人证实了这一点。不知所措的拿破仑几乎在同一时间看到整座城市陷入了火海之中。被遗弃的莫斯科城大火肆虐。拿破仑站在克里姆林宫看到火焰向四面八方蔓延开来。这场大火不仅摧毁了莫斯科,还摧毁了拿破仑的希望以及法国军队的士气。罗斯托普钦曾鼓动逃亡的莫斯科人将宅邸的大门打开,以免宅邸遭到更大的破坏。一群劫掠者扑向了有钱人的宅邸,那里有吃的、喝的和衣物。这些是罗斯托普钦故意留在城中增加混乱的犯人,但更重要的是拿破仑的军队被大量的食物弄得晕头转向,他们在追逐俄军的过程中从未找到过吃的。饥渴难耐又士气低落的士兵连着几日大快朵颐,纵情滥饮。一句话,这是法军在莫斯科的"卡普阿狂欢"……其后果也与当年汉尼拔的大军在卡普阿时如出一辙,那就是胜利者的士气日益沦丧。莫斯科城的居民逃跑了,但城中却留下了大量的珍稀宝贝。法军撤离已成灰烬的莫斯科时,竟然没有足够的车辆运输他们从宅子里劫掠的所有物品。休整了六周之后,法军留下一座已成废墟的城市,人为制造的大火与破坏对城市和该省造成了高达2.7亿卢布的损失。

谁该为莫斯科的大火负责呢?这一争论从未停息过。可以确定的是,拿破仑和亚历山大一世都没有下令放火。在拿破仑抵达之前,罗斯托普钦将军曾放出话来,如果拿破仑占领了莫斯科,那么他只会发现一座已成灰烬的城市。他还命令城里的消防兵带着设备

撒离莫斯科。因此，再也没有人能够遏制火势。库图佐夫的哥萨克兵遵循焦土政策的命令，在莫斯科的一个街区放起了火，并点燃了军火库。从一片混乱中，俄国人得出了两个结论：其一，拿破仑该对所有的灾难负责；其二，俄国的爱国主义、俄国人牺牲的所有财富，是为了拯救祖国和全欧洲。在亚历山大一世的方案中，欧洲将会重生。

拿破仑进驻克里姆林宫，或者更确切地说，被困在那里六周。这六周为法军提供了必要的休息，但也是亚历山大一世精心策划的阴谋。不明就里的拿破仑就这么义无反顾地自投罗网了。他之所以会这样，是因为他还不明白莫斯科的陷落对亚历山大和俄国人来说意味着什么。他以为他已经击溃俄国人，他们会来求和。宽宏大量的拿破仑大帝将会赐予他们和平。此外，所有的欧洲君主都对俄国持有相同看法。一系列的失败和逃亡之后，敌人已在俄罗斯帝国的中心驻扎，他们认为俄国已经被摧毁了。事实上，拿破仑以及欧洲的其他君主都是这么理解俄国不断后撤的战略的。然而，亚历山大一世及其臣民可不这么认为。当然，在人们的心目中，维捷布斯克和博罗季诺成了失败的代名词。但是俄军在灾难中生存下来，敌军已经按照俄国的规划远离他们的大本营，进入俄国腹地，而且他们对俄军的意图还一无所知。对拿破仑来说，在莫斯科停留的这段时间还有种胜利的滋味，但他不知这其实是个巨大的陷阱。冬天临近，拿破仑却迟迟没有撤退，等到法军撤退时，天气状况就很糟糕了。

对于双方阵营来说，这六周都是整军备战不可或缺的。拿破仑等到了弥补博罗季诺战役损失的援军，步兵人数达到了 10 万。

有些作战单位（主要是禁卫军第一师）几乎没怎么参与作战，状态非常好。俄国的步兵在数量和质量上都比不上拿破仑的。然而，骑兵的情况则完全相反。拿破仑缺少骑兵，尤其缺乏马匹，很多骑兵都没有战马。

与之相对，通过大规模动员顿河的哥萨克骑兵，俄军收获颇丰。1.5万名卓越的哥萨克骑兵加入俄军的骑兵队伍。俄国的马匹缺乏问题之所以不突出，是因为响应号召的俄国贵族为军队提供了大量上乘且状态良好的战马。因此，俄国骑兵能够拦住孱弱的法国骑兵的路，切断法军的粮草。如此看来，拿破仑的撤军之路好似战马的坟场也就没什么好惊讶的了。

库图佐夫知道撤离莫斯科的法军将会经受什么样的考验：严寒、饥饿，以及神出鬼没的哥萨克骑兵的侵扰。因此，他希望拿破仑撤离的时间越晚越好，那样法军就会面临更为严峻的问题。

拿破仑本可以在入城两周后离开克里姆林宫。他的军队已经得到休整且吃饱喝足（没有比这更恰当的表达了），他们的撤退本可以在更为宜人的季节，也就是莫斯科的初秋。然而，拿破仑却相信亚历山大一世想要谈判，想要走出战争的泥潭（莫斯科的陷落是灾难的象征）。他多次给出信号表示可以进行磋商。拿破仑派出去的洛里斯东（Lauriston）将军被沙皇那边的对话人的沉稳话语欺骗。库图佐夫很好地总结了当时的状况："我们已经尽力拖延了会谈。当有人给你好处时，你也不会拒绝。"

拿破仑最终明白了亚历山大一世的沉默只是一种战略，其目的在于尽可能地延长法军在莫斯科的时间。然而，在拿破仑回过神来总结教训之前，俄国人就打破了停战协议。俄军攻击驻扎在塔鲁

季诺（Taroutino）营地附近的缪拉的军队。塔鲁季诺营地是库图佐夫的大本营，缪拉驻扎此地是为了监视库图佐夫。

从俄国方面来看，虽说把拿破仑留在莫斯科的必要性得到了一致认可，但迫不及待地想要驱逐法军、同法国人作战的情绪也是非常强烈的。亚历山大一世本人就等得心烦意乱，他的将领们（尤其是本尼格森）也急着想要赶快行动。本尼格森辩称，法国可能有援军会来。这就解释了10月18日俄军对缪拉军队的攻击，缪拉不得不逃离战场，留下3 000具尸体和一些火炮。俄军人数远多于对手，他们本可以彻底摧毁敌人，但法军的损失却很有限。不过不管多么有限，俄军取得了长久以来的首胜。俄军的士气为之一振。拿破仑则由此得出一个结论，那就是他不能再待在莫斯科了。从一场失利才得出这样的结论，不免是要付出沉痛代价的。

滞留莫斯科期间，拿破仑一直在思考返程路线。最保险的就是原路返回：从斯摩棱斯克到明斯克，再到维尔纽斯。这条路是最直、最近的，也是整个俄国路况最好的。拿破仑很看重这一点，因为他有一大批军用车辆以及各式各样的运输工具，这些都需要良好的路况。然而这一路线也有弊端，就是它所途经区域都饱受战争蹂躏。这意味着法军无法在沿线获得补给和粮草，甚至找不到扎营地。而这些都至关重要，因为秋天到了。

拿破仑最后决定取道卡卢加（Kalouga）方向，这条路也通向斯摩棱斯克。卡卢加是库图佐夫的补给中心，拿破仑认为前往那里可以在一段时间内解决补给以及军队住宿问题。拿破仑希望能赶在库图佐夫的前头到达卡卢加。

10月19日，在科兰古的陪同下，拿破仑离开了克里姆林宫。

撤退的组织是灾难性的。科兰古写道:"胜利的习惯对我们造成的损失比撤退还要大……撤退从未组织得如此糟糕过。"库图佐夫很快就得到消息,知道朝着卡卢加方向行军的部队不是简单的小分队,而是法国大军的主力,拿破仑就在阵中。拿破仑先于库图佐夫赶到卡卢加的希望破灭了。恰恰相反,是俄军统帅库图佐夫在小雅罗斯拉夫韦茨(Maloïaroslavets)这个1 600人的小城切断了逃跑者的退路。激烈的战斗持续了一整天。谁取胜了呢?欧仁·德·博阿尔内(Eugène de Beauharnais)是胜利者,但这场战役在战略上却失败了。库图佐夫迫使法军取道来时的路,而他们在这条路上将得不到任何补给。拿破仑大军的苦难就这么开始了。大军所经过之处寸草不生,他们找不到一丁点儿可以给人和马补充能量的东西。他们拖着精疲力竭、饥肠辘辘的躯体赶路,还要不时遭到哥萨克骑兵,甚至是村民们的侵扰。最重要的是,凛冬已至,开始下雪了。那一年的秋季很温和,10月份还蛮暖和,但是到了11月中旬,天气变得格外寒冷,而法军还要穿过别列津纳河。身心俱疲、冻得直哆嗦的法军得临时搭建两座桥才能过河。法国人在冰冷的河水中,冒着敌人的炮火,最终还是成功地架起了桥。11月26日到28日,军队过河过了两天。渡过河后,法军炸毁了桥梁以阻遏追击的敌军。法军为此行动付出了沉重代价,近2.5万人死亡,还损失了几乎所有的火炮和装备。不过拿破仑还是应该庆幸,敌人没有抓住他,未能实现他们的目标。而且在此绝境之中,有一部分达2万人的军队成功死里逃生;还有近2 500名军官(其中有不少指挥官和参谋官)活了下来,这使得拿破仑可以为1813年的战役重新组织一支军队。当拿破仑回到巴黎时,他的军队还在撤退当中,并于

12月14日渡过了涅曼河。俄国战役结束了,双方军队的折损比大致相当,但是俄国把侵略者赶了出去。回到圣彼得堡后,亚历山大一世在喀山圣母大教堂庆祝胜利。那里矗立着俄国人民尊敬的圣母像,据说伊凡雷帝在攻占喀山的时候,正是圣母显灵救了他。

胜利之后,亚历山大一世思索着今后该何去何从。沙皇手下以库图佐夫为首的将军都想着在进入外国领土追击作战前稍事休整。他们还担心拿破仑彻底失败产生的影响。拿破仑的倒台会增强英国在欧洲的地位吗?12月23日,亚历山大来到维尔纽斯重掌军队的指挥权,并进行了讨论。由于鲁缅采夫突然身体抱恙难以履职,卡尔·涅谢尔罗迭遂扮演了外交大使的角色。这正中亚历山大的下怀,他早就对鲁缅采夫没有信心了,因为鲁缅采夫总是说对法作战是个错误。战争大臣阿列克谢·阿拉克切耶夫(Alexeï Araktcheïev)将军也属于沙皇近臣小团体的一员。但是亚历山大一世打算自己主导俄国的外交政策,此时他与大部分将领以及鲁缅采夫意见不一,这促使他寻求涅谢尔罗迭的帮助。俄国取得了胜利,亚历山大认为他应该一劳永逸地解决拿破仑的威胁并重组欧洲。他觉得机不可失,不想浪费时间。当然,亚历山大一世知道拿破仑虽然遭到削弱,但仍充满能量和魅力,定能卷土重来。

亚历山大想要摧毁拿破仑帝国,以一个由独立国家构成的欧洲取而代之。亚历山大反复强调和约应该在巴黎签署,这可以象征着拿破仑时代的终结。如果说1812年是战争之年的话,那么在亚历山大一世看来,1813年应该是外交之年,假如需要,可以用战争来推动外交。涅谢尔罗迭是沙皇的近臣,他理解并认同沙皇的计划。在1813年1月上呈的一份备忘录中,涅谢尔罗迭如此总

结道:"实现欧洲和平最彻底的方式,就是法国退回其天然疆界内,任何不在莱茵河、埃斯考河(Escaut)、比利牛斯山和阿尔卑斯山以内的领土都不再是法兰西帝国的一部分,甚至都不再受法国的制约。"然而,要想实现这一点,俄国需要普鲁士和奥地利的协助。备忘录的内容与想要成为欧洲解放者的亚历山大一世的谋划大致相同。涅谢尔罗迭勾画的未来就是沙皇想要的,但是要想实现这一点,还需要两个前提条件。自俄国在军事上打败法国,普鲁士和法国的盟友关系或许失去了一些吸引力,但普鲁士依旧是法国的盟友。奥地利也依然是法国的盟友,拿破仑与玛丽-路易丝公主的婚姻缔结了两个国家的联盟。

在备忘录中,涅谢尔罗迭比亚历山大一世显得要谨慎一些,他既没有提到在巴黎签署和约,也没有论及拿破仑政权的未来。他担心过于张扬和明确的计划会让普鲁士人与奥地利人疏远俄国,而此时最重要的是解散法兰西联盟。涅谢尔罗迭还明白各大王室可不想激起民变,从而使自身的统治受到威胁。不论是维也纳还是波茨坦,法国大革命及其后续对王朝秩序的冲击都一直萦绕在人们的脑海中,挥之不去。

1813年,亚历山大一世的机遇在于俄军已经处于欧洲中心。1813年1月,沙皇和库图佐夫一同率领的俄军穿过了涅曼河。普鲁士军队对此没有做出回应。因为在此前的12月30日,普鲁士军官汉斯·大卫·冯·约克(Hans David von Yorck)将军在没有征询国王意见的情况下,预先与俄国的将军签署了协议。协议声称普鲁士军队将保持中立,并命令他们远离俄军行动的区域。普鲁士国王腓特烈-威廉三世听取了俄国君主的和平倡议,后者承诺将恢

复普鲁士国王在其旧有疆界内的主权。此时俄军还离得很远，法军仍散布在普鲁士境内，腓特烈-威廉犹豫了一阵后，最终决定背弃原来的盟友关系。俄国和普鲁士于1813年2月27日在卡利希（Kalisz）签订了友好条约。直至19世纪末，这一条约都是欧洲外交最为稳定的因素之一。条约的第七条规定缔约双方优先考虑将奥地利纳入它们的联盟。奥地利则让俄国和普鲁士等了好久。普鲁士向法国宣战，英国为联盟带来了200万利弗尔的资金。一开始，拿破仑在吕岑、包岑以及东萨克森都还能展现出优势。俄普联盟在此冲突中苦于没有奥地利的支持。维也纳也是想要加入联盟的。事实上，联盟支持奥地利的诉求，即恢复奥地利被夺走的土地，也恢复普鲁士的土地，废除华沙大公国以及法国在莱茵河东部的德意志领土，废除或改组莱茵邦联。军事上的失利以及需要争取时间来获得奥地利的帮助，导致反法联盟借助奥地利（它仍旧是法国的盟友）的斡旋请求停战。拿破仑于5月26日接受了停战的原则，并于6月4日在普莱斯维茨（Pleiswitz）签订了停战协议。敌对行动暂停至7月20日，在奥地利的要求下，又进一步暂停至8月13日。1813年7月12日，布拉格会议召开。俄军借停战之机重新组织、装备军队，征召了成千上万的增援力量。总的来说，65万人将分三个阶段进入军队。

在此之前，奥地利其实已经秘密知会俄国和普鲁士：如果拿破仑不同意奥方提出来的四个预设的和平条件，奥地利就会加入它们。外交谈判毫无进展，拿破仑拒绝了奥地利开出的条件，奥地利遂向法国宣战。反法联盟的军力几乎是拿破仑军队的两倍，但联盟挑起的战争还是遭到了失败。尽管拿破仑军队在人数上处于劣

第七章　亚历山大和拿破仑：无法共存的两人

势，但他先在西里西亚追击布吕歇尔率领的普鲁士人，后又突然掉头进攻围困德累斯顿的俄国人和奥地利人，并取得了一场大捷。反法联盟有序撤退。8月30日，他们在库尔姆（Kulm）报了一箭之仇，给了拿破仑迎头痛击。与此同时，拿破仑还要面对众多不利消息：麦克唐纳（Macdonald）在卡茨巴赫河（Katzbach）不敌布吕歇尔，乌迪诺（Oudinot）在柏林被业已加入反法联盟的贝纳多特阻击。尽管贝纳多特加入了反法联盟，但是普鲁士人和俄国人并不怎么信任他。他们怀疑贝纳多特追求的是个人目的，维护的是瑞典的利益，甚至想要取代拿破仑登上法国帝位。尽管有所保留，但是反法盟友们还是签订了《托普利茨条约》，条约规定缔约方各自提供15万人的军队。条约列出了缔约方达成一致的观点，包括就华沙大公国进行协商、恢复德意志各邦国以及解散莱茵邦联。

有了贝纳多特的加盟及其所带来的军事支持，反法联盟对抗拿破仑的实力就越发雄厚。10月16日，莱比锡会战爆发，反法联盟的兵力强于拿破仑。莱比锡战役的胜利得归功于人数上的优势、布吕歇尔的能力以及亚历山大一世无懈可击的意志。是亚历山大给奥地利人施压并在战斗中投入了所有的后备部队。莱比锡一战，拿破仑丢掉了莱茵河以东的所有德意志领土，法军的撤退令人想起他们从莫斯科撤退的场景。对于亚历山大一世来说，这是对奥斯特里茨战役的复仇。1813年的战事结束后，同盟各方对于获胜之后该何去何从产生了分歧。如同几个月前解放俄国领土之后那样，亚历山大一世无论如何都不愿就此打住，他不想与拿破仑进行和谈。他想要乘胜追击，直捣黄龙，彻底摧毁拿破仑的统治体系。然而，盟友们却对进军法国领土有所迟疑，它们害怕俄国日益膨胀的野心，

不愿让俄国节节胜利。英国支持亚历山大的野心,并为他提供了新的资助。

1813年12月,反法联军渡过了莱茵河。令他们大吃一惊的是,他们遭遇了法军极其顽强的抵抗,而此前法军被认为已经遭到削弱。拿破仑呼吁法兰西人民誓死抵抗。普鲁士人和奥地利人又一次动了协商的念头。

占领巴黎是另一个导致盟友们意见不一的议题。自15世纪以来,还不曾有人能够占领巴黎。英国外交大臣卡斯尔雷(Castlereagh)勋爵来到盟军大营引导和谈事宜,他给首相写道:"我认为我们最大的危险来自亚历山大所采取的骑士战斗风范。他对巴黎有一种远非出于政治或军事考量的个人情绪。他似乎想要找机会带着自己华丽的禁卫军进入敌国的首都,他可能是想让所有人见证他的宽宏大量与莫斯科的毁灭构成了多么鲜明的对比。"

战败后的法国疆界问题成了盟友间的另一个分歧所在。自然疆界,抑或1792年的疆界?对于拿破仑来说,他只能接受自然疆界。在卡斯尔雷的压力下,盟友们达成了一致。1814年1月29日,各国于朗格勒(Langres)一致认可了1792年的疆界。3月1日签订的《肖蒙条约》将同盟关系延长了二十年,缔约各方承诺不与拿破仑单独媾和。拿破仑历史的终章被勾画出来。拿破仑命令皇后、太子以及朝廷人员撤离首都,以免沦为阶下囚。接到相同指令的塔列朗却对此置若罔闻。3月30日,俄军登上了俯瞰巴黎城的高岗。3月31日,俄军在亚历山大一世身后与盟军一道进入巴黎。亚历山大身着禁卫军的骑士军装,被禁卫军的哥萨克骑兵簇拥着。巴黎人震惊之余目不转睛地看着纪律严明、穿戴一新的部队有序地列队

行进。为了激起巴黎人的抵抗精神,拿破仑的宣传机器曾不遗余力地向他们渲染,敌人会像野人的"蛮族部落"一样入侵首都,犯下各种罪行。然而,这些可怕的预言并没有变成现实,联军如此和平的入城仪式一下子就创造了一种泰然的气氛。拿破仑几乎被遗忘了。

然而在同一时间,拿破仑的命运也被定了下来。塔列朗于4月1日宣布成立临时政府并主持相关事宜。翌日,临时政府宣布废黜皇帝。拿破仑则于4月6日宣布退位,并在4月13日签署了《枫丹白露条约》,确认放弃帝位。

亚历山大一世一直在琢磨拿破仑倒台后该何去何从的问题。盟友们对将失败者彻底清除出局的想法有所犹疑,但是在俄国沙皇看来,这种清除是完全必要的。首先,他想要使其他人接受一个他非常重视的观点,即俄国和欧洲的敌人是拿破仑,而非法国或法国人。他随即立下了他将要实践的行为准则,那就是同法国人民和解。

拿破仑被赶下了帝位,法国该建立什么样的体制呢?摄政体制?塔列朗倾向的正是这个选项,他还部分争取到了亚历山大的支持。对于塔列朗而言,这样的安排既可以避免波旁王朝复辟,又可以使自己执掌由战胜者建立的权力。然而,亚历山大意识到了这一方案的缺点。只要拿破仑还活着(肉体上消灭是行不通的),哪怕他身处一个被严密监视的流放地,人们还是会担心他有一天可能逃跑。摄政就意味着帝国体制的延续,也就是说帝国复辟的可能性始终存在。

然而,波旁王朝复辟也不怎么吸引亚历山大一世。他不喜欢

路易十八，对波旁家族整体上都没什么好感。不过帝国覆灭之后，波旁家族保有一定的合法性。盟军鼓励参议院选出一个临时政府，制定一部新宪法，参议院照做并宣布了波旁王朝的复辟。

逗留巴黎期间，亚历山大一世统摄下的占领时期与人们通常所理解的没有任何相似之处。

沙皇没有像人们所预料的那样住在宫里，而是住在了塔列朗的家里。他是赢家。他自认为是这场打败拿破仑的战争的真正胜利者，他想要自己的观念得到认可，并将俄国的存在拓展至欧洲和地中海。亚历山大一世从盟友那儿得到保证，他们会提出一个拿破仑可以接受的方案，但不会按照拿破仑自己的意愿让他前往英国。他们给出的地点是厄尔巴岛。这个选择很快就会被证明是灾难性的，因为拿破仑从该岛跑了出来，并建立了"百日王朝"。

亚历山大一世是怎么构想占领法国的呢？他一到巴黎就想着安抚法国的负责人，向他们言明：如果说拿破仑是敌人的话，法国人并不是。他承诺占领巴黎和法国其他地区的军队会遵守秩序，不会侵犯财产和人身。后续的发展证实了亚历山大所言非虚。莫斯科沦为废墟，惨遭法国和波兰军队疯狂劫掠，俄国人对巴黎却秋毫无犯，以至于那些曾害怕"野蛮人"的巴黎人很快就对俄军的文明程度赞叹不已。

然而，法国国王的举动却让亚历山大一世感到诧异。正是靠着俄国沙皇，路易十八方能登上王位，但是法国国王并没有表示感谢，亚历山大甚至都没有得到应享受的待遇。路易十八在卢浮宫以过时的礼节接见了亚历山大，法国国王端坐在扶手椅上，却只给了这位访客一把椅子。接见普鲁士国王的时候，路易十八走在宾客的

第七章 亚历山大和拿破仑：无法共存的两人

前头，首先进到摆好食物的餐厅，坐在主位上并第一个享用起来。亚历山大一世并没有对这一古怪的举动做出回应。两个月后，他离开巴黎来到英国，他在那儿得到了君主应该享有的礼遇。此后，前往维也纳参加和平会议之前，他又去了一趟恰尔托雷斯基亲王所在的普瓦维（Pulawy）城堡。无论走到哪里，他都受到热烈欢迎，享受着与他身份相符的礼遇，他也得以明白法国国王怪异举动的意义有限。不过，这并没有改变他对路易十八的看法。

考虑到亚历山大的时间安排（或者说是他的诚意），原本定于8月在维也纳开幕的和平会议被推迟到了10月1日。亚历山大一世领着一个多达五十三人的庞大代表团抵达维也纳，这意味着俄国是出席此次会议人数最多的国家，而法国只有十五名代表。亚历山大本打算自己管理代表团，不过涅谢尔罗迭先其一步参与了准备工作。除了大臣和下属之外，拉阿尔普、恰尔托雷斯基、卡波季斯第亚斯（Capo d'Istria）以及俄国驻巴黎大使波佐·迪·博尔戈（Pozzo di Borgo）都参加了会议。正如陪同亚历山大参会的布里安查尼诺夫（Briantchaninov）所描述的那样，此次会议真乃风云际会，"是座巴别塔，是个大市场"。从1814年11月到1815年3月的四个月时间里，两位皇帝、五位国王、数百位亲王以及几千名与会人员在会场严肃地讨论着欧洲的未来，并在数不清的舞会中欢乐地交际着。"会议在跳舞。"利涅亲王如此总结道。亚历山大一世非常热衷于参加舞会和其他社交活动。欧洲很少有过如此欢乐的时刻，警察的报告证实了这一点。在会上讨论的问题中，有两个经过无休止的讨论之后差点搅黄了整个会议，那就是波兰和萨克森问题。亚历山大一世只提出了一个要求，那就是波兰重回俄国的统治

之下。普鲁士国王同意把本国占据的波兰领土交给俄国，用以换取萨克森；奥地利也准备支持类似的条款，舍弃所占领的波兰领土以换取意大利北部。

到目前为止都非常迁就亚历山大一世的塔列朗这一回却改变了主意。他反对上述方案，想要依靠奥地利和英国来遏制俄国势力的扩张。塔列朗宣称："国家间的均势以及正统性的神圣原则不允许波兰完全隶属于俄国，一如普鲁士不能主宰德意志，奥地利不能掌控意大利。"而且塔列朗并不满足于口头上的声明，他策划了一个联盟计划。1815年1月3日，法国、奥地利和英国秘密签署了一份协议，这导致了反法联盟的解体。协议文本是针对俄国和普鲁士的。缔约方承诺，若其中一方受到攻击，缔约各方会互相提供帮助。为了共同的事业，奥地利和法国将各自动员15万人，英国则会提供一笔大致相当的资金。然而实际上，法国没法调动15万人，奥地利也无意这么做，英国代表则是在未征询会意见的情况下自作主张的。前盟友之间的不一致是很难掩盖的。但塔列朗还是因此取得了重大胜利，因为法国又成了讨论的参与者，维也纳会议似乎注定要失败了。塔列朗向路易十八吹嘘自己的成绩。然而，亚历山大一世却试图让协商继续进行下去，他表示俄国愿意放弃在波兰扩张的主张，普鲁士也只要求获得拥有70万居民的萨克森三分之一多一点的领土。

1815年3月1日，拿破仑在儒安港登陆。这一惊天消息彻底改变了议程。会议也不开了，所有人都动员起来对付拿破仑。亚历山大一世在给母亲的信中写道："我会战至最后一人。"拿破仑得知了1月3日的秘密协议，他给亚历山大一世寄了一份副本，意在挑

拨离间,破坏反法联盟。尽管亚历山大一世曾火冒三丈,但他认为最紧要的还是先打败拿破仑。如同其他参与维也纳会议的国家一样,亚历山大也加入了3月13日的宣言(根据此宣言,拿破仑已不受法律保护)。新的反法联盟形成。3月25日,《肖蒙条约》也得到续签。标志条约续签的礼仪就是向拿破仑皇帝宣战。大部分国家都在随后的几天相继宣战。拿破仑竭尽全力地想要分化敌方阵营,科兰古此时成了宝贵的中间人。科兰古主要是向拉阿尔普说项,希望后者能够以帝师的身份说服亚历山大考虑法国的利益。然而,科兰古的努力没有奏效。1815年5月15日,参加维也纳会议的八个国家发表宣言,对拿破仑的措辞更具威胁性。尽管维也纳会议的最后议定书于6月9日才签署,但亚历山大一世和普鲁士国王于5月26日就离开了会场,前去同自己的军队会合,其他君主也紧随其后。战事早已取代了会议上的讨论。

亚历山大一世给了巴克莱·德·托利16.7万人用以对付拿破仑。俄军朝着纽伦堡挺进,但不会在滑铁卢出现。当拿破仑战败,亚历山大抵达巴黎时,他发现布吕歇尔的普军与之前的俄军不同。普鲁士人是将巴黎当作被征服的城市对待的,他们毫不尊重巴黎人,要求1亿的补偿,还准备炸毁耶拿桥。在被普鲁士人野蛮行径吓坏了的巴黎人看来,亚历山大简直就是解放者了。这一次,威灵顿支持俄国的审慎举动。由于法国越发衰弱,波旁王室亦未能保卫国家(路易十八的逃亡使王室脸上无光),巴黎在第二次被占领期间备受摧残。路易十八转而向亚历山大一世求情,让他约束一下他的盟友普鲁士人的行为(他们胡作非为,无法无天)。亚历山大一世乐得施以援手,他所关心的是俄国的利益以及欧洲的均势。他像卡

波季斯第亚斯一样,认为法国应该足够强大,以避免"其他国家全力以赴地对付俄国"。敖德萨的奠基人黎塞留公爵取代塔列朗担任外交大臣,这使亚历山大悬着的心放了下来。这是因为作为亚历山大的前盟友,塔列朗政治态度的大转变令其苦恼不已。亚历山大想要这样的人事调动,他还向路易十八举荐了黎塞留公爵。黎塞留当时得面对同盟者的各种要求,亚历山大一世旨在保存法国的意愿可谓弥足珍贵。亚历山大一世宣称,肢解法国领土(普鲁士人的野心就暴露了这样的念头)不符合欧洲均势的原则。莫莱(Molé)伯爵在其回忆录中写道:"1815年,俄国力排众议,我不会说是在捍卫我们的利益,而会说是在捍卫我们不幸祖国的生存。如果说法国仍旧是法国的话,这要归功于三个人,就是亚历山大和他的两位大臣——卡波季斯第亚斯以及波佐·迪·博尔戈。英国、普鲁士和奥地利一心只想着削弱我们。与之相对,只有俄国有意愿让法国仍成为一个强国……俄国将我们视为它天然的盟友,是它与英国在全世界争霸时的最好支持。"

正是靠着亚历山大一世,法国才得以在1815年11月20日《巴黎条约》签署时保留领土并减少赔偿,以及在三年后有可能将占领时间从七年减少到五年。拿破仑是亚历山大一世不共戴天的敌人,而亚历山大对路易十八的观感也一般。然而,正如亚历山大早在1814年所宣称的那样,他想要表示自己是法国和法国人民的真正朋友。

自1815年5月3日起,通过附在维也纳会议《最后议定书》上的俄奥协议以及俄普协议,波兰的命运被定了下来。俄国占领了华沙大公国最大的一块,华沙大公国的西北部地区被划给普鲁士,

西加利西亚则归属奥地利。不过波兰之名算是被保留了下来。亚历山大一世享有波兰国王的头衔,新宪法与之前大公国的宪法大为不同。波兰拥有一个代议系统,并享有出版自由。这一点是俄国所不具有的,这一怪异的安排将在十年后产生悲剧性的影响。俄国还任命了一位波兰总督,但此人并非恰尔托雷斯基,这令他黯然神伤。最后,俄国、奥地利和普鲁士于1815年9月26日签署了《神圣同盟条约》,旨在为欧洲秩序建立新的基础。为了签订这一条约,亚历山大一世将卡波季斯第亚斯召到身边,他非常欣赏后者的工作。不过,虽然卡波季斯第亚斯做了一些准备性工作,但是条约以"神圣且不可分的三位一体"命名则完全出自亚历山大一世个人之手。涅谢尔罗迭如此评价亚历山大:"他为一个由与他一样完美的存在构成的世界而努力工作。"所谓神圣同盟,按其最初的原则,旨在联合那些"自认为同属于一个基督教民族"的政府,并且欢迎一切认同条约"神圣原则"的国家。因此,像是法国、瑞典、西班牙、那不勒斯以及撒丁的国王都会加入神圣同盟。历史学家们不禁在想亚历山大一世的葫芦里到底卖的是什么药。通过将神圣同盟打造成一个联合基督教国家的组织,亚历山大莫非想要孤立奥斯曼帝国,这个一直被法国用来对付俄国的盟友?尽管卡波季斯第亚斯准备的文本中明确指出,神圣同盟"对于那些无福成为基督徒的人没有任何敌意",但是自神圣同盟成立的那一天起,土耳其就表达了上述担忧。

  神圣同盟的文本也揭示了创作人,即亚历山大一世个人的转变。考察一下亚历山大的欧洲外交政策后,我们再回到这一点。事实上,在欧洲诸国决定欧陆事务的会议中,亚历山大一世扮演着非

常重要的角色。

亚历山大一世想要组织欧洲秩序。不过在其生命的最后几年，他也尝试着适应当时一些国家所经历的转变。亚历山大并不是唯一一个打败拿破仑的人，光凭他一个人也打不赢，但是他所享有的威信却是无可争议的。因为他长期以来就是拿破仑的对手，而且派出了大量兵力，并不停地动员组织反法联盟。在反对拿破仑的战争中，俄国展示了自身的实力，亚历山大一世据此获得的精神权威使其能在 1815—1816 年先声夺人。

维也纳会议之后，在 1818 年的亚琛会议上，亚历山大就表现了此种权威。欧洲当时需要决定其与被占领的法国的关系。亚历山大一世再一次支持了法国，他想要恢复法国的独立，并要求结束占领。这使得法国得以重返它在欧洲秩序中的地位。不过自 1819 年的卡尔斯巴德（Carlsbad）会议起，人们就发现这一秩序要发生变化了。德意志动荡的政治气氛鼓动起了一大批参与者。德意志舆论一片沸腾，大学生和教授们群情激奋，政论家们要求实施业已宣布的自由措施，莫里斯·桑（Maurice Sand）杀害柯策布（Kotzebue）最终点燃了人们的怒火。梅特涅要求采取铁腕手段，推行保守的措施，审查出版物，看管激动的大学教师和学生。亚历山大一世也同意采取这些严格的举措。后来，运动又进一步蔓延至西班牙、葡萄牙、那不勒斯和皮埃蒙特，西班牙的国王还不得不恢复已被废除的宪法。

当亚历山大一世创建神圣同盟时，他希望最初的缔约方能够给予彼此相互间的保障。为了维护在维也纳会议上建立的秩序，此种保障既包括领土上的，也包括政治和外交上的。需要注意的是，

维也纳会议上建立的秩序,杜绝了拿破仑式的统治卷土重来,消灭了法国所引入的革命原则,将欧洲的安全置于首位。然而,这一欧洲秩序同样建立在保护小国不受强国侵犯,并确保小国的政治制度大体基于宪法的基础之上。梅特涅反对这一构想。在他看来,这一构想打开了某种超国家政府的大门。他将亚历山大一世视为威胁欧洲国家组织的空想者。不过,当革命风潮在欧洲的许多国家显现时,担心革命之风吹到波兰的亚历山大一世开始认为,欧洲秩序也有维护现存秩序的作用。这一主题原本应在1820年召开的特洛波(Troppau)会议上进行讨论的。后来为了方便那不勒斯国王,会议地点移到了莱巴赫(Laibach)。亚历山大一世支持那不勒斯国王镇压起义,甚至打算让叶尔莫洛夫将军率领军队帮助国王重建秩序。

出于自由精神建立的神圣同盟在那些追求自由的国家中会成为干涉的幌子吗?奥地利不愿俄国进行干涉。亚历山大的方案对奥地利造成的恐惧解决了危机。奥地利鼓动那不勒斯和皮埃蒙特放弃制宪的梦想。1822年,维罗纳会议对意图寻求法国保护、援引法国权威的西班牙发出了警告。这一反应标志着一个阶段的终结。1815年之后,俄国在某种程度上成了正在重组中的欧洲的仲裁者,而法国则被排除在外。到了1822年,俄国和法国在欧洲的威信此消彼长。亚历山大一世的权威被削弱了,而被他重新引入欧洲政坛的法国的权威却与日俱增。

1822年,要求自由的呼声传播至东方,并威胁到了奥斯曼帝国。亚历山大一世保证帮助塞尔维亚人独立,塞尔维亚人因此奋起反抗奥斯曼帝国。米洛什·奥布雷诺维奇(Miloš Obrénovitch)领导下的反抗开始了,并蔓延至希腊。

彼得大帝和叶卡捷琳娜二世向来以奥斯曼帝国治下的东正教徒的捍卫者自居。作为二人的继承者，亚历山大一世自然要向东正教徒施以援手。不过，他仅仅满足于跟土耳其互递外交照会，跟着伦敦和维也纳的步子走（它们反对对东方的危机进行任何干涉），直到情况到了不可忍受的地步。复活节那天，身着教服的君士坦丁堡牧首被吊死在自家教堂门前，三名东正教的大主教以及八名教区主教被杀害，还有数百名东正教徒在伊斯坦布尔遭到屠杀。亚历山大一世这个时候向苏丹下了最后通牒！最后通牒的文稿是卡波季斯第亚斯撰写的，他支持俄国的反应不应该仅仅局限于外交层面。不过亚历山大一世拒绝独自面对土耳其。在卡波季斯第亚斯的推动下，亚历山大向巴黎提议在欧洲的旗帜下共同对土耳其发动远征。然而，法国对此提议充耳不闻，亚历山大一世只能满足于在1822年11—12月召开的维罗纳会议上探讨此事。人们在会上一边悲叹最近的事件，一边讨论奥斯曼帝国治下东正教徒的命运以及如何安排西班牙的事。会议得出结论：不能支持反叛的希腊人，而寻求会议帮助的西班牙国王则会得到法国的军事援助。如此一来，维罗纳会议就认可了双重转变。其一是亚历山大一世，他在1815年还是波兰宪法的倡导者，到了1822年，他就成了现存秩序的坚定捍卫者。其二是俄法之间同样令人震惊不已的关系转变。对于革命派的共同恐惧突然就将两国联合了起来。亚历山大一世将会与业已成为外交大臣的夏多布里昂会面。

亚历山大一世于1824年回到了希腊问题上，想要提出一些所有欧洲国家均可接受的解决方案，这可能是他的最后一搏。然而，他的提议遭到了英国和奥地利的敌视，看来欧洲并不想动摇奥斯曼

帝国。对此，俄国将在未来得到教训。

1825年，亚历山大一世在塔甘罗格（Taganrog）去世。一代雄主的辉煌统治结束了，但是亚历山大留下的形象多少有些混乱。虽然随着时间的推移，俄国在欧洲遭遇的反对（尤其是来自英国和奥地利的）越来越强烈，但它还是靠着亚历山大一世在欧洲获得了巨大的影响力。若不是亚历山大，法国无法在欧洲的序列中重新取得无可争议的地位，两国间的关系足以说明一切，但法国对亚历山大的支持并非毫无保留。最后，亚历山大作为自由主义统治者的形象逐渐转变为坚定捍卫欧洲既有秩序的保守派形象。

我们需要考虑亚历山大一世晚年的精神转变（从温和的东正教信仰转向神秘主义），因为这关系到其形象在后世的改变。此种精神转变的缘由向来众说纷纭。很多历史学家将其上溯至1801年，那一年保罗一世被刺杀了。他们选择这一时间，乃是基于一句经常被引用的沙皇本人对恰尔托雷斯基吐露的话："我应该受苦，因为没有人能治好我精神上的苦闷。"然而，倘若追寻亚历山大的生命历程，我们就会发现，虽然对于保罗一世遇害的回忆不时涌上他的心头，但他很长一段时间内对宗教无动于衷，他更感兴趣的是共济会。他还受到了亚历山大·戈利岑亲王的影响。此人信仰虔诚且公开，他后来成了东正教神圣宗教会议的教士，并鼓动亚历山大一世读《圣经》。随着时间的推移，这种阅读对沙皇的人生产生了越来越大的影响。

玛丽-皮埃尔·雷伊在其优秀的沙皇传记中，将沙皇精神上发生的革命性转变定位在一个明确的时间节点——莫斯科大火。雷伊称，从此以后，亚历山大就发生了转变。许多证词支持这一假

说，尤其是莫斯科大火的第二年，亚历山大就开始支持戈利岑和罗季翁·科切列夫（Rodion Kochelev）创立的俄国《圣经》协会。后来，亚历山大又结识了克吕德纳（Krüdener）男爵夫人。后者华贵的巴黎沙龙里高朋满座，夏多布里昂、本杰明·贡斯当、雷卡米耶（Récamier）夫人、女大公杜拉斯济济一堂，克吕德纳男爵夫人充满热情地宣传绝对正义、宽容与博爱的理念。除了在数年间给亚历山大打上烙印的神秘主义的影响，还得加上另一个钟情于《圣经》的人的影响。她就是凯瑟琳·塔塔里诺夫（Catherine Tatarinov）。在一些热情听众的陪同下，她花了不少时间评述《圣经》。沙皇有一段时间听她授课，似乎受到了她的影响，甚至给了她一份年金。后来如同克吕德纳夫人的例子一样，他深深地被这些极为虔诚的表现感染。亚历山大一世接触的这些人都表现出了公开的虔敬，或积极宣扬宗派教义，这表明亚历山大有种精神上的追求。不过，他的心态也是一部分俄国精英共有心态的写照。这些人在宣扬启蒙精神之后，无论是否加入共济会，都转过头去思索更为深沉的东正教甚至是新教的教义基础。这一向四面八方流动的思潮最终吓到了亚历山大一世，1822年8月，亚历山大下诏解散所有的宗派。共济会成了这道诏书的受害者。

自1812年战争开始时显现的精神危机，可能是亚历山大一世对法国抱持同情态度的根源，彼时复仇心理原本可能会占据他的头脑。然而，他却对战败者表现出了善意和友爱。在那个暴行和勒索酿成仇恨的年代，这样的举动是不多见的。亚历山大一世的晚年被神秘包围，他还发表了一系列声明，表达了对权力的倦怠和想要退隐的愿望，这些都毫无疑问地表明了亚历山大精神上的转变。

这种转变还导致了一个档案未能解开的谜团，那就是亚历山大一世与罗马的关系。亚历山大想要合并东西方教会的意愿并不是秘密。历史学家们已经证实，与梵蒂冈进行的一些秘密谈话是以沙皇的名义进行的。亚历山大·米肖·德·博图尔（Alexandre Michaud de Beauretour）将军是一名尼斯军官。1812 年，他与巴克莱·德·托利一起为沙皇效力，1825 年被派往梵蒂冈。这就引起了人们对于亚历山大一世秘密归信以及他想要统一教会的计划的猜测。然而，我们需要记得一个相反的事件。在亚历山大一世统治的 1820 年，耶稣会被逐出俄国，亚历山大也多次表达了对以下宣传的不满，即持统一教会观点的希腊人在帝国西部省份宣扬他们的观念。

此外，怎么能够忽视拿破仑战争后的那些年俄国觉醒的民族意识呢？伟大的历史学家卡拉姆津（Karamzine）见证了这一变化。作为启蒙运动的钦慕者，他被革命的恐怖吓到了。三年之后，他这样写道："启蒙的世纪，我在血与火中再也认不出你。"他最终批评起彼得大帝对西方的模仿，他的著作高扬着民族传统的旗帜。约瑟夫·德·迈斯特（Joseph de Maistre）在同一时期的著作《关于俄国的四章》中也阐释了相同的主题。卡拉姆津批评彼得大帝废除了牧首制。在 19 世纪 20 年代中期，许多话题震动着俄国，我们在其中可以找到沙皇外交政策的保守转向。我们当然可以认为他受到了天主教的影响，不过关于这一点我们缺乏相关的证据。我们在讨论时应该考虑到沙皇对俄国传统的深沉的爱。

自提尔西特会谈之后，法国占据了亚历山大一世大部分的精力。他原以为，在法国承认俄国强国地位的前提下，俄国能与法国建立盟友关系。因此，亚历山大在一开始毫无保留地相信这一他所

期待的联盟。后来就迎来了那些战争和幻灭的年头，他成了对抗拿破仑的急先锋。最后，虽然他的国家因为拿破仑的野心付出了高昂代价，但他却努力减轻拿破仑的帝国事业给法国造成的影响。亚历山大一世之所以对宿敌法国宽宏大量，不仅仅是因为他内心的精神状态。事实上，这也是亚历山大所接受教育的反映。他从小浸润在叶卡捷琳娜二世和拉阿尔普的谆谆教诲之中。他是在启蒙精神的春风吹到俄国广袤帝国边界的时代中长大的。在那个暴力和战争盛行，乃至出现了莫斯科大火的年代，上述的法兰西"趋向"一直存活在亚历山大的精神中。人们说亚历山大一世城府很深、喜怒无常，不过终其一生，他都是那个忠于自己成长于其中的法兰西人文精神的人。

第八章

尼古拉一世：监视下的欧洲

1825年12月1日，这是俄国历史上至关重要的一天。是日，战胜了拿破仑的亚历山大一世在塔甘罗格驾崩。梅特涅的悼词令人印象深刻："罗马终结了，历史开始了。"梅特涅所言非虚，那些浪漫的激情、宏大的梦想，总之，彰显亚历山大一世统治特色的一切东西在沙皇寿终正寝后都随风而逝了。不过在做出如是判断时，他不曾去想什么将会开启新的时代。这个新时代始于混乱，终于革命梦想。新时代俄国的混乱可追溯至它遥远的过去，每逢权力交接之际，俄国总会产生动荡和混乱。亚历山大一世驾崩后的皇位继承符合自叶卡捷琳娜二世去世后建立的继位规则，然而一个秘密却给皇位继承造成了负担。亚历山大死后无嗣，他的继承人理应是叶卡捷琳娜二世最爱的孙子中排行老二的弟弟康斯坦丁。给康斯坦丁起这个名字就是为了见证宏大的"希腊计划"。然而，康斯坦丁大公爱美人不爱江山。他在1822年不顾皇室规定娶了心仪的美人，放弃了皇位。亚历山大一世正式启动了处理这一状况的程序。他委托大主教菲拉雷特（Philarète）撰写声明，申明康斯坦丁大公放弃皇位，

由三弟尼古拉·巴甫洛维奇大公继承皇位。声明的内容是最高机密，尼古拉大公本人当然了解此事的原委，但并不知晓其细节以及声明的文本本身。这就解释了亚历山大一世驾崩翌日的混乱状况。

对于未来的尼古拉一世来说，不幸的是，他出生的那年正是叶卡捷琳娜大帝驾崩的那一年。他无缘接受钦慕启蒙运动的女皇启发下的教育，也没有得到拉阿尔普的教导，古怪的保罗一世决定了他应接受的教育。我们知道保罗一世着迷于军队和军事训练，他把年幼的尼古拉交给了一位忠厚但毫无睿智可言的学究。此人是个老兵，但脑袋空空。尼古拉三岁时收到了一身军装和一支步枪，数年后又被授予将军之职。如此一来，我们还会对尼古拉热衷于军事操练感到惊讶吗？尼古拉受到的教育与亚历山大一世截然不同，满心忧虑的亚历山大遂决定在沙皇村（Tsarskoïe Selo）创建一所帝国高中，用以培养俄国年轻的精英。虽然这所高中的第一届学生中有一个叫亚历山大·普希金的，但皇太后拒绝把尼古拉送到那里。因此，他不得不和自己的弟弟米哈伊尔一道在宫廷里学习。尼古拉后来坦陈，这对他来说简直就是坐牢。

在尼古拉的青少年时期，他在其中成长和学习的宫廷是反对提尔西特政策的中心。尽管彼时亚历山大一世奉行与法国和解的政策，但敌视法国（先是被视为革命的国家，后被视为拿破仑的国家）的情绪一直在宫廷中占据主导地位。因此，当和解政策失败，战争开始之时，尼古拉大公摩拳擦掌要求参战就没什么可奇怪的了。不过直到1814年，他才加入军队。然而他被软禁在沃苏勒（Vesoul），听着隆隆的炮声，不被允许参战。直至一切都尘埃落定后，他方才抵达巴黎。

这个将在1825年登上皇位的人是魅力和呆板的怪异结合体。说他有魅力，是因为他高大、英俊、瘦削，长着一张无可挑剔的脸，或者如后世所形容的那样，面如冠玉。夏洛特公主的媵人坎贝尔夫人后来补充道："老天爷，他真是太英俊了。他是全欧洲最帅的男人。"

他还是个幸运的人。他的婚姻既出于爱情，也是一场将罗曼诺夫王朝和霍亨索伦王朝联合起来的政治婚姻。他的婚姻巩固了拿破仑战争期间俄国和普鲁士之间的战友情谊。普鲁士的夏洛特公主也按照俄国的传统，成了一名东正教徒，并取名亚历山德拉·费奥多萝芙娜（Alexandra Feodorovna）。罗曼诺夫家族的成员们以及俄国社会都很喜欢她，她给尼古拉营造了松弛的气氛，还给他带来了魅力王子的名声。

然而，在迷人、英俊和生活幸福的另一面，还有另一个尼古拉。一个粗鲁严苛的军人，对待下属吹毛求疵，因此招致众人厌恶。涅谢尔罗迭伯爵夫人写道："对于尼古拉来说，这真是太悲哀了。他的行为不应该被军队如此厌恶与憎恨。人们说他暴躁、严苛、爱记仇且吝啬。"特鲁别茨柯依（Troubetskoï）亲王在其回忆录中写道："尼古拉粗暴地对待军官，对他麾下的士兵也很严厉，这是世人皆知的事。"

在1825年那个致命的11月，当亚历山大一世决定前往南方时，戈利岑向沙皇提及了继承的问题，沙皇回复道："把此事交给上帝吧。他能比我们这些凡人做出更好的安排。"

当沙皇病重且随即驾崩的消息传到首都时，没有人知道亚历山大一世留下了什么指示，无论是尼古拉·巴甫洛维奇，还是其他

"凡人"，都不知晓。如果说尼古拉大公或多或少地知道皇位是属于他的，那么1822年的密诏既没有向其说明取得皇位的方式，也没有给他指明该如何对待皇位的天然继承人康斯坦丁大公。此君离开俄国已有十年，但是他放弃皇位的声明并没有公开。当时的圣彼得堡总督米洛拉多维奇（Miloradovitch）伯爵和禁卫军指挥官沃伊诺夫（Voïnov）将军提醒尼古拉注意，消灭康斯坦丁可能会引起军队的混乱，因为尽管康斯坦丁已经离开俄国多年，但是他仍旧因其勇敢在军队中享有崇高的威望，而尼古拉·巴甫洛维奇却不怎么得人心。因此尼古拉越发不知该如何行事。亚历山大一世下密诏的时候，皇太后是在场的。她或许可以澄清谁是继承人，然而儿子病重的消息一传来，她就失去了知觉。人们也就不得不把皇太后放到一边。这就是为什么谨遵继位顺序的尼古拉一世决定郑重其事地向兄长康斯坦丁宣誓，并命令整个帝国都宣誓效忠"康斯坦丁皇帝"。当亚历山大一世的密诏开封后，尼古拉还维持着这些命令，并在同一时间给兄长传递消息确认自己的誓言。康斯坦丁大公的回复进一步加剧了混乱。他拒绝发表任何公开声明，他认为自1822年时继位事宜就已安排妥当："我不能退位，因为我从未当过皇帝，也永远不会当皇帝。我如果现在去圣彼得堡，就仿佛是我在为我的兄弟加冕，而我根本没有这一权力。"

整整三周，信使们在圣彼得堡和华沙之间穿梭，就是为了说服康斯坦丁大公表个态，表明自己的地位。然而，康斯坦丁大公就是不肯这么做，他把信使打发走，并反复强调三弟应该遵循先皇的意愿，没有人可以代替他戴上皇冠。因此在三周多的时间里，俄罗斯帝国没有皇帝。一个群龙无首、陷入瘫痪的国家爆发革命又有什

么好惊讶的呢？

12月14日，尼古拉最终决定行动起来。当时各种流言满天飞，后来他又收到消息说军中正在策划一场阴谋。一名军官证实阴谋确实存在，并提醒尼古拉在康斯坦丁不在场的情况下不要轻举妄动。然而，康斯坦丁反复强调他不会来圣彼得堡。

12月14日，尼古拉发表了登基宣言。参政院和东正教神圣宗教会议应该向其宣誓，而皇帝本人则应该参加标志登基的感恩赞（Te Deum）典礼。尼古拉得知一群闹事者跑到了皇宫的广场上，他决定去会会他们。人群高呼康斯坦丁的名字，他们认为康斯坦丁被抢走了皇位，或许还被强制关押在某个地方。看到尼古拉一世后，他们便高喊"宪法万岁"。当天有两场示威，可见情况混乱到了何种程度。一群心系合法性原则的人聚在冬宫前，他们跑到这儿来是为了捍卫合法的君主（他们认为是康斯坦丁）。向他们宣读了亚历山大一世的密诏后，他们就散去了。然而在同一地点还有另一群人，这群士兵认为一场政变剥夺了康斯坦丁的皇位。高呼宪法的正是这群人，他们通常认为宪法指定的是康斯坦丁的妻子。

不过阴谋的确存在。密谋者分发了子弹，朝着试图维稳的军官射击。米洛拉多维奇将军徒劳地试图让造反派投降。一颗子弹终结了他的生命，而身穿华服的大主教的冠帽也被打了几枪。尼古拉一世镇静地坐在马背上一动不动，他在犹豫要不要下令开枪。他有些惶惑地说："这是怎样的统治开端啊。"他最终还是下令了，叛乱被镇压，军队逮捕了五百个人。夜晚恢复了平静。叛乱分子推举特鲁别茨柯依亲王当他们的"独裁者"，但是亲王始终含糊其词，从而导致情况越发混乱。后来，特鲁别茨柯依亲王希望皇帝能够饶恕

第八章 尼古拉一世：监视下的欧洲

他。尼古拉一世选择宽大为怀，只有一百二十一名叛乱分子被移交至特别法院——根据 1826 年 6 月 13 日的帝国敕令设立。沙皇需要条分缕析地分析阴谋并找出真正的幕后黑手。带头的人被逮捕了，包括彼斯捷尔（Pestel）、雷列耶夫（Ryleev）、穆拉维约夫-阿波斯托尔（Mouraviev-Apostol）、别斯图热夫-留明，以及杀死米洛拉多维奇的卡霍夫斯基（Kakhovski），他们都被判处绞刑。宣布这些处决后，一股真正的恐怖情绪笼罩了整个俄国。自伊丽莎白女皇统治以来，俄国已不再执行死刑，唯一的例外是普加乔夫起义，但当时叶卡捷琳娜二世要求被处以死刑的不得超过四人。这一惯例一直是得到遵循的。那些开明的贵族始终无法原谅尼古拉一世的这一裁决，从这一天起，他们和罗曼诺夫王朝之间产生了某种裂痕。怨恨之情尤其在反对派中打下了烙印。在此前的十年里，他们先后在救国协会和幸福协会的名义下组织起来，并分化成了两部分。北方协会先是由特鲁别茨柯依亲王领导，后由雷列耶夫接替，南方协会则一直是由彼斯捷尔主导。一开始，这群人想要改革俄国，希望沙皇能够同意他们的方案，给国家制定一部宪法。后来，运动变得越来越激进，除了政治改革的诉求（波兰独立，建立斯拉夫人的联盟）外，还呼吁起义，甚至是弑君。这一运动吸引了很多共济会成员，其中就有俄国一些赫赫有名的大人物，以及那些因参加法国战役而熟稔革命观念的军官。自 1822 年取缔所有宗派，尤其是共济会后，所有失去参加集会途径的人都参与了这一运动。此外，还要加上两个催化因素。一是亚历山大一世赋予波兰的宪法。波兰有宪法，为何俄国就不能有呢？这在开明人士的眼中是难以想象的。二是就连战败的法国（波旁王朝已复辟），亚历山大一世都赋予了其一部宪

法——他又一次拒绝给自己国家的东西。1825年激发军官叛乱的正是法国，是法国的榜样促使他们高呼"宪法万岁"。尼古拉一世年幼时，人们教会他害怕法国；后来签订《提尔西特和约》时，人们又让他憎恨法国。在尼古拉一世的心目中，法国之于俄国，就是混乱和危险的代名词。十二月党人运动进一步加剧了他对法国与生俱来的不信任感。不过，他倒是娴熟地掌握了法语，而且总是听到人们说法国和俄国的命运是纠缠在一起的。

加冕典礼于9月3日在克里姆林宫的圣母升天大教堂举行。法国派出的代表是拉古萨（Raguse）公爵马尔蒙元帅，他曾在关键时刻背叛拿破仑，这一点没有逃过观察家们的法眼。他在这一时期举办的舞会是俄国见过的最棒的舞会之一。法国和俄国的关系就这么回到了较为缓和的状态。

加冕典礼的各种庆祝活动使得尼古拉一世收获了一定的人心。一件值得注意的事似乎宣告了新皇的统治方针。节庆期间，沙皇召回了流放中的普希金，与这位被他称为"俄国最杰出的人"和解了。沙皇似乎想要抹去1825年12月14日的悲伤记忆。

然而，一个世纪以来，俄国都是一个大国，俄国的外交策略一以贯之。俄国的扩张策略首先在波斯重现。沙皇并非心血来潮，因为他身边有一个思考、领导、象征着俄罗斯帝国外交政策的人：卡尔·涅谢尔罗迭。沙皇将会留用他三十年。作为塔列朗的同时代人，他没有前者那样的光环，但是他所侍奉的历任君主都从他那里获益匪浅。

这个人值得我们给他写上一笔。当尼古拉一世登上皇位时，涅谢尔罗迭已不再年轻，他已有四十五岁。出身莱茵古老贵族家庭

的他，和那里所有的人一样，习惯于为外国君主效劳。他曾为腓特烈二世效力，后来又给叶卡捷琳娜二世担任驻葡萄牙的大使。他在亚历山大一世统治期间从事外交工作，亚历山大注意到了他，并让他誊抄《提尔西特和约》的文本。他引起了拿破仑的注意，后者评论道："这个小个子有一天会成为一个大人物。"涅谢尔罗迭的确长得不高，但他显年轻的外貌也算是弥补了身高的不足。有时候，人们会问他是不是"著名外交官的儿子"。梅特涅则更为冒犯地称其为"小官员"。不过，涅谢尔罗迭为人亲和且幽默，嘴角总是挂着狡黠的微笑，即便不算广受欢迎，至少也赢得了不少人的好感。在一段时间中，他与卡波季斯第亚斯一道主导着俄国的外交政策，科孚岛人[①]专注于东方事务，涅谢尔罗迭则负责欧洲事务。1813—1815 年的各个条约就是由涅谢尔罗迭代表沙皇签订的，包括俄国与普鲁士和奥地利签订的同盟条约、《肖蒙条约》和《巴黎条约》，以及维也纳会议的《最后议定书》。

1822 年，亚历山大一世不再任用卡波季斯第亚斯，涅谢尔罗迭就成了独掌帝国外交事务的人。尼古拉一世登基后，涅谢尔罗迭总算可以使出全部的本事了。尼古拉一世早就观察过他，也很欣赏他，因此非常自然地就很信任他。两个人亲密合作，彼此之间建立了信任。

自 17 世纪中叶以来，俄国一直要面对三个问题：波罗的海的出海口、与波兰的关系，以及谋求在黑海的存在。在彼得大帝、叶卡捷琳娜二世和亚历山大一世的矢志奋斗下，波罗的海的出海口算

---

① 卡波季斯第亚斯在科孚岛出生。——译者注

是争下来了。俄国与波兰的关系在维也纳会议上似乎确定下来了，但是波兰人和俄国人对这一安排都不满意。

早在1812年，涅谢尔罗迭就给当时的沙皇写道："您不能在波兰当立宪国王的同时，而在俄国当专制君主。"关于波兰复国的问题，涅谢尔罗迭补充道："我们怎么能够相信波兰人会接受一个俄属波兰呢？"1830年的波兰起义并没有令他感到惊讶。

自1828年起，也就是亚历山大一世去世后不久，东方问题就冒了出来，这是涅谢尔罗迭未曾预料到的。波斯沙阿威胁高加索，挑起了东方问题。当沙阿的军队陷入困境之时，英国向波斯伸出援手。不过，俄军在帕斯基维奇（Paskievitch）的率领下还是取得了胜利，并朝着德黑兰挺进，被吓坏的沙阿赶紧与俄罗斯帝国进行谈判。1828年2月10日签订的《土库曼恰伊条约》，大大损害了英国的利益。俄国拿下了埃里温（Erivan）和纳希切万（Nakhitchevan）这两块土地，在贸易上也有所收获，并在波斯赢得了一定的影响力。

然而，相较波斯，奥斯曼帝国才是涅谢尔罗迭最关心的。他曾给驻伊斯坦布尔的大使里博皮埃尔（Ribeaupierre）伯爵写道："一个国家的地缘处境决定了其需求及利益所在。只需看一眼地图就能发现，从俄国领土延伸到黑海沿岸的那一天起，黑海与地中海之间的自由往来以及保持在伊斯坦布尔的强大影响力就是俄国优先要考虑的事。"

尼古拉一世将奥斯曼帝国称为"欧洲病夫"，他和涅谢尔罗迭的想法完全一致。相较亚历山大一世在其统治末期的意愿，他想要解决奥斯曼问题的意愿更为强烈。亚历山大一世还想着照顾一下他的欧洲伙伴，所以并未支持希腊人的独立事业。然而，尼古拉一世

和涅谢尔罗迭则采取了相反的立场，他们要求土耳其停止迫害希腊人。他们坚称土耳其人必须为伊斯坦布尔屠杀以及对俄国大使的羞辱向东正教徒赔礼道歉。为了摆出东正教徒保护人的姿态，尼古拉一世援引《库楚克-凯那尔吉和约》和《布加勒斯特条约》，还拿出了欧洲国家做出的承诺。

1826年3月，涅谢尔罗迭给土耳其下达了一份包含一系列要求的最后通牒：土耳其人撤出自1821年希腊人起义以来在多瑙河流域占领的公国；在涉及塞尔维亚自治以及释放被关押在伊斯坦布尔的塞尔维亚囚犯方面，履行《布加勒斯特条约》；奥斯曼派遣一名全权代表处理一切争端。土耳其方面对此非常不满，但在欧洲诸国，尤其是法国的压力下，土耳其于1826年10月7日签订了进一步追认《布加勒斯特条约》的《阿克尔曼公约》。这意味着摩尔多瓦和瓦拉几亚在一位七年一选的大公的统治下实行自治，而且未征得俄国的同意不得撤换大公；土耳其最终向俄国割让了两国亚洲边界上有争议的领土；俄军船只可以自由地从黑海驶向地中海。涅谢尔罗迭也谈及被亚历山大一世搁置的希腊问题。当时威灵顿正造访圣彼得堡，涅谢尔罗迭于是与其一道拟定了一份受到法国支持的决议，并将其呈交给土耳其。这份决议承认希腊自治，但保留了土耳其对希腊的主权。希腊需要向奥斯曼帝国进贡，不过它将由自己选择的权力机构统治。在希腊定居的土耳其人的权利得到了维护，他们可以离开希腊，其损失的不动产可以得到赔偿。但土耳其难以接受这样的安排。随后，英法俄三大欧洲列强签订了《伦敦条约》，强行调停敌对的土耳其和希腊。对伊斯坦布尔而言，这就是赤裸裸的宣战。作为回应，一支土耳其-埃及联军在摩里亚（Morée）登

陆。三支欧洲舰队早已恭候多时，它们的任务是避免战争波及伯罗奔尼撒半岛。1827年10月20日，土耳其的舰队在纳瓦里诺湾被击溃。在三个盟友庆祝胜利的隆隆炮声中，一个独立的希腊诞生了。

然而，土耳其苏丹非但没有屈服，反倒要求赔礼道歉。所有的清真寺中都即刻回响起"圣战"的呼声。

此时纳瓦里诺战役的盟友们有了不同的想法。英国后悔摧毁了土耳其的舰队，它担心俄国日益增长的实力，想要采取新的战略。与之相对，法国则继续对土作战，派出了一支由迈松（Maison）将军率领的部队。这支军队在摩里亚登陆，一举击溃了土耳其-埃及联军，彻底将他们从伯罗奔尼撒半岛赶了出去。尼古拉一世也向土耳其宣战。当维特根斯坦（Wittgenstein）元帅麾下的军队穿过普鲁特河时，帕斯基维奇的军队则深入小亚细亚，俄军占领了摩尔多瓦和瓦拉几亚，并穿过多瑙河，占领了瓦尔纳（Varna）。在亚洲，俄军进攻卡尔斯（Kars）和阿哈尔齐赫（Akhaltsikhe）要塞。

俄国取得的巨大成功使得一些欧洲国家忧心忡忡。首先就是英国和奥地利，两者因而开始接近。密切关注事态进展的查理十世由此得出结论："假使奥地利受到了攻击，我会考虑一下该采取什么措施；倘若奥地利攻击俄国，我立马就去支援俄国。"查理十世的立场很容易理解，他脑子里想的是1815年的条约。他希望能从东方的冲突中渔利，恢复法国的地位。通过支持俄国在多瑙河的行动，他想要换取俄国支持法国在莱茵河左岸的推进。涅谢尔罗迭总结了两国相同的底层逻辑："法国反对欧洲现状，俄国则反对东方的现状。"有了法国的支持，俄国就更想赶紧行动起来了。帕斯基

维奇打败了两支土耳其军队，占领了埃尔祖鲁姆（Erzurum）。迪比奇（Diebitch）将军则在欧洲战胜了奥斯曼的大维齐尔，后者损失了5 000人和大量的辎重。在舒门截击土耳其人之后，迪比奇将军攻下了奥斯曼帝国的第二大城市埃迪尔内。精疲力竭的土耳其人不得不在埃迪尔内签订了两份条约。第一份条约是与欧洲列强签订的，土耳其确定加入1827年7月的条约，承认希腊独立。第二份条约是与俄国签订的，条约内容涉及土耳其割让给俄国的领土安排，包括摩尔多瓦、瓦拉几亚和塞尔维亚，并宣布向所有与土耳其保持和平的国家开放博斯普鲁斯海峡和达达尼尔海峡；最后，条约还赋予俄国商船在黑海航行的充分自由。正是因为与法国联盟，俄国才能在巴尔干和黑海地区加强其地位。当时已足够强大的俄国本可以给奥斯曼帝国在欧洲的领土以最后一击，让土耳其割让多瑙河各公国和亚美尼亚，而无须担心欧洲列强的敌对反应。不过尼古拉一世对涅谢尔罗迭的意见非常重视，后者认为应该保留奥斯曼帝国，因为这符合俄国的利益。削弱奥斯曼帝国是必须的，但没有必要将其彻底肢解，因为这会促使欧洲列强也赶过来分一杯羹。这一观念解释了何以《埃迪尔内条约》的墨迹未干，沙皇就同意土耳其人减少条约规定的赔偿金额，并决定提前五年撤出摩尔多瓦和瓦拉几亚。此举效仿了先皇叶卡捷琳娜二世和亚历山大一世的行为。两人之前都曾占领上述公国：叶卡捷琳娜是在1769年，亚历山大则是在1810年。不过为了满足奥地利人的要求，在《雅西和约》到期后，叶卡捷琳娜就于1791年撤军了；亚历山大则为了做好充分的准备对付拿破仑，根据《布加勒斯特条约》的条款，同样于1812年撤军了。尼古拉一世决定也这么做，赋予上述公国自由；

1834年，土耳其通过了俄国为上述公国制定的建制法规。这为未来罗马尼亚王国的形成奠定了基础。

1832年时，埃及帕夏穆罕默德·阿里起兵反叛奥斯曼帝国。在确定尼古拉一世的诉求比较温和之后，土耳其苏丹毫不犹豫地向俄国求援。俄国立马做出回应。一支舰队和远征军被火速派往伊斯坦布尔。事态平息后，俄国收获了土耳其的友谊，双方于1833年7月8日签订了《温卡尔-伊斯凯莱西条约》。这是一个攻守同盟条约。对于俄国来说最为重要的一点是，其中一项秘密条款规定，如果俄国受到攻击，黑海将对所有外国战舰关闭。虽说条约并没有明确俄国是否同样受此条款的制约，但俄国作为土耳其保护国的地位已然默认俄国不受此条款的限制。条约有效期是八年，不过正如我们将看到的那样，俄国自己放弃了这一条约。但在条约有效期间，该条约将苏丹变成了维护俄国利益的"海峡看门人"，黑海则如布罗伊元帅所言成了俄国的领地。法国和英国的抗议没有收到什么成效。

自尼古拉一世登基以来，法俄之间的关系都很平稳。双方在东方的协作表明二者都确有意愿不再计较过去的冲突，法国也借此找回了在欧洲的地位。1829年，波利尼亚克（Polignac）亲王担任行政理事会主席使尼古拉一世心中产生了一些疑虑。考虑到法国想要复仇，想要改变欧洲现有的领土格局，它会在外部事务上采取更具攻击性的政策吗？不过，尼古拉一世的担忧很快就被打消了。夏多布里昂如此归纳了本国政府的定位：在两国协同一致的基础上，尝试将边界推进至莱茵河。1830年法国在阿尔及利亚取得的成功令尼古拉一世印象深刻，他对法军卓越的勇气表达了崇敬之情，并

派了一名军官协助法军远征。

然而，1830年革命爆发了，波旁王室倒台，奥尔良的菲利普登上王位。驻圣彼得堡的奥地利大使菲凯尔蒙（Ficquelmont）在一封给梅特涅的急件中称，对于尼古拉一世而言，七月革命是场政治灾难。他将新任法国君主视为篡位之徒，在他看来，民众参与政治决策富有革命性质，这将动摇欧洲的秩序，违背维也纳会议的原则。尼古拉一世拒绝承认路易-菲利普是法国的合法君主。他还命令大使波佐·迪·博尔戈带着全体使馆人员离开巴黎，不得延误。波佐·迪·博尔戈违命留在了巴黎，他虽然已失去外交官的身份，但还是在法国宫廷受到了热烈的欢迎。俄罗斯帝国的决定招致法国的反击，法国港口禁止俄国船只驶入。

尼古拉一世还想更进一步，他以神圣同盟为依托，意图动员盟友反对"篡逆者"。他派遣密使前往维也纳（奥尔洛夫伯爵）和柏林（迪比奇将军），意在组织反对路易-菲利普的联盟。密使们肩负着两项任务：一是劝说各位君主不要承认法兰西人民的国王；二是在神圣同盟决定干涉法国的"假设"下，让各国做好军事上的安排。俄国使臣的要求在两国首都均遭到了拒绝。尼古拉一世只能独自谴责"篡位者"。此外，他还要对下属，即涅谢尔罗迭和波佐·迪·博尔戈做出让步，他们都想要说服沙皇承认路易-菲利普。尼古拉一世迫不得已只能接受。他能够孤身一人对抗整个欧洲，谴责法兰西人民的国王吗？英国是第一个给路易-菲利普背书的，塔列朗也被任命为驻伦敦大使。在接下来的四年时间里，他一直致力于缔造英法联盟。

迫不得已才承认"篡位者"的尼古拉一世做出了一个非常傲

慢的举动。在与路易-菲利普的通信中，尼古拉一世没有使用他对其他所有君主使用的称呼，也就是"先生，我的兄弟"，而是使用了"陛下"一词。这从礼节来看，是具有侮辱性质的。另一方面，路易-菲利普则努力缓和与俄国的关系。基佐促使路易-菲利普相信，"尼古拉一世在1830年之前和之后对法国人民都是友好的，他只是敌视法国君主"。路易-菲利普给尼古拉一世写道："我没有篡夺王位。只是眼见国家法度不明，君主德不配位，我觉得顺应民心、继承大统是我的义务所在。"路易-菲利普继续补充道："无论如何，我可以向沙皇保证，我有极强的意愿巩固俄法之间业已存在的友谊。"尼古拉一世对路易-菲利普怀有敌意，不过在涅谢尔罗迭和波佐·迪·博尔戈的安抚下，巴黎和圣彼得堡的关系在一开始还是避免了破裂的命运。然而，波兰起义却彻底破坏了俄法之间的关系。

在同一时间，尼古拉一世看到七月革命的榜样正在欧洲掀起动荡。德累斯顿、比利时的各个省份，以及荷兰都发生了起义。沙皇的亲戚荷兰国王还向沙皇求援。沙皇对涅谢尔罗迭说："我们需要对付的不仅仅是比利时的起义，还有同样离我们越来越近、正威胁着我们的全面革命，革命蔓延的速度超过了我们的想象。"波兰是沙皇唯一不感到担心的国家。当奥地利请求他派出军队前往加利西亚边境平息波兰人的躁动时，尼古拉一世拒绝了。他认为奥地利人管好他们自己所占的那一部分波兰领土就好了。

在奥地利人发出这一不安的呼吁数天后，尼古拉一世开始明白他们的担心是有道理的。1830年11月29日，华沙一些年轻的军官袭击了康斯坦丁大公的住所贝尔韦代尔（Belvédère）。警察局

长被杀，大公则成功地逃脱了。当华沙起义的消息传到尼古拉一世的耳畔时，他一时间竟不知该如何处置。因为没有新的消息，他好几天都不知道自己的哥哥康斯坦丁大公身在何处。在一开始，他还在犹豫要不要镇压。最后，他明确了维护秩序是第一位的。波兰人民进行了英勇抵抗，给俄军制造了巨大的麻烦，但他们孤立无援。没有一个欧洲国家前去支援。波兰议会宣布废黜罗曼诺夫王朝，希望能在欧洲激起支持波兰的情绪。然而，这一决定与1815年的条约相左，而那是波兰人唯一可以援引的欧洲外交原则。此外，德意志诸邦并没有进行武装干涉的意愿，因为此举只会让德意志的波兰领土受到质疑；英法则因自身的消极态度被束缚住了手脚。

不过在法国，支持波兰的游行示威还是日益增加，众议院通过了战斗性的文本。恰尔托雷斯基亲王主持下的波兰临时政府无力对抗俄国，也没法阻止内部分歧进一步削弱波兰。波兰进行了英勇的抗争，但面对俄国，它还是不得不投降。"华沙就在您脚下了。"帕斯基维奇给尼古拉一世如是写道。欧洲也认可了这一事实："华沙恢复了秩序。"

波兰的悲剧制造了大量的受害者。俄国方面，战争期间便已造成大量死伤的霍乱在战后继续在俄军当中肆虐。康斯坦丁大公和迪比奇将军（平叛功臣之一）都死于霍乱。波兰临时政府在起义被镇压前解散了，恰尔托雷斯基亲王乔装打扮逃亡国外，希望在境外继续斗争。

波兰人为起义付出了巨大的代价。尼古拉一世打算杀鸡儆猴，告诉他们革命只会毁灭自己的国家。亚历山大一世的宪法被废除，波兰的各部门被忠于俄国各部门的委员会取代。这些委员会的主任

组成了一个在总督（namestnik）领导下的行政理事会。俄国的官吏管理着波兰。非法拘禁、罚没财产、下狱坐牢、流放西伯利亚，这就是波兰人的命运。

不过波兰的悲剧冲击了法国的舆论，也给法俄之间的关系蒙上了一层阴影。尼古拉一世认为，总是激荡着革命梦想的法国该对欧洲的混乱，尤其是波兰的失序负责。法国新闻界则言辞激烈地站在了支持波兰的一方。拉法耶特要求众议院采取措施，甚至是军事手段，以"修复瓜分波兰的耻辱"。1831年2月，一场纪念柯斯丘什科的弥撒掀起了巴黎城中的游行示威，人群攻击了俄国大使馆。

在波兰的悲剧性事件期间，路易-菲利普倒是保持着谨慎态度，这表明他有意愿维持欧洲和平。梯也尔和基佐也将支持他。既然法国没有前去帮助波兰，那么它至少可以为波兰流亡者大开方便之门。拉法耶特提议给所有向法国寻求庇护的波兰人授予法国公民身份。众议院拒绝了这一提议。一些波兰组织（主要是一个流亡临时委员会）诞生，它们制造的巨大反俄动静使法国当局警觉起来。这些组织中最活跃的是波兰文学社和五月三日党。在法国流亡的恰尔托雷斯基是这些集会的发起人和组织者。涅谢尔罗迭向法国政府抱怨，抗议其对恰尔托雷斯基及其活动的接纳，不过法国对涅谢尔罗迭的意见充耳不闻。

1834年12月，波佐·迪·博尔戈被任命为驻伦敦大使。这位亲法人士始终不赞同俄国对法国表现出来的敌意，直至任期结束，他都一直致力于维护两国间的关系；因未完成使命而感到丧气的波佐·迪·博尔戈，最终选择前往伦敦。

尼古拉一世任命另一位亲密的属下帕伦伯爵接替了波佐·迪·博

第八章　尼古拉一世：监视下的欧洲

尔戈。前去花花世界的巴黎，帕伦伯爵却带着涅谢尔罗迭一个不甚吸引人的指令："考虑到两国之间原则上的分歧，两国的关系不能太亲密，也不能有相互信任的痕迹。"

不过不久之后，拉近两国关系的机会就出现了。在跌宕起伏的法俄关系史中，王室联姻的可能性再一次燃起了缓和法俄关系的希望。路易-菲利普有一个到了婚配年纪的儿子。政府里的一些成员认为尼古拉一世的女儿是可供选择的对象，这可以促使两国恢复平稳的关系。然而国王本人立即否定了这一动议，他对派驻俄国的大使普罗斯珀·德·巴朗特（Prosper de Barante）说，他想要的是另一场王室联姻，他已经相中了一位奥地利的公主。

基佐在其回忆录中虽然承认他对尼古拉一世如何看待法俄联姻全然不知，但是他对联姻未能成功还是表现出了些许失望。在他看来，通过一场联姻拉近两国的关系完全有可能，甚至非常令人期待。他还提议应该为俄国公主和年轻的奥尔良公爵见面创造机会。二人的会面原本应该会发生的。事实上，那个时候，法国国王的两个儿子，那慕尔公爵和奥尔良公爵正在欧洲各个宫廷里环游。他们在维也纳和柏林都受到了欢迎。圣彼得堡的人望向天边，不禁思忖道："他们会来彼得大帝的首都吗？"他们没来。这个责任肯定不能算到尼古拉一世头上，因为他曾惊讶地表示他们怎么没来，还说："他们本可以得到配得上他们的热情欢迎。"这一小插曲（关于联姻的流言和王子们的旅行）再一次表明了法俄关系的困境，尤其是在波兰起义被镇压后。倘若两位年轻的王子去了俄国，与俄国公主联姻的计划也被提上了议程，恐怕路易-菲利普就要面对更为气势汹汹的反俄舆论。

暧昧的对手：俄国和法国，从彼得大帝到第一次世界大战　　194

然而，如果将这一插曲置于长时段中去考察，我们就会发现一个自彼得大帝第一次提出以来就不时地会在两个王朝之间出现的永恒问题：王室联姻。19世纪初，罗曼诺夫王室已经在欧洲王室中确立了自己的地位，基佐的评论也表明它长期以来遭受的鄙夷和排挤都不复存在了。这一时期，遭受白眼的反倒是奥尔良家族。尽管如此，彼得大帝梦想中的法俄联姻从来都不曾实现。

至19世纪30年代中叶，尼古拉一世也不再敌视法国宫廷。他一提到七月王朝，就会对布罗伊的政府说不少比往常更为温和的话（他观察着布罗伊政府最初的动向）。19世纪30年代中期的这段短暂时光，虽然尚不足以说明法俄关系回暖了，但至少可以说明自波兰危机之后，杜伊勒里宫和圣彼得堡之间恢复了一定的平静。然而，这种平静只是昙花一现。在那些法国视为自身的势力范围或保护国发生的动荡，将会再度使法俄之间的关系恶化。19世纪30年代初的波兰事件后，搅动局面的是奥斯曼帝国。

巴黎和伦敦都对给予俄国在东方极大好处的《温卡尔-伊斯凯莱西条约》非常不满。这使得迄今为止都关系不佳的两个国家携起手来对付俄国，它们谴责俄国破坏既有的平衡。此后，俄国的政策就谋求重新与英国对话，忽视法国，从而离间两国在东方问题上的立场。1841年，《温卡尔-伊斯凯莱西条约》到期了。这给俄国提供了同欧洲列强改善关系的可能性。俄国并没有尝试将条约延长（续签是有可能的）一段时间，而是选择打英国牌，放弃延长八年前获得的令伦敦感到不快的好处。俄国的这一"英国转向"符合当时的历史背景，因为在此期间，奥斯曼事务有了新的转折。法国和英国在叙利亚并入埃及的问题上意见不一。自1840年3月担任政

府首脑的梯也尔决定在不通知伦敦的情况下，在土耳其苏丹和穆罕默德·阿里之间进行斡旋。梯也尔此举乃是受到了议会言论的鼓动。在有关奥斯曼问题的讨论中，支持法俄接近的人占了上风。这些人断言法国和英国在东方的利益并不是捆绑在一起的。恰恰相反，倘若法国能够承认俄国在东方的利益，它就能从俄国得到其对法国在欧洲方面的诉求的切实支持。伦敦方面很快就做出了回应。英国不再理睬法国，转头与俄国、奥地利和普鲁士于1840年7月15日签署了四方协议，协议规定保证奥斯曼帝国的领土完整。协议的一项条款禁止战舰进入博斯普鲁斯海峡和达达尼尔海峡，这安抚了俄国悬着的心，因为它总是担心东方的安全。不过最重要的是，俄国总算成功地与英国建立了平稳的关系。巴黎一时间群情激奋，人们高呼背叛。英国当然是主要被谴责的对象，不过法国也明白俄国的目标在于打破英法之间缔结的"真挚同盟"。俄国想要在欧洲舞台上孤立法国。法俄之间再一次出现了危险的紧张关系。

此时，巴黎发生了政府的人事变更，苏尔特（Soult）元帅接替了梯也尔，在一定程度上改变了局面。被任命为外交大臣的基佐的首要任务就是让法国摆脱孤立的状态，这也就意味着同俄国进行协商。然而，尼古拉一世打定主意，不愿意与法国和解。他给帕伦大使下达指令，告诉他不要为法国加入7月签署的四方协议做任何事，而基佐其实并没有提出这样的要求。基佐只想让法国摆脱孤立状态，他成功地做到了。1841年7月13日，也就是对法国危害不小的四方协议签订约一年后，奥斯曼帝国与前一年的四个缔约方进行协商，法国也成了协商的一员，最后达成的《伦敦海峡公约》补全了1840年的协议。这一公约结束了（当然是暂时的）土耳其与

埃及之间的危机，为黑海海峡的管理提供了一个国际方案。

关闭海峡被视为欧洲公法的一个原则，只有在伊斯坦布尔请求防卫时，英国舰队才能破例进入海峡。对于俄国来说，通过此条约它在东方获得了安全，而这全部基于如下信念：放弃《温卡尔-伊斯凯莱西条约》为其赢得了英国稳固的友谊。然而，涅谢尔罗迭打错了算盘。

事实上，俄国在欧洲似乎从未像如今这般强大。然而，涅谢尔罗迭自认为稳固的欧洲秩序很快就会动摇。表面上平稳的法俄关系将会经历一些影响不大的礼节性的龃龉。不过，每个小插曲都表明法俄关系的平稳是非常脆弱的。一开始，帕伦大使总是不在法国，他一会儿说去德意志了，一会儿又说有一些私人原因。大使的缺席引起了公愤。如此直至1841年底，帕伦大使的缺席越发受到人们的指指点点。因为在向君主表达祝愿之时，帕伦需要代替外交使团的团长，并向国王发表讲话。尽管事先已经发了通知，但大使的缺席还是让路易-菲利普感觉受到了冒犯。他给当时驻圣彼得堡大使馆的代办卡齐米尔-佩里埃（Casimir-Perier）下令，命他不得参加任何官方的仪式，此举激怒了尼古拉一世。临时接替帕伦的驻巴黎代办基谢廖夫（Kisselev）也收到了同样的指令。这些外交上的龃龉本有可能引发新的危机，不过因为涅谢尔罗迭和卡齐米尔-佩里埃的不懈努力（经常创造机会见面并协商），这些事件的影响被降到了最小。尼古拉一世对双方使节都回到各自的岗位感到满意。不过，相较于这些礼节上的事，路易-菲利普儿子的死更能使双方冷静下来。俄国的王公们受到触动，并将感怀之情传达给了路易-菲利普。然而，让法国方面感到不满的理由仍旧很充分。基佐

第八章　尼古拉一世：监视下的欧洲　　197

写了一封信，里面罗列了法国愠怒的原因：俄国拒绝任命大使，坚持只派一名低级别的代办；法国注意到官方途径来法的俄国人士不遵守符合欧洲规矩的礼节，也不请求入宫觐见……基佐提到了自 1830 年以来，俄国在称呼方面的大不敬：俄国君主拒绝用称呼其他君主的表达，即"先生，我的兄弟"来称呼法国国王。基佐还说俄国宫廷不通知杜伊勒里宫涉及俄国自身的事件，而俄国在与其他宫廷交往时则遵守了这一礼节。值得注意的是，与王室联姻问题一样，称呼问题也不断冒出来，但是角色互换了。曾几何时，凡尔赛宫在称呼所有俄国君主时拒绝用帝号尊称他们。如今，这一冒犯之举如回旋镖一般落到了杜伊勒里宫的主人身上。尽管基佐坚持不懈地推动法俄关系的改善，但是他没有从对话人那里得到任何缓和关系的回应。作为尼古拉一世的代言人，涅谢尔罗迭对法国君主（而非法国）表现出了难以抑制的愤恨之情。

1844 年 6 月，尼古拉一世造访英国之际，法俄之间的政治局势进一步恶化。此次访英并非意外之举，各项流程事先就已经公之于众。前往温莎城堡会见维多利亚女皇之前，沙皇先与英国方面的负责人，即首相罗伯特·皮尔阁下和阿伯丁（Aberdeen）伯爵见了面。这对于君主间的会面来说再正常不过了。然而，法国却警觉起来。它既担心英国和俄国会谈论瓜分奥斯曼帝国的事，又担心在欧洲政坛上威望卓著的两大君主的聚首会损害"真挚同盟"。在尼古拉一世这一为期一周的旅程中，法国驻伦敦大使圣-奥莱尔（Sainte-Aulaire）是基佐的宝贵情报员。一周的漫长时间也令法国使馆人员印象深刻。阿伯丁伯爵安抚圣-奥莱尔，向他保证尼古拉一世既没有提出任何肢解奥斯曼帝国的计划，也没有远征东方的打算，而且

尼古拉一世并没有将法国排除在计划之外的其他想法。圣-奥莱尔唯一能确定的是，在尼古拉一世与女王会面的过程中，沙皇不曾有任何时刻提及法国国王的名字。

俄国对路易-菲利普的疏远或敌意不仅表现在称呼和礼节上的区别对待，以及第三方提到的恶意评价，还体现在俄国经常做出的惊人举动上。查理十世死后，俄国宫廷服丧二十四天就是典型的例子。

自1846年起，欧洲的形势就越来越不稳。这一形势不但使得法俄之间的冲突日益尖锐，而且彰显了尼古拉一世的行为和个性。1846年，奥地利的加利西亚发生了动乱。自由城市克拉科夫选择向叛乱分子打开城门，允许建立一个临时的波兰政府。为了调解领主和起义的农民，临时政府还承诺分配国有土地。尼古拉一世毫不犹豫地派兵进入克拉科夫，还号召普鲁士和奥地利紧随其后。叛乱被镇压，重建秩序的三位君主宣布废除克拉科夫自由城市的地位，将其并入奥地利。如此一来，他们就违背了1815年的条约。法国和英国就此提出了抗议，但抗议无果。

随后1848年来临，欧洲经历了前所未有的震撼。一切都始于意大利和德意志，此后革命的火焰就蔓延至迄今为止都坚持君主秩序的国家。在法兰克福、布拉格和匈牙利，规模庞大的集会体现了变革的决心。瓦拉几亚和摩尔多瓦的大公们被愤怒的人群赶跑了。奥地利皇帝斐迪南从维也纳仓皇出逃，而在柏林，腓特烈-威廉四世不得不在叛乱分子展示给他看的尸体前鞠躬。俄国为边境的混乱感到不安，波兰学生们挥舞着国旗，人们提醒圣彼得堡有一个反对王室的阴谋。正是在此时，尚不确定采取什么姿态的尼

古拉一世觉得恢复和维护欧洲秩序的任务落到了他身上。"欧洲宪兵"这一被载入史册的形象就此诞生。尼古拉一世到处都以铁腕手段进行干涉。他先是在俄国周遭进行干预，向瓦拉几亚公国和摩尔多瓦公国派遣部队。然后，在匈牙利起义受到克罗地亚人反起义运动的挑战时，他又驰援弗朗茨·约瑟夫（François Joseph）。还是在匈牙利，那里的起义得到了波兰军队的支持，但是他们的老对手帕斯基维奇成功地打败了波兰军队。弗朗茨·约瑟夫依靠尼古拉一世才重新掌握对匈牙利的控制权。此后他对待匈牙利的方式比二十年前俄国对待波兰的方式还要狠。俄国对丹麦的干预显得更平和一些。反抗丹麦的荷尔斯泰因人得到了普鲁士人的支持。尼古拉一世迫使普鲁士军队从这些公国撤出，还支持1852年5月8日签订的确保丹麦领土完整的《伦敦条约》。当法国革命爆发时，尼古拉一世得意扬扬地说："人们还说我是疯子，十八年来我早就预言了将会发生的一切。喜剧结束了，骗子倒台了。"然而，事实上，在奥尔良王朝统治的末年，法俄关系已经有所改善，人们已经在协商对于两国来说重要的具体问题，也就是贸易。1840—1845年，俄国对法国的出口连年增长，但俄国还是抱怨它进口比出口多，在贸易中吃亏了。货物的运输状况造成了俄国在法俄贸易中负债累累。大宗商品的交易是走海路的，然而在法国的港口，俄国人交的税比法国商船交的税高多了。俄国觉得法国不会给予它更为公平的待遇，因此决定在波罗的海和北海的港口实行保护主义政策，法国的回应则是在地中海采取对等的措施。为了打破这一僵局，基佐提议洽谈贸易协议。协议的原则在1846年9月定了下来，涉及商贸和海路运输。这一协议虽不充分，但为两国表现诚意和互相理解的

正式协商开辟了道路。1846年，协议签订前不久，在法国微服私访的康斯坦丁·尼古拉耶维奇（Constantin Nikolaïevitch）大公抵达土伦。人们认出了他，法国官方尤为热情地接待了他。法国的欢迎表明，为了便利经贸往来而做出的努力改善了两国的总体关系。同一年，法国的小麦收成不佳，俄国则表示愿意提供帮助。当时，由于糟糕的投资，法国财政状况吃紧，国家债台高筑，可以用来购买小麦的资金匮乏。尼古拉一世对法国国王没有好感，但同情法国人民的命运，曾多次表示愿意以对卖方极为友好的价格购买法国国债。此举在法国有很多解读，这也表明人们对俄国的印象并不好。在公众看来，沙皇购买国债的行为意在打动法国人民，更糟糕的说法则是，俄国想要借此对法国施压。值得一提的是，与此同时，俄国对克拉科夫起义的镇压在法国激起了怒火。波兰人的事业向来在法国深孚众望，法国觉得俄国对1815年条约的破坏似乎就是冲着自己来的。

不过，虽然公众对俄国的政策充满敌意，但面对克拉科夫的危机，法国政府还是表现出了极大的克制。法国之所以如此克制，是因为它和英国的关系紧张起来，特别是它意识到了普鲁士的威胁。巴黎的大人物认识到俄国是制衡日益强盛的普鲁士的砝码。

然而，外交关系实在波谲云诡，1847年的一起外交事件又将法俄关系置于危险境地。驻伊斯坦布尔的法国大使隆重地接待了恰尔托雷斯基的侄子弗拉季斯拉夫·扎莫伊斯基（Vladislav Zamoiski）。俄国对此非常不满，尤其不满法国大使在奥斯曼帝国的政界人士当中以波兰的保护人身份自居。法国公开支持一名波兰流亡者，这令圣彼得堡感到不快。克制是当时的时代特征，法国大

使收到了政府下达的停止闹剧的指令。克制态度的另一表现涉及法国干涉瑞士各州之间的冲突。尼古拉一世宣称最紧要的是防止混乱，因此他没有批评法国的行动。当1848年革命将路易-菲利普扫地出局时，虽然尼古拉一世并不赞同革命，而且这场在法国爆发的革命加剧了他的担忧，促使他在欧洲各地强行重建秩序，但他还是对此事件表示了欢迎。

　　回顾"篡位国王"统治的这十八年，我们会发现法俄关系时好时坏，两国时而互相吸引，时而又转向其他的伙伴而彼此对立。如果说在这一时期最后一个阶段，法俄之间吸引和排斥的转换比较温和，那么这得归功于基佐的智慧。在俄国，长期主导外交的涅谢尔罗迭已日渐衰老，他惊讶地看着欧洲发生的各种动荡，但并没有放弃自己的成见。涅谢尔罗迭的君主则越来越想对那个需要他重塑秩序的欧洲负起责任。当一个崭新的欧洲从1848年的震颤中诞生（尼古拉一世对此既没有预见到，也完全不理解）时，俄国会被拖入一场终将打破其强权的可怕冲突。

　　不过此时在欧洲大陆的另一端，一个在最初神似尼古拉一世，同样意在恢复1848年被动摇的秩序的人正在崛起。这个对于欧洲政局来说不可忽视的人，就是路易·拿破仑·波拿巴。尼古拉一世听到波拿巴这个姓就心生厌恶。不过，看到这个姓的主人远征罗马消灭了意大利共和国，然后通过12月的政变葬送了法兰西共和国，尼古拉一世似乎和这个令人厌恶的姓和解了。

　　毫无疑问，正如尼古拉一世曾在1848年所说的那样，他一直等着或者说期盼着路易-菲利普的倒台。然而，路易-菲利普倒台了，该支持谁呢？他知道，波旁王室既没有资金也没有军队可以扶

持自己上台。共和国并不是他想要的政治体制,但是他不得不对现实做出妥协。路易-菲利普被废黜,共和国建立了。至少在最初,最重要的是确保共和国不会敌视俄国并损害其利益。

一开始的情况比较复杂。两国之间的正式关系并不清晰,卡芬雅克政府的最初举动对俄国并不怎么友好。事实上,法国与英国一道,以1815年的条约为由,共同抗议俄军进入多瑙河各公国。虽然法国仅限于口头上说说,但圣彼得堡还是注意到了,这也引起了尼古拉一世的怀疑(他本就对共和政体不太宽容)。然而,卡芬雅克却向圣彼得堡派了自己的一位亲信——勒弗洛(Le Flô)将军。后者负责争取沙皇承认共和国。涅谢尔罗迭支持这一倡议,并安排法国使者觐见沙皇。派一名军人去俄国,卡芬雅克的这一选择可谓非常明智。尼古拉一世是个直性子的人,与他人相处从不拐弯抹角。相较在既定场合和典礼仪式上说话的外交官,他与军人们相处得更为融洽。他和勒弗洛将军就很投缘,因为后者同样有话直说,颇具军人风范。

沙皇和将军的对话持续了很长时间。在承认共和国的基调之上,双方就卡芬雅克提出的两国联盟提议交换了意见。尼古拉一世在衡量对话人言论的分量,考虑法兰西共和国以及卡芬雅克本人的稳定性。在同法国打交道时,他想要确保他的对话人在巴黎拥有稳固的权力。勒弗洛总结了尼古拉一世的问题,觉得他在暗示他会承认第二共和国或准备这么做。

不过尼古拉一世提出的问题并非多余的。因为就在大大咧咧的勒弗洛将军向沙皇担保卡芬雅克政府可以稳固长久的同一时间,卡芬雅克政府正承受着多重压力。身处巴黎的基谢廖夫对此进行了

分析，并对离开伦敦前往巴黎且进入议会的路易·拿破仑·波拿巴非常感兴趣。基谢廖夫明白波拿巴归国的重要性，知道这个人的分量，急忙将此事通报给了尼古拉一世。他说，卡芬雅克的总统竞选之路上有一个重量级的对手。对于俄国人来说，这显然不是一个好消息，"波拿巴"这个词就是战争和勃勃野心的代名词。因此尼古拉一世就得甄别互相矛盾的消息。勒弗洛将军打包票说总统之位已被卡芬雅克收入囊中。与之相对，基谢廖夫一封接一封的快件则表明波拿巴正在逐步攫取权力。俄国的立场发生了变化。对于尼古拉一世而言，问题已经不在于是否承认共和国（虽然共和体制不符合他的心意），而在于谁将主宰共和国的命运。法国需要一个能够尊重维也纳会议建立的欧洲秩序，且不会轻举妄动谋求颠覆此秩序的总统。在这方面，"波拿巴"一词令人放心不下。尼古拉一世完全有理由感到担心，路易·拿破仑亲王可能继承了他伯父攻击性十足的勃勃雄心，再加上路易·拿破仑过去的历史显示他是个颇不安分的人。他多次逃亡，其过去充斥着可疑的政治关系以及各种阴谋。当然，这个人很传奇，也很吸引人，但正是这样才令人担心。谁能担保他不惦记着重建那个在记忆中令人瑟瑟发抖的帝国呢？

1848年11月4日，当第二共和国的宪法通过之时，法国政府期待着尼古拉一世最终会承认共和国。尽管俄国是欧洲唯一一个仍未承认共和国的国家，但沙皇还是希望等总统选好之后再表明立场。12月10日，路易·拿破仑·波拿巴赢得了总统选举，沙皇对此毫不意外。

亲王总统赢得了选举，但俄国的承认却迟迟未到。1849年1月21日，当法国代表问及推迟的原因时，涅谢尔罗选冷冷地回答

说，俄国只是从新闻媒体上得知了法国总统的选举结果。不过涅谢尔罗迭向其保证，俄国同法国怀有朋友情谊。数周后，在接见准备离开俄国的勒弗洛将军时，沙皇表示倘若法国总统能够保证遵守1815年的条约，他就会毫无保留地承认共和国。在承认共和国之前，尼古拉一世最想做的是先观察一下总统的最初动向。仍旧担任代办的基谢廖夫为沙皇提供了大量有关总统需要面对的内部困难的消息。他甚至斗胆提出，对于欧洲的稳定和俄国的利益来说，法国帝制复辟可能是一个更好的选择。这番话令尼古拉一世火冒三丈，因为不论他多么厌恶共和体制，他都绝对不想看到法国帝制复辟。因此，涅谢尔罗迭让基谢廖夫别再去想这种假设。与此同时，总统的举动让尼古拉一世相信他有当领袖的资质。乌迪诺将军的意大利远征、占领罗马以及清算反叛的共和派等举动，使得一个致力于维护秩序的人物形象树立了起来。

俄国君主决定承认路易·拿破仑的政府，并于4月25日正式宣布了这一决定。托克维尔被任命为法国外交部部长同样促进了两国政治气氛的转变。作为《论美国的民主》一书的作者，托克维尔在俄国很有名气且颇受欢迎。人们将其视为维护法俄关系的人，他在议会为俄国在匈牙利的行动做辩护的举动也证实了这一点。为了对托克维尔的任命表示欢迎，基谢廖夫在尚未有人知晓之前，告诉托克维尔俄国军队已经离开匈牙利。此外，拉摩里西尔（Lamoricière）将军就任驻圣彼得堡大使一职也被视为法国亲俄转向的重要举动。这位将军因其在阿尔及利亚取得的成功在俄国备受尊敬，而且任命一位将军担任大使也是考虑到了尼古拉一世对军人的特殊信任。俄国的回应则是任命基谢廖夫为驻巴黎大使，从而

恢复了两国正常的外交关系。不过尼古拉一世还是有所提防。1849年秋，英法在土耳其海岸的联合军演使尼古拉一世大为光火。托克维尔安抚了沙皇的情绪，但尼古拉一世由此得出结论：英国想要对法国的政策施加压力。10月，奥迪隆·巴罗（Odilon Barrot）政府下台之后，托克维尔也卸任外交部部长，这令俄国感到担忧。我们知道，当时的法国总统需要解决一个至关重要的问题：不可连任的总统任期将于1851年底届满。面对这一困境，路易·拿破仑该如何应对呢？他会采取符合制度的措施吗？抑或发动政变？驻巴黎和柏林的俄国大使争先恐后地汇报着有关能使总统摆脱困境的政变流言，尼古拉一世则与身边的对话人一一商讨此事。与此同时，沙皇反复强调他对法国抱有善意。路易·拿破仑这位亲王总统充分意识到了沙皇的弦外之音，他一方面着力使自己的思想更为明确，另一方面则希望让沙皇明白没什么可担忧的。拉摩里西尔被召了回来，路易·拿破仑任命的卡斯泰尔巴雅克（Castelbajac）侯爵于1850年2月抵达俄国首都。新大使是精挑细选出来的，侯爵有充分的理由令尼古拉一世放心，也令俄国宫廷满意。侯爵来自法国古老的贵族家庭，并娶了拉罗什富科家的一位小姐。侯爵的岳父曾在驻圣彼得堡的法国大使馆工作。沙皇热情地欢迎新任法国大使。不过如同基谢廖夫从巴黎发出的报告那样，沙皇与大使间的会谈主要围绕路易·拿破仑悬而未决的未来展开。自1851年夏以来，路易·拿破仑就不能再指望通过修正宪法来为自己争取第二任期了。既然路易·拿破仑无意退出政坛，那么就只剩下政变这一条路了。俄国君主得知，路易·拿破仑正在为这一目标做着准备。这位亲王总统往军队里塞满了自己的亲信，还任命自己同母异父的弟弟莫尔尼

（Morny）担任内政部部长。1851 年底，圣彼得堡考虑了所有的可能性：复辟帝制，或者在不改变政体的情况下发动拿破仑式的政变来维持固有的权力，又或是发生导致现有权力崩盘的动乱。基谢廖夫收到了如何应对这三种情况的明确指令。世人皆拭目以待。最终导致帝制复辟的一系列事件发展得很快，在一开始，尼古拉一世对此还是比较放心的。12 月 2 日的政变虽然在形式上具有波拿巴主义的味道，令人想起雾月十八日的政变，而且当天正好是拿破仑奥斯特里茨大捷的纪念日，但这场政变还是被视为必要的秩序回归。

1851 年 12 月 20 日的全民投票，以及 1852 年 1 月 14 日的新宪法赋予了路易·拿破仑十年的任期和更广泛的权力，但在表面上并未改变政体的性质。1852 年 4 月，沙皇与卡斯泰尔巴雅克会面，他对这位亲王总统的政治智慧表达了敬意，并在谈话结束之际说："愿上帝保佑他。"

然而，路易·拿破仑并不想止步于此。由于法国国内和欧洲对政变的反应非常平静，路易·拿破仑最终走出了决定性的两大步。1852 年 12 月 2 日，在得到大多数人同意的情况下，帝制复辟；也是在这一天，路易·拿破仑得到了皇帝头衔，称拿破仑三世。第二共和国被颠覆，拿破仑三世的第二帝国建立起来。尤为吊诡的是，当时没有一个欧洲国家曾承认赖希施塔特（Reichstadt）公爵拿破仑二世的称号。然而，通过确认拿破仑二世的存在，这位新皇帝所建立的王朝就是一个波拿巴王朝。这一决定也表明拿破仑三世拒绝认可 1815 年的条约。所有签署条约的国家都明白这一点，但是它们更愿意接受既成事实，承认这位新皇帝及其所宣称的帝国。维多利亚女王是第一个这么做的人。政变两天后，她向这位"皇帝

兄弟"表达了祝贺。奥地利皇帝弗朗茨·约瑟夫和普鲁士国王腓特烈-威廉四世也紧随其后表示祝贺。

面对欧洲诸国对拿破仑三世的纵容之举，尼古拉一世一开始是以维也纳体系和君主秩序的捍卫者示人的。不论拿破仑亲王做出了什么决定，他的地位总是缺乏根基，即君权神授，尼古拉一世如是说。路易·波拿巴得到皇帝头衔的次日，尼古拉一世就将其与可悲的"无赖"路易-菲利普相提并论——他们都是篡位者。

考虑到欧洲君主们殷切地向新皇帝抛出橄榄枝，沙皇的立场几乎难以为继。一个月后，尼古拉一世决定随大流，以不那么直率的形式放弃了自己一贯的愤懑。当基谢廖夫向拿破仑三世递交国书（新政权建立都需要这一礼节）时，他呈递的文本中没有出现传统上一位君主对另一位君主应有的称呼，即"我的兄弟"，取而代之的是"先生和好朋友"。这一称谓上的改动得到了尼古拉一世的授意，他没有接纳涅谢尔罗迭的意见。涅谢尔罗迭担心受到冒犯的拿破仑三世会拒收国书，曾规劝沙皇谨慎行事。如何避免两国关系的破裂呢？基谢廖夫找到了莫尔尼公爵。作为拿破仑三世的不苟言笑的胞弟，莫尔尼公爵总会提出一些明智的建议，他承诺会去平息皇帝的怒火。不过事实证明，这完全没有必要。拿破仑三世在处理此事时表现出了不好对付的尼古拉一世在此之前不曾预料到的智慧。他甚至幽默地打趣说，人可以选择自己的朋友，"但兄弟却是天注定的"。

尴尬万分的基谢廖夫急忙说了一堆奉承话，还向拿破仑三世保证"他的俄国朋友"非常尊重他。基谢廖夫还宣称，为了表示俄方的敬意，他不仅成了帝国朝廷的特命全权大使，而且沙皇还特意

升格了他的地位，任命他为私人顾问（tainyi sovetnik）。同样的仪式几天后会在圣彼得堡举行。卡斯泰尔巴雅克侯爵也给尼古拉一世呈递了国书。接受国书之后，沙皇与侯爵进行了一番长谈，并向其保证了他对拿破仑的开放态度。此后，两位皇帝互致书信，拿破仑在信中为帝制复辟辩护，尼古拉一世则在信中表示认可。因此，看起来一切皆有可能，一切进展良好。然而，尼古拉一世在内心深处还是有所提防。他仍旧不愿放弃那种充满距离感的外交辞令，称拿破仑皇帝为"亲爱的朋友"。拿破仑表面上不动声色，但是我们得承认他从未忘记这一羞辱。俄法之间明快的关系也因此受到了影响。此外，两国之间传统上的不和因素并未消失。波兰问题暂时被压制了，但东方问题总是不停地浮出水面。这一问题有的时候闷声作响，有的时候则轰轰隆隆。1853年，东方问题酿成了一场悲剧，这就是克里米亚战争。

第九章
克里米亚战争

　　克里米亚战争是俄法两国在一个世纪内第二次兵戎相向。这场残酷的战争源于一场关于圣地的纷争。1840年，法国确认了先前与土耳其达成的协议。首先是弗朗索瓦一世与苏莱曼大帝缔结的协定，根据协定，法国有权保护圣地。在叶卡捷琳娜二世治下成为强国的俄国也获得了某种奥斯曼帝国境内东正教徒保护人的身份，《库楚克-凯那尔吉和约》则正式明确了俄国作为东正教徒保护人的地位。法国方面最为关注的还是天主教徒的境遇，因而或多或少地将其他信徒的命运交给了俄国；俄国宗教势力在东方的扩张损害了法国和土耳其的利益。因为奥斯曼帝国境内有1 100万至1 200万东正教徒，而俄国声称对这部分人享有一定的主权。1853年初，一场看起来无关紧要的争论爆发了。事件源于进入俄国掌管的伯利恒教堂的问题。俄国反对"蚕食东正教徒的权利"，俄方嗓门很大，群情激愤。有人提议两位皇帝见个面，平息这场有可能变成国际冲突的宗教纠纷。两国君主之间虽有书信往来，但圣地问题还是没有得到解决。尼古拉一世气愤不已，他认为苏丹违背了承诺，并

要求赔偿。2月初,沙皇派了一名大使前往土耳其,想要一劳永逸地解决圣地问题。这名大使就是亚历山大·缅什科夫(Alexandre Menchikov)亲王,他是彼得大帝宠臣的重孙,1828年同土耳其人打过仗。他是俄军上将,是海军总司令部参谋长,还是芬兰的总督。正如同一时间俄国陈兵摩尔多瓦边境一样,他的这些头衔就是用来震慑土耳其人的。这位亲王上将有一大批军事人员护送,他先在敖德萨停留,在那里检阅了部队,随后前往塞瓦斯托波尔。这些举动都是为了提醒奥斯曼方面的对话人,俄国武力强盛且在地区事务上雄心勃勃。在一个月的时间里,观察者们都在琢磨缅什科夫此行的任务。然而,缅什科夫的言论其实很模糊。不过,4月19日,缅什科夫向土耳其外交大臣里法特帕夏(Rifaat Pacha)递交了一份相当傲慢的照会。他在照会中重提了先前会面中所提出的一切要求,俄国想要一份能够确保自己享有保护东方东正教徒权利的外交协议,而且土耳其应承诺遵守这一协议。5月5日,缅什科夫下了最后通牒,限土耳其于五日内在4月份的照会所提出的要求的基础上与俄国签订条约。五天后,奥斯曼方面给出了回复。土耳其向俄国保证,俄国可以采取一切必要的措施保护东正教徒,但是土耳其拒绝让渡自己的主权。缅什科夫很显然失败了,他结束协商,气急败坏地离开了伊斯坦布尔。土耳其之所以敢如此行事,是因为它知道背后有人撑腰。首先是法国人。自3月底起,法国就派遣了一支舰队来到希腊海域。其次是暗中支持的英国人。1月以来,尼古拉一世充满战斗性的计划就已经不是秘密。事实上,在1月9日和1月14日沙皇与英国驻俄大使汉密尔顿·西摩(Hamilton Seymour)阁下的两次会谈中,沙皇就表示"西亚病夫"已经行将就木,是时

候安排后事了。塞尔维亚、多瑙河各公国以及保加利亚将成为俄国保护下的独立国家。至于伊斯坦布尔，尼古拉一世不但想要成为它的所有者，还想当它的保管人。英国可以根据自己的心意拥有除伊斯坦布尔之外的土耳其领土。尼古拉一世补充道："看在您是绅士且你我之间是朋友的分上，我才这么对您说的。只要我们之间达成一致，其他人的意见无足轻重。"所谓的"其他人"首先是法国人，其次是奥地利人。1853年之时，尼古拉一世万万没想到回归拿破仑传统的法国会转向英国，他还以为法国会陷入过去的纷争而不能自拔。然而，沙皇对西摩阁下所说的无耻和冒失之语令英国政府大为震惊，后者遂决定拉近与法国的关系。

　　英国将会谈的内容公布于众，这也就违背了尼古拉一世要求的私密性，他本来觉得这是两国"绅士间"的谈话。这带来了双重的影响。俄国怨恨英国故意泄露机密。法国、普鲁士和奥地利现在都能体会到尼古拉一世是多么不把它们放在眼里，是多么随意地就想牺牲它们的利益。尼古拉一世傲慢之举的后果就是其他国家也决定与英国并肩作战。在这些难堪的信息被泄露之后，俄国决定行动起来。7月3日，戈尔恰科夫（Gortchakov）将军率领下的俄国军队越过普鲁特河，进入摩尔多瓦，并将总部设在布加勒斯特。尼古拉一世宣称，这不是战争，而是俄国为了确保土耳其能够遵守协议所摆出的姿态。作为回应，法国和英国的舰队在靠近海峡的贝西卡湾就位，但并未穿越海峡（因为根据协议，海峡对军舰是关闭的）。奥地利提议召集五方势力的代表在维也纳召开会议。俄国似乎有意参会，战争看起来有可能避免。开会的倡议是奥地利提出来的，但开会的想法则来自巴黎。拿破仑三世已经准备了一个调和俄国立

场（缅什科夫的最后通牒）和土耳其立场（拒绝最后通牒）的方案。尼古拉一世和奥地利皇帝似乎都对方案的文本比较满意，人们认为这一文本将成为维也纳会议的基础。然而，在热火朝天的讨论中，人们忘记了土耳其才是第一当事人。如果说沙皇对拿破仑三世提出的方案感到满意的话，那么未被征询意见的土耳其苏丹则犹豫不决（尤其是看到尼古拉一世的所作所为之后）。土耳其可不愿意向俄国看齐。再加上为了使圣彼得堡满意，文本被修改了好几次，最后呈现的效果与缅什科夫提出的照会也差不了太多。这骗不了苏丹，他拒绝在文件上签字。维也纳会议没什么用，这就是土耳其方面得出的结论。

9月10日，土耳其伊斯兰教的最高权威也介入了。这些宗教领袖以伊斯兰教的名义，要求苏丹进攻异教徒。所谓的异教徒，是指那些在多瑙河各公国的俄国人。他们像在被征服的土地上那样自行其是，将大公们的权威占为己有，阻止大公们与伊斯坦布尔沟通，还攫取了本应上贡的贡品。"大委员会"宣布开战，土耳其军队的领袖奥马尔帕夏（Omer Pacha）命令戈尔恰科夫亲王在十五天内撤出多瑙河各公国。如果戈尔恰科夫不遵照最后通牒，迎接他的就是战争。既然此时已是战时，苏丹遂开放海峡，让英国舰队在离伊斯坦布尔不远的博斯普鲁斯海峡就位。这场战争是土耳其的事。欧洲列强已在维也纳尝试用外交手段避免战争，既然无功而返，它们也就不再打算介入。早在即位之前，拿破仑三世就曾宣称，除非一些重要的原因（维护欧洲的平衡）迫使他介入，否则法国不会卷入冲突。尼古拉一世继续声明他不想要战争，他在等待土耳其开启协商。欧洲早已习惯了俄国和土耳其之间没完没了的战争。两国

的战争通常以没有任何实质性的后果而结束，因此欧洲持观望态度，静待双方重返谈判桌。由于土耳其这回完全是出于自己的心意，不曾寻求任何支持和认可，所以欧洲更容易采取观望态度。此外，欧洲列强相信俄国在军事上的优势足以恫吓奥斯曼军队。当土耳其军队击沉了一艘俄国船，然后摧毁俄国的一支陆军部队，且面对敌人英勇作战时，欧洲人都被惊到了。不过这一令人震惊的时刻过后，具有决定性的考验来了。11月30日，在锡诺普湾寻求庇护的土耳其舰队被海军中将纳希莫夫（Nakhimov）率领下的俄国舰队（其中有来自塞瓦斯托波尔的增援部队）摧毁了。摧毁土耳其舰队之后，俄军还轰炸了港口和城市，导致整片地区沦为废墟，这着实成了一场大屠杀。俄国的暴力行径，以及为了对付几艘土耳其船而无所不用其极的手段震惊了整个世界。俄国对军队出格的暴力行径给出的解释是，土耳其的舰队正准备支援沙米勒（Chamyl）的山民。沙米勒的山民在高加索起义反抗俄国，而俄军正苦于镇压他们。阿兰·古特曼（Alain Gouttman）对克里米亚战争有过细致的分析，他以非常令人信服的方式指出，俄军的举动并非出于意外或暴力的连锁反应，而是精心策划的结果。尼古拉一世想要展示自己的肌肉，他还确信欧洲国家不会做出反应。看到普遍的怒火燃烧起来，拿破仑三世想要结束冲突。他决定占领黑海，并邀请英国一同参与。此举并非通常意义上的军事行动，而仅仅意味着阻止俄国军舰进入黑海或攻击土耳其舰队。英国最初的反应有点犹豫不决，不过帕默斯顿心意已决。考虑到英国向来担心法国独自介入东方问题，帕默斯顿做出这一决定就不难理解了。因此，法国和英国向涅谢尔罗迭告知了它们的决定。涅谢尔罗迭气愤不已，反复强调土耳

其人与高加索叛乱分子的关系,这也就是在申明俄国保护自身安全的权利。拿破仑三世斩钉截铁地说:"俄国把土耳其人从多瑙河各公国赶了出去。我们会把俄国从黑海赶出去。"俄国人要求土耳其舰队不能沿着海岸航行运送部队,法国则回复说,土耳其可以继续这么做,而俄国舰队则不能离开它们的港口。考虑到土耳其和俄国之间实力的悬殊,我们能够理解涅谢尔罗迭何以对这种不平等的待遇极为愤慨。

沙皇尼古拉一世收到了拿破仑三世的一封亲笔信,这是后者为解决危机所做的最后尝试。沙皇对拿破仑三世说:"朋友,来信已读。您随时可以给我写信,我们总能相互理解。"这封信首先平和地展示了当前的处境。在法国君主看来,俄国让巴黎和伦敦背负了"使问题恶化"的责任,而法国其实没有其他想法,只想维护和平。"当陛下您的军队进入瓦拉几亚时,我们劝告土耳其不要把这一占领行动视为战争状态,这就已经体现出我们调停的意愿。虽说我们持有保护苏丹的态度,但这一态度是消极被动的。我们并没有鼓动苏丹进行战争。我们不断地向苏丹提出和平与克制的建议……至于陛下,您也展现出了一种源于自信的平静,您仅仅将土耳其人的进攻打退至多瑙河左岸。一如在亚洲那样,您以一个伟大帝国的领袖应有的温和态度宣称,俄国将采取防御姿态。因此,我可以说到目前为止,我们是饶有兴趣的旁观者,但也仅仅是斗争的旁观者而已。然而,锡诺普事件迫使我们采取更为明确的立场。"

将锡诺普事件后英法干涉的情况说清楚后,拿破仑三世继续说:"如果陛下和我一样希望有一个和平的结果,那么还有比宣布今天签署停战协议,通过外交渠道解决争端,停止一切敌对行动,

作战部队退出作战地点（这些都是诱发战争的地方）更简单的事吗？俄军撤出多瑙河各公国，我们的舰队撤离黑海。如果陛下更倾向于直接与土耳其进行交涉，那么土方将任命一位大使，然后您就可以与苏丹的全权代表进行谈判，并达成一项需要提交给四国会议的协议。"

在行文的最后，拿破仑三世回顾了尼古拉一世在1853年1月17日的信中向他提出的一致行动纲领："维持秩序，爱好和平，遵守条约，互相友善。"

此信因其所体现出来的缓和意愿而惹人注目。此外，这封信之所以值得注意，还在于拿破仑三世将和平与欧洲的未来变成了法俄之间以及两国君主私人之间的事。由于国家间的各种争端以及对礼节的在意，法俄关系常常是困难重重。然而，为了便利跟他口中的"亲爱的朋友"之间的私人合作，拿破仑三世将以上一切都弃之不理。他这么做显然是对君主间的私人交往充满自信。他认为，相比于外交官们的巧言令色，元首间的对话更能消除误解和偏见。这封信在两国之间一向复杂的关系中构成了一个特殊时刻，也是20世纪新的外交方式，即国家元首峰会的先声。这封信虽然是私人信件，但被《箴言报》(*Le Moniteur*)转载了，这是在呼吁公众的支持，也是对未来惯例的一种预演，而当时传统的外交官并不赞同这么做。

然而，事实将会证明拿破仑三世表现出来的乐观精神是错误的。尼古拉一世对拿破仑三世的呼吁充耳不闻，顽固地秉持自己的立场，一点儿也不考虑"亲爱的朋友"所提出来的观点。2月8日，尼古拉一世写了回信。他在信中复述了拿破仑三世信中最后的话，即两国君主提出的纲领。但是他却以此反唇相讥："我所要求的不

过是根据条约引导出来的内容。如果让土耳其自主地处理自身的事务，那么长期以来在欧洲悬而未决的纠纷就会迎刃而解。正是欧洲的横加阻拦才产生了致命的影响。通过挑起无端的怀疑，煽动土耳其人的狂热，歪曲我方政府以及我的诉求的真正含义，战争可不就不可避免了……如果说锡诺普的炮声在所有具有民族荣誉感的法国人和英国人心中产生了痛苦的回响，那么陛下您认为，3 000门充满威胁性的火炮出现在博斯普鲁斯海峡入口处，以及这些火炮会进入黑海的流言不会在这个我需要捍卫其荣誉的民族心中产生回响吗？不论陛下您做了什么决定，威胁是不会使我让步的。我相信上帝和我的权利，我担保俄国在1854年的表现也会和1812年一样。"

　　如果说尼古拉一世和他的通信人一样是以确认自身的和平意向结束通信的，那么他的这封信则给人留下了怨恨和相当令人震惊的粗暴印象。提及1812年乃是有意为之，其中的威胁意味几乎完全不加掩饰，俄国君主已经做好了面对战争的准备。

　　不过尼古拉一世会发现他的这场冒险孤立无援。尽管他竭力劝说其传统盟友奥地利和普鲁士，声称接下来的战争同它们有利害关系，但它们还是无动于衷。1月27日，沙皇派了奥尔洛夫伯爵前往维也纳。沙皇曾支持奥地利皇帝弗朗茨·约瑟夫一世镇压匈牙利的反抗，他希望奥地利能怀有感恩之心，至少能在接下来爆发的战争中保持中立。然而，弗朗茨·约瑟夫并不打算这么做，因为奥地利会直接受到奥斯曼帝国问题的影响。为了稳住奥地利，俄国会做出什么承诺呢？俄国会许诺尊重奥斯曼帝国领土的完整，并遵守自己的诺言，即在战后撤出多瑙河各公国吗？奥尔洛夫灰溜溜地离开了维也纳。

尼古拉一世的使者巴德伯格男爵在柏林也遇到了同样的状况，普鲁士也不同意中立。和弗朗茨·约瑟夫一世一样，腓特烈-威廉四世让尼古拉一世的使臣遵照维也纳会议的决定。德意志诸邦还未忘记尼古拉一世与西摩勋爵谈话中的用语——"其他人"，他们已经意识到尼古拉一世是多么轻蔑地对待他们。那么当俄国需要"其他人"的支持时，他们自然就予以拒绝了。俄国君主傲慢的回旋镖最后打到了自己。

尼古拉一世的麻烦还没到头。三个月后，他的前盟友们采取了更具攻击性的立场。它们在柏林签署了互相保证领土完整的条约，并许诺假如俄国拒绝撤离多瑙河各公国或威胁伊斯坦布尔，它们就会参战。历史的潮流显然翻转了过来。1821年时，俄国能够动员整个欧洲反对法国。三十年后，另一个拿破仑集结了欧洲诸国反对俄国。在公众眼中，俄国再度成了那个野蛮的国家。

2月21日，尼古拉一世发表了一份宣言，宣称："列强携起手来意欲挑起战争，我们今天不正是那个勇气已被1812年可歌可泣的壮举所证实的俄罗斯民族吗？……为那些因信仰基督而遭受压迫的兄弟战斗吧，俄国只有一颗心，只有一个喉管喊道：'愿主拯救我们。'"

因此沙皇号召进行的是一场民族和宗教战争，他的和平保证已经荡然无存。欧洲处于战争的边缘，俄国将之视为1812年的重演。尼古拉一世不想听到欧洲列强于2月27日给他下的通牒，它们催促沙皇将军队撤离多瑙河各公国，否则就要面对战争。拿破仑三世以他自己的方式回应了沙皇的信件和宣言。3月2日，他在立法机构发表了讲话，他先是说"征服的时代已然过去"，并保证

"法国没有丝毫扩张的野心"。他随后继续说:"但俄国却被恃强凌弱的个性推动,这就是东方状况的核心问题。如果说法国反对俄国,那么这是出于法国所秉持的原则,也是为了捍卫海洋自由以及法国在地中海的影响力。"

在呼吁平息事态之后,拿破仑三世承认法国已经做好为了捍卫土耳其,也为了维护自身的利益并抑制俄国的扩张而开战的准备。没人怀疑冲突会一触即发,法国和俄国皆已舆论汹汹,空气中火药味十足。由于各种原因,即将爆发的战争在法国颇受欢迎。1815年的耻辱虽然已经逐渐淡去,但从未被人遗忘。从那以后,法国已经很久没有机会为一项扩张事业团结在一起了。法国与阿卜杜·卡迪尔(Abd el-Kader)的斗争已是遥远的记忆。而法国内部的动荡(政权更替,走马灯似的换君主),则使得国内越发分裂。如今总算有一桩可以将全欧洲(除了被划入边缘国家的俄国之外)团结在一起的所谓"正义"的事业,而这一事业能够令国内团结起来。甚至连流亡海外的维克多·雨果都号召进行战争,要知道他可是极度敌视发动12月2日政变的拿破仑三世的。对于法国人来说,俄国是他们的宿敌,它打垮了波兰人,想要征服伊斯坦布尔,主宰海洋,还给法国带来了失败,造成了法国的孤立。

另外,怎么能够忽视,在19世纪40年代的法国,人人都在读阿斯托尔夫·德·屈斯蒂纳[①]的《1839年的俄国》呢?这一旨在描

[①] 阿斯托尔夫·德·屈斯蒂纳(Astolphe de Custine)来自一个贵族家庭。他的祖父和父亲在大革命时被处决,母亲遭到关押。他自己则因同性恋丑闻被曝光后受到社会排挤。他前往俄国希望能够发现一个自由和宽容的世界。他的作品却是一种巨大失望的产物。

述尼古拉一世治下的俄国的著作获得了巨大成功（不过书中有大量遗漏和预设的立场！）。人们疯狂地阅读和讨论此书。彼时的法国人尚沉浸在丧失霸权的羞辱之中，屈斯蒂纳的著作对这个野蛮、落后且无力走上进步道路，但又傲慢地打败过法国的国家做了全景式的描写。他们怎么会对这个国家不感兴趣呢？

对于俄国而言，这是一场宗教战争。如果说直至1840年，俄国的大思想家们还对这些问题不怎么关注，那么自此之后，他们就开始热衷于界定俄国的特性、它与西方的关系以及东正教的重要性。自彼得大帝以来，很少有人胆敢质疑追随"西方道路"的必要性。克里米亚战争之前的那些年，开始有人打破这一禁忌。作为一个"西方主义者"，赫尔岑却在1849年写道："人类的命运并非和西欧绑定在一起。"在他之前不久，另一位西方主义者恰达耶夫（Tchaadev）写道："如果说我们比别人晚了一步，那也是为了做得比别人好。"大历史学家波戈金（Pogodine）在1846年就已指出："无条件崇拜西方的时代已经过去了。"1854年，正当法俄之间的悲剧性冲突即将爆发之时，波戈金坚称："我们没有参与欧洲的十字军东征。现在我们应该完成我们自己的十字军行动，将土耳其人从欧洲驱逐出去（对于欧洲而言，土耳其人的统治是不可接受的），从异教徒的权威中解放圣地。这是上帝的意愿，也是俄国作为一个国家的义务，这一义务不仅是俄国人和斯拉夫人的，也是欧洲人的。"还是这位波戈金质问欧洲说，你们支持土耳其人的原因何在？"这些野蛮的土耳其人可是将巴尔干的东正教斯拉夫人当作奴隶的。""我们对你们做了什么？我们冒犯了谁？法国人吗？莫斯科被付之一炬，我们却保留了一个完整的巴黎。英国人吗？三百年

第九章 克里米亚战争

来，我们保证了他们的生意有利可图。"

诗人丘特切夫（Tioutchev）对俄国与俄国人那难以理解和沟通的特质有过很好的描述，但他在一封给妻子的信中写道："目前所发生的事是1812年的重演，这是西方第二次反对俄国的'布匿战争'……西方全力以赴想要葬送东欧的未来，就是为了避免折磨着自身的无可救药的解体的后果。"

我们在这里能够看到冲突的两大主角各自的舆论，其中的观点对立远甚过去的任何时候。在法国方面，屈斯蒂纳公开表明了他对俄国的厌恶。在他的描绘中，俄国"野蛮人"身处鞭刑之中，也就是说处于暴力统治之下。俄国则怀着宗教虔诚和受辱心态，觉得其使命就是拯救东正教徒，同时也要将西方从精神的堕落中解救出来。1854年，法国人和俄国人就抱着这样的心态兴冲冲地投入了一场可怕的屠杀。

自从拿破仑三世发现自己无力说服尼古拉一世也保持同样的和平话语时，事态的发展就加速了。法国和英国2月27日的通牒碰了一鼻子灰。3月14日，两国代表再一次把最后通牒的文本递交给涅谢尔罗迭，将最后的期限延至4月30日，但圣彼得堡认为无须再拖延了。3月18日，涅谢尔罗迭通知英法两国的使者，沙皇不会对最后通牒做出回应。除了拒绝之外，他还补充了一句经典的话："不过，我们不会宣战。"当然，没有人希望宣战，但是事态已使开战不可避免。3月12日，几乎就在最后通牒被再次上呈俄国掌玺官的同一时间，法国和英国向土耳其担保它们会支持它。4月10日，英法签订了攻守同盟条约。20日，奥地利和普鲁士签署了防止沙皇攻击奥地利，或俄国进军巴尔干的联盟保障条约。如此

一来，一套互相结盟的保障体系形成了。三个月以来，欧洲生活在战与和之间，更确切地说生活在战争的不确定性中。

联军的军事行动始于 4 月 22 日轰炸敖德萨，不过受到攻击的仅仅是军事港口。因为联军想要保护城市及其港口贸易。联军的海上优势使其能够在各个海域展开行动。继俄国在黑海受到攻击之后（此时已经宣战），波罗的海、白海的俄国港口以及俄国在亚洲的据点都受到了攻击。

在黑海受到威胁的俄国人为了能够摆脱联军的海军，烧毁了他们在高加索沿岸的堡垒：阿纳帕（Anapa）、雷东特卡利（Redont Kali）、托尔库姆卡利（Torkoum Kali）。然而他们在陆地上的特兰西瓦尼亚也受到了奥地利军队的威胁，英法军队则在加利波利和瓦尔纳登陆。最后，他们为救援被围困三个月之久的锡利斯特拉（Silistra）进行了艰苦卓绝的战斗。然而，尽管付出了巨大的努力和大量的人员损失，他们还是未能将其夺回。7 月，俄国决定撤出多瑙河各公国，因为奥地利人马上就要占领那里。反对土耳其人的战争，或者说"多瑙河战争"结束了。然而，这不过是另一场更为残酷的战争，也就是克里米亚战争的开始。始于 1854 年 7 月的这场战争将会持续超过一年半时间。

法国和英国业已向俄国宣战。自 1854 年 3 月 27 日起，法国政府就得考虑如何进行这样一场远离本土且并未细致准备的战争。显然，法国政府没有忽视这一问题。自年初以来，政府通过征召预备役来增加军队人数，并启动了一项大造军舰的方案。

基于此，另一个问题冒了出来：打一场什么样的战争？说实话，答案取决于人们不甚了解的俄国人。5 月 9 日，拿破仑三世对

法国的战略如此总结道："我越是思考军队的状况，就越觉得只需要做两件事：如果俄国人进军，我们就放任其前进，直至我们找到合适的地点进行战斗；如果他们不进军，我们就夺取克里米亚。"

4月，一支法国和英国联合远征队被派往加利波利预想的登陆地点。英法在此处集结部队，等待着真正的指令最后下达。然而，对于驻扎在加利波利的指挥官来说，一个不曾料到的问题，即希腊人的政治取向，使得尚未明确的计划越发复杂。希腊人是亲俄派，他们因同属于东正教的归属感而与俄国人联合起来，进而敌视土耳其人。因此，希腊国王奥托（Othon）号召信仰同一宗教的马其顿、伊庇鲁斯和色萨利的居民起来反抗奥斯曼的权威。希腊的志愿军驰援各地，但联军并不想抛弃土耳其，让土耳其独自面对这场汇聚了4万多人（完全可以称得上是一支军队）的叛乱。为了应对这一挑战，联军需要从加利波利抽出一股部队支援情况紧急的锡利斯特拉战役。事实上，由土耳其控制的锡利斯特拉被联军视为接下来战役的关键。为了在锡利斯特拉对付敌军，联军决定将瓦尔纳作为东线军队的行动基地。因此，法国海军不得不把费尽千辛万苦登陆加利波利的军队撤出，将其送至瓦尔纳。6月30日，费了九牛二虎之力，3万法军和2万英军最终在瓦尔纳集结完毕。如果算上土耳其人，那就是由三股力量组成的联军准备前去为锡利斯特拉解围。不过英法白忙活了一场。锡利斯特拉大捷（人们对此非常期待，因为这意味着战争迎来了转折点）并未发生，因为对手俄国人已然决定解除围攻并撤出多瑙河。

俄国突然退出这场令人等待已久的战争反倒令联军不知所措。多瑙河解放了，伊斯坦布尔显然也摆脱了眼前的威胁，接下来要怎

么做呢？英国和法国都希望结束战斗，但是二者对于未来的规划各不相同。英国希望摧毁俄国，遏制其野心，以保护英国同印度联络的道路。对于拿破仑三世来说，重要的是让法国在一个版图已经因民族主义的追求而变动的欧洲重新享有中心地位。锡利斯特拉解围之后，拿破仑三世想要暂缓一下，好好想想什么对法国来说是切实可行且有利可图的。然而，英国人不想停下来，他们铁了心要保障前往印度的道路。因此，英国需要打败俄国，并摧毁俄国可怕的行动基地，即塞瓦斯托波尔。

这一阶段，拿破仑三世寄希望于提出和法国在多瑙河进行联合行动的奥地利。如果奥地利加入联盟，俄国就完了。拿破仑三世极力如此劝说英国。然而，奥地利的提议却一如既往地不可靠。奥地利的军队的确会进入 8 月 22 日被俄国抛弃的多瑙河各公国，然而也仅仅是进驻而已，而非加入同沙皇军队作战的部队。既然不能再指望奥地利的协助，拿破仑三世只能顺从英国的意愿摧毁塞瓦斯托波尔，从而将战争引入克里米亚。这位天生喜欢思前想后和从长计议的法国皇帝此时成了急躁的英国人的俘虏。奥地利人已经对俄国的撤出感到心满意足，除非俄国想要重新夺取多瑙河各公国（俄国并没有这么做的打算），否则奥地利人无意与俄国人作战。7 月 18 日，英法的战争委员会在瓦尔纳召开会议。会议采纳了英国战争大臣纽卡斯尔（Newcastle）公爵于 6 月 29 日上呈女王的提议，即征服克里米亚和塞瓦斯托波尔。一个考察团也会立马动身前往俄国的这个大港。

然而，就在决定于克里米亚进行军事行动（这回是一场进攻性战争，而非先前那种防御性战争）之际，一条令人沮丧的消息妨

碍了大事。业已侵袭俄军的霍乱蔓延至瓦尔纳，远征部队被传染了。疫病在东线部队中传播，而这支登陆部队本是要征服克里米亚的。军队人员成片成片地死亡，幸存下来的人还得面对另一场新的灾难——8月10日肆虐全城的大火。城里有大量传统的木房子，法军存储的弹药也助长了火势，再加上从海上吹来的强风，这一切都使得火情持续了数小时之久。当风向最终转变之时，业已吞噬一切的大火渐渐熄灭，人们才得以评估一下灾难造成的损失。这场大火摧毁了一切：武器弹药、军需供给以及饲料皆已荡然无存。谁该对此事负责呢？起火是意外事件，还是疏忽导致的？一开始，第二种说法占了上风，人们把火灾怪在亲俄且本能地反土耳其的希腊人头上。不过经过调查，人们承认这一控诉毫无根据。东方经常会发生这样的事，一起简单的意外事件就足以引发火情并使整座城市化为灰烬。在被摧毁的瓦尔纳城中，生机倒是恢复得很快。首先要做的就是重整军备，因为这场尚未开始的战争并没有因此就结束了。

当然，并非一切都处于停滞状态。当联军深陷南部之时，法国和英国的舰队在波罗的海的俄国领土上攻城略地。联军封锁了圣彼得堡的前哨阵地喀琅施塔得，在奥兰群岛登陆，并于8月16日夺取了博马尔松德（Bomarsund）要塞，圣彼得堡已危如累卵。俄国舰队难以抵挡联军。不过北方战线的榜样尚不足以说服在瓦尔纳的参谋部对克里米亚发动进攻。关于作战的想法一个接一个被提出来，军官们互相争吵。直至8月底，拿破仑三世才对部队说："士兵们，学习远征埃及的军队的榜样吧。像你们一样，这些金字塔和他泊山（Thabor）的征服者也需要面对疾病与骁勇善战的士兵。然而，尽管受到疫病和三支军队的攻击，他们仍旧带着荣耀回到了

祖国。"

决定已做出，舰队将于9月2日离开瓦尔纳。一支集结了3万法军、2.5万英军和6 000土耳其人的大军扑向塞瓦斯托波尔。这是一个防御工事极为强大的港口。1852年土耳其人攻击此港口时，港口仅有一部分工事完工，尚有许多哨所没有任何防护。翌年，缅什科夫亲王为保卫城市上马了大量的工程。宣战之后，工程的进展加速了。尽管有了这些推进，但塞瓦斯托波尔仍旧非常脆弱。俄国人对此心知肚明，他们希望联军能够等春天再进攻。他们的希望落空了。克里米亚登陆是一次组织完美的行动（尽管登陆塞瓦斯托波尔西南部的法军比登陆北部的英军先到）。考虑到塞瓦斯托波尔的防御工事杂乱无章且还未完工，联军似乎能够轻松拿下该城。1854年9月中旬，谁都没有想到的是，塞瓦斯托波尔围城战会持续可怕的十一个月。攻城部队将在最恶劣的情况下，对抗一个不断得到增援且据城自守的对手。联军计划从海上进攻塞瓦斯托波尔。然而，俄国舰队于9月23日在塞瓦斯托波尔湾击沉了联军的船队，这也就使得塞瓦斯托波尔难以接近。

9月14日，远征军在叶夫帕托里亚（Eupatoria）登陆。9月20日，阿尔马河战役爆发。俄国人原本希望阿尔马河能够挡住敌人。然而，阿尔马河并不管用。此战双方动员了所有的力量，俄国人不得不撤退，通往塞瓦斯托波尔的道路敞开。对于法国人来说，此战为滑铁卢战役报了仇，不过胜利还未到手。法国人想要乘胜追击，但英国人却想等待时机。

自1812年以来，俄国人还不曾在自己的土地上吃过败仗。他们笃信有一支大军和众多堡垒保护的克里米亚是不会被攻陷的。然

而，军队刚刚被打败了，而为了避免敌军舰队驶入塞瓦斯托波尔，俄国将自己的舰队凿沉在港口的锚地入口，因此俄国舰队无法再行动。至少从海岸方面看，塞瓦斯托波尔的防卫和武器装备是不够的。

意识到塞瓦斯托波尔防卫虚弱的俄国人已经在努力增强其防御能力，能工巧匠们修复了堡垒和棱堡。海军将领科尔尼洛夫（Kornilov）、伊斯托明（Istomine）和纳希莫夫也前去统领军事行动。

联军于10月底第一次尝试攻占塞瓦斯托波尔。9月29日，法国的康罗贝尔（Canrobert）将军接替了在船上力竭而亡的圣-阿诺（Saint-Arnaud）将军。10月17日，英国方面的拉格伦（Raglan）勋爵率先决定炮击塞瓦斯托波尔，以便为攻城部队打开通道。

不过，俄国人的炮火也对英国和法国进行了反击。英军人数多于法军，英军的进攻对俄国人造成的损失也更大。因为他们不但人数占优，而且在地理位置上居高临下。人们相信俄国人已经被打败了。然而，英国人却在10月17日晚停止了炮击。此战过后，没有一方是胜者，也没有一方是败者。俄军的伤亡多于联军，塞瓦斯托波尔也遭到了严重的破坏。然而，炮击过后的第二天晚上，俄军便开始马不停蹄地加固堡垒。法国决心拿下塞瓦斯托波尔，但并未因此放弃外交途径。在巴拉克拉瓦（Balaklava）战役数天前，即10月21日，在法国的努力下，维也纳会议重新开始工作。

俄军于10月25日发动的巴拉克拉瓦战役结果很不明晰。双方的损失都不大，但是俄国人不懂得利用他们在人数上的优势。这场相对平淡的战役为联军的决定性进攻做了准备，进攻必须针对

联军真正的目标——塞瓦斯托波尔。联军定在11月6日发动进攻。联军想要速战速决，因为他们知道冬天临近，且敌军的力量日益增强。事实上，俄军的增援部队正不断抵达，尤其是来自多瑙河的军队，他们主要由骁勇善战、精力充沛的士兵组成。尼古拉一世之所以能将他们投入克里米亚前线，是因为进驻多瑙河各公国的奥地利人没有表露出任何想要参战的意愿。

俄国人也急于开战。此种不耐烦的一个表现就是沙皇的两个儿子，米哈伊尔大公和尼古拉大公，加入部队。巴拉克拉瓦战役当然难称胜利，但鼓舞了俄国人的士气。他们知道他们人数比联军多——10万俄军对7万联军。这就是为什么缅什科夫决定在11月5日先发制人，派出军队攻击英军。因克尔曼（Inkerman）战役让俄国人的希望落空了。遭到突袭的联军没有退却，对于俄国人来说，这就成了一场灾难。尤其是，这场战役以真正的屠杀结束，类似于我们曾在俄国战役中所看到的那样。不过，冬天到了。躲在塞瓦斯托波尔的俄国人将希望寄托在严寒上，而缺乏物资且受疾病威胁的联军不得不在无掩护的情况下进行战斗。

战斗持续了三个月，却始终难分胜负。人们随即把注意力转向了维也纳，在那里，外交官们又开始了工作。会谈一开始，联军和奥地利进行了协商，后者最终决定加入联盟。12月2日，英法两国与奥地利签署了攻守同盟条约。条约第五条规定，如果到12月31日还未实现和平，那么缔约方将由此得出必要结论。这一条款试图将奥地利排除在外，但没有成功，因为奥地利不可能对不断变化的外交局势完全无动于衷。英国人想要继续作战，而沙皇则对维也纳会议上提出的四点表示认可。这四点是：五个国家共同

担保维护土耳其治下的基督教臣民的宗教权利（不论来自何处）；在俄国规定的有利于多瑙河各公国的条件下，上述国家对各公国实行保护；修改1841年有关海峡的规定；最后则是多瑙河的自由航行。

接受这些条件，俄国也就失去了其在东方事务上的主导角色以及通过四场战争赢得的收益。在一封写给俄国驻维也纳公使戈尔恰科夫亲王的信中，涅谢尔罗迭解释了俄国为何接受这一屈辱："我们被置于要么接受这四项条款，要么与奥地利开战的境地。"在法国驻伦敦大使亚历山大·瓦莱夫斯基（Alexandre Walewski）的压力下，原本不大愿意参加维也纳会议的英国人也参加了。

然而，克里米亚的和平似乎仍很遥远。皮埃蒙特加入联军，其部队为围城部队提供了增援。1855年春，当外交官们还在继续讨论时，拿破仑三世想要加快事件的进展。他觉得将军们太过观望了。将尼埃尔（Niel）将军派往克里米亚后，拿破仑三世于1855年2月宣布他本人将会亲临战场指挥战斗。这一计划不大受盟友们（英国是头一个）待见，在法国政界也不受欢迎，法国政客担心万一皇帝在克里米亚死于炮火或霍乱，没有皇位直接继承人的法国可能会发生动乱。在执行这一备受争议的计划之前，拿破仑三世应维多利亚女王之邀，隆重地访问英国。历史真是戏谑啊：拿破仑一世就是被英国人关到圣赫勒拿岛的，而这位波拿巴却得意扬扬地访问英国！访问期间，维多利亚女王努力劝阻拿破仑三世前往克里米亚。回国后，拿破仑三世就放弃了这一计划。他这么做，是受到了法国和英国反对者提出的论点的影响，也受到了1855年3月28日针对他的刺杀的影响。拿破仑三世从而意识到了国内政治不稳到了何种地步，

以及他本人留在法国代表合法权力的必要性。

3月2日，俄国发生了一件大事。尼古拉一世驾崩了，一个新时代开启了。众所周知，意识到自己走投无路的尼古拉一世事实上选择了自杀。痛苦不堪的尼古拉故意暴露在恶劣的天气中（这么做是禁不住俄历2月的严寒的），搞垮自己的身子，并给继承人亚历山大二世留下了两条绝望的遗嘱："你的任务很艰巨"，"什么都不要放弃"。沙皇驾崩的消息公布后，欧洲燃起了希望。所有金融市场都记录了公共基金的增长。人们相信随着"欧洲宪兵"的离去，通往和平的道路敞开了。然而，亚历山大二世统治伊始发布的宣言并不符合人们的希冀。他在宣言中说，他将"完成伟大的先辈们——彼得、叶卡捷琳娜、受人爱戴的亚历山大以及不朽记忆中的父亲——的计划和意图"。这些指代可没有一丝和平的意味。

此时，外交官们正在维也纳出席会议，而塞瓦斯托波尔的战争还在继续，其惨烈程度前所未有。撒丁王国派出了2万人参加战斗。1855年春，联军进展迅速，摧毁了俄国在刻赤的工事，包围了亚速海，炮击塔甘罗格。土耳其人占领了阿纳帕，并号召切尔克斯人起义。接替康罗贝尔将军的佩利西耶（Pélissier）将军宣布，他将于6月初攻占塞瓦斯托波尔，并发动法军进攻马拉科夫（Malakoff）。英国人在大雷丹（Grand Redan）激战。意大利人则在特拉克提尔（Traktir）英勇作战。塞瓦斯托波尔围城战接近尾声了。9月8日，法国人拿下了马拉科夫。俄国部队撤往北部，烧掉、炸毁身后的一切设施。联军最终进入塞瓦斯托波尔。不过，战争并未就此结束。联军的军舰继续炮击海岸，占领了位于布格河与第聂伯河河口的要塞金伯恩（Kinburn）。为避免遭到第二次羞辱，俄国人

炸毁了奥恰科夫（Otchakov）要塞。

此时正在黑海沿岸视察的亚历山大二世似乎还没有意识到事态的严重性。"克里米亚不是俄国，塞瓦斯托波尔不是莫斯科。"亚历山大二世如此写道。接替涅谢尔罗迭的戈尔恰科夫与亚历山大二世本人反复念叨俄国未被打败，塞瓦斯托波尔会被重建。然而，这些口号遮盖了事实。俄国已经精疲力竭。25万俄国人战死沙场，卢布已一文不值。不过，11月25日攻占土耳其在高加索的卡尔斯要塞提振了俄国的信心，并促使政府接受在克里米亚进行协商。英国一心想要将战争进行到底，但俄国已经决定进行协商。奥地利将会扮演中间人的角色，因为它担心倘若让俄国人和法国人直接沟通，它自身的诉求就会被遗忘。在此之前，奥地利已经争取到让俄国接受那四项条款。现在就在俄国即将屈服之时，奥地利尝试着更进一步。作为奥地利出面调停的条件，埃斯特哈希伯爵提出了新的要求：俄国将比萨拉比亚（Bessarabie）的四个区域割让给摩尔多瓦，并接受黑海的中立，黑海不应再有海军和兵工厂。此方案得到了法国的支持，而法国还想将英国也拉进来。英国表示除非加上"在会议期间，盟国可提出特别条款"，否则它不愿意进行协商。

埃斯特哈希的提案被称为"11月14日决议"，因为在那一天，这一提案得到了奥地利皇帝的同意。1855年12月27日，提案被交到了涅谢尔罗迭的手上。这其实是一个要求十天内答复的最后通牒，如果俄方不满足提案中的一切要求，埃斯特哈希就会离开圣彼得堡，这也意味着关系的破裂。1856年1月5日，涅谢尔罗迭答复了维也纳会议，但没回复埃斯特哈希。他的答复其实并不是针对

最后通牒的，而是他对联军提出的要求。事实上，他回到了之前的四项条款，对奥地利"新增"的内容置之不理。奥地利拒绝了俄国的提议。皮球又被踢回了俄国这边。

1856年1月15日，沙皇在冬宫组织了一个委员会。如何接受这样的要求呢？不过，亚历山大二世并非完全孤立。自上一年11月以来，沙皇知道他在法国有一个靠得上的人，即莫尔尼公爵。公爵向来秉持捍卫法俄同盟、反对英法同盟的观点。在这一对于俄国来说具有决定意义的时刻，公爵与当时在维也纳的俄国公使戈尔恰科夫进行了商讨。公爵向后者透露，法国愿帮助俄国谋求最佳的谈判条件，特别是一旦战争结束，法国就会提议尽快废除那些对于俄国来说难以接受的条款。法国向俄国发出的另一个信号是拿破仑三世与沙皇之间的书信往来，中间人则是萨克森驻巴黎公使，此人也是涅谢尔罗迭的女婿。正是他给亚历山大二世带去了拿破仑三世对尼古拉一世的吊唁。他还建议涅谢尔罗迭与法国驻伦敦大使亚历山大·瓦莱夫斯基进行接触。

尽管接受"11月14日决议"很困难，因为这意味着俄国的失败以及要让出一部分权益，但亚历山大二世还是决定在此基础上进行谈判。如此一来，在双方同意上述文本的前提下，联军与俄国在维也纳签署了协议，并宣布2月20日在巴黎召开和平会议。

巴黎会议最后于1856年2月25日开幕，并于3月30日闭幕。会议地点可谓奢华，奥赛宫就是为此次会议落成的，并在日后成了法国外交部的驻地。主持会议的是亚历山大·瓦莱夫斯基。这位大

第九章 克里米亚战争　　233

使是光辉记忆的化身,他不就是拿破仑一世的波兰私生子吗?[①] 他曾是法国驻伦敦大使,也是英法联盟的积极倡导者。坐上法国外交大臣的位置后,他的亲英立场不是那么突出了。他以高超的手腕和权威主持着会议的工作。

最难把握的一方是战败方。俄国派了一位声名在外的代表——阿列克谢·奥尔洛夫伯爵。1814年,伯爵曾和沙皇亚历山大一世率领获胜的大军来到巴黎。这位曾当过军人的优雅贵族在领导皇家第三厅,即皇家秘密警察之前,完成了一项与他的整个职业生涯一样令人惊叹的壮举。俄国已战败且遭到孤立,因而处于极为不利的地位,但是前往会议捍卫本国利益的伯爵在几天时间内,就成了最受欢迎的人,成了全巴黎人人竞相交往的对象。伯爵要是不到场,整个会场便会黯淡无光。人们在其他任何一个沙龙中都找不到比他更招人喜欢的人。多亏了阿列克谢·奥尔洛夫伯爵,战败且可怜的俄国的形象才有了些许光亮。人们经常引用斯特凡妮·塔舍·德·拉·帕热里(Stéphanie Tascher de la Pagerie)的话:"经过再三检查修正,我发现俄国在奥尔洛夫伯爵的领导下依然令人惊叹。"伯爵得到了布吕诺(Brünnow)男爵的辅助,后者在十五年间一直是俄国驻伦敦代表,他与克拉伦登(Clarendon)勋爵关系很好,因此能够有效地帮助奥尔洛夫伯爵。此外,英国代表团的领导人正是克拉伦登勋爵,与其一道的还有英国驻法国大使考利(Cowley)勋爵。代表奥地利出席的则是为维也纳所有会

[①] 亚历山大·瓦莱夫斯基(1810—1868),是拿破仑一世与玛丽·瓦莱夫斯基的私生子。1830年革命后,他从波兰出逃,入籍法国,在担任外交大臣前,先后担任法国驻意大利、西班牙和英国的大使。

议做准备的布奥尔（Buol）伯爵，与其一道的是奥地利的大使许布纳（Hübner）伯爵。加富尔（Cavour）伯爵代表皮埃蒙特，土耳其方面的代表是大维齐尔阿里帕夏和大使杰尔米·贝伊（Djemil Bey）。最后，从3月15日起，普鲁士的首相曼陀菲尔（Manteuffel）和大使哈茨费尔特（Hatzfeldt）依次到达。普鲁士人并未参战，但还是参加了会议；作为1841年《伦敦海峡公约》的缔约方，黑海中立的问题也牵涉到了普鲁士人。

3月30日在巴黎签署的和约包含四项内容。俄国放弃对多瑙河各公国的独家保护权，以及对公国内部事务的一切干涉。在讨论这一长期以来已经得到俄国允诺的要求时，各国的外交官们遇到了未曾想过的难题，即多瑙河各公国的地位问题。会出现一个或两个仍旧依附于奥斯曼苏丹的国家吗？瓦莱夫斯基支持拿破仑三世秉持的民族国家原则，也就是通过全民公决完成统一，这是走向独立的第一步。俄国更偏向于成立两个国家，不愿意看到自己的边境上出现一个强大的国家。不过，奥尔洛夫还是决定采纳法国的提议，因为他想向拿破仑三世证明俄国是个有用的伙伴。最终这一提议获得了胜利。

第二项内容涉及多瑙河的航行自由。为此，会议设立了一个委员会，缔约各方在委员会中均有代表。每一方均有权利在河口停泊两艘战舰。为了落实这项内容，俄国同意调整边界，将多瑙河三角洲留给土耳其和多瑙河各公国。这一点本是总协议定好了的，然而当俄国想要保有位于多瑙河河口对面蛇岛上的一小股驻军时，一些问题冒了出来。

第三项内容是关于黑海中立的。向所有国家商船开放的黑海海

第九章 克里米亚战争　235

域禁行海军战舰，沿岸国家的战舰也不行。黑海边也不能有军工厂。俄国和土耳其只能维持一些用于警戒海岸的轻型船只。由于英国提出的一些要求，围绕上述这一点的讨论非常激烈。伦敦方面要求这一规定同样适用于亚速海出口以及布格河和第聂伯河的出口。俄国代表认为，英国这一基于"11月14日决议"的主张太过分了。俄国的抗议得到了法国和奥地利的支持，因为俄国提出了额外的交换条件，它表示除非协议允许，否则不会在布格河上的尼古拉耶夫（Nikolaïev）进行任何建设。

第四项内容涉及"哈蒂-谢里夫"[①]。苏丹在诏令中重申了非穆斯林臣民享有的宗教权利，这也被纳入条约之中。此外，还增加了一项条款。西方列强不能借口上述诏令，声称享有干涉苏丹与其臣民关系的权利。《巴黎和约》意味着俄国失去了在黑海的主导权，失去了自彼得大帝、叶卡捷琳娜二世以及亚历山大一世以来取得的成果。《库楚克-凯那尔吉和约》、《布加勒斯特条约》以及《埃迪尔内条约》都失去了意义。尤其需要指出的是，放弃保护东方的东正教徒，意味着俄国忘记了卷入可怕的克里米亚冒险的原因本身。

为了使俄国能够更容易接受最后的第四项内容，苏丹于2月18日下诏宣布奥斯曼帝国的穆斯林和东正教徒在法律面前一律平等。不过，这并不足以令俄方觉得俄国自彼得大帝以来的历史使命得到了保障。拿破仑三世在平息因其他各项内容而产生的冲突中出了很大的力，支持俄国的立场。因此，奥尔洛夫想到向拿破仑三世

---

① "哈蒂-谢里夫"（Hatti-Chérif）是奥斯曼苏丹颁布的一份诏令、敕令，甚至可以说是一份宪章。

求助，但后者拒绝了。奥尔洛夫于是尝试以另一种方式维护俄国的权益，这一回他找到了瓦莱夫斯基。奥尔洛夫提出了一个法俄协议方案，重申了1852—1853年有关东方东正教徒的安排（这也是导致1854年冲突的原因）。瓦莱夫斯基否决了这一方案。

联军方面，尤其是英国人，担心拿破仑三世纵容俄国。法皇事实上的确在迁就俄国，尽管这并不意味着法国会转换联盟关系。拿破仑三世还要求普鲁士参加会议，并在和约上签字。不过就当时而言，他最挂念的还是意大利的统一。正是出于这一考量，拿破仑三世才鼓动皮埃蒙特参战。而且正如他要求普鲁士所做的那样，他也要求皮埃蒙特参会，成为《巴黎和约》的缔约方之一。

和约签订一个月后，直到所有签字国都通过和约之后，停火才真正实现，军队开始撤出克里米亚。

虽然法国牺牲了很多人（7.5万人阵亡），但战争结束后，法国成了欧洲的胜利者和仲裁者。巴黎会议废除了1815年的欧洲秩序，拿破仑三世许诺会有新的欧洲平衡。

不得不接受战争及战败苦果的俄国则进入了一个新时期。亚历山大二世从灾难中得到了教训，明白自己的国家需要重新确定总体目标。

在他看来，克里米亚战争的后果并不像乍看起来那么严重。从军事角度看，俄国当然输掉了塞瓦斯托波尔战役。但是通过在此鏖战，俄国也将敌人钉死在这里，从而遏制了敌军深入俄国国内。俄国真正输掉的是外交战役，是俄国的名声和荣誉。自彼得大帝以来，俄国就为在欧洲立足而战，为了跻身欧洲文明国家之列，俄国不断突破自然和历史强加在其身上的限制，挣脱欧洲试图将其框定

在亚洲的命运。

涅谢尔罗迭长期以来主导俄国的外交政策，不过在巴黎会议时期，他的时代过去了。1856 年 2 月，在涅谢尔罗迭卸任前不久，他向新君主阐述了自己的看法："从俄国和皇室的真正利益出发，我们的政策应该像以前一样，即维护君主制并反对波兰。自波兰被瓜分以来，俄国、奥地利和普鲁士之间存在着共同利益；对于我们这三个国家来说，维持这种利益共同体是最为必要的。"这一推断是无可指摘的，他很好地总结了罗曼诺夫帝国的外交方向，这一方向甚至在彼得大帝之前就已经确立。不过，俄国与奥地利的关系在尼古拉一世统治末期（尤其是 1854—1856 年，当奥地利投身俄国的敌人的怀抱时）已经动摇。俄奥之间的关系从未完全从中恢复过来。克里米亚战争之后，尽管涅谢尔罗迭竭力劝阻，尽管霍亨索伦家族依旧被视为战场上的父兄，尽管与维也纳和柏林团结一致的传统仍对俄国外交具有影响，但俄国的外交还是开始转到其他方向。

第十章
亚历山大二世—拿破仑三世：俄法和解？

1856年，戈尔恰科夫亲王入主外交部显示俄国对外交政策进行了深刻的反思。他是这一时期的过渡人物。自战败翌日起，戈尔恰科夫亲王就用一句简单利落的话界定了俄国的行动路线："俄国要静心沉思。"他就是个深思熟虑的人。在欧洲所有大国首都任职之后，他被任命为外交大臣，但这并不是拔擢他的唯一理由。在那个俄国遭受重大耻辱的当口，舆论需要一个俄国人负责外交政策。当时在俄国的高官中，名字听起来像外国人的官员数量众多，国家迫切需要一个俄国外交大臣和一个俄国方案。戈尔恰科夫是俄国人，而且源自俄国最为古老的贵族。他的家族可追溯至留里克[①]和统治斯摩棱斯克的亲王。从教育背景来看，他也接受了俄国的教育，因为他和普希金一样在沙皇村帝国高中上学。普希金在一首诗中向他致敬，称他为"命运的宠儿"。

[①] 瓦良格（Varègue）亲王留里克穿过波罗的海，在诺夫哥罗德安定下来，从862年开始统治。作为统治基辅直至13世纪的留里克王朝的开国之君，他源自俄国最古老的贵族家庭。他是一个传说中的人物吗？他存在过吗？

在职业生涯的开始，戈尔恰科夫一直被涅谢尔罗迭压制，因为后者觉得他是卡波季斯第亚斯的人。直到五十七岁，戈尔恰科夫被任命为驻维也纳大使时，涅谢尔罗迭才打消对他的敌意。戈尔恰科夫学识渊博，是个优秀的拉丁语学者，还会说法语。他是跟着马拉的弟弟学习法语的。马拉的弟弟在俄国用化名从事教育，深得伏尔泰式讽刺俏皮话的精髓，而戈尔恰科夫也学着如此和朋友说话。虽然他是众望所归的俄国人，但他并不愿将所有为国家服务的非俄国裔外交人员剔除出去。布吕诺、奥斯滕萨肯（Ostensacken）、施塔克尔贝格（Stackelberg）、巴德伯格等仍旧待在自己的岗位上，尽管这些名字的德语发音不时会引发一些非议。

戈尔恰科夫就任外交大臣开启了俄国历史的新阶段。人们一开始将亚历山大二世视为其父完美且忠实的继承人，但人们很快就发现他与现有秩序保持着相当大的距离。这就是俄国历史的新阶段。有谁会忘记尼古拉一世临死之际给儿子立下的遗嘱呢？要知道尼古拉为了儿子能够贯彻他所定下的路线，可是一直精心监管着儿子的教育。"什么都不要放弃"，就是说，不要破坏现有的秩序。亚历山大即位之时，正是俄国遭遇有史以来最为耻辱的败仗之际，他的确有理由发出质问。在塞瓦斯托波尔遭受羞辱的俄国的国力有坚实的基础吗？在其宣布结束东方战争的宣言中，亚历山大二世宣告要进行重大的改革，包括行政改革和司法改革。在这些使人安心的言辞背后，最关键的是那个长期以来困扰俄国的问题——农奴制。不论想在哪个领域实现进步，一个农奴占了人口很大一部分的国家都无法同欧洲诸国竞争。克里米亚战争已经迫使俄国拿出了所有的物质和精神力量，暴露了俄国落后的现实，而农奴制就是俄国落后

的最为重要的原因之一。一股自由之风吹拂着国家。赫尔岑在伦敦出版的《钟声报》(*La Cloche*)被秘密带入了俄国，且能量巨大。报纸揭露了俄国所有的不公、所有的丑闻以及所有体制的陈腐，说出了知识分子精英以及社会上大部分人想说的话。在所有改革方案的背后，农奴制的问题都会冒出来。农民不时发动的起义就向俄国社会提出了这一问题，他们总是追随那些向他们许诺自由和土地的骗子。战争进一步鼓动了农民。1812年时，农民们相信拿破仑会给他们带来自由；克里米亚战争之初，农民们又燃起了同样的希望。自1856年3月起，也就是《巴黎和约》刚刚签订完，亚历山大二世就"邀请"贵族探究解决这一棘手问题的方案。贵族，或者说至少一部分贵族担心农奴制导致的动荡，宣称"准备给农民以自由"。亚历山大二世给政府下令，让其准备解放农奴的工作。一番探索之后，为改革做准备的措施相继出台。1861年3月3日的法律则正式宣告解放农奴。农奴制被废除。之后，改变国家面貌的改革将一个接一个进行。

这一剧变中的俄国得到了克里米亚战争获胜者，即拿破仑三世的支持。法皇与亚历山大二世的关系值得重视，因为正是靠着拿破仑三世，战后两国的关系才有了积极的转向。我们已然看到，拿破仑三世称帝后，尼古拉一世和法皇之间的隔阂有多大。然而，俄国的战败以及随之而来的法国在欧洲称雄，这一转变以奇异的方式逐渐拉近了法俄的关系。除了战败带来的耻辱之外，巴黎会议之后的俄国一直觉得其东方政策崩溃了。根据会议提出的要求，俄国不能通过海路或陆路进军伊斯坦布尔，而失去比萨拉比亚也将俄国从东方剔除出去。战争已经表明，俄国不是一个欧洲国家。现在，俄

国也不能出现在东方了。

俄国的这一悲惨境遇必然会在整体上动摇欧洲体系。这一情况在巴黎会议之后就出现了。直到19世纪50年代仍旧存在的威斯特伐利亚体系正在消亡。一个新的欧洲从旧时代的巨大冲突中破土而出，宣示着一个新时代的降临。正处在内部转型期的俄国就是见证。戈尔恰科夫就是这么评估这个变化中的后克里米亚世界的，并得出结论，俄国必须从中吸取教训，以确定其政策和利益。他的信条"俄国要静心沉思"就是这种认识的反映。这就是亚历山大二世的新外交大臣不走涅谢尔罗迭老路的原因。当戈尔恰科夫在19世纪50年代末思索虚弱的俄国在世界上能做些什么的时候，他得出结论：为了实现内部变革，和平是不可或缺的。俄国应该与所有欧洲国家和平共处，不与任何国家结盟，信任那些真心实意表现出愿意忘记俄国的战败和屈辱的和平国家。在戈尔恰科夫看来，欧洲最愿意帮助俄国重新崛起、对俄国最怀善意的国家就是曾经打败它的国家——法国。戈尔恰科夫认为，法俄接近既有一些结构性的原因，也是出于时势。首先是地理位置，法俄处于欧洲大陆的两端，这就使两国不会成为天然的敌人。两国没有领土争端、地缘利益冲突和历史矛盾。不过，戈尔恰科夫也惊讶地指出，此种情况本应促使两国更早地联合起来，在欧洲扮演更适合二者的角色，然而实际上却没有产生这样的结果。除了切申会议，尤其是19世纪的两次短暂合作（《提尔西特和约》以及查理十世治下黎塞留公爵为解决纠纷做出的努力）之外，法俄之间的政策从未基于二者的共同利益以及它们影响欧洲的能力。在戈尔恰科夫看来，克里米亚战争就是不利环境导致的，当时法国无法与尼古拉一世就东方问题达成

协议，于是联合其他国家对付俄国。然而，就深层次来说，两国的利益并不是对立的，拿破仑三世也意识到改变方向有利可图。巴黎会议期间，拿破仑三世多次支持俄国的诉求。戈尔恰科夫认为拿破仑三世明白，战争一结束，法国的利益就会再次与盟友们的利益发生冲突（尤其是当触及法国边界问题时）。在与莫尔尼公爵接触时，戈尔恰科夫的俄国同僚表示拿破仑三世对俄国是有兴趣的。在给沙皇上呈外交方略时，戈尔恰科夫将法俄接近置于首要位置。这从他慎重选派人员前往法国代表俄罗斯帝国也能看出来。他和沙皇讨论大使的人选，声称这一选择将决定法俄关系的未来。亚历山大二世毫不犹豫地接受了戈尔恰科夫的意见。1856 年 7 月，沙皇任命 P. D. 基谢廖夫将军担任驻法大使。后者对此大为震惊，因为将军虽说有丰富的军事履历且在官僚系统中身居高位，但在外交领域着实是一位新手。亚历山大二世向莫尔尼公爵（拿破仑三世刚刚任命其为驻莫斯科大使）解释道："他是我父亲的老朋友之一，也是我长期以来的朋友。他领导着俄罗斯帝国最重要的部门之一。他的爱好、年龄以及所担任的职务原本与这一任务相去甚远。但是我之所以选择他，他之所以同意赴任，是因为我想要向拿破仑皇帝表明，我完全信任所挑选的这个人。因此我恳请你向拿破仑皇帝说明，他可以相信基谢廖夫伯爵所说的一切。"

沙皇对基谢廖夫特点的描述既公允又准确，但遗漏了一个不可忽视的细节——新任大使是位真正的自由派人士，而亚历山大二世的介绍中提及去世的尼古拉一世可不会令人想到这一点。

在基谢廖夫履新之前，戈尔恰科夫向其阐释了俄国对法国的基本态度，并补充说，既然拿破仑三世如此痴迷于意大利计

划,"假如他对尼斯和萨伏伊感兴趣,那么你可以让其知晓,俄国再也不会在物质和精神上支持维也纳了"。如果说基谢廖夫支持这一点的话,那么轮到涉及英国的问题时,他就非常抵触拿破仑三世的主张了。拿破仑三世希望将英国拉入俄国-法国-英国的三角联盟中,然而基谢廖夫坚信这有损俄国的利益。基谢廖夫更希望在缔结俄法同盟之前,先改善巴黎和圣彼得堡的关系,此后结盟就是顺水推舟的事。他还希望在这一过渡时期,适当迁就一下英国,因为他知道俄国在亚洲的进展是俄英冲突的根源。基谢廖夫还知道拿破仑三世为了实现其意大利计划,需要英国的支持,或者至少需要英国保持中立。因此拿破仑三世并不想在伦敦和圣彼得堡之间做非此即彼的选择,而更希望两者保持平衡。1856年秋,当戈尔恰科夫与莫尔尼预先为法俄缔结联盟而进行谈判之时,基谢廖夫的意见被纳入了考量。两位君主以及两位深受信任的大使之间的谈话,揭示了双方有合作的意愿,也揭示了彼此的分歧所在。1857年5月,当拿破仑三世在巴黎接待路过的康斯坦丁大公时,法皇让大公给亚历山大二世传话,告诉沙皇他想要和俄国缔结协议,以避免冲突乃至可能破坏和平的情况。拿破仑三世也向其透露了自己的担忧。德意志已经变得过于强大,普鲁士想要开疆拓土,奥斯曼帝国正处于解体之中。最后,国际社会不得不承认维也纳会议定下的原则已经过时了。基谢廖夫向戈尔恰科夫报告了这一会面,后者由此得出结论:结盟的时机到了。

亚历山大二世向"兄弟"提出了"符合两国利益的协议",但也表示自己不接受"法国革命性"的计划,因为这个计划首先瞄准的就是波兰。拿破仑三世对此表示理解。至于意大利,亚历山大二

世则指出他对"兄弟"的计划表示关切。

大政方针已定，还需要具体的措施在巴黎和圣彼得堡之间构建新的信任。这一信任建立在可被公众理解的各国现实利益之上。这就是莫尔尼的任务了。作为驻俄大使，他负责协商促进两国贸易发展的商贸协议。圣彼得堡此前的贸易保护措施阻遏了商贸的发展。莫尔尼开启商贸协议谈判，向谈判代表提了两点要求。首先，他指出俄国的关税太高了，他成功地劝说俄国将关税降低了近一半。其次，他对俄国的诉求提出了质疑。圣彼得堡方面抱怨俄国商船未享有法国商船所享有的权利，因此要求平等对待。莫尔尼说服谈判人放弃了这一诉求。俄国听从了，直到1874年俄国才得到了满意的对待。由于俄方在这两方面做出让步，1857年6月2日双方签署了商贸协议，并很快得到了各自君主的批准。这份协议由二十四项条款以及三项独立于文本的补充条款构成，罗列了缔约双方同意的所有优惠。根据缔结的协议，俄法的商贸往来得以发展起来。不过两国的商贸仍要面对两大难题。首先是地理问题。俄国只有两个可以用于出口的港口，即圣彼得堡和阿尔汉格尔斯克，而法国可以用于出口和进口的港口非常多。然而，最重要的是，双方的商贸往来不平衡，法国是获益方。贸易结构解释了这一俄国抱怨不已的处境。俄国向法国出口的主要是小麦。然而，法国政府想要保护本国的种植者，因为法国农民也是小麦生产者，进口俄国谷物会引起他们的愤怒。与之相对，法国却能向俄国出口俄国无法生产或产量不足的商品——香水、化妆品、奢华服装，当然还有葡萄酒。在这方面，俄国想要保护摩尔多瓦或克里米亚新兴的香槟生产，但是它既无法同法国的香槟和酒类竞争，也无法与受到俄国社会追捧

的法国名酒竞争。

另一笼罩在法俄贸易上的困难在于，1857年的协议激起了其他国家的觊觎，它们也想要得到俄国对法国做出的让步。美国和希腊的反应很快，并于1857年底与圣彼得堡谈及此事。作为俄国一直以来的商贸伙伴，英国担心自己的地位受到威胁，它严正要求俄国赋予其与法国同样的权利和优惠。然而，当时英俄之间的商贸关系已经严重恶化，1853年的协议自克里米亚战争之后就未曾更新。亚历山大二世答应了英国的要求，并于1858年12月31日签订了新的协议。这一协议为期十年，而法俄之间的协议有效期只有六年，这也显示了英国想要主宰俄国市场的决心。此外，如果将法俄贸易与德俄贸易进行比较，不难发现，尽管法俄签署了贸易协议，但德俄贸易量是法俄贸易量的两到三倍。与此相对，法国资本想在俄国进行投资。对对外投资感兴趣的法国银行越来越多，创立于1865年的里昂信贷银行就是其中的代表。在俄国外资的排名中，法国资本位列第二，仅次于英国。这些投资帮助俄国推动了亚历山大二世想要的工业化。因此，虽然俄法之间严格意义上的商贸往来并不总是呈现高速增长的态势，也没有确保法国占有优势地位，但1857年的协议还是改善了俄法关系，因为这一协议建立在互利的基础上，并开启了19世纪末法俄结盟的道路。拿破仑三世是有智慧的，他懂得重塑被克里米亚战争破坏的关系，安抚俄国，向俄国呈现了一个亲善友好且顾及俄国利益的法国形象。因此拿破仑三世在法俄关系中扮演了决定性的角色，为双方捐弃前嫌（对法国来说是1815年，对俄国来说是1856年）出了一份力。

1857年9月，戈尔恰科夫为两位皇帝在斯图加特安排了一场

会面，旨在正式确认两国的关系，并共同思考如何应对当前混乱的局势。作为1856年的战胜国，法国的经济状况在军事胜利后的几年都不太好。意大利的事也萦绕在拿破仑三世的心头。1858年1月，奥尔西尼刺杀拿破仑未遂的事件致使镇压措施进一步收紧，也使得人民的不满情绪日益高涨。一场战争即将开始，法国将要面对的敌人是奥地利。这场战争将使法皇能够从撒丁王国拿走尼斯和萨伏伊，并使法皇高举的两大原则，即民族国家原则和法国的"自然疆界"原则取得胜利。不过要想筹划好此计划，法国需要俄国的同意。法国无须担心英国，因为1857—1858年的英国正在忙于印度的事，对意大利的独立漠不关心。普鲁士毫无疑问会反对法国的计划，但是如果俄国支持法国的话，普鲁士就会表示同意，或者至少不会进行干涉。两国元首在斯图加特会面似乎表明二者在欧洲政治的一些重大问题上意见一致。戈尔恰科夫相信，拿破仑准备让俄国取代英国在其体系中的地位，因此他已然在谈论巴黎和圣彼得堡的联盟了。当戈尔恰科夫次年在华沙与拿破仑碰面时，前者向后者许诺，一旦法国和奥地利爆发战争，俄国会保持中立，并将屯兵加利西亚边境。战争爆发后，俄国军队如约而至，俄国对德意志诸邦施加的压力帮助了拿破仑三世，使他得以在马真塔和索尔费里诺打败奥地利。维也纳曾尝试阻止俄国偏向法国，但没有成功，戈尔恰科夫只满足于做对立双方的中间人，并建议召开一次欧洲会议。这一倡议未被接受。和所有欧洲人一样，戈尔恰科夫也被拿破仑三世和奥地利人在维拉弗兰卡（Villafranca）直接缔结的协议惊到了，此协议最终促成了1859年的《苏黎世和约》。戈尔恰科夫对此备感失望，因为他原本计划从战争以及俄国的中立姿态中获利，甚至希望

能够借助调停修改 1856 年的和约。然而，俄国没有参与协商，甚至都不知道维拉弗兰卡的秘密谈判，因此也就无法从战争中得到任何好处。更令人失望的是，戈尔恰科夫在斯图加特会面之时计划好的联盟失败了，因为一直以来困扰法俄关系的两大永恒问题，即东方问题和波兰问题又冒了出来。

斯图加特会面之时，土耳其问题曾被提了出来，双方也勾画了一个协议。俄国和法国在东方问题上采取一致的政策，双方的领事一同努力。然而当黑山遇到威胁之时，法国仅仅满足于派几艘军舰巡航拉古萨（Raguse），拿破仑三世拒绝采取进一步的行动。

1860 年 5 月，戈尔恰科夫将驻各大国的大使召集起来，向他们解释了保加利亚和波斯尼亚东正教徒的脆弱处境，并建议召开会议探讨奥斯曼帝国境内东正教徒的安全问题以及重新审视《巴黎和约》的后果。拿破仑三世拒绝了这一提议。戈尔恰科夫因此认为战胜了奥地利的法国志得意满，已经不是昔日斯图加特会面之时的盟友了。

此外，波兰问题再次证明巴黎和圣彼得堡之间不可能存在持久的和谐，对此已无须再感到大惊小怪。一旦法国对波兰表现出了某种意向，甚至给予波兰某种优待，俄国就会精神紧张，因为它将波兰视为自身需要捍卫的国家利益。拿破仑三世对波兰的处境抱有同情。在巴黎会议之前，也就是在他致力于稳住并帮助俄国的时候，他就提议或者说要求俄国接受波兰复国。彼时俄国无力反对，但英国的抗议致使该计划未能成功。1858 年，当波兰再度发生动荡之时，俄国君主接见了韦洛波尔斯基（Wielopolski）。后者再度重申了恰尔托雷斯基的观点，建议沙皇恢复一个受俄国保护的自由波兰。时任普鲁士驻圣彼得堡大使的俾斯麦得知此事后，向戈尔恰

科夫透露了普鲁士的担忧。戈尔恰科夫未对此做出回应，他强调波兰问题是俄国的内政，拒绝任何外部干涉。

波兰动乱爆发后，俄国发现其在克里米亚战争中的所有对手都支持波兰。法国认为，声援波兰事业就是在捍卫自由。此外，法国还与波兰的天主教徒团结一致。对于英国来说，波兰起义带来的好处是它破坏了巴黎会议后结成的法俄同盟。奥地利对于镇压本国的反抗运动向来毫不手软，但是对这一震荡波兰的起义却拍手叫好，因为这削弱了俄罗斯帝国。至于普鲁士（俾斯麦非常虚伪地表达了对这一危机的关切）则抱有同英国一样的看法，它看到了起义带来的好处，就是巴黎和圣彼得堡之间再生嫌隙。不过，俾斯麦也利用此事将普鲁士装扮成俄国唯一盟友的样子。他派冯·阿尔文斯莱本（von Alvensleben）将军前往涅瓦河（Neva）沿岸，后者与戈尔恰科夫签署了俄普协议，规定了恢复波兰秩序的章程。

这一协议明确了俄国外交政策的方向。戈尔恰科夫当然仍旧支持俄法接近。然而由于其个性及其所受教育，亚历山大二世其实更偏向转向柏林。波兰危机促使戈尔恰科夫去注意这一新的局势。

自1860年以来，波兰就处于风起云涌的状态。示威者走到大街上，闯入教堂，到处都可以看到人们挥舞着柯斯丘什科的肖像。1861年，扎莫伊斯基伯爵为推动俄国采取变革而建立的"农业社"要求亚历山大二世为波兰颁布一部宪法。随后冲突爆发了，大量的伤亡进一步激起了示威者的怒火。亚历山大二世于3月份做出的让步还不足以平息波兰人的愤怒。由于俄国在波兰全境大肆镇压，冲突日益加剧并最终导致了1863年的大起义。欧洲舆论汹汹。法国发生了越来越多的支持波兰的示威游行。1863年4月，法国、英国与

奥地利三国决定发出外交倡议。它们要求维也纳会议的所有缔约方支持一个由六点组成的方案，这个方案会被呈送给俄方用以解决波兰危机。这六点包括：大赦；在波兰建立国民代表制；任命波兰人担任公职；天主教信仰享有充分的自由；在行政、教育和司法中使用波兰语；改革征兵制度。列强们如此干涉，看来是忘了沙皇1861年对法国大使蒙泰贝洛（Montebello）侯爵所说的话："我并没有征服波兰，波兰是一份遗产，我有责任保卫它。假如发生叛乱，我就会进行镇压。"此话也堵住了任何外国势力企图干涉波兰的可能性。因此戈尔恰科夫斩钉截铁地回绝了三国的照会。此外，他还责备法国居然允许波兰侨民在法国境内积极从事反俄宣传，并在有关波兰问题的事实方面误导公众。戈尔恰科夫还拒绝了召开专门讨论波兰问题的欧洲会议的想法。欧洲被搞得颜面扫地，作为波兰事业的热心捍卫者，拿破仑三世声称："在华沙，1815年的条约被践踏了。"

考虑到普鲁士的立场（俾斯麦毫无保留地支持俄国）刚好和法国相反，俄法关系恶化就在意料之中了。俾斯麦明白，巴黎与圣彼得堡之间的冲突和不理解会给普鲁士带来众多可能性。在担任普鲁士驻俄大使期间（1859—1862），俾斯麦从容地观察了俄国政治。他很早就与戈尔恰科夫见过面，两人很合得来。在一次次的会面过程中，俾斯麦了解了俄国的野心和不安。他从近处看到了俄国国力从克里米亚战争的悲剧中恢复过来，见识到了俄国政治的负责人，即亚历山大二世和戈尔恰科夫的顽强意志。他们对俄国的国家利益以及维护利益的方式持有相同的观点。俾斯麦也明白对俄国持友善态度能为普鲁士带来什么好处。一个中立的俄国未来能够使普鲁士在欧洲占据优越的地位。

俾斯麦决定在东方反对奥地利，给俄国它所要求的自由行动的权利，而这是被欧洲拒绝了的。俾斯麦关于波兰的观点与戈尔恰科夫一致，他认为恢复一个总是动荡不安的波兰不符合普鲁士的利益。在波兰起义期间，俾斯麦已然向俄国表明普鲁士的支持不会仅仅停留在口头上。1863年2月8日，俄国和普鲁士在圣彼得堡签署了协议。协议保证倘若俄国有需要，普鲁士会出兵相助。协议几乎没有什么实际意义，俄国的胜利使得协议没有生效，但其政治意义却非同小可。俾斯麦后来声称，普鲁士在1863年波兰危机时对俄国的支持葬送了法俄联盟，但为普鲁士赢得了俄国的好感——我们在1870年将会看到后续的影响。在此次危机中，圣彼得堡再一次感受到了戈尔恰科夫所谓的"奥地利人的忘恩负义"，这也反衬出普鲁士的支持弥足珍贵。此举在欧洲帮了俄国的大忙。假使没有普鲁士的支持，俄国在恢复波兰秩序时就会陷入彻底的孤立，当时欧洲谴责俄国以"野蛮"的方式镇压民族起义。当俄国面对欧洲各国异口同声的谴责时，普鲁士的支持就越发显得宝贵了。不过，俄国很快就要为柏林的帮助付出代价。当需要抉择柏林和维也纳谁来定义德国的统一时，1863年的记忆将会产生重大的影响。

自此之后，俄国就倒向了普鲁士，对俾斯麦在欧洲的进展视而不见。1864年，俄国放任普鲁士以保护居住在丹麦的德意志少数族裔为名，兴兵击溃丹麦。此后普鲁士又侵占了石勒苏益格和荷尔斯泰因，圣彼得堡则对此不闻不问。1866年，俄国又听凭普鲁士将奥地利排挤出德意志邦联，坐视普鲁士废黜了汉诺威、拿骚、卡塞尔等统治家族（这些家族或多或少都与罗曼诺夫王朝沾亲带故），并将达姆施塔特（Darmstadt）、巴登、符腾堡等公国（俄

国的许多皇后就来自这些公国）置于自身的监管之下。要知道在伊丽莎白一世统治时期，当别斯图热夫-留明发觉腓特烈二世的普鲁士过于强盛且野心勃勃，西里西亚被普鲁士吞并也有损俄国的利益时，他可是让俄国投身七年战争的！

俄国的外交策略不仅使亲法派和亲普鲁士派互相对立，同时也经历了另一冲突。战争部、亚洲事务部和外交部的一些负责人认为，在克里米亚战争后成功平定了高加索的俄国可以在中亚采取更为活跃的政策了。对于他们来说，俄国有足够的能力（高加索战争已经证明了这一点），而英国一涉及印度就会很脆弱，现在是削弱其实力的时候。面对支持亚洲扩张论的人，要求保持谨慎的人也很多。他们聚集在戈尔恰科夫身边，对于他而言，俄国仍处于"静心"期，需要稳固其在欧洲的地位。戈尔恰科夫并不是唯一一个呼吁慎重行事的人。财政大臣洛伊滕（Reutern）也以经济上的需求呼吁克制。他希望俄国的国库能避免新的动荡。亚历山大二世一开始不知道在慎重和扩张之间该如何选择。不过，1863年在思考波兰危机时，沙皇考虑到了军人的意见。英国在欧洲极为敌视俄国（这一点在波兰问题上表现得尤为明显），倘若它看到了俄国在中亚的进展，会不会变得更好说话呢？除了军人之外，沙皇还要考虑商人和企业家的意见。美国南北战争为俄国的商业活动提供了新的动力。俄国的批发商希望在利润丰厚的棉花市场上取代北美出口商。然而，英国却想插足俄国在当地已经具有利害关系的中亚酋长国。经济利益、英俄竞争，一切都有利于扩张政策的支持者，而且俄国似乎有能力这么做。1863年后，亚历山大二世选择了扩张政策。切尔尼亚耶夫（Tcherniaev）将军率领的军队在中亚节节胜利，

暧昧的对手：俄国和法国，从彼得大帝到第一次世界大战　　252

考夫曼（Kauffman）将军组织建立了突厥总督区，其结果就是俄罗斯帝国的边界大大地向前推进了。征服中亚除了带来了地缘政治利益之外，还带来了强劲的内部需求。1861年的改革自然解放了农民，但也随之产生了土地问题。获得解放的农奴得到了一小块土地，但俄国农民并未就此满足。中亚提供了大量的土地资源。对于失望的农民来说，殖民中亚是一个充满诱惑的前景。成群结队的农民跟在俄国军队后头，侵占了被征服民族不得不拱手相让的土地。这给未来埋下了其他问题，但是1867—1868年俄国对新征服土地的殖民进一步体现了废除农奴制的好处。俄国扩张的势头可不仅仅局限于阿富汗方向。在同一时间，它还朝着太平洋方向推进，在阿穆尔河[①]和乌苏里江区域安营扎寨。当然，就在俄国在亚洲扩张的同时，亚历山大二世于1858年做了一个违背俄国历来传统的决定：他把俄国人已经殖民的阿拉斯加卖给了美国人。这一决定后来备受批评，但亚历山大二世这么做是有其经济考量的：700万美元进入了因克里米亚战争而空虚的俄国国库。这些"冻土"似乎对俄国没有什么用，而经略亚洲则需要新的人口。要想理解亚历山大二世的选择，以及他为何在选择盟友上举棋不定，就要考虑他在欧洲的行动和征服。俄国在欧洲仍旧陷于克里米亚战后的耻辱之中，它艰难地想要修改被强加在身上的有关东方问题的条款，却从未遂意。在寻求盟友（巴黎会议之后，法国本是俄国的最优选）的过程中，俄国遇到了永远绕不开的法国与波兰联盟的问题。在中亚和太平洋方向进行扩张有利于恢复俄国的强国地位，甚至连割让阿拉斯加也是

[①] 阿穆尔河就是黑龙江。——译者注

一种恢复强国地位的手段。南北战争一结束，美国就想要收复被俄国占领的土地（美国收回了俄国在加利福尼亚的据点）。俄国此举有利于建立俄美友谊。而当时英美之间相当敌对，这也促使戈尔恰科夫与美国缔结紧密的关系。

至 19 世纪 60 年代末，就在欧洲平衡处于转变中之时，德意志日益增长的实力引起了所有国家的注意。俄国的舆论也在讨论这一普鲁士冉冉升起背景下的欧洲新形态。那时，俄国的新闻界享有更为宽松的环境，一些大的出版物也为公众提供了真正的思想上的辩论。赫尔岑的《钟声报》以及其他报纸，如《俄国信使报》（*Russkii Vestnik*）、《莫斯科新闻报》（*Moskovskie Novosti*）、《欧洲信使报》（*Vestnik Evropy*），都在发表受人尊敬的作家的作品。青年时期与巴枯宁和赫尔岑相熟的卡特科夫（Katkov）后来转向了保守主义立场。他也在报刊上发文，批评戈尔恰科夫采取的亲普鲁士政策，他认为这对俄国和斯拉夫民族来说太危险了。卡特科夫在公众当中的影响力巨大，舆论一时间都赞同这位政论家所表达的观点，他们却更愿意接受同法国接近的想法。与舆论相反，俄国的负责人之所以支持德意志，是因为戈尔恰科夫的某种失望情绪。他总是维护俄法同盟的观点，且揭示了其中的逻辑所在。然而，拿破仑三世的沉默伤害了他，因为拿破仑三世总是无视其修改《巴黎和约》条款的要求，甚至连一点远景希望都不给他。这也解释了戈尔恰科夫为何最终倒向亚历山大二世的立场，更倾向于普鲁士。法国很快就能感受到俄国的失望所产生的后果。普鲁士已从亚历山大二世那里得到保证，倘若普鲁士和法国发生冲突，俄国将保持中立。

不过，就在此前不久，法俄之间经历了昙花一现般的友好时

刻。这一机会是由1867年在巴黎举办的世博会带来的。拿破仑三世邀请亚历山大二世参会。参加世博会能够彰显两国间的友谊，但俄国君主及其首相还抱有秘密的希望，因此亚历山大二世乐得参会。俄国君臣意识到法国正深陷墨西哥冒险的泥潭，他们由此得出结论：在这一艰难的处境下，拿破仑三世会更愿意同意俄国唠叨不已的要求，即修改1856年和约的条款。此外，圣彼得堡方面认为，德意志和普鲁士结盟的前景会促使毫不妥协的拿破仑三世软化自己的立场，毕竟此时德意志日益增长的实力令法国忧心忡忡。虽说沙皇及其继承人弗拉基米尔大公在法国受到了盛情欢迎，但还是出现了接待上的纰漏。沙皇行经之处，波兰人游行示威，还有些同情波兰事业的人聚集起来，朝着沙皇的銮驾高呼"波兰万岁"！比这一敌对气氛更严重的是6月6日的意外事件。当时，亚历山大二世和拿破仑三世正从一场阅兵典礼（普鲁士国王也一同参加了）中返回。突然，两阵连续的枪声响起，子弹很明显是冲沙皇而来。子弹未击中目标，两位皇帝亦处乱不惊，但是亚历山大二世却由此得出了结论。枪手是一个年轻的波兰人。沙皇暗自思忖：法国明知巴黎城内有众多极度憎恶俄国的波兰人，它怎么会不采取预防措施，不将波兰人监管起来呢？为什么不在俄国君主造访首都之际把波兰人赶出首都呢？这一重大的疏忽自然无助于法俄的接近。此外，亚历山大二世还注意到，东道主似乎没把此事看得太严重，至少没有像他期待的那样视其为悲剧。他本以为法国会判处凶手死刑（这是俄国的规矩），这样他就可以表现出宽宏大量的姿态，要求赦免凶手，他希望这会拉近俄法的关系。然而，凶手只是被关进了监狱，报纸还在同一时间宣称下次判决的时候凶手就会被放出来。亚历山大二

世的宽宏大量无处表现了。此外，枪手的辩护律师向法院陈情，声称波兰的苦难可以解释暗杀行为，请法院宽大为怀。这种状况促使亚历山大二世进一步确信，东道主天花乱坠的亲善言辞不过是表面功夫，甚至就是虚情假意。此次法国之行本来旨在重塑被削弱的法俄友谊（俄国君主就是这么希望的），甚至使俄国重新倒向法国（戈尔恰科夫还抱有这样的期待）。然而，事与愿违，此行反倒加深了两国之间自19世纪初形成的鸿沟。

因此，普法开战之时，俄国选择保持中立又有什么可大惊小怪的呢？1870年，在战争前夕，亚历山大二世对拿破仑三世发出的警报充耳不闻亦何奇之有呢？两国关系已经恶化到了不可挽回的地步。1870年7月，当法国向普鲁士宣战时，俄国一如它所承诺的那样，保持中立。除此之外，俄国还盯着奥地利，谨防其有任何支援法国的举动。

战争期间，亚历山大二世偏向普鲁士的态度表现得很明显。他不仅祝贺普军取得的胜利，给普鲁士派去医生和护理人员，甚至还派了一些军官。这些举动都与俄国宣称的中立国地位相违背。梯也尔多次试图软化俄国的立场。他甚至亲自前往圣彼得堡为法国的事业摇唇鼓舌，但徒劳无功。色当战役后，战败的法国请求俄国介入，让普鲁士降低要求，但俄国对此诉求仍旧置若罔闻。法国驻俄国大使加布里亚克（Gabriac）侯爵在1871年2月19日给儒勒·法夫尔（Jules Favre）的信中写道："我们不要对俄国有任何期待……如果说这个国家是中立的，其中立态度是偏向法国的话，那么沙皇则是偏向普鲁士的。而这个国家是沙皇亚历山大做主。"

亚历山大二世对法国的不满可不少，而且通常可以追溯至很

早的时期。他责备法国1812年放火烧了克里姆林宫,埋怨法国对俄国多次提出修改《巴黎和约》的请求置之不理。在亚历山大二世看来,塞瓦斯托波尔的失败和1856年的和约都从法国1871年的战败中找补回来了。沙皇的这些极端情绪无法在其亲信和俄国公众当中引起共鸣。不过,陷于仇恨之中的亚历山大二世却懂得最大限度地利用当前的局势。他提出的倡议赢得了整个国家的热情支持。色当战役翌日,沙皇就向内阁提议,由俄国自行宣布自己向来对其持有异议的《巴黎和约》已不再适用。面对这一不符合外交常规的倡议,大臣们一开始的反应非常冷淡。米卢廷(Milioutine)提议,只宣称有关黑海中立的条款失效。作为老练的外交人员,戈尔恰科夫找到了最为恰当的说辞。俄国给《巴黎和约》的缔约方递了一份照会,其中详细比对了俄方对和约中所有条款的持续遵守以及其他缔约方在对待同一文本时的自由散漫。照会的结论很明显:俄国不能接受独自遵守一份其他缔约方随意违背的和约。因此,俄国将不再信守承诺。另一方面,俄国知会土耳其,俄国不再认为土耳其应该放弃其在黑海拥有舰队和军事设施的权利。1856年的和约对于它来说已经不复存在。这一决定令俄国舆论大喜过望。舆论完全赞成俄国重返黑海。由于俄国缺少派往黑海的船只,舆论要求官方着手造舰。戈尔恰科夫的睿智受到了新闻媒体的一致赞赏。戈尔恰科夫难道不是在不发一枪、不牺牲一人的情况下,为俄国挽回了失去的尊严,赢得了一次重大的胜利吗?英国反对这一单边决定。虽然俄国的决定给现有的国际秩序所带来的变化令俾斯麦有些担忧,但出于对俄国的迁就,他还是提议在伦敦召开会议,召集所有关心这一问题的国家。会议于3月召开。与会成员国对俄国

没有事先咨询有关各方的单边举动感到遗憾,不过会议不会推翻俄国的决定。1871年3月13日的会议将这一决议记录了下来。

自1871年起,俄国对法国的立场渐渐发生了变化。普鲁士日益增长的实力(不久前就在战场上展示了一番)开始令俄国感到担忧。不过,立马改换门庭是不大可能的,因为法国似乎又一次被革命的恶魔占据。帝国覆灭了,巴黎公社充满了各种令俄国无法接受的信号。亚历山大二世重拾神圣同盟的雄心:"君主们应该联合起来反对革命。"不过,当法国政府围猎公社社员,并要求收容公社社员的国家将他们驱逐出去时,亚历山大二世便与俾斯麦一道决定支持恢复秩序。

亚历山大二世的观点再次和舆论相悖。亚历山大二世认为,应该依托奥地利来打击革命的威胁并抗衡普鲁士。在戈尔恰科夫和俄国舆论看来,业已恢复共和制的法国也许是俄国制衡德国、对付政治动乱的最可靠的盟友。此外,戈尔恰科夫认为,普鲁士和奥地利可能会携起手来。通过支持维也纳在巴尔干的野心,柏林能够拉近与维也纳的关系。不过,正如加布里亚克侯爵曾强调的那样,俄国外交政策的主人是亚历山大二世。戈尔恰科夫不得不屈服于沙皇的意志,与维也纳和柏林建立三方同盟。1872年,亚历山大二世去了柏林,次年又去了维也纳。自克里米亚战争以来,这是沙皇第一次同奥地利接触。此前沙皇一直谴责奥地利背刺俄国。俄国与奥地利的接近显然各怀鬼胎。如此一来,我们就能理解为何会产生关于"三皇同盟"的不明确的文本。文本将彼此的对立和背后的想法遮蔽了起来。圣彼得堡和维也纳最感兴趣的是巴尔干,彼此都寄希望于这一同盟阻止对方在巴尔干占据优势地位。为了实现这一点,二

者都寻求德国的支持。柏林则打算利用同盟中另外两位成员的冲突在欧洲谋划布局，而这刺激了亚历山大二世，因为他的眼睛也盯着欧洲。自1874年起，德意志帝国心怀忧虑地发现法国已经缓过劲来，因此想要延缓一下法国的崛起。翌年，看到俄国正忙于亚洲事务，俾斯麦认为俄国不会回应欧洲的事。得到麦克马洪提醒的戈尔恰科夫警告俾斯麦，俄国不会接受德国攻击法国。前往埃姆斯（Ems）的沙皇在柏林停了停，他直截了当地告诉威廉一世俄国准备支持法国。德国皇帝对自己的外甥起誓，他对法国没有任何非分之想。然而亚历山大二世的话还是惊到了他。俄国怎么会捍卫一个被革命精神裹挟且向来和波兰纠缠不清的国家呢？此时欧洲的政治风貌已经发生了些许变化。1875年的俄国仍旧唯亚历山大二世的意志是从，因此依然秉持俄德接近的方针。然而，俄国不能无视德国日益增多的出格举动，不能忽视德国带来的危险，因此，有必要重新思考与法国的关系。然而，一如既往，巴尔干的问题又冒了出来。

1875年，巴尔干半岛发生了一场新的战争。波斯尼亚和黑塞哥维那爆发了民众起义，几个月后保加利亚也爆发了起义。奥斯曼帝国机智地选择瓦解对手，各个击破，先安抚前者，后突然发兵击溃保加利亚。亚历山大二世决定回击。1875年的奥斯曼帝国已不是那个俄国曾多次与之作战的对手。奥斯曼帝国已经衰弱了，它要面对的不仅仅是要求尊重权利或自治的民族主义运动，还要应对要求独立的呼声，而这关乎奥斯曼帝国的生存。欧洲列强需要做出表态。它们想要怎么做呢？拯救奥斯曼帝国？瓜分帝国的残骸？怎么阻止某些国家（主要是俄国）这么做呢？帝国的覆灭对谁最有利？英国担心俄国占据伊斯坦布尔后进军波斯湾和苏伊士运河。就维也

纳而言，它害怕俄国鼓动在奥地利边界建立一个庞大的斯拉夫国家（塞尔维亚-黑山-波斯尼亚-黑塞哥维那），并将其置于俄国的势力范围内。最后，普鲁士想要通过将俄国推向战争来遏制其发展，它怂恿奥地利人去挑起战争。在这一各怀鬼胎的政治局势中，只有法国专注于自己的事务，因为它有太多的内部问题需要解决了。曾支持法国反对德国的俄国则认为，法国应该在巴尔干问题上投桃报李。

保加利亚的起义被镇压了，亚历山大二世需要进行干涉。他一开始赞同所有欧洲国家都同意的和解尝试。然而，1876年6月30日，黑山和塞尔维亚先后向奥斯曼帝国宣战。一场斯拉夫人的战争开始了，并于1877年4月24日演变成了俄土战争。俄国社会赞成开战，整个社会表现出一种斯拉夫人的精诚团结。斯拉夫人亲善运动自19世纪上半叶就已经兴起，最初深受宗教影响。不过从19世纪下半叶起，这一运动具有了政治属性，并为君主制提供了一种意识形态。维亚泽姆斯基（Viazemski）、丹尼列夫斯基（Danilevski）、陀思妥耶夫斯基等伟大的思想家强调了斯拉夫民族的精诚团结以及斯拉夫人的特殊命运。在俄国人看来，19世纪70年代的战争为表现这种团结和特殊命运提供了机会。充满热情的年轻人冲向征兵中心，要求与斯拉夫兄弟并肩作战。俄国尚未开战，但志愿兵们已蜂拥而入。为了缓解巴尔干兄弟们物资匮乏的情况，各行各业的俄国人踊跃捐赠，这说明整个俄国都被动员起来了。亚历山大二世准许年轻的军官参战，尽管这违背了俄国官方所宣称的中立立场。

俄国一参战，奥斯曼帝国的军队就招架不住了，俄军进抵伊斯坦布尔跟前。战败的苏丹请求停战，1878年3月3日双方在圣斯特凡诺（San Stefano）签订了条约，确认了俄国的全面胜利以及

欧洲政治格局的巨变。奥斯曼帝国失去了在欧洲的影响力，伊斯坦布尔成了帝国的边疆。俄国获得了不分和平与战时在黑海海峡自由航行的权利。不仅如此，俄国还得到了比萨拉比亚、两国亚洲边界上的军事要塞，以及一笔土耳其抗议无果的巨额赔款。

这一令俄国和巴尔干各国激动万分的条约在欧洲却受到了冷遇。大部分的欧洲国家（包括法国）都表示条约的"条款太过分了"。建立一个大保加利亚国既不符合伦敦的利益，也不符合维也纳的利益。两国的不满通过其军事准备表现了出来。面对这些可能触发欧洲战争的反应，亚历山大二世同意重新审视《圣斯特凡诺条约》的条款。6月13日开始的柏林会议就是为此事而召开的。在会议上孤立无援的俄国修改了《圣斯特凡诺条约》。俄方的代表戈尔恰科夫、舒瓦洛夫和乌布里男爵未能在会上维护保加利亚的完整，而英国保守党的代言人迪斯累里（Disraeli）则取得了胜利。保加利亚按照伦敦的意愿被分割了。《柏林条约》保证了塞尔维亚、黑山和罗马尼亚的独立，这是俄国取得的胜利，但一部分舆论却声称这是背叛。斯拉夫主义者宣称"这一耻辱的条约"是英国的胜利，此条约确保了英国在中东的优势。德国也被视为俄国的敌人。俄国对德国的敌意在划分边界时表现出来，俄国谴责德国人的举动傲慢无礼。这一敌意也产生了经济上的后果。俾斯麦选择于1879年施行贸易保护主义政策（提高关税并大幅减少进口），这令俄国深受其害。两国打起了"关税战"，俄国人认为这最终会使他们的国家丧失在柏林会议取得的好处。在俄国人看来，俾斯麦已经成了俄国的敌人。戈尔恰科夫在给沙皇的信中如是写道："俄德联盟是空中楼阁。"俄国应该寻找其他的盟友。去哪儿找呢？此时不

正是转向法国的时候吗？然而，法国却担心支持俄国会触怒德国。因此，法俄接近的时机尚未来临。

这就是为什么孤立的俄国眼睁睁地看着德国对自己不怀好意，但仍旧热脸贴冷屁股的原因。不过，尽管俾斯麦采取了贸易保护主义政策，但是德国为俄国的农产品提供了不可或缺的市场，还为俄国提供了装备。经过犹豫和几个月的冷淡期后，亚历山大二世决定向外甥伸出友好之手。亚历山大二世给德皇写信，两位皇帝于1879年9月在亚历山德罗夫会面。沙皇想要和德国缔结新的条约，但俾斯麦一定要把奥地利拉进来。尽管把奥地利拉进来有一个好处，那就是能够避免奥地利和英国结盟反对俄国，但俄国还是不想这么做。俄国把宝押在格莱斯顿身上，希望他能取代敌视俄国的迪斯累里。然而，俾斯麦一直给俄国施压，要求俄国尽快签署三方同盟条约。为了说服圣彼得堡，俾斯麦还提议三国瓜分巴尔干。俄国在"铁血宰相"的意志前屈服了。亚历山大二世甫一去世，俄国就签约了。亚历山大二世的儿子于1881年6月加入了三皇同盟，走上了其父虽备感失望，但一直想要走的联盟道路。

亚历山大二世践祚之时，他所面对的是近代俄国经历过的最为耻辱的败绩——克里米亚战争战败的悲惨局面。彼时的俄国人心涣散，不知能否保证领土完整。亚历山大二世殁时，发生了多大的变化啊！俄国重新赢得了尊严，扩张了领土，还抢占了势力范围，收获了盟友。当然，俄国一直讨好的法国尚未进入其盟友名单，不过众多因素都促使法俄关系发生了转变。1856年时，法国是无可争议的强国，俯视着俄国。1881年，关系发生逆转。法国政局不稳，还要担心周边日益强大的德意志帝国。俄国在两国关系中占优势了。

第十一章
终于结盟了!

亚历山大三世将于1881—1894年统治一个庞大的帝国,但是这个帝国有很多薄弱的环节,新任沙皇对此心知肚明。这个大帝国面对着一个奥地利、匈牙利和德意志的联盟,这使人想起1878年《柏林条约》给它带来的耻辱。英国则密切监视着俄国在中亚和阿富汗边界的一举一动,担心俄国朝印度挺进。除了这些历来的对手之外,俄国还要考虑德国捉摸不透的态度,后者在两张牌桌上都下注:一方面于1873年缔结三皇同盟,另一方面又自1879年起与哈布斯堡帝国结成军事同盟反对俄国。毫无疑问,在德意志帝国的成长过程中,俄国没少帮忙。俄国先是对普鲁士吞并石勒苏益格和荷尔斯泰因视而不见,然后又暗中助力普鲁士打败奥地利。最后在色当战役之后,俄国又拒绝劝说普鲁士放低要求。戈尔恰科夫不是唯一一个该对德国的统一担责的人。维多利亚女王也有责任,1870年前的拿破仑三世也曾放任德国的野心。俾斯麦的帝国成立十年后,俄国和德国的经济抱负发生了冲突。德国的工业对俄国的工业项目构成了可怕的挑战,德国通过提高关税关上了进口俄国小麦的

大门。俄国的公共财政深受其害,因为它在巴尔干的战争已经靡费甚多。俄国付出了惨重的代价,卢布贬值,通货膨胀,金融危机发生了。沙皇出色的新任财政大臣本格(Bunge)将着手重振经济。亚历山大三世知道俄国的虚弱之处。俄土战争当然表明俄国是个强国,但是战争也揭示出俄国没有维持实力的手段。丧权辱国的《柏林条约》以及经济上的困境已经残酷地证明了这一点。

1879年,当戈尔恰科夫离职之时,他对帝国处境的总结相当悲观。他指出了俄国的孤立状况以及所有盟友关系的脆弱。1879年2月4日,戈尔恰科夫给诺维科夫(Novikov)如是写道:"考虑到两个日耳曼盟友的勾当,三皇同盟不复存在了。"他知道在负责执行柏林会议决议的委员会中,德国外交官与奥地利人和英国人一道投票反对俄国。他还觉得不能指望法国,因为法国内政不稳。

戈尔恰科夫的继任者是尼古拉·德·吉尔斯(Nicolas de Giers)。临时补缺的吉尔斯致力于使俄国摆脱孤立状态,为其提供巩固现有成果所需的支持,因此他将转向三皇同盟。吉尔斯这个名字与19世纪末的法俄大同盟密不可分,可在一开始,他却是个微不足道的小人物。不过对于那些不只看表面的人来说,吉尔斯的个性令人肃然起敬。当需要做决定并为自己的选择承担后果时,他谨慎、兢兢业业且充满勇气。他一步步地往上爬,最终坐到了不可动摇的戈尔恰科夫的位置上。他一下子就找到了取得沙皇信任并让沙皇支持其工作的方式。亚历山大三世是个专制、固执且对自己的使命深信不疑的人。吉尔斯从不硬刚沙皇,但他也同样坚定地捍卫自己的立场,且通常最终都能说服沙皇。

1881年6月4日,仍在补戈尔恰科夫之缺的吉尔斯在一封致

所有大使馆的信中界定了俄国的外交政策："俄国的对外方针主要以和平为主。俄国仍会忠于传统的盟友，与此同时，它也会和所有国家礼尚往来。俄国相信建立在尊重权利和条约之上的普遍和平是稳固的。"

1881年6月18日，三皇同盟续约了，再次明确了三个缔约方对波兰的瓜分。然而，这一同盟无法阻止1879年的德奥同盟演变成三国同盟（1882年5月20日意大利加入）。

从俄国的角度看，三皇同盟首要的好处在于，另外两个缔约方承认"黑海海峡关闭涉及整个欧洲，且承诺共同监督土耳其不会对某个敌对势力开放海峡"。在与第四方势力（主要的潜在对象是英国）开战的情况下，奥地利和德国承诺保持中立。最后，奥地利接受保加利亚和罗马尼亚合并成为一个大的斯拉夫国家（奥地利此前一直不肯答应）。作为交换，俄国表示倘若日耳曼国家与第四方势力发生武装冲突，俄国会保持中立。此外，俄国也不会反对奥地利在认为合适的时候兼并业已派兵占领的波斯尼亚和黑塞哥维那。亚历山大三世的首次外事访问选择了去但泽，他在那里同威廉一世会面。1884年3月27日，三皇同盟又延长了三年。

英国方面，迪斯累里去世后，个性更为通融的格莱斯顿上台。一开始，这缓和了英俄关系。但两国的关系很快又恶化了。自科马罗夫（Komarov）将军着手征服梅尔夫（Merv，今土库曼斯坦马雷市），并于1884年觊觎土库曼人的国家以来，英国就怀疑俄国想要进军赫拉特（Herat）。这是开伯尔（Khyber）通道的前哨，占领赫拉特，便打开了通往印度的道路。1885年俄国人占领赫拉特在英国引起了轩然大波。战争似乎一触即发了？所幸伦敦和圣彼得堡意

识到在如此远离本土的地方开战风险太高，因此同意沙皇的岳父丹麦国王克里斯蒂安九世居中调解。调停的结果是在英国的支持下，俄国和阿富汗于 1885 年 9 月 10 日停战。1887 年 8 月 3 日在圣彼得堡签署的和约承认阿富汗拥有开伯尔通道，以及位于赫拉特 110 千米开外的祖勒菲卡尔（Zulfagar）绿洲。在这一有可能导致两国在中亚发生军事冲突的危机中，吉尔斯展露了自身的沟通天赋。他做出了一个能够稳定中亚局势的安排。他既安抚了伦敦，又获得了俾斯麦对俄国立场的支持。

就在亚洲危机刚刚得到解决，或者说正在谈判之时，巴尔干又爆发了一场危机。危机由二十二岁登上保加利亚王位的亚历山大·德·巴滕堡（Alexandre de Battenberg）亲王的轻率举动引起。此人是亚历山大三世的日耳曼表亲，但这个与亚历山大三世同名的人却敌视俄国，想要自己有一番作为。1881 年时，他意图兼并罗马尼亚。戈尔恰科夫阻止了他。后来，他又想要通过废除现行的宪法来改变保加利亚的政治生态，而此举将会削弱俄国的影响力。保加利亚因此成了圣彼得堡和维也纳角力的场所。当时腓力波利[①]爆发了起义，鲁米利亚地方统治者宣布鲁米利亚与保加利亚合并。仍旧不够谨慎的亚历山大·德·巴滕堡想要借机自立为大保加利亚的国王，而这并不符合柏林会议的条款。巴尔干半岛眼见就要爆发一场战争。吉尔斯呼吁三皇同盟的缔约方履行自身的义务，压制一下反叛的保加利亚。与此同时，亚历山大三世派考尔巴

---

① 马其顿亚历山大大帝的父亲腓力二世征服了此地，为其取名腓力波利（Philippoli），意为"腓力之城"。这个名字后来在斯拉夫语中逐渐演变为普罗夫迪夫（Plovdiv）。——译者注。

斯（Kaulbars）将军前往保加利亚，"扶持其他人上台"，以换掉亚历山大亲王。这场危机的最终结果对俄国不利，俄国失去了其在巴尔干的主要盟友，斯拉夫人精诚团结的梦也破灭了。维也纳却感到欢欣鼓舞，外交大臣卡尔诺基（Kalnoky）伯爵在一次充满威胁性的讲话中，否认了俄国有"领导"保加利亚政府的权力。

这一危机不仅差一点点燃了巴尔干火药桶，而且证明了三皇同盟是何等脆弱。亚历山大三世即位之初曾宣称，"我们和奥匈帝国永远都合不来"；经历了此次危机，他发现自己的悲观情绪完全合情合理。三皇同盟的期限快到了，沙皇无意再续签。俄国只有一个解决方案：押宝柏林。吉尔斯征得沙皇的同意，于1887年6月18日与德国签了一份为期三年的协议。这一协议使得两国宫廷在表面上又维持了数年的信任关系。然而，1890年，俾斯麦即将卸任时，双方的关系破裂了。继任的卡普里维（Caprivi）告知圣彼得堡，俄德协议不会续签了。

自拿破仑一世时期以来，俄国第一次被彻底孤立了。除了法国，还能去哪儿寻求支持呢？俄法双方的负责人想要结盟吗？当然，最引人注目的首先是双方的分歧。两者似乎在任何事情上都是对立的。亚历山大三世是专制制度的化身，他相信专制制度的效力，对共和制嗤之以鼻。法国在他眼中是一个正在走下坡路的国家。1886年，当法国大使阿佩尔（Appert）将军被召回巴黎时，沙皇宣称他觉得俄国没有必要保有一个法国外交代表，也没有必要向法国派遣俄国代表。外交大臣吉尔斯与沙皇所见略同，他还将格雷维（Grévy）、克里孟梭、弗洛凯（Floquet）视为"乌合之众"，觉得与他们结盟无异于自杀。

法国方面对法俄结盟的想法也好不到哪里去。格雷维明确地宣称与俄国结盟将会成为一个重大的错误，俄国这个盟友会在关键时刻抛弃法国。此外，俄国的政治体制，即结合了东正教的绝对君主制也只会让浸淫着共和与世俗观念的法国人望而却步。此外，19世纪初的苦涩回忆让两国对对方都怀有一种难以掩盖的敌意。不过，这一时期的俄法当权者并不能代表本国最具影响力的那批人的精神状态。法国的商人和企业家相信俄法接近好处不少。俄国的工业家和担心出口的小麦生产者则被德国的贸易保护措施困扰。德国国家银行拒绝向俄国国库放贷，在德国吃了瘪的金融家很高兴在巴黎找到了对向俄国提供借款感兴趣的人。

当时俄国本身的形象在法国也发生了变化。屈斯蒂纳曾描绘了一个专制、落后且有别于欧洲国家的俄国形象。当然，屈斯蒂纳的书之所以大获成功，除了思想深刻之外，其高质量的文学性也是不可或缺的；其后果就是俄国的形象一落千丈。然而，自19世纪中叶开始，另一种俄国形象取代了屈斯蒂纳描绘的形象。那是一个历史波谲云诡、文学璀璨闪耀的俄国形象。这一转变首先应该归功于梅里美（Mérimée）。他年轻的时候学了俄语，醉心于俄国的过去和作家。作为一名历史学家，梅里美写了一部资料翔实、学术价值很高的有关伪德米特里的著作。他还翻译了俄国作家的作品，尤其是果戈理的著作，获得了巨大的成功。三十年后，欧仁·梅尔基奥尔·德·沃居埃（Eugène Melchior de Vogüè）追随梅里美的榜样，在《俄国小说》杂志上引介了普希金、果戈理、屠格涅夫、陀思妥耶夫斯基和托尔斯泰。与此同时，阿纳托尔·勒鲁瓦-博利厄（Anatole Leroy-Beaulieu）又为法国读者提供了一个与屈斯蒂纳笔下

的俄国风貌大为不同的俄国形象。其著作《沙皇帝国和俄国人》以及《法国、俄国和欧洲》为法国公众呈现了一个更接近欧洲和法国，且着迷于欧洲的俄国形象。法国读者对这一与法国更为相像的俄国充满热情，而此时的法国正要寻找一个可靠的盟友。除此之外，还要算上诞生于 1829 年的法国最有影响力的期刊《两个世界》（*Revue des Deux Mondes*）的推波助澜。这本期刊为那些谈论和阐释俄国的作者留了很多版面，阿纳托尔·勒鲁瓦-博利厄就经常为杂志撰稿。在这些合力的共同作用下，法国人对俄国熟悉起来，也有了亲近感，同这一强国结盟的时机很快成熟了。

无论是公共舆论还是军人，抑或是两国经济的决策人（自 1890 年起，他们在圣彼得堡和巴黎的声响都很大）均对法俄联盟的设想跃跃欲试。然而，这一设想执行起来却颇为困难。有这么几个原因：首先是欧洲当前的局势，俄国已经挽回了在柏林会议上丢失的脸面，亚历山大三世致力于发展经济，然而遇到了相当大的问题。为了重振公共财政、减少赤字和稳定卢布，几任财政大臣，先是维什内格拉茨基（Vychnegradski），后是维特（Witte），都极力促进 1887—1889 年的农业丰收。为了达成目标，他们迫使农民狠干苦干，追求不切实际的产量（这将造成土地和人力资源的枯竭），还一直增税。重压之下，1888 年的财政状况还算不错。然而，这对社会造成了极大的伤害。1891 年，俄国不得不面对农业危机造成的饥荒；1892 年爆发的霍乱更给整个社会雪上加霜。亚历山大三世由此得出结论：俄国需要和平。然而，正是在这一时期，欧洲成了各个国家激烈对抗的战场。德国支持俄国在巴尔干的主要敌人奥匈帝国，要知道自 18 世纪以来德国都是俄国的首选盟友。亚历山大三世既想

第十一章　终于结盟了！

要维护俄德联盟，又想要和法国结盟，这简直是在玩火。

1887年的巴尔干危机已经将欧洲推到了战争的边缘。危机解除后，孕育危机的种子仍旧存在。1888年，费迪南·德·萨克森-科堡（Ferdinand de Saxe-Cobourg）登上保加利亚王位对于俄国来说是一种羞辱，因为俄国不认为他有登基的权利，他的选举也没有如《柏林条约》要求的那样得到奥斯曼苏丹的批准。况且，关于王位的安排，俄国早已相中了路易-菲利普的孙子，亚历山大三世怎么会对费迪南的上台感到高兴呢？尽管持有保留意见，亚历山大三世还是避免与维也纳发生冲突，从而维护了和平。在这一冲突背后，我们其实又回到了俄国一直以来优先考虑的德国问题。阿勒鲁瓦-博利厄于1888年写道："如果说圣彼得堡自七年战争以来有一个传统的话，那就是倾向于俄国和普鲁士联盟。"

当然，威廉一世的去世改变了这一状况。俾斯麦虽然还在任上待了一段时间，但是他与新君相处得不好，跟参谋部就更说不到一块儿去了。参谋部想要先发制人，阻止俄国的崛起。俄国对此是知道的，关税战以及外交关系的恶化已经发出了信号。此外，1888年2月，德奥于1879年10月7日签订的秘密协议被公布于众。协议明确写道："倘若缔约的一方受到俄国的攻击，两国都将全力以赴对付俄国。如果攻击来自另外一个国家，两国只需保持友好中立。"俄国怎么会忽视这一如此敌视本国的态度呢？

不过，两国还是做了一些努力去掩盖分歧。亚历山大三世和威廉二世因此进行了多次礼节性的会面。俾斯麦和吉尔斯为更新1887年的条约做了准备，而德国参谋部想要阻止这么做。不管怎么说，亚历山大三世还是想要和德国缔约，因为德国是俄国经济上

最好的伙伴。虽然德国有所保留，但它仍旧是俄国小麦的主要买家，且来自德国的工业品进口占了俄国工业品进口的80%。

1890年3月20日，俾斯麦的离职开启了一个充满不确定性的时代。德国会驶向何方呢？翌日，德皇接见了俄国大使保罗·舒瓦洛夫（Paul Chouvalov），意在向大使说明德国会遵循俾斯麦定下的路线，且有意愿更新条约。吉尔斯和俄国等了两个月，等待德方的话落实到位。然而，柏林风云突变。参谋部想要说服新任首相卡普里维现在是发动预防性战争的时候了，而卡普里维对此表示赞同。他认为，新的德俄协议不符合德国对三国同盟所做的承诺，况且他还想将英国和罗马尼亚拉进同盟。吉尔斯不知道卡普里维已经对德皇说了他打算放弃任何与俄国缔约的意图。当德国大使施魏尼茨（Schweinitz）回到圣彼得堡时，他可没有带着任何签署条约的任务。3月31日、5月14日和9月份，吉尔斯三次要求更新条约，但都惨遭拒绝。随和的吉尔斯迫切地想要找到协商的途径，哪怕新条约与1887年的条约不同也没关系。他指派舒瓦洛夫劝说威廉二世再考虑一下德国的立场，以便双方在巴尔干问题上达成协议，且确认黑海海峡的关闭。得到否定的答复后，吉尔斯又提出了另一个方案：放弃有关保加利亚的条款，或者双方交换一下照会。卡普里维还是不为所动，吉尔斯由此断定，随着俾斯麦的离去，德国与俄国缔约的想法也不复存在了。至于威廉二世，吉尔斯认为德皇首先想的是德奥英联合一致削弱俄国。

尽管如此，亚历山大三世还是需要犹豫好一阵子才开始与法国接洽。1890年，法国政府逮捕了在法国避难的俄国人（这些人被怀疑从事恐怖主义行动），沙皇的态度发生了转变。俄国成功向

法国借到钱也促进了俄国的转变。早在1889年，当俄国得知哥萨克和法军发生冲突（哥萨克攻击了吉布提对面的一个要塞）时，亚历山大三世宣布此事无关紧要，法俄关系也因此未受影响。这是俄国在乎法国的信号。法国总理弗雷西内（Freycinet）通过大使拉布莱（Laboulaye）传话，希望俄国可以考虑一下结盟的事。圣彼得堡方面虽然有所保留，但还是邀请法国参谋部副参谋长布瓦代弗尔（Boisdeffre）将军前来参加1890年8月在纳尔瓦（Narva）举行的俄国军演；威廉二世和卡普里维也参加了。法俄联盟的方案尚未实现，亚历山大三世还在摇摆当中。次年，亚历山大·里博（Alexandre Ribot）再次提出了这一想法。在此期间，沙皇得知了泰奥菲勒·德尔卡塞（Théophile Delcassé）在议会发表的亲俄讲话。沙皇遂下定决心与法国结盟。7月23日，海军上将热尔韦（Gervais）率领的法国舰队来到俄国首都。舰队一直待到8月4日。沙皇在穿戴整齐的皇室成员的簇拥下登上装甲舰参观，沙皇没戴帽子，听了在俄国被视为煽动性歌曲的禁歌《马赛曲》。从此以后，一切都朝着有利于协商的方向发展。事实上，协商自3月份就开始了。当时吉尔斯派在巴黎的俄罗斯帝国大使告诉法国政府俄国有意结盟。7月，法国舰队来到喀琅施塔得表明法俄可以打开天窗说亮话了。德国虽然在关注喀琅施塔得事件，但是并未把日益明显的法俄接近放在心上。卡普里维在德意志帝国国会上宣称："沙皇的意图是和平的。"

值得注意的是，吉尔斯努力把俄法关系控制在一定的范围内。他对一位询问此事的外交人员说："沙皇想要和平。如果法国人认为，倘若法国为了夺回阿尔萨斯−洛林而与德国开战，俄国会施以

援手的话，那么他们就想错了。"

自8月5日起，也就是法国舰队离开喀琅施塔得之后，亚历山大三世在信中同意法国和俄国互相承诺：如果和平受到威胁，或者两国之一可能遭到入侵，两国都会进行干涉。文本的具体内容尚未明确。8月15日，莫伦海姆（Mohrenheim）和里博互致照会，保证"在所有会威胁总体和平的问题上协调一致。万一和平真的受到了威胁，尤其是某一方可能受到侵犯的情况发生，双方需要明确应立即采取的措施"。

这份照会没有提及将军事内容纳入协议的可能性，但很快这个想法就被提了出来。吉尔斯持反对意见，他担心军事协议会累及俄德关系，毕竟迁就德国一直是吉尔斯最大的关切。他还担心军事协议会触发迄今为止致力于和平的亚历山大三世的战斗情绪。然而，军事协议的想法吸引了亚历山大三世，他努力说服吉尔斯考虑一下这个方案的优点。德国的强大也促使人们考虑它发动突然袭击的可能性。因此，1892年8月17日，两国各自的总参谋长，法国的布瓦代弗尔将军和俄国的奥布鲁切夫（Obroutchev）将军，签署了军事协议。协议规定，如果三国同盟国家有所行动的话，法国和俄国也会相应地动员起来。不过倘若只有奥地利一国有动静，那么俄法则不必履行条约规定的义务。假使德国和意大利对法国开战，或德国和奥地利对俄国开战，俄法承诺将互相帮助。只要动员令一下，法国将向边境派兵130万人，俄国则会派出70万到80万人。

协议甫一签署，亚历山大三世就接见了布瓦代弗尔将军，叮嘱他应对协议的文本保密；他甚至扬言一旦走漏了风声，他就会宣

布协议无效。亚历山大三世的首要目标是维护和平。他会批准协议，但是耽搁了一下，直到1893年12月才批准。

沙皇本想悠着点儿来，无奈俄德关系的持续恶化迫使俄国加快了俄法接近的步伐。当时德国对俄国征收的关税越来越高，而且在和平时期大规模扩军。被喀琅施塔得的仪式唤起了热情的俄国舆论也促使沙皇迈出这一步。最后，法国总统卡齐米尔-佩里埃（Casimir-Perier）的坚定态度也发挥了作用。他于1894年1月4日批准了协议。吉尔斯评论道："我们与法国签署了协议，但我们是与一个和平的法国签署了协议。我们只想要一件事，那就是和平。我们已经对法国人表明，协议要么是和平的，要么就不成立。"吉尔斯当然有理由希望俄法联盟可以维护和平，然而说实话，俄法签订协议之时，正是欧洲的冲突日益剧烈、敌对阵营之间的分歧越来越大的时候。

俄法同盟在俄国产生的第一个效果就是，圣彼得堡大主教宣布，在所有教堂的圣诞节礼拜中不再念诵诅咒法国的祷文（这是自1812年以来的传统）。对于一个宗教氛围浓厚的国家而言，此举释放出了重要的信号。

俄法的接近令三国同盟非常紧张，卡普里维两年前说的话早就被抛到了九霄云外。亚历山大三世明白这一点，因此他试图通过自身的举动缓解担忧。1894年3月4日，他极为郑重地前往德国大使馆参加了国庆招待会。这是他首次这样做，他举动引起了人们的注意和评论。然而，这并不足以阻止俄德关系的恶化。

数年来，俄国一如德国卷入了一场前所未有的改变欧洲的军备竞赛中。战争大臣瓦诺夫斯基（Vanovski）将军成功地向自己

的金融家同事维什内格拉茨基要到了大笔的款子。俄国军队的建设成果是惊人的。俄军成了世界上人数最多的军队，麾下有80万人，如果遇到总动员，人数能增至350万。武器装备的现代化以及大规模的征兵和培养军官，对俄国的预算形成了几乎难以承受的压力。然而，俄国还有其他选择吗？要知道德国也有超70万人的军队，且每年都在增加军事预算。此外，奥匈帝国的武装力量尽管没那么庞大，但可以被算入德国的武库。对于俄国来说，想要紧跟三国同盟中的前两强是相当费力的，因为卢布受到了柏林和维也纳金融市场组织的投机操盘（这也是德国焦虑不安的另一个迹象）。

不得不承认，俄国之所以想要为自身拉拢额外的军事力量（比如与法国结盟），是因为它感受到了威胁，或者说它几乎能确定德国准备进攻俄国。1887年亚历山大三世从柏林回来的时候，还说三国同盟的意图是和平的。随着时间的流逝，在得到参谋部警示的情况下，沙皇虽然还在重复上面的话，但已表现得越来越紧张。他知道奥地利正急着在巴尔干挑起危机，而这将把它的盟友德国卷入其中。他还知道保卫俄国这一世界上领土最广袤的帝国殊非易事。

亚历山大三世最终还是想要维护和平，[1] 保持俄国皇室一贯的亲德取向。与此同时，沙皇认识到了德国与日俱增的实力。为了应对这一挑战，他实行了强有力的军备政策，并建立了俄法同盟。然而，他始终注意确保这一联盟不会影响俄德关系，对军事协议

---

[1] 阿纳托尔·勒鲁瓦-博利厄在其著作《沙皇帝国和俄国人》中将亚历山大三世称为"和平的天使"。

内容的保密要求以及俄法双边协议就是明证。亚历山大三世还对以下事项非常上心，即法国不应该期待俄国在阿尔萨斯-洛林问题上做出承诺。最后，亚历山大三世为政的一个显著特点是，与自彼得大帝以来的所有前任沙皇不同，他并不谋求扩张俄国的领土。当然，在中亚，他被迫与英国争雄，以确保1884年关于阿富汗边界的协议得到遵守。不过沙皇的近臣、参谋部，以及斯科别列夫（Skobelev）、库罗帕特金（Kouropatkine）、奥布鲁切夫将军，还有以卡特科夫（Katkov）为首的一些知识分子，却对沙皇的谨慎不以为然。他们都声称俄国应该一直推进，如此一来，担心印度受到威胁的英国就能在欧洲对俄国客气一些。亚历山大三世顶住了这些压力。1892年，由于霍乱疫情从动荡的边境蔓延至俄国的中心地带，加之财政上面临的困难，亚历山大三世的和平意愿得到了进一步巩固。维特就任财政大臣后，不得不印制数百万卢布来救助公共财政。这一切都有助于抑制军方和民族主义者的扩张野心。毫无疑问，1892年在帕米尔地区发生的事件导致俄军和阿富汗埃米尔的军队发生了冲突，并威胁到了1884年的边界协议。然而，亚历山大三世拒绝让这一事件升级。对立双方（俄国和英国）试图争取中国支持他们的立场，提议由中国守卫帕米尔山口。然而，没必要这么做，因为事件逐渐平息了，亚历山大三世的谨慎政策取得了胜利。"不扩大俄国的影响范围"，不谋求将俄国的领土向阿富汗方向扩张，对每一起事件或挑衅都提出和平主张，这最终成为亚历山大三世迫使那些好战分子接受的纲领，并取得了巨大成功。

　　沙皇甚至成功地缓和了与梵蒂冈的关系，尽管俄国曾长期以来

与梵蒂冈在合并教会①和波兰天主教问题上存在分歧。1878年教皇利奥十三世的就职典礼就已经为亚历山大三世与罗马拉近关系提供了机会。沙皇向教皇传递了一则热情的消息。后者遂于1881年为斯拉夫世界的两位伟大圣人西里尔（Cyrille）和美多德（Méthode）发布了一条通谕。亚历山大三世向圣座派遣一名常驻代表的通道打开了。这名代表就是伊佐沃斯基（Izvolski），他的任命改变了俄国与令其着迷的天主教世界的关系，但波兰问题一直让这种关系蒙上阴影。

靠着对和平的追求，亚历山大三世成功地巩固了俄国的国际地位。在灾难性的克里米亚战争之后，俄国重新成了无可争议的强国。维持欧洲平衡的意愿是亚历山大三世政策的基调。沙皇一直在为和平而努力，为了实现这一目标，他致力于协调欧洲的敌对力量。和平的政策取向促进了俄罗斯帝国内部艺术和文化生活的繁荣。我们已然看到，俄国精神生活的受众已经越过了帝国的疆界而扩展至欧洲，促进了俄国与其他国家（尤其是法国）在政治上的亲近。

然而自1892年以来，亚历山大三世强健的体魄出现了衰弱的迹象。1894年10月10日，当得知沙皇病危之时，世人流露出的情绪表明这位和平人士是多么受人欢迎。人们在巴黎圣母院为沙皇的康复公开祈祷。教皇也同样在罗马为沙皇祈祷。

沙皇驾崩的消息传来后，法国的教堂和公共建筑挂上了黑纱，议会休会，各省政府降半旗。法国《时报》（*Temps*）1894年11月

---

① 合并教会诞生于1596年的布列斯特-立托夫斯克（Brest-Litovsk）教务会议。合并教会属于希腊天主教会，其信徒认可教皇的权威和首席地位，但保留东方教会的仪式和独特的教阶制度，其神职人员可以结婚。

3日的社论写道:"亚历山大三世受到东正教和人文精神的指引,他不屑于在战场上收获荣誉。他想要成为一个和平的皇帝……这使得他为俄国在世界上赢得了尊重。"通常敌视这位沙皇的《泰晤士报》写道:"俄国和欧洲失去了一位它们亏欠良多的君主。"《每日新闻报》(Daily News)解释了所欠何物:"亚历山大三世只要犯一点错,就会让欧洲陷于世界大战中。他没有犯错,这是他的功劳。"相较而言,德国媒体的报道显得更为暧昧,这也体现了俄法联盟在德国所触发的苦涩情感。

亚历山大三世为下一任沙皇留下了一份享誉国际的遗产,以及应对未来的资本,因为国际经济形势预示着一个对俄国有利的经济扩张期。新君主能否从父亲的智慧中获得教益?他能否抓住眼前的机遇?然而,没有人预料到,这不仅关系到亚历山大三世的继任者的未来,更关系到王朝和俄国的命运,而这一切都取决于他对这些问题的回答。

第十二章
尼古拉二世：法兰西岁月

历史有的时候充满了各种奇怪的巧合。亚历山大三世去世了，许多致力于拉近法俄关系的人物也离开了，欧洲政坛上出现了新的人物。在法国，总统萨迪·卡诺（Sadi Carnot）被刺杀；在俄国，一直忠心耿耿地推行亚历山大三世政策的吉尔斯也于1895年逝世。最后，极力促成法俄军事协议的布瓦代弗尔将军也退休了。

尼古拉二世需要赶紧找个人代替吉尔斯。他看上了一个很有个性的人——阿列克谢·洛巴诺夫-罗斯托夫斯基亲王。在伊斯坦布尔任大使期间，亲王对国际事务有了深刻的认知，尤其是对影响俄国政治的国家了解颇深。作为一名出于兴趣从事研究的历史学家，他对过去带给俄国的一切东西都有很深的理解。他和吉尔斯的不同之处在于，他对法国以及亚历山大三世与法国结成的联盟都持有不同的观点。吉尔斯总是不信任法兰西共和国，他并非自发地亲法，只是将与法国结盟视为让俄国摆脱孤立状态，以及抵消强邻德国威胁的一种手段。在他看来（他的君主也是这么认为的），俄法联盟绝非自发之举，而是用来应对一个野心勃勃且日益武装起来的

邻国所带来问题的武器。

与这种对法俄联盟温和且经过权衡的看法相反，对于洛巴诺夫-罗斯托夫斯基来说，俄法联盟乃是出于真正的吸引。尽管两国政体不同，但是作为一名坚定的亲法人士，这位大贵族真心崇敬且喜欢这个作为共和国的盟友。他喜欢法国的文明和历史，并且相信精神上的契合会把两个国家联合起来。对于他来说，俄法联盟并不只是抗衡德国的简单手段，它本身就是一个目的，一个机会，一种深化两国之间一切联系的方式。他在法国找到了一位与自己旗鼓相当的对话人——加布里埃尔·阿诺托（Gabriel Hanotaux）。和亲王一样，加布里埃尔·阿诺托也梦想着建立基于法俄联盟的"欧洲协调"。

不过，务实的洛巴诺夫-罗斯托夫斯基想着通过与德国合作，甚至依靠德国解决一些问题。这一开放的外交行动理念使他得以改善与柏林和维也纳的关系。他对英国的态度很坚定，但没有攻击性。他致力于缓和巴尔干（尤其是保加利亚）的政治氛围，还成功地结束了保加利亚的冲突。他主要发力的地方在伊斯坦布尔。一如所有的前任，他知道对于俄国来说，能够自由前往暖洋，也就是能够在黑海海峡自由航行是多么重要。和涅谢尔罗迭一样，他认为与苏丹友好相处更符合俄国的利益，俄国应该让土耳其享有控制海峡的权威，而不是将土耳其排除在外。这就是为什么当亚美尼亚人向欧洲所有宫廷求援对付土耳其人的时候，洛巴诺夫-罗斯托夫斯基更倾向于与英国持不同意见，捍卫土耳其领土的完整。

俄国通过亲土耳其政策在巴尔干和黑海巩固了自身地位之后，洛巴诺夫-罗斯托夫斯基一如很多俄国精英人士那样，动起了向远东扩张的念头。他想要加速西伯利亚铁路的建设，推进在因铁路发

展而突然与俄国接近的土地上的农业殖民。他得到了维特的支持，后者乃是俄国有史以来最为出色的财政大臣之一。两人携起手来，短短几个月内就在亚洲找到了俄国的位置。1895 年，俄国从日本手里夺取了中国东北，并将其还给中国人。清政府为此把经过这一地区连接西伯利亚和太平洋的铁路路权交给了俄国。

因此，尼古拉二世幸运地拥有了顺利的开局。他有两位通力合作的大臣。虽然两人没有扩大俄国的领土，但是他们在没有挑起冲突，也就是在未威胁和平的情况下，扩大了俄国的势力范围。然而，这位新君经常抱怨他命中注定是个"不幸的沙皇"。他这么说也并非没有道理，因为洛巴诺夫-罗斯托夫斯基这位杰出的大臣当了十八个月的差就于 1896 年去世了。失去这么一位兢兢业业、忠心耿耿的臣下看起来的确是件憾事。然而，据一些见证人所言，尼古拉二世似乎没受什么影响。这一被外人觉察到的冷漠当然是有一定原因的，年轻的沙皇太心急了。洛巴诺夫-罗斯托夫斯基能力很强，没有给尼古拉二世的决策留下多少空间，因为他知道沙皇对自己应该扮演的角色准备得还不够充分，对统治方面的难题也不感兴趣。可沙皇一心只想摆脱洛巴诺夫-罗斯托夫斯基的控制。

摆脱了麻烦的束缚之后，尼古拉二世找了一位与洛巴诺夫-罗斯托夫斯基截然不同的继任者。此人推翻了洛巴诺夫-罗斯托夫斯基的大政方针，在很短的时间内就败坏了俄国迄今为止赢得的声誉。米哈伊尔·尼古拉耶维奇·穆拉维约夫（Mikhaïl Nikolaïevitch Mouraviev）伯爵不似两位前任那么坚韧。他对上阿谀奉承，对于俄国的外交政策也没有什么个人的想法。然而，尼古拉二世本人对外交亦无多少见解。他从先皇那里继承了俄法联盟，就出于惯性希

望延续这一政策。然而，自己没有主见，辅佐的大臣又很平庸，因此沙皇老是中别人的圈套。我们从1896年沙皇执政之初的法国之旅就能看出端倪。

此次访问是经过精心准备的，从俄国和法国的报道可以看出，两国都非常重视这次访问。然而，尼古拉二世并不是真的想去法国。在前往法国前夕，沙皇已经对维多利亚女王说过这一点。沙皇之所以同意去法国，只是因为大臣们坚持以及受时局所迫。"俄国周"（法国媒体如此称呼此次沙皇之旅），事实上在1896年9月底持续了五天。俄国周的行程安排非常紧，准备得也相当细致，旨在给来访的俄国客人留下这样的印象，即与法国结成稳固同盟的想法是可取的。此次访法之旅让人想起彼得大帝当年的访问，不过在官方安排的事项上，此番访问要丰富得多。法国外交官阿诺托和俄国驻巴黎大使莫伦海姆男爵已对访问进行过筹划与讨论。俄国媒体也报道了沙皇对此行颇为满意，因为沙皇答应了法国所有的提议。不过，我们后来得知沙皇夫妇"要求如非必要，仪式不要搞得太长太累人"；俄国媒体报道了这一要求，法国的同行们则按下不表。

纯粹形式主义的仪式被简化了不少，但东道主安排的行程还是满满当当的。沙皇夫妇抵达的第一天的行程被安排在瑟堡。这一天被用来参观对两国防务都至关重要的海军。沙皇夫妇在英国船只的护送下从朴次茅斯出发，抵达瑟堡后，英国船只鸣放21响礼炮向皇家游艇"极地星号"告别。法国以101响礼炮迎接皇家游艇，"极地星号"则以悬挂法国国旗来回应。"极地星号"随后停泊在"马伦戈号"装甲舰（当年在喀琅施塔得，亚历山大三世就是在这艘装甲舰上听的《马赛曲》）旁边。两位俄国君主就这么被联系

起来：一位和法国结成联盟，另一位则来到法国巩固这一联盟。

人数众多的观察者一下子就发现尼古拉二世做出了一个反常的举动。总统菲利·福尔（Félix Faure）在岸上迎接尼古拉二世。尼古拉二世向总统打招呼，上岸后走向前去握住总统的手，还拥抱了总统。这一出人意料的举动让聚集在堤岸上观看的法国人激动不已。法国媒体对此进行了报道，俄国媒体则略过了这一点。在前去检阅海军部队之前，沙皇在瑟堡的兵工厂接见了法国官员（包括两位议长和部长会议主席）。此处，还发生了一个令法国人高兴的小插曲。沙皇的皇后事先告知她不想参加这一仪式，但后来突然改变了主意，声称这一时刻太过重要，不得不去。这令人记忆深刻的一天是以在兵工厂举行的豪华晚宴（总计提供了七十五份餐具）结束的。法国总统对沙皇说，法国海军感谢沙皇莅临。沙皇夫妇在法国舰队护卫下造访，使人想起了已故沙皇在喀琅施塔得和土伦检阅法国海军。尼古拉二世的此次访问从一开始就受到了其父光环的照耀。尼古拉二世的讲话尤以其流畅的法语为人所称道。然而，尼古拉二世的讲话尽管热情且表达了感谢之情，但是除了向"友邦"致意的客套话之外，不含有任何的政治倾向。那些希望从讲话中明确圣彼得堡和巴黎之间关系性质的人失望了。此处需要注意的是，1891—1894年法俄交易的内容及其性质仍属机密。

访问的第二天，沙皇夫妇来到了巴黎。他们住在格勒奈尔街的大使馆。在前往爱丽舍宫之前，沙皇夫妇去了首都中心达鲁街上由亚历山大二世建造的俄国教堂。沙皇的皇后在大使馆邀请遇害总统萨迪·卡诺的遗孀进行了私人会面。与此同时，沙皇在爱丽舍宫会见了政府和议会成员，以及一些前部长。尼古拉二世特地与那些

促进法俄关系发展的人进行了会谈。他和法国前任外交部部长亚历山大·里博谈及了在1891年开启的对话。这是"伟大联盟的肇始",部长向这位仁慈但并不怎么愿意回到这一话题的君主说。接下来就是一天的高潮——盛大的宴会。法兰西共和国借机表明法国的排场可与俄罗斯帝国相媲美,至少两国的新闻媒体都得出了这样的结论。

第三天,沙皇夫妇去了巴黎圣母院、造币厂和市政厅,此后又发生了两件不同寻常的事。沙皇夫妇来到了法兰西学院,他们享受到了只有院士才享有的参加这一团体周会的权利。当年彼得大帝来的时候,会议休会了。尼古拉二世得以和瑞典的克里斯蒂娜女王一样,有机会参观法兰西学院的工作。彼得大帝当年正是模仿法兰西学院创建了俄国科学院。另一件引人注目的事是纪念亚历山大三世的桥梁开工了。当然,这座桥的落成仪式还要等到数年后的世博会。然而,在这里,那位与法国结盟的沙皇与其继任者的关系被再度突显出来。彼时受众广泛的《不妥协者报》(*L'Intransigeant*)的社论评论道:"沙皇不仅为一座桥梁奠了基,还为经历了漫长黑暗后逐渐显露出光明的未来奠定了基础。"一天快结束之时,沙皇夫妇在格勒奈尔街的大使馆接见了法国客人。伴随法国总统前来的有四十五名国家和行政部门的高官。最后,这一天的行程在法兰西喜剧院结束了。经常疲惫不堪、害怕公开露面的皇后一直表现得很开心,这可能是被东道主的优雅和魅力折服了。她平时的冷漠和羞涩似乎都不复存在,法国媒体注意到了这一点,并将之归功于法俄关系的稳固。

直到目前为止,尊贵的沙皇夫妇都待在巴黎。翌日,在参观了卢浮宫和塞夫勒的瓷器厂后,沙皇夫妇追随彼得大帝的足迹前往凡尔赛。他们在战斗长廊享用了晚餐,观看了一场完美的表演

(法国比其他任何国家更懂得如何组织)。

最后一天则被用于参观军队。沙皇抵达法国时就检阅了海军。在离开法国之前，把沙皇召唤到沙隆营地的则是陆军。不过，在去往最后一站之前，他还抽空缅怀了这个以如此友好的方式欢迎他的国家的光荣逝者。他先去了荣军院，在被俄国打败的敌人拿破仑的墓前鞠躬致敬。此举表明过去的冲突已不再是两国关系的负担。然后他又去了先贤祠，那里埋葬着整个俄国都尊敬且能复述其作品的全能天才——维克多·雨果。沙皇很早就知道雨果能使两个国家联合起来。

最后，沙皇来到沙隆检阅了军队。他向总统做了动人的告别。一如沙皇在瑟堡所做的那样，他再一次打破常规，除了握手之外，他还热情地拥抱了总统。尼古拉二世在有四百名宾客参加的沙隆欢送晚宴上发表讲话，回应菲利·福尔所说的"法国与俄国之间坚不可摧的友谊"。他说："两国被牢不可破的友谊联系在一起，就像我们的军队被深厚的手足情谊联系在一起一样。"

法俄联盟及其秘密条款从未被提及。更重要的是，行程满满的访问结束后，俄国并没有按照惯例签署最终文本（没有任何宣言）。新闻界注意到并评论了双方交往越来越热烈的气氛，强调了某些表达方式，但关于联盟的书面合同基础这一令人头疼的问题，相关的报道仍付之阙如。尽管有些人质疑文本的存在，但《晨报》断言此次访问显然表明法俄之间存在相关的文本。

总的来说，人们对此次访问做出了非常积极的评价。《辩论报》(*Le Journal des débats*) 提及了构成法俄接近背景的三大事件，即《法兰克福条约》、《柏林条约》和三国同盟。这些事件削弱并孤立了俄国，使其转向法国。法俄联盟就是对这些事件的反应。这一

联盟已成事实,因为它迫使那些想要破坏和平的国家不得不有所忌惮。对于法国来说,法俄联盟既是为了洗刷1870年遭受的耻辱,也是为了抗衡四分之一个世纪以来一直是法国梦魇的德国。

在法国引起热烈讨论的沙皇之旅也吸引了其他欧洲列强的注意。奥地利人痛苦地比较了沙皇在法国所说的温言软语与他在维也纳的冷漠谨慎。德国人对沙皇的此番访问同样充满了忧虑。一些评论家断定,虽然法俄两国对于军事协议一事讳莫如深,但两国之间确实存在着这样的同盟关系。某些报纸的论述倒是没有上述论断那么确定无疑,它们指出俄国虽然需要法国,但同样需要德国。俄国不会牺牲它与柏林的关系,再说俄国向来寻求平衡。

沙皇夫妇回到俄国后,越来越多的人开始像饶勒斯那样大声质疑一个关键问题:"联盟条约存在吗?"饶勒斯补充道:"单凭福尔和阿诺托两个人,就可以将我们的国家拖下水吗?"

俄国方面的负责人始终不为所动,只给出了一个模棱两可的答复:"任何书面条约都比不上俄国君主的话。"不过,法国总统回访俄国后不久,情况就发生了转变。

在一开始,菲利·福尔原定于1897年春或6月访问俄国。法国总统原本打算带着外交部部长和一支法国舰队前往俄国。后来,人们得知行程被推迟到了8月。推迟的原因并非像卡齐米尔-佩里埃未现身亚历山大三世的葬礼那样是出于礼节上的考量,而是出于外交上的考虑。人们获悉在原定的日期,威廉二世将出席在俄国进行的大阅兵活动,因此人们决定将时间错开。6月22日,沙皇向巴黎发出邀请;菲利·福尔将邀请提交政府和议会批准。俄国提供了必要的资金,以举办一场与法国对尼古拉二世的招待不相上下的

招待会。人们开始讨论组织此次访问。第一个事项是迎接从敦刻尔克出发并在喀琅施塔得停驻的法国舰队。法国方面也对礼节花了不少心思。法国总统已被沙皇授予尊贵的圣安德烈勋章，因此他决定佩戴该勋章的绶带，而将法国荣誉军团勋章的绶带仅别在纽扣眼上。

在俄国，人们希望为法国总统组织一场与尼古拉二世在法国受到的接待相媲美的接待活动，俄国对法国总统菲利·福尔的好感则越发增强了这种愿望。菲利·福尔三十年前来过俄国，当时他给负责接待的俄国人员留下了良好的印象。那是克里米亚战争后的第十五个年头，他来洽谈两国之间的商贸关系，并对俄国在经济上实现的进步表示赞赏。他还公开为联军造成的损失（主要是指对敖德萨这一与黎塞留公爵关系颇深的城市造成的损失）感到遗憾。那次访问期间，菲利·福尔注意到了俄国重振国威的韧性，他在各处都对人与物表现出了很强的共情能力，这使他赢得了俄国的好感。著名的《新时代报》(*Novoe vremia*)如此描述道："菲利·福尔睿智、有意志、很用心……他是个典型的法国人，乐观、喜欢深思、活跃，确信自己的能力。"这一形象在菲利·福尔作为总统访问俄国之前被俄国媒体广泛报道，这也体现了俄国的期待，预示了俄国接下来的热情接待。俄国对此次总统之行的重视还体现在另外一点上，那就是从四面八方跑到圣彼得堡的大批记者和摄影师。他们都是来报道这一重大国际事件的。需要强调的是，俄国媒体高调的"报道"与外国媒体在同一时间的谨慎评论形成了鲜明对比。《泰晤士报》在总统行前就将此次访俄视为对沙皇访问巴黎的"礼节性回访"。不过俄国人却对总统此行期待满满，他们想要满足来宾愿望的想法也毋庸置疑。这从俄国在礼节上的安排便可见一斑。按照最初的计划，

沙皇会在彼得霍夫（Peterhof）迎接菲利·福尔。法国大使蒙泰贝洛提出了不同的意见，他提醒穆拉维约夫，沙皇访法的时候，法国总统可是一俟沙皇进入法国领海就立刻在瑟堡迎接。因此法方希望有类似的接待。穆拉维约夫满口答应，即刻改变了安排。8月12日，"波蒂奥号"抵达喀琅施塔得，迎接它的是一面面法国旗帜和《马赛曲》。尼古拉二世乘坐"亚历山大里亚号"从彼得霍夫赶来迎接总统。沙皇和总统两人一如去年那样，互相打招呼，不顾虑礼节地像老朋友一样拥抱。向来关注这些细节的《费加罗报》写道："沙皇像招待一位皇帝或国王那样招待总统，此举表明了两国联盟的现实情况。"后续的事件几乎是沙皇巴黎之行的翻版。法国总统下榻彼得霍夫宫，并在那里开启了最初的会谈。皇室家庭招待总统共进私人晚宴，然后又举行了一百六十人的盛大宴会。翌日游览首都圣彼得堡，参观市内最著名的建筑。在圣彼得-圣保罗教堂，总统在和平人士亚历山大三世的陵前放了一根金橄榄枝，随后参观了彼得大帝的小屋。这两位向法国打开国门的沙皇被置于此行的中心位置。当天行程即将结束之际，总统在圣彼得堡当起了主人。他在大使馆接待俄国的上层精英以及身居俄国的法国侨民。所有的见证人，包括记者和历史作者都很震惊地指出俄国民众对法国总统的欢迎是如此自发且热烈。涅瓦河的码头、通往涅瓦河的街道以及所有的广场都无法容纳蜂拥而至的人群。他们都好奇地想要看一看法国总统，为他欢呼，大声地展示热情，新闻报道坚称这种热情超过了当时已知的所有公共活动。

最后，8月14日的安排是检阅军队。法国大使要求仿照威廉二世的例子，但这一点却没法做到。德皇检阅军队（正是那次阅兵

推迟了法国总统的行程)的时候,威廉二世穿着制服骑在马上,走在军队的前头。菲利·福尔不可能这样做,他穿着燕尾服在皇后的陪同下,站着参加了检阅。当沙皇向行进中的军团致意时,他和皇后都站在高处。这一天在会谈和晚宴中结束。最后一天,也就是返程的那一天,是向法国舰队致敬的日子,那天中午在"波蒂奥号"举行了告别午宴。午宴上又发生了不符合精心安排的行程的事。按照安排,本有五十个人参加宴会,然而,本来不参加午宴的皇后(考虑到皇后的身体原因)再次认为法俄之间的友谊不由得她不参加。因此,皇后参加了午宴,还带了一批年轻的女大公。一切都要重新安排,包括餐饮、招待和装饰,方能使七十五个人在法国总统离开前向其致意。这些偏离礼仪的行为都表明了同一个愿望:超出最初的组织形式,展示两国关系的力量。双方都理解这一点,但与去年在法国的情况一样,关键问题仍然是这种关系的确切性质。

因此,尼古拉二世的祝酒词一如既往地受到了人们的密切关注。人们在彼得霍夫宫等待着沙皇的到来。然而,沙皇只说了"法国总统的访问将进一步加强两国之间的友谊和深厚情谊"。话里没有任何类似于承认正式结盟的内容。第二天在沙皇村检阅完部队后的情况也是如此。与俄国外交官们相处融洽的加布里埃尔·阿诺托觉得沙皇的话过于冷淡了。然而,应该如何进行补救?什么时候补救呢?只剩下最后一个机会了,即送别宴。外交人员因此开始发力。阿诺托为总统草拟了将在"波蒂奥号"宣读的最终祝酒词。他自作主张,在祝酒词中加入了备受期待的一句话,即"两个友邦和结盟的国家"。另一方面,穆拉维约夫完成了同样的工作,并偷偷地告诉了加布里埃尔·阿诺托。

这一切都是为了使两国元首最终明确指出两国之间的关系。或者更确切地说，人们期待一直对两国关系的性质秘而不宣的尼古拉二世能松口。尼古拉二世最终满足了对话人的期待，甚至可以说满足了两国的期待。

在菲利·福尔向主人家打招呼并表示感谢之后，尼古拉清晰地读出了那句长期以来备受期待的话的每一个字，即"两国的联盟"。当全场都在回味这一时刻时，沙皇走向前去，与客人碰杯。对法国来说，这是一场胜利，联盟终于宣告成立。《辩论报》立即发表了这样的评论："法俄联盟昨天正式向全世界宣告成立。联盟的成立需要这样一句话，现在靴子终于落地了。"

法俄互访在很短的时间内确立了一个对欧洲格局产生重大影响的联盟。这一点非常重要，因为它们具有非凡的历史意义。尼古拉二世像他那个时代的所有君主一样，不放过任何访问其他宫廷的机会。无论是在维也纳、柏林，还是在伦敦，沙皇的出访都遵守了众所周知的规则和礼仪：出访的目的是维护君主之间的关系，出访主要在君主层面进行，并没有调动广大的民众。这些访问都是一个元首迎接另一个元首，而非一个国家迎接一个元首，而且访问也只是为了巩固既有的局势。与之相对，19世纪末法俄之间的互访却将民众动员了起来，将整个民族及其统治者联合起来。因此法俄互访成了两国同心协力的象征，也成了为未来政治奠基的标志性时刻。法俄联盟冲击了既有的欧洲格局，表明了国际关系新时代的到来。菲利·福尔现身俄国，沙皇认可法俄联盟，法国为联盟所做的一切探索在此时修成了正果。

不过，政治风云变幻莫测，法俄联盟将面临现实的考验。

第十三章
经历现实考验的联盟

　　如果说法俄关系是尼古拉二世19世纪末的外交政策中稳定而成功的一个方面，那么这一成绩应部分归功于洛巴诺夫-罗斯托夫斯基亲王对沙皇的推动。穆拉维约夫贯彻了这一路线，法国方面的负责人也有意维护联盟，这有助于法俄联盟的持久延续。不过，我们前面说过，穆拉维约夫在能力和品格方面都比不上前任。他没有远见和自己的想法，只求不要忤逆了沙皇。这就导致在穆拉维约夫领导外交部门的三年间，俄国的外交政策飘忽不定，缺乏连贯性。其结果就是，穆拉维约夫在短短几年内损害了俄国自克里米亚战后在世界上重塑的威望。

　　俄国外交政策的不连贯性首先是由于穆拉维约夫欠考虑的行为，他的行为违背了俄国遵循的总体路线。洛巴诺夫-罗斯托夫斯基以及那些与法国洽谈政治联盟和协议的人，都对明确俄国的立场非常上心。俄国想要帮助法国，与法国接近，但是同时明确这并不意味着它会支持法国的复仇政策。然而，1896年沙皇访法之时，穆拉维约夫却给巴黎留下了截然相反的印象：俄国会支持法国的复

仇计划。此后，在沙皇每次出访期间，穆拉维约夫都会说一些有损俄国政治信誉的话。比如在柏林的时候，他提出了组成联盟反对英国的想法。然而，这与俄国继承自亚历山大三世的和平姿态相悖。穆拉维约夫在维也纳的表现也好不到哪里去，他说了一堆挑起欧洲纷争的话。他在维也纳宣称，俄国承认奥地利对波斯尼亚、黑塞哥维那，甚至桑扎克的新帕扎尔（Novi Pazar）部分地区的主权。这些与俄国的谨慎态度完全相左的话对维也纳没有产生任何影响。更为过分的是，当克里特岛发生动荡时，穆拉维约夫一会儿断言俄国除了维护奥斯曼帝国领土的完整之外别无他求，一会儿又提议俄国可以通过帮助希腊控制克里特岛来解决问题。要知道俄国在这一地区一直致力于塑造维护现有平衡与和平的国家形象。穆拉维约夫说的这些互相矛盾的话，只会使那些关注这一地区危险冲突的国家困惑不已。

尤其是在远东地区，沙皇易受人影响的性格和穆拉维约夫在一定程度上能力的欠缺，真正将俄国推向了危险境地。穆拉维约夫在远东的行动受到了德国的影响，而后者介入远东则是出于一件令人恼火的小意外：两名德国传教士在中国被杀。德皇想要复仇并派兵进驻中国的胶州湾。穆拉维约夫动员尼古拉二世说，俄国在这一地区采取行动的时机到了，当前的局势有利于俄国先发制人，也就是占领中国的旅顺和大连。在穆拉维约夫看来，中国领土的完整性并不重要，欧洲列强可以随意进行干涉。维特反对这一计划，他提醒尼古拉二世注意，两年前他和洛巴诺夫-罗斯托夫斯基一道阻止了日本割占中国东北，且与中国有过商讨。沙皇听了维特的话后犹豫了一会儿，但后来还是被穆拉维约夫的想法吸引。远东当然很

远,但是俄国可以通过殖民和西伯利亚铁路在这一方向进行扩张。沙皇还认为,正是因为遥远,俄国的冒险可能没什么危险。此外,尼古拉二世如何能够忘怀年少时期在远东土地上遭受的创伤呢?当时,一个日本人朝沙皇的脑壳劈了一刀。从那时起,他对亚洲的民族便抱有极强的敌意。虽说罪魁祸首是个日本人,但向中国扩张的想法还是吸引了他。得到沙皇的同意后,穆拉维约夫就带领俄国投入远东的冒险。他根本没想过让俄国做好准备,也没有尝试必要的外交接触。此外,穆拉维约夫对德国的好感促使他追随柏林方面决定采取的报复行动。

被派往旅顺的俄国舰队于1897年12月抵达。彼时的中国无力抵御其所面临的各种压力。俄国逼迫慈禧将被俄国舰队占领的旅顺和大连永久租借给它。慈禧不得不接受这一要求,同时接受俄国可以有一条连接这两个地方与中国东北地区的铁路,最后还承认俄国享有在租借地驻军的权利。这一行动的成果自然是很丰硕的,穆拉维约夫也不吝于四处宣扬俄国在这一地区取得了多么大的成绩。穆拉维约夫并未考虑到英国会有何反应。甚至早在中国对俄国的要求做出回应之前,索尔兹伯里(Salisbury)就已经让英国大使向俄国提议两国之间进行合作。穆拉维约夫对这一提议不感兴趣,只是用推诿的话搪塞过去。中国同意俄国的要求后,旅顺变为俄国的基地,这就使得对话难以为继。英俄在中东和阿富汗边境的对抗已然很激烈,这一回就越发激烈了。英国并不是唯一一个感到愤怒的国家,日本的反应同样很强烈。俄国对朝鲜的企图已经触动日本,日本在第一时间向圣彼得堡提出了一个妥协的方案,即划分势力范围:俄国控制中国东北,朝鲜则被划入日本的势力范围。圣彼得堡

第十三章 经历现实考验的联盟

对这一提议充耳不闻，继续向前拱卒。日本则等待着时机。

再过几年，俄国就将为穆拉维约夫的鲁莽付出代价。作为俄国的盟友，法国只是客气地表达了一下自己没有得到通知的惊讶。德国则乐得其成。俄国卷入远东为德国在欧洲政坛上排除了一个对手，这向来是柏林希望看到的。几年后，威廉二世将进一步发展这一主题，以"大西洋海军上将"的身份对抗尼古拉二世，并将其称为"太平洋海军上将"。尼古拉二世不知道德国的谋划乃是在欧洲避开俄国，穆拉维约夫甚至在某种程度上成了德国政策无意识的执行者。

还是一如既往地前后矛盾但又自信满满的穆拉维约夫想着以俄国的名义召开和平与裁军国际会议。由于俄国在中国的轻率举动及其所造成的骚动，几乎没有人附和穆拉维约夫的倡议。多变且缺乏外交手腕的穆拉维约夫已经失去了他国的信任。因此，1899年6月，在海牙举行的一场由俄国人斯塔埃尔（Staël）先生主持的会议只获得了微弱的回应，且没有得到任何结果。这种情况有什么值得惊讶的呢？在19世纪末变得至关重要的裁军问题居然那么轻松地就被排除出了议事日程，会议最终只拿出了一个非常模糊的文本，文本建议和平解决国际冲突。

与此同时，中国爆发了义和团运动。中国不再接受欧洲国家的恣意妄为。穆拉维约夫恰好在这一反噬其行动的运动爆发时去世了，尼古拉二世终于可以选一个更称职的外交大臣了。需要强调的是，虽然沙皇对穆拉维约夫言听计从，但他对穆拉维约夫的死并没有多少同情。穆拉维约夫的死对于俄国来说是个机会，因为尼古拉二世回到了一直以来的传统，也就是任用为自己的角色做好充分准备的外交官员。

沙皇最终选择了弗拉基米尔·拉姆斯多夫（Vladimir Lamsdorff）伯爵。后者与尼古拉·德·吉尔斯关系密切，而且是位久经考验且能力卓越的外交官。他在官场上步步高升，并做好了面对日益恶化的国际局势的准备。一如吉尔斯，弗拉基米尔·拉姆斯多夫并不是真正的亲法派，他更倾向于认为与德国结盟对俄国更为有利。不过，他渐渐意识到与法国结盟是多么重要，只是他仍旧注重与柏林和伦敦保持均衡的关系。此外，还要考虑一点，当拉姆斯多夫入主外交部时，外交政策的制定权向来是属于君主的，至少尼古拉二世是想要掌控外交的。然而，尼古拉二世通常缺乏做决定所需的判断力和经验。外交大臣拉姆斯多夫资质不错，但缺乏诤谏的胆识。他总是过于想要讨好沙皇。然而，尼古拉二世的外交政策通常充斥着不幸且不合时宜的举措。

因此，20世纪初以及外交大臣拉姆斯多夫上任伊始的这段时间，俄国被一种在远东进行冒险的思路牵着走。这种思路为未来的灾难埋下了伏笔。俄国趁义和团运动之机挺进远东地区。尼古拉二世借口帮助中国，向中国东北派兵。在同一时期，俄国的冒险家们进入鸭绿江地区。沙皇宣布俄国需要保护他们，因此俄国也把目光投向了朝鲜。这些举动激起了英国和日本的愤怒。二者于1902年签署条约，确保倘若日本与俄国发生冲突，英国将援助日本。俄国在圣彼得堡展开了一场在远东该如何行事的大讨论。维特和拉姆斯多夫为辩论的一方，他们呼吁谨慎行事并且放弃对朝鲜的企图。另一方的主张则非常具有侵略性，他们声称继续朝鲜计划可以给俄国带来真正的国内外利益。俄国的举动会引起一场规模有限的局部战争，这将有利于缓和国内的反对声音，还能够转移"骚乱分子"的

诉求。用内务大臣普列韦（Plehve）的话说，这将是一场"有益的小战争"。被国内高涨的反对情绪激怒的尼古拉二世认同好战分子的想法，忽略了日本方面的和解尝试。1903年夏，维特离职，缓和派的阵营遭到了严重削弱。

德尔卡塞充满忧虑地观察着盟友俄国所走的道路，他于1904年提出了调停的建议，但没有收到结果。尼古拉二世当时认为他可以轻松战胜他所蔑视和轻视的日本。沙皇盲目举动的后果就是一场真实的战争，以及俄军于1905年1月在旅顺被歼灭。一周之前，沙皇就威廉的一则消息引申道："任何有理智的人都应该承认，朝鲜必须是而且将会是俄国的。"对于俄国来说，日俄战争最惨痛的经历莫过于波罗的海舰队的覆灭。5月28日，前来支援的波罗的海舰队在对马海峡被日军歼灭。外战失利引发了内部的动荡。支持这场"有益的小战争"的人原本希望借此缓和国内的气氛，但这场战争非但没有实现他们的预期，反倒引爆了内部的局势：政治危机、1905年在圣彼得堡发生的革命以及边疆的冲突。整个俄国都起来反抗沙皇，沙皇不得不妥协，并通过十月宣言承诺实行君主立宪制。

这些事件动摇了君主制，也吓到了所有的欧洲列强。欧洲的平衡会不会就此受到牵连？各方都呼吁俄国进行谈判。日本同样也为战争付出了惨重的代价。它知道俄国已经失去朝鲜，甚至可能丢了中国东北，俄国在远东已不再是威胁，因此日本做好了协商的准备。1905年8月，美国总统罗斯福组织召开了朴次茅斯会议，结束了日俄战争。尼古拉二世将维特召回来负责谈判，多亏他，俄国才不至于颜面尽失。维特的处境很艰难，甚至可以说难以忍受，但

是沙皇的任命已经下达。维特可以放弃这些土地（其实这些土地并非俄国的领土），但是不能接受赔款。维特出色地完成了任务。日本人将赔款问题视为协商的先决条件，但维特则成功地说服他们：倘若日本不放弃赔款，俄国就不会参与协商。最终维特获得了胜利。然而，俄国失去了旅顺、大连，以及中国东北其他地区的土地，还有萨哈林岛（库页岛）南部。

维特以胜利者的姿态回到俄国，沙皇授予其伯爵爵位，日方谈判人员回国后却受到了嘲弄。在维特的主持下，俄国的亚洲冒险结束，重新评估俄国政治的时候到了。俄国的冒险还引发了与英国的冲突。1904年，俄国舰队将英国船只误认作日本船只，并向其开火。伦敦进行了反制，一个国际调查委员会介入，俄国不得不向英国支付赔款。对于俄国来说，又是一个耻辱。

尼古拉二世尤其难以忍受后面的这一耻辱，他认为英国在这个"小意外"上故意大做文章。威廉二世也趁机拱火，强调英国一贯以来对俄国的敌意。因此，尼古拉二世想着组建一个反英的三方同盟，把德国拉进法俄同盟（这一点俄国外交大臣并不知情）。

到目前为止，法俄同盟算是很好地维系了下来。1900年的世界博览会给了俄国展示自己的机会。俄国可以向世界展示，它是如何从1889年巴黎世博会时那个存在感不强的国家，一跃成为现代工业强国的。维特将俄国在巴黎的展示视为一种真正的宣传工具，其目的在于稳住盟友法国，并吸引更多的借款。俄国想要在远西[①]这个富饶强大的地方展示自身。一切都有助于俄国提升其在法国的

---

① 这里指法国。——译者注

声誉。博览会正式开幕后，卢贝（Loubet）总统在亚历山大三世桥（尼古拉二世于1896年为此桥奠基）下遇到了俄国的大使。两人一起在桥下乘船而行。这进一步增强了俄国的存在感，俄国众多的参展商本就获得了数不清的奖项。维特赌赢了，法俄联盟因人们所称的"世纪博览会"而熠熠生辉。

　　1902年，卢贝总统访问俄国，此行获得了巨大的成功，进一步促进了法国的储户蜂拥购买俄国的债券。法国人之所以热情满满，是因为他们得到了高收益的许诺。俄国通过巧妙的宣传搭配财政上的论据做出了这样的承诺。俄国政府最臭名昭著的掮客是一个相当可疑的人物，此人名叫伊利亚·法迪耶维奇·叙翁（Ilia Fadeïevitch Cyon），他自称埃利·德·叙翁（Élie de Cyon）。他最初是维什内格拉茨基的债券推销员。后者于1888年在法国市场上发行了第一笔债券，而叙翁的任务是以贿赂的方式引导舆论。他找了那些能够制造舆论的人（特别是记者）进行宣传。然而，叙翁却引发了一场丑闻。他指控俄国外交大臣向罗斯柴尔德银行索要大笔的佣金，而他已经同后者协商了最初借款中的一笔。维特取代了维什内格拉茨基，他不想让埃利·德·叙翁担任大使的密使。叙翁则继续大肆揭发这些借款产生的腐败，揭露了记者和政客的胡作非为。幸运的是，在俄亚银行巴黎支行董事长拉法罗维奇（Raffalovitch）的努力下，俄国大大地挽回了形象。维特让拉法罗维奇负责向那些有影响力的人物分发资金，以期形成有利于俄国的舆论。

　　自20世纪最初的几年开始，我们可以看到，法国舆论就对维特的现代化政策表现出了真正的兴趣，并且越来越关注俄国。这就需要提一提朱丽叶·亚当（Juliette Adam）及其沙龙所扮演的角色。

朱丽叶·亚当活了一百岁（1836—1936），作为一名记者和作家，她很早就对俄国产生了兴趣。尽管深信共和主义的朱丽叶·亚当并不赞同俄国的政治体制，但是作为与甘必大关系密切的人，她向后者讲述了俄国的现状、俄国的政治生活、俄国的计划，以及与俄国结盟的利益所在。自19世纪70年代以来，朱丽叶·亚当也在观察德国，并从中得出结论：面对这一强邻，只有俄国能够帮助确保法国的安全。她不停地向甘必大和弗雷西内（Freyssinet）重复这一论断。为了推销自己的观念，她创办了名为《新杂志》(*La Nouvelle Revue*)的刊物，有效地传播了法俄联盟的观念。她的沙龙是法国政客们光顾最多的地方之一，同样促进了法俄联盟。朱丽叶·亚当与欧仁·梅尔基奥尔·德·沃居埃关系密切，后者曾在朱丽叶·亚当1882年的俄国之旅中担任导游。朱丽叶·亚当还与阿纳托尔·勒鲁瓦-博利厄以及埃米尔·德·吉拉丹关系密切。在法俄联盟协商期间，朱丽叶·亚当可能是这一联盟最为坚定的鼓动人之一。她痴迷于法俄联盟，并为此开展了反维特运动。她谴责维特试图重塑俄德关系以便让德国投资俄国的发展，并最终形成尼古拉二世所幻想的俄德法三国同盟！

1904年，尼古拉二世短暂地证实了这些悲观的预言。出于削弱日本的目的，圣彼得堡的确曾讨论建立三国防御同盟。然而，在那个不确定的时期制订的所有混乱计划中，没有一个预示了1905年7月威廉二世在比约克（Björkö）湾向尼古拉二世提出的那个方案。威廉二世邀请尼古拉二世以普通访客的身份前往比约克，在邀请函中他不曾提及任何国务讨论。然而，当皇家游艇停下，两位皇帝碰面并相互寒暄之后，威廉二世向尼古拉二世提出了一个后者

第十三章 经历现实考验的联盟

始料未及的联盟方案。在那之前，这份精心起草的方案从未被提及。其中的一项条款本应该一下子就引起沙皇的警觉，打消他签署方案的念头。这项条款涉及俄国的盟友法国，条款规定只有在比约克缔结俄德联盟之后，方可通知法国此事；在此之后方可询问法国是否加入。尼古拉二世没有意识到德国给他挖了一个大坑，毫不犹豫地签署了呈交给他的文本。沙皇当时处于一种令人难以理解的欣喜之中。当然，他有高兴的理由：远东的事告一段落了，维特的谈判水平很高。他认为，从考验中全身而退的俄国可以考虑在欧洲范围内搞点新动作了。然而，回到圣彼得堡后，他应该明白自己犯了多大的错误。此外，就连德国本身都不确定这一条约的利害关系。德国宰相冯·比洛（von Bülow）认为这一条约对德国没有任何好处，他向德皇力陈倘若德国不放弃，他就辞职。这一条约在俄国更是引起了轩然大波。拉姆斯多夫和维特携手劝说沙皇，声称这一条约乃是对法国彻底的背叛。他们说，法国不会加入这一可鄙的俄德团体，就连法俄联盟也会持续受到动摇。俄国最终将会孤零零地与德国为伴，这是尼古拉二世不愿意看到的局面。尼古拉二世想要弥补自己的错误，电报雪片般地被发到"他亲爱的表兄那里"，强调法国的反应难以预料。"在比约克的时候，我手头上没有我父亲签署的明确规定我国与法国联盟原则的文件……我觉得只要我们不知道法国是怎么想的，《比约克条约》就难以存续。"威廉二世努力说服尼古拉二世，坚称法俄联盟和德俄联盟互不冲突。然而，威廉二世的说辞却让人听出了一些敌视法国的弦外之音，以及意在破坏法俄联盟的想法。1905年9月29日，威廉二世给尼古拉二世写道："只有在法国值得你履行义务的时候，俄国对法国的义务才是重要

的。在整个日俄战争期间，你的盟友显然没有伸出援手。"为了进一步镇住通信人，威廉二世毫不犹豫地求助于超越外交手段的精神承诺："我们是在上帝面前签署了协议，上帝听到了我们的誓言。我们签署的协议不用考虑法俄联盟，只需一往无前。签字了就是签字了，上帝是我们的见证人。"

尼古拉二世很虔诚，但并没有被骗。他后来知道自己被威廉二世耍了，拒绝批准该条约。俄德关系因此恶化。沙皇开始对德国保持警觉，他现在愿意多听听其他意见。这回意见来自英国，在那里，俄德之间的比约克会谈也引起了困扰。

上述对法俄联盟为害甚大的插曲过后，俄国政治和欧洲平衡的新时代即将到来。

此时俄国外交政策的负责人换了。在比约克会谈之前，拉姆斯多夫已经开始日益远离沙皇。他帮助沙皇摆脱陷阱后，离开了岗位，不久之后便在意大利去世。他的继任者是亚历山大·伊兹沃利斯基（Alexandre Izvolski）。这是一个俄国名字，在俄国政坛上并不常见，不过他先前的名声很好。他入主歌手桥（俄国外交部所在地）时，对俄国应践行何种路线已有清晰的规划。他是俄法联盟的拥趸，对于他来说，俄法联盟是维护俄国安全以及对抗德国强权力量的关键。他认为有必要向英国敞开这一联盟，并通过条约将日本也拉进来。单单与法国结盟已经不够，因为在20世纪初，法国一如俄国，正备受内部各种问题的困扰。为了扩大联盟，伊兹沃利斯基认为俄国需要放弃冒险计划并改变自己的行为。

同日本和解很容易。日本在日俄战争中开疆拓土，因此愿意与战败的敌人重建平稳的关系。1907年7月30日，伊兹沃利斯基

与日本驻俄大使本野一郎签署了一份维持现状的协议。这一协议为三年后日俄之间缔结真正的联盟关系奠定了基础。

与之相对，俄国同英国的对话就难得多！两国之间积怨已久，因此两国的舆论都不怎么支持两国之间建立联盟。尼古拉二世有一些令其一想到英俄接近就愤愤不平的回忆。另一方面，英国政府虽说愿意改弦更张，但有一个不可动摇的前提，那就是保有其在印度的地位。在这一点上，俄国并不怎么让英国放心。

三年前，伦敦倒是朝着法国迈出了一步。当然这一步迈得也不轻松。殖民竞争导致伦敦和巴黎相互对立。不过，在20世纪初领导法国外交的泰奥菲勒·德尔卡塞认为，法国以及欧洲的危险在于德国。德国的实力需要受到遏制。法国当然可以倚仗俄国，但是德国的威胁与日俱增，德尔卡塞明白他需要与伦敦协商。他还成功地挖了三国同盟的墙脚。1902年11月2日，法国与意大利签了一份秘密协议。英法的接近实现了德尔卡塞的计划。1904年4月8日，英法协约诞生。这一协约基于一个真正的约定，即互相承认各自的势力范围，摩洛哥归法国，埃及归英国。德尔卡塞之所以能与英国达成协议，是因为英国害怕德国会通过经济手段进行扩张。德皇对巴格达铁路一直心心念念，这是一条连接柏林和巴格达的铁路。这会危及英国在美索不达米亚甚至印度的利益。因此，英国与法国联盟的时机到了。然而，英法联盟遇到了一个困难，那就是圣彼得堡和伦敦之间的敌意（尽管这种敌意似乎在一点点减弱）。英国人无法忘怀俄国疯狂支持布尔人，许多俄国贵族青年正是在沙皇的准许下前去同"殖民者"作战的。1902年，轮到俄国对英日同盟悻悻不已，那个时候英国一路上给前往远东的波罗的海舰队使绊

子。在俄国人看来，俄国战败部分应归因于英国的敌意。在比约克会谈时，威廉二世趁机唤起了俄国人的苦涩回忆，煽动"太平洋海军上将"来对抗英国。缔结英法协约时，泰奥菲勒·德尔卡塞尚在为英俄之间的敌对气氛感到担忧。

这一关系即将发生变化，因为欧洲的政治局势变得很快。俄国不敌日本使英国确信俄国已不复当年之勇。俄国名誉受损，舰队被毁，对于英国的利益来说俄国的威胁没那么大了。正当英国觉察到俄国衰落之时，另一件事引起了英国的注意。德国正加足马力发展自身的海军力量，这对英国构成了难以忍受的挑战。因此，英国的敌人是德国，而要想抑制德国的野心，英国最好还是信赖俄国。在英俄两国的首都伦敦和圣彼得堡，人们得出了同样的结论，是时候捐弃前嫌，为针对德国的联盟注入真正的内容了。英国承认三心二意的联盟策略是没用的。英国不能一方面与法国结盟，另一方面又反对俄国，这只会使英法协约沦为一纸空文。

人们在圣彼得堡用不同的话表达了相同的观点，其结论也是一样的："与法国的联盟取决于我们与英国的关系。"这些考量最终的结果就是英俄协约。1907年8月31日签署的协约划分了英俄在亚洲的势力范围。波斯被分为三个部分：北部归属俄国，东南部属于英国，两者之间包括德黑兰在内的中部构成一个缔约双方都承诺尊重的中立区。俄国同意阿富汗属于英国的势力范围，这就结束了长期以来两国围绕这一地区的冲突。实现这一不易的和解后，三国协约的前景向前迈了一大步。1908年6月，尼古拉二世与爱德华七世在雷瓦尔（Reval）会面，其间两国元首的亲密无间向全世界证实了两国关系的拉近。三国协约成了国际政治生活的背景。

不过，这一坚固的反德联盟的形成绝非易事。作为杰出的谈判专家，伊兹沃利斯基虽未言明，但仍表达了迁就德国的意思。这一点从他在俄国进入波斯湾这一问题上的审慎态度便可见一斑。意在缔结协约的英国人已经做好讨论俄国商船进入波斯湾问题的准备，但是伊兹沃利斯基并没有提出这样的要求。因为德国人也对这一能实现巴格达铁路计划的地区很感兴趣，所以他不想惊扰到德国人。在与英国交涉的过程中，伊兹沃利斯基更愿意将讨论局限在亚洲，避免形成一个反对德国的方案。尽管就任外交大臣后，伊兹沃利斯基认为有必要将英国拉入俄法联盟，但他脑子里总是想着不要彻底与德国撕破脸。在内心深处，他对德国并没有敌意。然而，对于德国来说，伊兹沃利斯基的审慎已经没有意义。德国认为，俄国自19世纪末的最后十年以来一直是法国的盟友，如今又与英国和日本和解，那么俄国就已经进入了敌对德国的圈子。

伊兹沃利斯基想着既然联盟问题已经解决，那么俄国应该趁机表现自身的威望，争取传统的权利。黑海海峡的航行权以及进入地中海的问题再度搅动了时局。伊兹沃利斯基如此急匆匆地要求别人认可俄国的权利有点令人费解，因为在这一时期与英国签署的协约已经表明，倘若俄国需要向地中海派遣舰队，英国不会反对。就目前而言，俄国没有进入地中海的必要，现状就足以维持和平。然而，伊兹沃利斯基却决定打破现状。他将自己的计划告知了维也纳。在德国的推动下，奥地利的外交当局利用这一机会，以支持伊兹沃利斯基为名，要求获得巴尔干半岛上的波斯尼亚与黑塞哥维那。当时青年土耳其党人的起义给奥地利提供了由头。伊兹沃利斯基提议将这一问题与海峡问题一起讨论。1908年9月16日，双方

在布赫劳（Buchlau）会面，并在原则上达成了一个协议。然而事实上，伊兹沃利斯基被受到德国支持与鼓动的对话欺骗了。布赫劳会面一个月后，维也纳简单利落地兼并了上述两个地区，留下惊愕的俄国人去解决自己的问题。伊兹沃利斯基在布赫劳的时候以为缔结的协议会被提交给一个欧洲会议，但实际情况完全不是这样。他向巴黎、伦敦和柏林寻求支持，但四处碰壁。在与奥地利协商时，俄国未事先与盟友达成一致，所以这些盟友未能支持俄国的事业。在德国，伊兹沃利斯基更是遭到了冷遇。他原本希望德国会支持他最初的想法，也就是召集一次国际大会审查奥地利的兼并事宜，并做出合法的裁决。没有人附和这一倡议，再说这么做已经晚了，因为土耳其在武力的胁迫下已经同意了奥地利的做法。只有塞尔维亚提出了抗议。伊兹沃利斯基想要扮演塞尔维亚的保护人，俄国就这样卷入了巴尔干的冲突之中。此外，维也纳支持保加利亚的费迪南。此人自称沙皇，是一个土耳其承认其独立地位的国家的元首。如此一来，俄国满盘皆输。

第十四章
冲向深渊

在20世纪第一个十年的末期，欧洲的局势可谓混乱不堪。两大阵营"三国协约"和"三国同盟"之间剑拔弩张。围绕着这两大阵营发生了一些局部的冲突，比如1911年的阿加迪尔危机以及巴尔干半岛上的各种危机，但这些危机尚未演变成大的冲突。在阿加迪尔危机期间，德国意欲回应法国在摩洛哥的扩张。卡约（Caillaux）不得不与柏林严正交涉，以刚果的一部分作为交换条件，获得了德国承认法国对摩洛哥的保护国地位。法国舆论批评卡约过于软弱。俄国选择在这一冲突中保持中立，没有对法国表现出一丁点儿支持。这是俄国对去年在巴尔干危机中伊兹沃利斯基被孤立的回应。在这些事件中，法俄联盟表现出了些许虚弱。德国意欲趁机动摇这一联盟，试图离间俄国与其盟友。1911年8月19日，尼古拉二世和威廉二世在波茨坦会面，并缔结了关于波斯问题的协议。这让俄国的盟友英国感到担心，尤其是为了进一步把水搅浑，德国承诺它会限制自己在波斯的商贸活动，并承认俄国在当地的优先利益。

这些错综复杂的事件给三国协约蒙上了阴影。不过，另一些事件倒是巩固了三国协约。1909 年夏，沙皇去了瑟堡，然后去了考斯（Cowes），确认了俄国与法英关系的长久永固。10 月，他在拉冈尼基（Racconigi）与意大利国王维托里奥·埃马努埃莱三世会面，并动员后者脱离三国同盟。此次会面颇有成效，但成功只维系了一段时间，1912 年后，意大利又重回三国同盟的怀抱。

此时，俄国和法国的外交负责人都将离任，要将位置留给新的继任者，并给新的政策留出空间。在俄国，向来受到沙皇支持的伊兹沃利斯基因在巴尔干的失败而处境艰难。他觉得是时候退出了。他被派往巴黎担任大使，外交大臣一职则由其副手萨宗诺夫（Sazonov）担任。萨宗诺夫是斯托雷平（Stolypine）的连襟，任命萨宗诺夫在俄国和欧洲都受到了热烈欢迎，因为这位新任外交大臣以果决和正直著称。然而，他有时也会显得优柔寡断。萨宗诺夫是个亲英派，并且坚信俄国的使命就是支持斯拉夫民族。然而，与此同时，他又被德国（他的祖母是德国人）吸引，想要改善与德国的关系，开启"双边关系的新时代"。他的亲德倾向在波茨坦会谈时显露出来，他陪同沙皇参加会谈，并说服沙皇于 1911 年 8 月 19 日签署了一份协议。协议确保了俄国支持修建延伸至德黑兰的巴格达铁路。然而在协商过程中，萨宗诺夫发现德国人言语粗鲁，做事无诚意，且威胁随时都有可能中断谈话。他由此得出结论，俄国的外交政策应该牢牢抓住俄法联盟。不过，这一维系了二十年的联盟里面并非没有误会。对于 20 世纪初的俄国而言，它向法国借了大笔资金，因此法国首先是金融上的伙伴。然而，对于法国来说，俄国则更多地被视为"压路机"，当法国与德国爆发冲突时，这台"压

路机"将事关法国的生存。

1912年，萨宗诺夫面对的是一个新的对话人——雷蒙·普恩加莱（Raymond Poincaré）。这名来自法国东部洛林的政客非常清楚德国的威胁。普恩加莱少年时曾亲身经历1870年痛苦的失利，他的政治生涯也被深深地打上了这一经历的烙印。人们责备卡约在阿加迪尔危机以及随后同德国的交涉中太过软弱，因此1912年初普恩加莱成了政府首脑。普恩加莱一直认为有必要践行稳固的政策，但是他发现在这一剑拔弩张的国际环境中，具有决定性影响的法俄联盟出现了一些脆弱的迹象，同盟的一方在另一方面对困难之时未能支持对方。阿加迪尔危机时俄国的冷漠以及1909年巴尔干事件中法国的无动于衷就是明证。为了明确俄国在动荡的巴尔干半岛的权威，萨宗诺夫建立了一个"巴尔干同盟"。同盟的核心是1912年3月13日塞尔维亚和保加利亚之间签订的军事同盟条约，条约规定"捍卫缔约方的利益，一旦巴尔干半岛的现状被打破或者出现第三方国家攻击任一缔约方的情况，即刻出兵相助"。这一条约是秘密签订的，在背后支持条约的俄国直到3月底才通知各位盟友。在普恩加莱的回忆录中，他将此事件称为"定时炸弹"。巴尔干半岛后来的事件证实了普恩加莱的这一论断。巴尔干同盟随后扩展至希腊和黑山。萨宗诺夫认为俄国能够控制这一整体，能够稳住保加利亚人、塞尔维亚人和黑山人。这就是为什么他在《保加利亚-塞尔维亚条约》中加入了一项条款，赋予俄国在不同盟友间裁决冲突的地位及决定何时发动战争的必要权威。

普恩加莱指出，1912年开始的为了争夺的黎波里的意土战争，有可能点燃巴尔干半岛，甚至进一步将整个欧洲卷入其中。他发觉

了盟友俄国的游移（萨宗诺夫在将巴尔干同盟签署的秘密条款向巴黎和伦敦通气时的犹疑就是明证）。当萨宗诺夫公开《保加利亚-塞尔维亚条约》的秘密条款时，普恩加莱更是发现其中一些细节可以充分证明他对这个"定时炸弹"的恐惧绝非空穴来风。在这一条约的秘密条款中，普恩加莱发现其中包括瓜分马其顿的内容；还有一项涉及罗马尼亚的条款——倘若罗马尼亚攻击保加利亚，塞尔维亚就会自动进行干涉；同样，万一奥匈帝国攻击塞尔维亚，保加利亚则会支援塞尔维亚。普恩加莱对俄国在巴尔干半岛的侵略性或冒险主义感到惊讶。要知道对于德奥这对伙伴来说，俄国在塞尔维亚的主导地位已然构成开战的理由，随时都有可能酿成危机。维也纳抗议俄国在贝尔格莱德的准保护国地位，保加利亚人对俄国与塞尔维亚的特殊关系感到担忧，这几乎导致了两个兄弟国家不和。普恩加莱明白萨宗诺夫的政策乃是矛盾根源，最重要的是，在未与协约盟友协调一致的情况下建立的巴尔干同盟将会变得难以控制。如此一来，普恩加莱要维持自己的立场就很艰难，但他还是必须在1914年战争爆发之前的岁月里捍卫这一立场。他希望推动一种超越各国特殊利益与局部局势的全局视野，即集团对抗集团的政策、三国协约对抗三国同盟。但他也清楚，在俄国完成重新武装之前，法国不能卷入冲突。1904年日本战胜混乱无序的俄国这一往事，深深地影响着普恩加莱的思考。

巩固法俄联盟，这是普恩加莱进入外交部以来一直想要做的事。而且他并非只是将此事框定在双边关系中，而是在整个欧洲的框架中推进。1911年，泰奥菲勒·德尔卡塞出于在欧洲框架内推进法俄关系的考量，提出了一个海军协议的问题。奥贝尔（Aubert）海军

上将和利芬（Lieven）亲王准备了一份海军合作协议，并于1912年7月16日签署。1913年，奥贝尔和利芬组织了一次会议。会议旨在将上述协议拓展至波罗的海，在那里，同盟国的行动会被置于协约国经常性的监视之下。1912年3月，普恩加莱访问俄国时，这些问题已经引起讨论。普恩加莱此行既是对三个月前萨宗诺夫访问巴黎的回访，也是为了解决那些影响法俄关系气氛的争议问题。

访问期间，普恩加莱非常注重巴尔干地区的情况。他正是在此行中得知了《保加利亚-塞尔维亚条约》的细节，尤其是知道了巴尔干各国已达成一致，预防性的行动会在俄国的支持下开展。又是秘密条款，普恩加莱能说些什么呢？他只能这么说，根据1894年缔结的同盟条约，法国会支持俄国，但这种支持只适用于以下两种情况：德国进攻俄国，或者德国支持奥地利侵犯俄国。普恩加莱把话说得很清楚了，如果不符合盟约条款生效的情况[①]，法国不会介入巴尔干事务。

普恩加莱逗留俄国期间，恰逢意土战争。与萨宗诺夫的讨论结束后，俄国同意普恩加莱所说，两国应共同平息矛盾，劝说意大利与土耳其进行和平谈判。普恩加莱致力于维护法国在非洲的中立形象，因此竭力推动意土双方的和平谈话。自俄国回来后，普恩加莱认为他再度赋予了法俄联盟力量。他认为他已经让伙伴俄国接受了法国对巴尔干事务的原则，也就是法国不支持俄国将土耳其排除在巴尔干之外的计划。他多次向俄方对话人说，法国不会支持俄国

---

① 盟约条款生效的情况（casus foederis），主要是指在某一方受到侵犯的情况下，其他盟友有义务提供援助。

出于上述目的的行动，普恩加莱的坚决使其成了三国协约的领袖。

在此次访问与1912年10月第一次巴尔干战争爆发之间，普恩加莱努力维持这一地区的现状，尝试着说服欧洲国家不要再对土耳其施压。不过，他也意识到，俄方对话人一方面装出认可他的缓和提议的样子，另一方面却不顾法国的利益，只考虑自身的利益。时任法国驻伦敦大使的保罗·康邦（Paul Cambon）如是总结道："如果战争在巴尔干爆发，法国将不得不牺牲掉一些东西，要么牺牲它在近东的利益，要么牺牲它和俄国的联盟。"普恩加莱并不愿意面对这一选择，这就是为什么法国当时采取了双重路线。法国声称支持俄国的利益和意图，但同时也希望保有影响俄国对外政策的途径。这里法俄联盟内部又出现了一个误会。俄国想要主导巴尔干地区的政策，然而对于普恩加莱来说，法俄共同的政策，即维护和平，应适用于任何地方。普恩加莱成天担心法国因自身的承诺卷入它无法决定的冲突之中。俄国并不理解这一想法，而且拒绝考虑这一想法。

尽管法国政府首脑多次呼吁各方保持冷静，但巴尔干半岛的局势还是失控了。1912年10月8日，巴尔干同盟发动了战争。黑山率先发出战争信号，向土耳其宣战。几天后，保加利亚、塞尔维亚和希腊也跟着宣战。这一同盟成功地打败了土耳其，后者为战败付出了沉重代价。希腊占领了马其顿和萨洛尼卡，保加利亚的军队占领了埃迪尔内。不满足于此的保加利亚军队还决定朝伊斯坦布尔进发。俄国明白此时的保加利亚是在自作主张。普恩加莱眼见他自一开始就想要避免的危险越来越大：局部战争可能蔓延到巴尔干地区之外，并将整个欧洲拖入灾难当中。他以盟友的名义向俄国施

压，要求它即刻停止冒险举动。此外，在这一冲突中，各个国家间错综复杂的联盟关系也使得整个局面显得波谲云诡。在20世纪初的欧洲存在着一种所谓"条约迷"的东西，各个国家之间缔结了许多从后果来看通常互相矛盾的条约。俄国就是在这种背景下成了巴尔干同盟冲突的仲裁人。与此同时，俄国自1897年起就与奥匈帝国签订了一份条约，并于1903年续约。条约规定，缔约方维持巴尔干半岛的现状。然而，1912年巴尔干同盟进行的战争破坏了现状。俄国的两面派做法将协约国置于一个非常难受的境地。要无条件地追随俄国的政策吗？普恩加莱拒绝这么做。然而事态的发展并不总能让他及时做出反应。11月，也就是战争开始差不多一个月后，一心想着拥有出海口的塞尔维亚决计朝着亚得里亚海扩张领土。维也纳迅速做出反应：为了阻遏塞尔维亚想要拥有出海口的野心，它提出建立一个独立的阿尔巴尼亚。意大利支持奥匈帝国的提议。然而，这一提议没有考虑到俄国，因为俄国并不准备放弃它的保护国塞尔维亚。维也纳得到了柏林的支持，遂决定在未与任何当事方协商一致的情况下进行干涉。与此同时，保加利亚的军队已兵临伊斯坦布尔。普恩加莱害怕陷入两难的选择之中，也就是要么接受法国受联盟关系所累，被拖入难以预料的局面中；要么冒着联盟破裂的风险，作壁上观，坐视盟友受辱。

解决方案来自柏林，它请求协约国的另外两个国家叫停俄国在伊斯坦布尔的行动。法国外交部的处境本就很艰难了，德国的干涉使得局面更加复杂。以盟友的名义支持俄国可能导致战争。遵循德国的倡议可能惹怒俄国，甚至导致关系破裂。此外，不考虑德国的倡议还有可能致使英德关系拉近。

普恩加莱选择了一个折中的方案。正如之前做过的那样，他号召在巴黎组织一次国际会议。这一方案不仅摆脱了会导致各种不利后果的困境，还为他的总统选举铺平了道路。1913年初，普恩加莱赢得了选举。

就在普恩加莱提出他的会议计划时，土耳其与巴尔干各国签署了和平协议，避免了保加利亚军队进入伊斯坦布尔。缔约各方也像普恩加莱一样，决定召开一次和平会议，但提议在伦敦而非巴黎召开，因为它们认为英国首都更适合中立的会议。

1912年12月16日，伦敦会议开幕，并于次年5月30日结束了工作。在爱德华·格雷（Edward Grey）爵士的主持下，会议召集了英国、法国、俄国、德国、奥匈帝国和意大利的使者。与此同时，巴尔干国家召开了另一场伦敦会议，会上将决定与土耳其的和约。保罗·康邦带着普恩加莱的指令在伦敦会议上代表法国，指令包括：承认阿尔巴尼亚，欧洲各国确保其自治；维持伊斯坦布尔的现状；保持巴尔干同盟。俄国的要求也很明确：保证塞尔维亚在政治和经济上的独立，这也意味着塞尔维亚拥有出海口。因此俄国拒绝了奥匈帝国和意大利提出的阿尔巴尼亚独立的方案，代之以一个维也纳和罗马难以接受的方案，即建立一个苏丹统辖下的自治的阿尔巴尼亚。俄国还捍卫黑山的利益，要求阿尔巴尼亚让出一部分领土给黑山。面对这些不可调和的要求，法国、英国和德国选择了中立。

第二场伦敦会议协商通过了5月30日的条约（《伦敦条约》），条约规定由塞尔维亚、黑山、保加利亚和希腊瓜分马其顿。塞尔维亚就这么被剥夺了它心心念念的出海口，而阿尔巴尼亚虽说独立了，但仍受到六大国的影响。土耳其在欧洲的领土就只剩下东色雷

斯。在涉事各方中，塞尔维亚是最不满的。不久之后，塞尔维亚就会表达自己的愤怒，并引发第二次巴尔干战争。

1913年6月29日，第二次巴尔干战争爆发。保加利亚先发制人，因为它对伦敦会议的安排不满，而且拒绝巴尔干同盟成立之时预设的俄国调停。另一方面，要求获得多布罗加（Dobroudja）的罗马尼亚，以及想要收复埃迪尔内的土耳其向保加利亚宣战。保加利亚腹背受敌。1913年8月10日结束战争的《布加勒斯特条约》，使得保加利亚失去了多布罗加、埃迪尔内，以及它在第一次巴尔干战争期间获得的几乎所有领土。塞尔维亚趁机向南扩张领土，希腊则兼并了萨洛尼卡和色雷斯。然而，塞尔维亚的胜利、领土的扩张及其统一南斯拉夫的努力，让奥地利感到了不安。如何遏止塞尔维亚的推进，将这个与圣彼得堡太过亲近的国家重新拉回比较安分的状态呢？这就是维也纳日思夜想的事。1913年，塞尔维亚和阿尔巴尼亚边境的一次意外事件给奥地利提供了一个给塞尔维亚下最后通牒的借口，但是此事逐渐平息了下去。很多事都取决于俄国的反应。尼古拉二世和萨宗诺夫都想着一劳永逸地解决俄国与奥地利、土耳其的旧账，他们寄希望于协约国盟友会支持他们的计划。

当选共和国总统的普恩加莱任命塞莱斯坦·若纳尔（Célestin Jonnart）担任外交部部长，他本人则保留对外交事务一定的权威。在这一时期，俄国下定决心要与宿敌（奥地利和土耳其）一决胜负。普恩加莱则继续追求他的两个目标：保持与俄国的联盟关系并向其展示法国的诚意，以确保圣彼得堡方面永远不会质疑法俄联盟；同时，避免法国卷入将会变得不可控的军事冒险。这就是为什么普恩加莱给盟友们施加压力，派与其政见一致的泰奥菲勒·德尔

卡塞前往圣彼得堡担任大使。德尔卡塞对俄国政治的理解符合他的想法。这位法国总统还知道维也纳正在寻求机会击溃塞尔维亚。

1914年6月28日，波斯尼亚青年加夫里洛·普林西普（Gabriel Princip）在萨拉热窝刺杀了奥匈帝国皇位继承人弗朗茨·斐迪南大公，此举开启了一个新时代。7月6日，皇帝弗朗茨·约瑟夫告知威廉二世他打算对塞尔维亚开战。威廉二世建议他赶紧行动，避免俄国反应过来支持塞尔维亚。

7月20日至23日，雷蒙·普恩加莱在维维亚尼（Viviani）的陪同下正式访问俄国。他向尼古拉二世担保一旦发生战争，法国将会履行盟友义务。当然，对于法国总统来说，此行的目的在于维护和平而非推动战争，并且需要将三国协约变成三国联盟，以应对冲突带来的威胁。7月23日在沙皇村举行的有6万俄军士兵参加的阅兵式令普恩加莱印象深刻，他对俄国的军事力量有了信心。不过，这一天也是奥地利对塞尔维亚下最后通牒的日子。

尼古拉二世明白危机的背景。德意志帝国的领土已达到极限，奥匈帝国只能在巴尔干半岛继续推进，而它在那里势必会遇到俄国。这意味着两大帝国之间迟早会发生不可避免的冲突。在塞尔维亚的每次危机当中俄国都被迫做出让步，这就加剧了两大帝国之间的对抗。俄国会继续对塞尔维亚不管不顾，坐视自己的地位受到威胁吗？萨拉热窝的悲剧以及奥地利对塞尔维亚下的最后通牒迫使尼古拉二世做出决断。不过在此之前，沙皇尝试劝说威廉二世给奥地利施压，让奥地利不要做出破坏欧洲和平的决定。两位皇帝往来的电报表明，尼古拉二世做好了最坏的准备，但是他仍旧在尝试维护和平。威廉二世发了很多消息，提醒尼古拉二世不要做出"触怒维

也纳"的举动，他在7月18日的电报中说："目前你还拥有阻止战争的力量。没有人威胁到俄国的荣誉和实力……假如你同意停下威胁德国和奥匈帝国的军事准备，你就能够维护和平。"从法国回到圣彼得堡的维特向莫里斯·帕莱奥洛格（Maurice Paléologue）吐露了自己的不安："这场战争是个闹剧……只会给俄国带来灾难。只有法国和英国有理由期待从胜利中得到些好处。"维特补充道："假设我们的联盟大获全胜，霍亨索伦家族和哈布斯堡家族乞和，这就不仅意味着日耳曼霸权的覆灭，而且意味着在整个中欧宣布建立共和国。这将是沙皇制度的末日。"维特预见未来的能力的确令人惊叹。另一位预言家拉斯普京也预言："战争意味着俄国的终结，你们都会灭亡。"他给沙皇如此写道："一片可怕的乌云笼罩着俄国，无尽的不幸与悲伤。暗夜降临在无垠的泪海上，不久即将迎来血光之灾……人们就这么战胜德国，俄国会怎么样呢？……俄国浸在血泊中。"在这充满疑虑的几周时间中，通常大大咧咧的萨宗诺夫也认为战争是可怕的，并认为有必要维护和平。

尼古拉二世动摇了，但是他想保护塞尔维亚且忠于联盟关系。与欧洲所有国家的公民一样，当时俄国人中间也弥漫着一股爱国主义的热情。沙皇无法对此视而不见，这就使得沙皇的决策需要考虑更多的事。当沙皇需要做动员决定时，他优柔寡断的性格显露无遗。除了军人之外，沙皇的近臣都建议进行部分动员，镇住维也纳，但又不挑起战争。沙皇中意这个方案。军人们则希望进行总动员。7月28日，意在保持克制的尼古拉二世下令进行局部动员，目标只指向奥匈帝国。翌日，德国施压，要求俄国取消这一命令，这反倒促使俄国在30日下达了总动员令。同一天，德国向法国和

俄国下了最后通牒，并最终于8月1日向俄国宣战，8月3日向法国宣战。

第一次世界大战开始了。法俄联盟要经受考验了，俄国很快就不得不为联盟付出前所未有的代价。一宣战，整个俄国便在爱国主义热情的感召之下团结起来。对于俄国人民来说，德国是敌人，是永恒的威胁，与法国结盟是抑制德国威胁的保障。

战争刚开始时，观察家们注意到了两件事。首先，每个交战国国内都洋溢着爱国主义激情，人们在任何地方都听不到呼吁和平的声音。社会主义者是唯一的反战群体，然而就连他们都分化成坚定的和平主义者与倾向于祖国优先的人。此外，引人注目的是，所有人都相信俄国的军事实力。尽管距离日本打败俄国不过十年，但这一事实被人遗忘了。所有的阵营都认为俄国凭借其得天独厚的资源（土地、人力、经济），已经重新崛起，成为欧洲第一军事强国。对第一次世界大战的责任问题有过深入研究的克里斯托弗·克拉克（Christopher Clarck）坚称，德国之所以要在1914年开战，是因为它想要遏制俄国的军事力量。他声称，对于强大的德意志帝国来说，这是最后的机会了。法国人则将俄国经济的发展和现代化视为俄国力量的根基。早在1913年，法国一位重要的经济方面的负责人就给外交部部长斯蒂芬·毕盛（Stephen Pichon）写道："在接下来的三十年，我们将见证俄国经济的腾飞。这一壮举即便不是超越，起码也能与美国在19世纪最后二十五年的成就相提并论。"这是对托克维尔预言性分析的反馈吗？托克维尔曾预言，20世纪将会被两个实力相等的大国，即美国和俄国主宰。

驻圣彼得堡武官拉吉什（Laguiche）将军在1914年写道："俄

国人比我认识的所有人都要棒。我在其他任何军队中都找不到那种力量和武力的源泉。"我们知道,普恩加莱当时也同样对俄国充满信心。这样我们就能理解为什么尽管普恩加莱担心三国协约会陷入"巴尔干化"的进程,但他仍旧执着于劝说俄国明白三国协约的重要性。要确保俄国站在法国这一边,因为俄国是列强中最强大的(至少普恩加莱当时是这么认为的),最能捍卫法国的利益和安全。这就是法国在战争前夕遵循的政治路线。俄国当时的确弥漫着一股溢于言表的傲慢之情。正如普恩加莱所担心的那样,当巴尔干火药桶将整个欧洲卷入战争之时,俄国政府最有影响力的大臣克里沃申(Krivocheine)宣称,德国很快就会被打趴下。战争对于俄国来说是一次机会,他总结道:"你们就相信我们吧,一切都会安然无恙。"

这不也是英国海军大臣丘吉尔的观点吗?在刚刚走出讨论英国该采取何种态度的会议的会场时,他说:"我很感兴趣,我做好准备了,我很高兴。"民众满是爱国主义热情,领导人信心满满,甚至可以说社会上充斥着令人震惊的乐观主义精神,在这样的背景下,战争在各地似乎都预示着好兆头。此外,巴黎一如圣彼得堡那样相信战争是短暂的,认为中欧帝国的崩溃不仅不可避免,而且近在咫尺。如此我们就能理解克里斯托弗·克拉克给自己的作品取名《梦游者》是多么贴切了。事实上,这就是一个梦游者们的世界被惊醒的过程。

第十五章
联盟从巅峰跌落谷底

兴冲冲开始的战争很快就表明，它比人们预想的更为艰难且靡费良多。虽然法俄联盟一开始还算是团结一致，但是"俄国巨人"不久就表现出了虚弱之处。不论是协约国还是德国，作战双方都认为战争很快就会结束。这实在是大谬不然！俄国做好了短期作战的准备，但没有预备役来应对消耗战。俄国的虚弱之处就体现在这里。

俄国的高级指挥官计划在第一时间于西南战线对付奥匈帝国，而法军则负责在西线牵制德军。德国将战略重点放在西线，它认为一旦打败法国，就可以轻易地掉转方向攻打东线。事实上，已被奥地利军队削弱的俄国将很难抵挡德国的猛烈攻势。

俄国参谋部的设想几乎马上就受到了考验。8月2日，德军入侵中立的比利时。此举当然会促使英国支持盟友的事业，但是此举也置法国军队于艰难的处境之中，迫使法国人号召俄国人遵守承诺并改变其作战计划。为了回应法国的诉求，俄国不得不放弃最初的计划，调了两支部队支援西线，并在一开始取得了一些胜利。然而，此举没有考虑到鲁登道夫的战略天赋，以及德国在战术和情报上相

对于俄国的优势。德军随后就会大败俄军。鲁登道夫将俄军诱入一个在地理上对俄军相当不利的陷阱。这就造成了1914年8月的各种灾难。8月31日,俄军在坦能堡遭遇溃败,7万人阵亡,10万人被俘,统帅萨姆索诺夫(Samsonov)将军在战场上自杀。俄国的苦难并未就此结束。一周之后,率领第一集团军向柯尼斯堡进军的冯·伦宁坎普(von Rennenkampf)将军突然下令撤退。这又是一次损失惨重的溃败,6万人阵亡,还有成千上万人被俘。

然而,令人震惊的是,尼古拉二世及其近臣却非常冷静地(或者可以说轻描淡写地)看待这些失败。总司令尼古拉大公评论道:"我们很荣幸能为我们的盟友做出这些牺牲。"

尼古拉大公所言非虚,因为法军的艰难处境的确得到了缓解。为了对付俄军,德国不得不把"施里芬计划"放到一边,将一部分军队从西线撤出。这使得法军能够在马恩河上发动反击。然而,战败对俄国士兵及士气的影响总体上来看是灾难性的。

1915年,俄国的军事状况更糟了。德国人意识到本国部队的士气越来越低落,于是决定回到东线击溃俄军,迫使俄国单独媾和。然后,德国再去解决失去了盟友的法国。这一规划是合理的。1915年,俄国可谓是屡战屡败,120万人或死、或伤、或被俘、或失踪。俄国开始缺兵少粮,缺乏武器弹药。德军的进攻始于4月,此后一系列的行动令德国控制了整个波兰、波罗的海地区以及加利西亚。

自夏季起,俄国领土的很大一部分被德军占领。居民涌向俄国中部,扰乱了部队的行动,局面一片混乱,物资开始短缺。丢了波兰致使俄国失去了波兰的工业产品。市民的需求不得不为军队的

需求做出让步。俄国人必须面对一个残酷的现实：战争打到了俄国境内，他们到处都能看到俄军的失败。1914年的爱国热情已经退却，取而代之的是愤怒和绝望。人们谴责叛国、腐败，即将发生的叛乱的种子已经开始萌芽。尼古拉二世换掉了备受欢迎的统帅尼古拉大公，自任军队统帅。然而，他其实将权力交给了受拉斯普京蛊惑的"德国"皇后。这一安排加剧了人民的愤怒和不信任。在帝国的边疆，民族问题再度浮出水面。乌克兰人、波兰人和波罗的海人成了德奥政治攻势的工具，德奥希望煽动这些民族叛乱来削弱俄国。如果说奥地利人在鼓动波兰人时还有点畏首畏尾（因为恢复波兰同样会触及奥匈帝国的土地和人口），那么他们在鼓动乌克兰人和波罗的海人时则完全无所顾忌，大肆煽动他们的民族主义情绪。自1915年底，德国发现俄国已然面临严峻的军事困境和愈演愈烈的内部混乱，因此尝试着与俄国单独媾和。众所周知，在战争期间，敌对阵营之间一直存在着私人接触。1916年，面对俄国的失败以及内部的乱局，法国方面担心尼古拉二世可能会为了维稳而结束战争。不过，众多研究表明，沙皇遵守承诺的意志很坚定，盟友法国曾有一段时间打消了对俄国背盟的顾虑。然而，二月革命后，上述问题又被提了出来。

俄历1917年2月骤然而至的革命很快就将君主制扫进了历史的垃圾桶，并且开启了一个对于俄国盟友来说不确定的时代。

俄历1917年2月23日（公历3月8日）的革命发生在一个被战败和惨剧深深撼动的国家。人民大众生活在水深火热之中，他们既不理解战败，也不理解当局为何无法挽回局势。罢工此起彼伏，街头成了时不时进行游行示威的场所，军队士气低沉。自1905

年以来，当局就布置了一支庞大的军警力量用于维稳，但俄历1917年2月在首都爆发的骚乱并不令人惊讶（尽管这些骚乱并没有预示着一场大规模的运动）。革命于俄历2月23日爆发，这是因为在革命前夕，面包没有了，人们排着长长的队，不满情绪溢于言表。这一天还是"国际妇女节"。妇女们成群结队地在首都聚集，高喊"要面包"，还要求尊重她们的权利。其他不满群体也加入了她们：维堡（Vyborg）的纺织工人正在罢工，因此也能进行示威游行；普梯洛夫（Poutilov）工厂以及各种大型冶金企业的工人也参与进来。要求越来越多，口号也越来越多样，"要面包"的呼声不绝于耳，还出现了"打倒沙皇"和"结束战争"的口号。当时的气氛很难界定，有人激愤不已，也有人比较冷静。

俄历23日至24日夜间，没人想到会有一场革命，历史学家苏汉诺夫（Sukhanov）看到的是一次"骚乱"。政府不知道如何应对，更有可能的是不想应对。真正拉开革命大幕的是沙皇。尼古拉二世当时正作为军事统帅身处最高统帅部。关于首都的情况，他只知道近臣们跟他说的内容，而最主要的就是皇后强硬要求武力镇压。被蒙蔽了的沙皇做出了一个致命的决定，即武力镇压这一尚无组织、无领袖、无目标的群众运动。俄历25日，沙皇命令彼得格勒军区的统帅卡巴诺夫（Kabanov）将军使用武力镇压不驯服的民众。俄历2月26日将成为俄国历史上第二个"流血的星期天"，军队和游行示威者发生了冲突。冲突的后果非常可怕。朝着民众开枪让士兵们慌了："我们朝着我们的母亲和姐妹开枪了。"兵变发生了，示威变成了革命。倒戈的士兵与示威者一道抓捕并粗暴对待那些代表秩序的人，他们打开监狱，释放难以控制的罪犯。起义人群占

领具有象征意义的彼得-保罗要塞，释放关押人员。这是俄国版的"攻占巴士底狱"，俄国革命与1789年的法国革命由此建立了联系。

权力当局被这场革命搞得晕头转向。这场革命没有领袖，谁靠拢它，它就与谁建立联系，而靠拢过来的人往往是社会主义政党或左翼政党的负责人。总的来说，这些人都不是什么大人物。随着事态的发展，杜马所在地塔夫利宫（Tauride）出现了两个权力机构。一个在宫殿右翼，源自杜马，名为临时委员会；另一个在宫殿左翼，名为苏维埃。在这两个机构中，只有一个出名的人——克伦斯基（Kerenski）。值得注意的是，二月革命之初成立的两个政治机构都力图恢复社会秩序，没有任何机构想过或想要攫取政权。人们等待着杜马的负责人组建一个"资产阶级政府"。这种对权力的畏惧是很好理解的。被时局推向前台的人没有领袖，政党无法统辖起义的民众，所有人都担心争夺权力的过程会引发一场反革命。

俄历3月2日，在李沃夫（Lvov）亲王的主持下，临时政府成立。克伦斯基被任命为司法部部长，不过他是在征得苏维埃的同意后才接受这一任命的。作为两大机构中唯一的政府成员，克伦斯基被视为政治强人，他也是当时最受欢迎的政客。他就是1917年二月革命的化身。

不过，沙皇能够如此心平气和地接受退位，还出于他个人的观念。他认为君主制已经消亡，他无法想象以另一种方式进行统治。尼古拉二世加冕之时曾发誓保全君主制，并将其完完整整地传给继承人。正是基于这一理念，当沙皇的谋士和近臣恳求他任命一个对人民负责的政府时，尼古拉二世拒绝了，尽管这样原本可以保

住他的皇位。对于尼古拉二世而言，放弃一切比成为立宪君主更为自然，也更容易接受。沙皇对专制制度的盲目迷恋以及二月革命终结了君主制。君主制被消灭了，塔夫利宫里有两个权力机构，这场革命的第三个主要角色也即将在彼得格勒出现，那就是列宁。列宁对这场革命期盼已久。然而，革命爆发之时，列宁正在瑞士过着平静的日子。

俄历4月3日，列宁回到了彼得格勒。像所有被革命召唤回国的人一样，他在芬兰火车站受到欢迎，耳边伴随着《马赛曲》——这又是法国大革命的回响！除了1905—1906年短暂在俄国停留外，列宁已经离开祖国十七年了。列宁已经做出决定：断绝与临时政府的关系，一切权力归苏维埃，立即停战。回国的第二天，当列宁在塔夫利宫陈述观点时，底下的听众们大为不解，社会民主党人也是如此。列宁所做的与临时政府决裂以及停止战争的讲话表明，多年的流亡生涯已经使其完全失去与国内的接触。人们向被这些言论惊到的李沃夫亲王保证："列宁完了。"

列宁要求权力归苏维埃的号召或许不够成熟且没有章法。然而，列宁的话在喀琅施塔得有了直接的回应，那里起义的水兵将海军基地改造成了布尔什维克的前哨阵地。此外，立即停战的呼吁也在军队中传播了和平与革命的情绪。俄军深受革命之时宣布的"一号法令"的影响，该法令斥责等级制度和权威原则。每个士兵都认为无视上级的命令是合法的，当一名逃兵是被"一号法令"认可的个人选择。如此一来，逃兵越来越多，士兵委员会积极反对继续战争也就不奇怪了。时任军队统帅的布鲁西洛夫（Broussilov）将军在给夫人的信中，按时间顺序详细地描绘了俄军士气的瓦解。

法国参谋部及情报部门很早就明白俄国的内部状况预示着严重的混乱，而这会抑制军队的士气和能力。自1917年3月29日起，一份来自情报部门的报告描述了革命的乱象，并提出了革命会有什么军事后果的问题。报告的作者虽然并未排除俄国新任负责人有信守承诺的可能性，但是也提出了悲观的预设：法国将很快失去其东方盟友。因此，俄国单独媾和就成了一个假设情形，而法国军方竭力评估其影响。俄国临时政府的确在努力安抚法国的情绪，声称俄国会履行罗曼诺夫王朝缔结的义务。然而，巴黎不会看不到列宁一回到俄国就打出了立即停战的口号。此外，苏维埃在列宁之前就反对临时政府，自3月14日起就号召"欧洲人民实现和平"。当时"不割地不赔款的和平"这一口号响彻俄国，这与法国的和平主张相悖，后者主张收复阿尔萨斯-洛林，德国割让萨尔盆地，还有确保莱茵河航行自由。想要得到赔款和补偿的英国也不满意俄国的口号。此外，令人忍俊不禁的是，当时很多士兵并没有真正理解上述口号。他们还以为割地（Anneksia）和赔款（Kontributsiia）是巴尔干半岛上卷入冲突的国家的名字。此种张冠李戴的情形不由得使人想起1825年12月政变时士兵的行为。当时他们高呼"宪法万岁"（Vive la Constitution）时，还以为自己喊的是康斯坦丁大公妻子的名字。民众的认知和最前卫的政治口号之间始终存在着鸿沟。

不过，在临时政府存续的最初几个月里，它并没有放弃向盟友表明俄国会继续留在战场上的意愿。1917年6月由布鲁西洛夫将军领导的对奥作战就是明证。然而在获得了最初的一些胜利后，俄军便瓦解了。俄军的溃败当然有物质上的原因（缺乏装备，士兵没有准备），但更多地还是因为士兵们的厌战情绪。很多士兵回到

军队顶撞上司。撤退变得一片混乱，暴力的劫掠行为使得老百姓叫苦不迭。对于老百姓来说，造成这种不幸的战争同样可憎。

6月攻势失败的后果相当严重。这一次，法国参谋部里没有人相信俄军能够重整旗鼓。尽管科尔尼洛夫（Kornilov）于7月发动了意在夺权的政变，但俄国的布尔什维克化还是向前推进了。这也意味着那个不停呼吁和平的人，也就是列宁取得了胜利。俄历1917年10月25日，当列宁真正掌权时，他的第一个举动就是向苏维埃代表大会提出《和平法令》。这一法令并不是面向各国政府的，而是创造了一种新型的国际关系范式。法令号召各国人民为促进和平起来反对政府。最后，法令还是对革命的呼吁。1914年列宁提出的"俄国的战败会孕育革命"的观点在1917年夏成为现实。法国自1916年以来就担心的俄国的"背叛"，在俄历1917年10月25日成了现实。然而，列宁的革命赌注输了。各国人民无视列宁的和平呼吁，回应他的是中欧帝国的政府。

11月，作为布尔什维克政府的外交负责人，托洛茨基向德国最高统帅部提议停战和进行"民主和平"协商。三天后，一个代表团来到了德军大本营布列斯特-立托夫斯克。这个代表团的确是革命的象征，因为除了布尔什维克的成员外，它还包括了陆军士兵、水兵、工人、农民和妇女。总而言之，这是一个由无产阶级组成的代表团！各方都希望停战。德国人希望停战，从而可以将部队全部转移到西线去，解决西线的战事；奥地利人已经弹尽粮绝；苏俄则希望缔结和约，从而去各处发动革命。苏俄代表团最开始想要全面的和平，但是盟友们并不这么想。这个布尔什维克代表团将协商一直拖到了年底，他们寄希望革命的进展会促进全面的和平。德皇被一

拖再拖的协商惹恼了，他决定再次协商时对苏俄提出非常严苛的要求。在此期间，德奥的军队挺进乌克兰，怂恿旧帝制俄国治下的领土与新的苏俄分离。失去了乌克兰，且面临着德军新一轮进攻的威胁，苏俄于是下定决心在东线单独媾和，而非实现之前预想的全面和平。然而，条件是多么苛刻啊！1918年3月3日签订的《布列斯特-立托夫斯克条约》剥夺了苏俄34%的人口、32%的耕地、50%的工业以及近90%的煤矿。苏俄失去了其在欧洲的绝大部分领土，波兰、库尔兰、芬兰、爱沙尼亚、立陶宛成了德国保护下的独立国家。

《布列斯特-立托夫斯克条约》使得中欧帝国摆脱了一个敌人，令法国和英国失去了一个业已虚弱的盟友。当然，在此期间美国加入协约国一边参战，这使得英法能够更加从容地接受这一后果。然而，对于法国来说，难以接受的是苏俄的"背叛"。法国这一严苛的判断致使法俄关系在随后的几年中急转直下。不过，法国显然忘了俄军对法国的支援。正是俄军在1914年通过开辟东方战线来援助法国。战争在军事上极大地削弱了俄国，巨大的人力消耗导致了政治的崩溃，并最终导了王朝的覆灭。1916年，当皇冠摇摇欲坠之时，尼古拉二世承受着巨大的压力，有人试图说服他单独媾和，声称这是拯救帝国的代价。但他选择忠诚于法国，选择坚持两个多世纪以来俄国怀有的与法国结盟的梦想。

《布列斯特-立托夫斯克条约》令苏俄损失惨重，使其丢失了一大块国土。1919年的全面和平及和平条约同样对俄国不利。和约签订之时，旧日盟友法国和英国忧心忡忡地关注着苏俄的革命进展，它们担心一个新的威胁，即"红色"意识形态的传播。面对这

一被视为"叛徒"的旧日盟友，法国又回到了传统的拒绝俄国的政策，回到了反对俄国的同盟。波兰问题重新回到了长期以来在俄国和法国关系中占据的位置。法国支持波兰在1921年《里加条约》中的领土诉求，这使得波兰能够从苏俄手中夺取1919年协约国确定的边界以外的俄国领土。英国在波罗的海沿岸国家采取的行动也如出一辙，它还插手高加索地区事务，如此一来英国就切断了苏俄通往波罗的海和黑海的道路。

彼得大帝、叶卡捷琳娜二世和亚历山大一世的遗产一朝覆灭。

俄法关系被俄国视为它融入欧洲的关键，两个多世纪以来，几乎所有的俄国君主都在追求这一梦想，并或多或少地取得了一些成效。然而，1921年，俄法关系最终的结果是苏俄被欧洲排除出去。彼得大帝输掉了这场历史豪赌吗？

一个标志，一个象征似乎给出了肯定的回答。在布列斯特-立托夫斯克谈判的艰难时期，为了给对手施压，直至谈判的最后阶段，德国人都在朝着苏俄领土进军；3月2日，也就是在签署协议的前夕，德军还决定轰炸彼得格勒。列宁认为德国并非为了谈和，而是为了直捣首都，摧毁布尔什维克政权，因此列宁才决定将首都迁往莫斯科，希望能够保住革命。从此以后莫斯科就成了苏俄的首都。这就是象征啊！被重新命名为彼得格勒的圣彼得堡是一座欧洲城市，"是面向欧洲的一扇窗"，是彼得大帝融入欧洲的赌注。莫斯科则是欧亚漫长历史混杂的浓缩，是俄国亚洲传统的熔炉。尽管列宁只是在欧洲的层面上思考革命，但通过将首都迁往莫斯科，他实际上放弃了属于欧洲的那个俄国，背离了彼得大帝的梦想。

后记

虽然弗朗西斯·福山写过历史终结论，但历史从不会终结。

1917年的革命结束了俄国的法国梦，并将苏俄从欧洲排除出去（莫斯科重新成为苏俄的首都就是标志）。这场革命也成了一个新幻想的起源。从1921年开始，苏维埃俄国因实现了和平而被拯救，并通过共产国际的成立得以巩固和加强，且获得了前所未有的地位。按照朱尔·罗曼（Jules Romains）的说法，苏俄是"东方的光芒"，是"人类的未来"，是人类走向进步不可逾越的典范。这个向来被认为落后的国家，为了在欧洲拥有一席之地，曾努力模仿更为先进的欧洲国家。如今这个国家却成了前卫的代表，是所有追求进步的国家应该学习的榜样。再也不是俄国跟在欧洲国家后面亦步亦趋了，现在轮到欧洲和世界其他国家从苏俄得到灵感并效仿其典范了！列宁在通过讲演改变现实方面真是天赋异禀啊！他期待着一场世界革命，想让自己落后的祖国搭上革命的列车。残酷的现实给他浇了一盆冷水。革命囿于俄国一国。不过列宁的话语有变失败为成功的能力。苏俄被树立为一种人类进步的典范和动力的源泉。法

俄关系也被部分地打上了这一观念倒转的烙印。

革命在俄国的胜利使得继之而起的苏俄在国际舞台上被孤立了。虽说苏俄被欧洲的一部分舆论同情,但是各个国家的领导人都敌视苏俄,有时连民众也是如此。1920年在波兰爆发的战争就是明证。革命的希望破灭了,列宁领导下的苏俄不得不回到传统的国与国之间的关系,在和平的氛围中于欧洲谋求一席之地。然而又谈何容易呢?当时所有的欧洲领导人都害怕革命以及共产主义运动。向来讲究实际的英国自1921年以来同意与苏俄就商贸问题进行谈判,而法国的态度则要谨慎得多。法国对苏俄深深的不满致使其不信任苏俄。苏俄单独媾和的行为"背叛"了法国。苏俄拒不承认之前法国提供的金融借贷也是背叛行为。数百万的法国储户因苏俄赖账而血本无归,这一争执在数十年间给法俄关系蒙上了阴影。最终要等到苏联解体(接近四分之三个世纪以后),双方才找到了解决方案。然而,那时俄罗斯要支付的数额已经很小了。因为数十年间,大部分储户都已经去世,还有许多人觉得赔偿无望而销毁了票据。手上继承了票据的人很少,不过法国公众总算得到了一个满意的答复,毕竟借款问题最后得到了解决。在此期间,法国接纳了十月革命后幸免于难的俄国皇室成员以及一大批苏俄移民。这遭到了莫斯科的非难,它不能接受法国收留这些敌视革命的移民。苏俄的责备并非毫无根据,因为这些移民的确在怂恿法国不要相信苏俄,甚至让法国害怕这个"嘴里叼着刀的人"[①]。1922年4

[①] 在彼时的讽刺漫画中,共产主义者经常被描绘成嘴里叼着刀的形象。——译者注

月，法国的负责人还要担心德国和苏俄签署的《拉巴洛条约》，该条约让这两个表面上不可能和解的敌对国家重归于好。不过，这不是很正常的事吗？德国和苏俄都未能参加凡尔赛会议，二者都是《凡尔赛和约》的受害人，在战后都被排除在新世界之外。最后，法国忧虑国内的共产党。1920 年，这个从社会党里分裂出来的党受到莫斯科的遥控指挥，并宣称要充当世界革命的工具。法国迟至 1924 年 10 月才承认苏联，这比其他欧洲国家都晚，而且法国的承认非常勉强且带有强烈的不信任感（后来的一些危机证实了法国的顾虑）。自 1927 年起，法国政府就驱逐了苏联驻巴黎大使拉科夫斯基（Rakovski），他被怀疑从事"颠覆活动"。所有的欧洲国家都因此意识到了苏联的两面性。一方面，苏联通过签订的协议承诺遵守国际生活的规则；另一方面，作为一个革命的国家，它又致力于破坏现有的秩序，输出革命。不过尽管法国怀有戒心，但是随着时间的流逝，苏联和法国还是日益接近。如果说英国一如既往地在苏联的外贸中占有优势地位的话，那么法国则逐渐成了苏联在政治上的伙伴。当德国退出国联时，正是法国在 1934 年支持苏联加入国联。这不由得使人想到，2019 年也正是法国竭力推动俄罗斯重返欧洲委员会。因此法国先后帮助苏联和俄罗斯在所谓的"体面国家"群体中确立了合法地位。1935 年 5 月由皮埃尔·赖伐尔（Pierre Laval）协商签订的《法苏条约》便遵循了上述路线，尽管这一条约只是路易·巴尔都（Louis Barthou）提出的规模更大的东方互助条约的平替，而所谓的东方互助条约是指以法俄联盟为引擎的《东方洛迦诺公约》。巴尔都被暗杀后，这一计划就被抛弃了。不过赖伐尔在当时主导苏联外交事务的李维诺夫（Litvinov）的支

持下，吸收了原计划中的一些因素。因此，为了建立集体安全体系，法国又和苏联有了关联。不过苏联在同一时间并未放弃颠覆的梦想，或者更确切地说，从未放弃颠覆的工具。

为了增强对法国共产党的控制，斯大林于1930年将法共置于尤金·弗里德（Eugen Fried）的监管（甚至可以说是威胁）之下。后者以共产国际的名义事实上指挥着由莫里斯·多列士（Maurice Thorez）领导的法国共产党。两次世界大战之间的岁月，苏联的外交政策其实又回到了传统的路线：一方面与法国结盟，另一方面谋求与新的德国，即纳粹德国建立稳固的关系。这一传统路线最后导致了同样传统的结果，苏联与民主欧洲的关系日益瓦解，莫斯科与柏林之间的关系倒是日益巩固，直至1939年8月双方签订条约（《苏德互不侵犯条约》）。

第二次世界大战的结果与1918年的后果大为不同。二战将苏联的力量和地位抬升到了之前的俄国从未达到的高度，苏联成了组织新世界的三大强国之一。无视苏俄利益的《凡尔赛和约》所带来的失望被一扫而空！斯大林在1945年还实现了列宁未曾实现的愿景，创造了一个革命的国际空间。当然，人民并不是这一事件的主角，是苏联的军事力量和它在红军获胜的地方以革命之名强行推行其政治体系的能力，实现了这一壮举。斯大林有一天对吉拉斯（Djilas）说："这场战争和以往的任何一场战争都不同。一块土地被谁占领，谁就可以在上面推行自身的政治和社会制度。"

红军并未进入欧洲西部，法国一如意大利、西班牙和其他一些国家避免了被强制执行上述粗暴言论的命运。不过法国有理由为苏联可能一时兴起的颠覆举动感到担忧。1944年12月，戴高乐将

军出访苏联。他对俄国和苏联有着清晰的认知，对其历史也有很深的了解，再加上他的地缘政治视野和处理波兰问题的经验，这些使得他从斯大林那里得到了保证，即苏联不谋求在法国进行颠覆活动。战后以及 1953 年斯大林死后，法国仍旧是苏联想要沟通的一个对话者。这首先是因为苏联仍然对德国不放心，害怕德国会冒出重新武装的念头。其次是因为在后斯大林时代，苏联尽管对法国忠于"西方阵营"表示遗憾，但还是非常看重法国相对于北约和美国的独立精神。此外，苏联发现它能够给法国施加压力的手段也变少了。戴高乐将军推行的非殖民化政策致使苏联想要给法国制造殖民地难题的希望破灭了。去斯大林化导致了 1956 年的波兰事件和匈牙利事件，以及 1968 年捷克斯洛伐克的"布拉格之春"，虽然这些事件都被苏联平息了，但是法国共产党在法国的受众因此大为缩减。共产党失去了一大部分选民。那些因苏共二十大揭露的信息而动摇的同情者和"战友"大规模地疏远了法共与苏联。

戴高乐一心想要在国际舞台上提高法国的行动能力和声望，他很早就将与苏联的关系纳入他的外交政策中。不过，他的出发点与 1968 年后苏联采取的路线相契合，那就是缓和两大阵营之间的关系，减少分歧，削弱美国在欧洲的影响力。苏联向西欧开放是必不可少的，建立泛欧对话机制的想法也由此出现。戴高乐将军及其继任者乔治·蓬皮杜的政策助力了上述愿景的实现，其成效的高峰则是赫尔辛基会议。

戴高乐将军的批评者通常责备他为了他所认为的法国国家利益，牺牲了对西方阵营的优先重视以及对苏联的警惕。不过过去二十五年的历史为戴高乐将军正了名。苏联体制不得不与美国力量

进行竞争，这一体制当然是被美国逼迫下的军备竞赛拖垮了（正如美国总统里根所说的"我们打倒了苏联"），不过更有可能的是受到了两大阵营相互开放政策的冲击。这一政策促使苏联统治下的人民——首先是东欧人民，然后是苏联人民——起来反抗，迫使莫斯科做出了最终导致苏联体制崩溃的让步和调整。苏联的最后一任领导人米哈伊尔·戈尔巴乔夫想要改革苏联，让自己的国家适应一个变化了的世界，而他为此付出了代价。他失去了权力，不得不见证苏联的解体以及共产主义在欧洲的消退。新的俄罗斯，一如之前从蒙古铁蹄中解放出来的俄国，想要重回欧洲，在欧洲找到属于自己的位置。戈尔巴乔夫开启了重回欧洲的道路，其后继者叶利钦和普京延续了这一进程，不过他们都未能彻底成功。

  欧洲为后共产主义的缓慢转型（甚至是停滞）心急如焚。欧洲有理由为此而抱怨，不过它在这么做的时候忽略了一个事实，那就是俄罗斯需要进行双重清算。一方面，俄罗斯需要摧毁一个在四分之三个世纪中塑造了三代人思维的集权体系（再加上这一体系是建立在传统的专制制度上的）；另一方面，俄罗斯还需要与帝国分离，不再自视为一个帝国，而帝国是俄国自 16 世纪以来的属性。不同于几乎所有在地理上自然分裂的帝国，俄罗斯帝国的解体是在连续的空间中进行的，也就是说解体的还有人际关系、风俗和利益纽带，而这些都是更难被打破的东西。米哈伊尔·戈尔巴乔夫和鲍里斯·叶利钦希望用一种联邦体制取代帝国，但是地理因素显然使得这一计划不具备可行性。俄罗斯的领导人不得不满足于一种"后苏联的空间"，他们给这种空间发明了一个新词——"亲近的外国"。这一称谓表明了俄罗斯在面对后苏联空间内部关系的性质时

的不适与困惑。过去四分之一个世纪的历史表明俄罗斯更倾向于看重"亲近"这一概念，这导致俄罗斯强调安全的必要性，有时甚至强制进行干涉。俄罗斯 2008 年在格鲁吉亚的举动便是如此。然而，对于那些"亲近的外国"来说，首要的概念是"距离"，也就是说应该突显的是"外国"这一概念。为了维护这一概念，构成"亲近的外国"的这些国家，都倾向于在后冷战时代的地缘政治中，向比任何其他国家都要强大的势力寻求庇护，也就是投靠美国或者北约。如此一来，我们就能理解"亲近的外国"与俄国之间时不时或经常出现的危机了。这些危机使人们怀疑俄罗斯还在怀念消逝的苏联，或者说人们怀疑俄罗斯还有潜在的帝国倾向。

　　为了建立一个稳固的民主制度，俄罗斯碰上了许多阻碍。俄罗斯地域辽阔，是世界上面积最大的国家。这意味着即便俄罗斯并非一定要建立专制制度，但至少得有一个高度集权的权力体系。此外俄罗斯市民社会的发展是滞后的。西方质疑且不信任这个不接受或者说缓慢接受西方标准的国家。俄罗斯在欧洲真的能有一席之地吗？由历史和特殊的地理所塑造的俄罗斯的特性——俄罗斯属于欧洲还是亚洲，不是一个老生常谈的问题吗？在 21 世纪欧洲与俄罗斯的关系中，我们又遇到了过去提过的问题，对于问题的答复则倾向于"屈斯蒂纳式"的。不愿意接受他人观点的俄罗斯，一头扎进了往日的荣光之中，沉湎于对彼得大帝，以及打败拿破仑并在巴黎阅兵的冷酷改革者亚历山大一世的回忆里。有时，俄罗斯甚至恰恰以经常被外界诟病的特殊性自矜，宣传"民主制度的弱点"。民族主义的诱惑不正是俄罗斯应对西方怀疑的一种可能的答复吗？法国一如既往地在这场讨论中占据了特殊的地位。戴高乐将军通过与苏

联的对话，促进了苏联与欧洲的和解。戴高乐将军之后，弗朗索瓦·密特朗与米哈伊尔·戈尔巴乔夫一同捍卫"欧洲共同家园"的观念。1990年12月的巴黎会议期间，密特朗成功地为"一个新的欧洲推出了《巴黎宪章》"，行将解体的苏联以及业已脱离苏联统治的民族也签署了宪章。

后来的雅克·希拉克总统忠于戴高乐的传统，而且对自己所熟悉的俄国文化非常关注。他的外交政策旨在超越法国长期以来对俄国的敌意。他进一步拓宽了戴高乐将军开启的合作。21世纪初，弗拉基米尔·普京执掌下的俄罗斯最终从叶利钦执政时期的混乱岁月中脱身出来。然而，当普京试图通过调动深层次的民众认同（爱国主义、民族自豪感）在欧洲和国际舞台上彰显俄罗斯时，法俄关系开始出现裂痕。面对这样的俄罗斯，法国选择了相较传统的双边关系更为欧洲化的态度。俄罗斯会重新陷于孤立之中吗？

当第五共和国的第八任总统埃马纽埃尔·马克龙担任法国最高领袖时，俄罗斯似乎与它数个世纪以来一心想要融入的欧洲渐行渐远（或者说是被排挤得越来越远）。不过这位新总统上任时的地缘政治格局已经不同于20世纪了。苏联的解体意味着美国成了独一无二的超级大国。数年之间，其他国家开始跻身世界舞台——首先是中国，然后是印度——从此以后亚洲成了大国角力的主要场所。

在这一地缘政治的变局中，为了实现转变面临着重重困难的俄罗斯拥有一个优势，那就是它既属于欧洲，也属于亚洲。虽然以弗拉基米尔·普京为首的俄罗斯人深深地感觉他们的国家属于欧洲，不过一旦欧洲对俄罗斯关上大门，他们就会转向亚洲，参与这场转向亚洲的地缘政治变动。因此欧洲面临着一个挑战。倘若俄罗斯投

入亚洲的怀抱，那么欧洲在新的地缘政治格局中便没有位置，它将与亚洲分离，因为俄罗斯是连接欧洲和亚洲的一座桥梁。法国总统意识到有必要将俄罗斯拴在欧洲，这样欧洲才有机会融入这个变动的世界。他希望法国能承担起这个角色。出于这一目的，马克龙也像戴高乐将军一样，致力于维系法俄之间的政治对话。"向东方开放"的首次表现就是邀请弗拉基米尔·普京效仿彼得大帝前往凡尔赛宫，此举意义重大。彼得大帝在他那个时代想要为自己的国家打开"一扇朝向欧洲的窗户"。

三个世纪之后，现在轮到欧洲意识到打开"一扇朝向亚洲的窗户"的必要性了。三个世纪以来，法俄关系一直高潮迭起，不曾衰退，它将成为这一地缘政治转变的推动力吗？它能否应对历史的挑战？这将是未来几年的关键问题。

参考文献

在撰写这部涵盖了长达两个多世纪历史的作品时，我们特别注意不要徒劳地增加篇幅。因此，我们决定删除大量的批注和注释。

然而，我们仍然特别关注那些对我们的思考起到指导作用，并为我们的知识增添了丰富内容的作者和著作。为了更加清晰，我们将作为整个著作基础的主要参考文献与作为各章内容的参考文献分列开来。

主要参考文献

国际关系

Bély (L.), *Les Relations internationales en Europe XVIIe-XVIIIe siècles*, Paris, 1992

Rossiia i Frantsiia XVII-XX veka, Moscou, 1995-2017, 12 vol. (*Russie-France XVII-XXe siècles*)

Cette collection d'études publiées sous la direction de P.P. Tcherkassov est irremplaçable (Russie et France XVIIe-XXe siècles)

Borkunov (A.), *Diplomatitcheskii protocol v Rossii,* Moscou, 2012 (*Le Protocole diplomatique en Russie*)

Dumont (J.) Rousset (J.), *Le Cérémonial diplomatique des Cours d'Europe*, Amsterdam,

1739, 5 vol.

Duparc (P.), *Recueil des instructions données aux ambassadeurs et ministres de France en Turquie*, Paris, 1969

Martens (F.), *Recueil des traités et conventions conclus par la Russie avec les puissances étrangères*, Saint-Pétersbourg, 1909, t. XV, avec la France

Recueil des instructions données aux ambassadeurs et ministres de France depuis 1648-1789, Paris, 1884, t. VIII et IX, Russie

Histoire de la diplomatie française, présentation Dominique de Villepin, Paris, 2005

Istoriia vnechnei politiki rossii XVIII veka, Moscou, 1998 (*Histoire de la politique étrangère russe au XVIIIe siècle*)

Rain (P.), *La Diplomatie française d'Hēnri IV à Vergennes,* Paris, 1945

俄国与西方

Alexinski (G.), *Russia and Europe,* Londres, 1917

Berdiaiev (N.), *Russkaia idea*, Paris, 1946 (*L'idée russe*)

Cross (A.), *Russia and the West in the Eighteenth Century,* Newtownville, 1983

Danilevski (N. Ja.), *Rossia i Evropa. Vzgliad na kulturnye i polititcheskie otnocheniia slavianskogo mira k germano-rimskomu*, Saint-Pétersbourg, 1889, (*Russie et Europe. Regard sur les relations culturelles et politiques du monde slave et du monde germano-romain*)

Dukes (P.), *World Order in History. Russia and the West*, Londres, 1996

Fronvizine (D.), *Lettres de France 1777-1778*, Oxford Voltaire Foundation, 1995

Grünwald (C. de), *Trois siècles de diplomatie russe*, Paris 1945

Haumant (F.), *La Culture française en Russie*, Paris, 1913

Heller (M.), *Histoire de la Russie et de son Empire,* Paris, 1997

Ianov (A.), *Rossiia i Evropa 1662-1921*, Moscou, 2007-2009, 3 vol. (*La Russie et l'Europe*)

Kara-Murza (S.G.), *Rossiia i zapad. Paradigmy i tsivilizatsiia*, Moscou, 2011 (*Russie et Occident. Paradigmes et civilisation*)

Karamzine (N.), *Lettres d'un voyageur russe,* Paris, 1867

Kari (S. Ia), *Frantsuskie prosvetiteli v Rossii*, Moscou, 1998 (*Les civilisateurs français en Russie*)

Lortholary (A.), *Les philosophes du XVIIIe siècle et la Russie. Le mirage russe en France au XVIIIe siècle*, Paris, 1951

Malia (M.), *L'Occident et l'énigme russe. Du cavalier de bronze au mausolée de Lénine*, Paris, 2003

Mettan (G.), *Russie-Occident. Une guerre de mille ans. La russophobie, de Charlemagne à la crise ukrainienne*, Paris, 2015

Morenschild (D.S. von), *Russia in the Intellectual Life of Eighteenth Century France*, New York, 1936

Neumann (J.B.), *Russia and the Idea of Europe. A Study in Identity and International Relations*, Londres, 1996

Niqueux (M.), *L'Occident vu de Russie. Une anthologie de la pensée russe, de Karamzine à Poutine*, Paris, 2016

Nivat (G.), *Vers la fin du mythe russe, de Gogol à nos jours,* Paris, 1982

Platonov (S.), *Moscow and the West,* Londres, 1972

Rey (M.P.), *Le Dilemme russe. La Russie et l'Europe occidentale, d'Ivan le Terrible à Boris Eltsine*, Paris, 2002

Rjeoutski (V.), *Quand le français gouvernait en Russie. L'éducation de la noblesse russe 1750-1880*, Paris, 2016

Tarle (E.), *Zapad i Rossiia*, Saint-Pétersbourg, 1918, (*L'Occident et la Russie*)

俄国的历史

The Cambridge History of Russia (D. Lieven dir.), Cambridge, 2006

Grève (C. de), *Le Voyage en Russie. Anthologie des voyageurs français au XVIIIe et XIXe siècle*, Paris, 1990

Karamzine (N.), *Istoriia gosudarstva rossii*, Saint-Pétersbourg, 12 vol., trad. française

Histoire de l'Empire de Russie, Paris, 1919-1926, 11 vol.

Klioutchevski (V.), *Kurs russkoi istorii* et traduction française, *Histoire de Russie* Paris, 1956, 5 vol.

Leroy-Beaulieu (A.), *L'Empire des tsars et la Russie*, Paris 1881-1898, 3 vol.

Lévêque (P.), *Histoire de la Russie et des principales nations de l'Empire russe* Paris, 1812, 8 vol.

Pascal (P.), *Histoire de la Russie des origines à 1917,* Paris, 1976

Pingaud (L.), *Les Français en Russie et les Russes en France*, Paris, 1886

Pipes (R.), *Russia under the Old Regime*, New York, 1974

Rambaud (A.), *Histoire de la Russie*, Paris, 1918

Rey (M.P.), *De la Russie à l'Union soviétique. La construction de l'Empire, 1462-1953*, Paris, 1994

Riazanovski (N.), *A History of Russia*, Oxford, 1963, et traduction française, 1987

Seton Watson (H.), *The Russian Empire, 1801-1917,* Oxford, 1988

Sokoloff (G.), *La Puissance pauvre. Une histoire de la Russie de 1815* à *nos jours*, Paris, 1993

Soloviev (S.), *L'Idée russe*, Paris, 1888

Weidle (W.), *La Russie absente et présente*, Paris, 1949

各章参考文献

第一章

Ageeva (O.), *Evropeizatsiia Russkogo dvora 1700-1796*, Moscou, 2006 (*L'Européisation de la Cour de Russie*)

Anderson (M.S.), *Peter the Great*, Londres-New York, 1996

Andreeva (E.), *Rojdenie Peterburga*, Saint-Pétersbourg, 2011 (La naissance de Pétersbourg)

Bély (L.), *Espions et ambassadeurs au temps de Louis XIV*, Paris, 1990

Blanc (S.), *Pierre le Grand*, Paris, 1974

Bluche (F.), *Louis XIV*, Paris, 1984

Carrère d'Encausse (H.), *Les Romanov*, Paris, 2014

Cross (A.), *Peter the Great through British Eyes*, Cambridge, 2000

Fiodorov (V.), *Peter the Great an Inspired Tsar*, Amsterdam, 2013

Fontenelle (B.), *Éloge de Pierre le Grand*, in *Oeuvres complètes,* Genève, 1968

Guichen (E. de), *Le Premier Traité franco-russe, 1682-1717*, Paris, 1908

Hughes (L.), *Peter the Great and the West. New Perspectives*, Basingstoke, 2001
 – *Russia in the Age of Peter the Great,* Yale Univ. Press, 1998

Inostrannye spetsialisty v Rossii v epoku Petra Velikogo. Biografitcheskii slovar' 1682-1727, Moscou, 2019 (*Les spécialistes étrangers en Russie à l'époque de Pierre le Grand. Dictionnaire biographique des spécialistes venus de France, Wallonie, Suisse francophone et Savoie*)

Klioutchevski (V.), *Pierre le Grand* (traduction française), Paris, 1991

Liechtenhan (F.D.), *Pierre le Grand. Le premier empereur de toutes les Russies*, Paris, 2015

Massie (R.), *Peter the Great*, New York, 1980

Mezin (S.), *Piotr I vo franlsii*, Saint-Pétersbourg, 2017 (*Pierre Ier en France*)

Moltchanov (N.), *Diplomatiia Petra Pervogo,* Moscou, 1984 (*La Diplomatie de Pierre le Grand*)

Raeff (M.), *Peter the Great. Reformer or Revolutionnary?*, Boston, 1966

Schuyler (E.), *Peter the Great Emperor of Russia*, New York, 1884

Shisov (A.), *Petr' velikii. Novoe protchenie biografii*, Moscou, 2012 (*Pierre le Grand. Une nouvelle lecture de sa biographie*)

Summer (B.), *Peter the Great and the Emergence of Russia,* New York, 1962

Tarle (E.), *Russkii flot i vnechniaia politika Petra I*, Saint-Pétersbourg, 1994 (*La flotte russe et la politique étrangère de Pierre le Grand*)

Voltaire, *Histoire de l'Empire de Russie sous Pierre le Grand*, in *Œuvres complètes,* 1784, t. XXIV

Wittram (R.), *Peter I. Tsar und Kaiser zur Geschichte Peters der Grossen in Seiter Zeit*, Göttingen, 1964, 2 t.

Waliszewski (K.), *Peter the Great*, New York, 1897

第二章

Anisimov (E.), *Rossiia bez Petra, 1725-1740*, Saint-Pétersbourg, 1994 (*La Russie sans Pierre*)

—*Jenchtchiny na russkom prestole*, Saint-Pétersbourg, 1998, (*Des femmes sur le trône russe*)

—*Anna Iovanovna*, Moscou, 2002

Brückner (A.), *La Famille de Brunswick en Russie au XVIII° siècle*, Saint-Pétersbourg, 1876

Curtis (M.), *Anna Iovanovna and Her Era, 1730-1740*, New York, 1978

Kurukin (I.), *Biron*, Moscou, 2006

Mauvillon (E.), *Histoire de la vie, du règne et du détrônement d'Ivan VI empereur de Russie assassiné à Schlüsselbourg dans la nuit du 15 au 16 juillet 1764*, Paris, 1869

Mémoires du règne de Catherine Ire impératrice de toutes les Russies, Amsterdam, 1742

Münnich (J.E.), *Ébauche du gouvernement de l'Empire de Russie*, Paris, 1789

Muratori-Philip (A.), *Stanislas Leszczynski aventurier, philosophe et mécène des Lumières*, Paris, 2005

Pavlenko (N.), *Ekaterina I*, Moscou, 2004

—*Anna Iovanovna*, Moscou, 2002

Petruhintsev (N.N.), *Tsarstvovanie Anny Ivanovny. Formirovanie vnutre-polititcheskogokursa i sudby armii i flota*, Saint-Pétersbourg, 2001 (*Le règne d'Anna Ivanovna. La formation de la politique intérieure et le sort de l'armée et de la flotte*)

Rathery (E.), *Le comte de Plélo. Un gentilhomme français au XVIII° siècle. Guerrier, littérateur et diplomate*, Paris, 1876

Tcherkassov (P.), *Dvuhglavyi Orel i korolevskie lilii. Stanovlenie russko-frantsuskih otnochenii v XVIII veke 1700-1775*, Moscou, 1995 (*L'aigle à deux têtes et les*

lys royaux. L'établissement des relations franco-russes au XVIIIe siècle. 1700-1775)

Ziegler (C.), *La Première Catherine,* Paris, 1956

第三章

Anisimov (E.), *Elizaveta Petrovna,* Moscou, 1999

Bled (J.P.), *Marie-Thérèse d'Autriche,* Paris, 2001

Bluche (F.), *Le Despotisme éclairé,* Paris, 1968

Brennan (J.), *Enlightened Despotism in Russia. The Reign of Elisabeth 1741-1762,* New York, 1987

Broglie (A. de), *Le Secret du roi, 1752-1774. Louis XV et ses agents diplomatiques,* Cassel, 1878, 2 vol.

Browning (R.), *The War of Austrian Succession,* New York, 1993

Chaussinand-Nogaret (G.), *Le Cardinal de Fleury. Le Richelieu de Louis XV,* Paris, 2002

Chtchepkin (E.N.), *Russko-avstriiskii soiouz vo vremia semiletnii voiny. 1740-1758,* Saint-Pétersbourg, 1902 (*L'alliance russoautrichienne durant la guerre de Sept Ans, 1740-1758*)

Kaplan (H.), *Russia and the Outbreak of Seven Years War,* Berkeley, Los Angeles, 1968

Lever (É.), *Le Chevalier d'Éon. Une vie sans queue ni tête,* Paris, 2009

Ley (F.), *Le Maréchal de Münnich (1687-1767) et la Russie au XVIIIe siècle,* Paris, 1959

Liechtenhan (F.D.), *La Russie entre en Europe. Élisabeth Ire et la succession d'Autriche,* Paris, 1992

–*Élisabeth Ire de Russie, l'autre impératrice,* Paris, 2007

–*En Russie au temps d'Élisabeth. Mémoires sur la Russie par le chevalier d'Éon,* Paris, 2006

Mil'tchina (V.), *Rossiia i frantsiia. Diplomaty, literatory i chpiony,* Saint-Pétersbourg, 2004 (*La Russie et la France, diplomates, littérateurs et espions*)

Pekarskii (P.), *Markiz de La Chétardi v Rossii, 1740-1742,* Saint-Pétersbourg, 1862 (*Le marquis de La Chétardie en Russie*)

Perrault (G.), *Le Secret du roi*, 3 vol., tome I, Paris, 1992

Talbot-Rice (T.), *Elizabeth. Empress of Russia*, New York, 1970

Tapié (V.L.), *L'Europe de Marie-Thérèse. Du Baroque aux Lumières*, Paris, 1973

Tcherkassov (P.), *Elizaveta Petrovna I Lioudovik XV. Russkofrantsuskie otnocheniia 1741-1762*, Moscou, 2010 (*Élisabeth Petrovna et Louis XV. Les relations russo-françaises 1741-1762*)

Vandal (A.), *Louis XV et Élisabeth de Russie*, Paris, 1882

Waliszewski (K.), *La Dernière des Romanov. Élisabeth Ire de Russie, impératrice de Russie, 1741-1762*, Paris, 1902

第四、五章

彼得三世

Bain (R.N.), *Peter III : Emperor of Russia,* Londres, 1902

Dassow (J.), *Friedrich II von Preussen und Peter III von Russland,* Berlin, 1908

Goudar (A. de), *Mémoires pour servir l'histoire de Pierre III. Avec un détail historique des différends de la maison de Holstein avec la Cour de Danemark*, Francfort, 1763

La Marche (M.C.F.S. de), *Histoires et anecdotes de la vie, du règne, du détrônement de Pierre III dernier empereur de toutes les Russies écrites en forme de lettres*, Londres, 1766

Mylnikov, *Petr III*, Moscou, 2002 (*Pierre III*)

Saldern (K. von), *Histoire de la vie de Pierre III, empereur de toutes les Russies présentant sous un aspect important les causes de la révolution arrivée en 1762*, Francfort, 1802

Thibault de Laveaux (J.C.), *Histoire de Pierre III, empereur de Russie imprimée sur un manuscrit trouvé dans les papiers de Montmarin, ancien ministre des Affaires étrangères et composée par un agent de Louis XV à la Cour de Pétersbourg*, Paris, 1799

叶卡捷琳娜二世

Alexander (J.T.), *Catherine the Great. Life and Legend*, Oxford, 1989

Bil'basov (V. A), *Istoriia Ekateriny II*, Saint-Pétersbourg, 1890-1891 (*Histoire de Catherine II*)

Billet (F.), *La Politique française en mer Noire, 1747-1789*, Istanbul, 1992

Didro v Peterburge, 1773-1774, Saint-Pétersbourg, 1884, 2 vol. (*Diderot à Pétersbourg, 1773-1774*)

Brikner (A. G), *Istoriia Ekateryni II vpiati tchastiah*, Saint-Pétersbourg, 1885 (*Histoire de Catherine II en cinq parties*)

Carrère d'Encausse (H.), *Catherine II. Un age d'or pour la Russie*, Paris, 2003

Castera (J.), *Histoire de Catherine II impératrice de Russie*, Paris an VIII, 3 vol.

Dachkova (C. princesse), *Mémoires*, Paris, 1889

Davidenkoff (A.) dir., *Catherine II et l'Europe*, Paris, 1997

Davies (N.), *God's Playground. A History of Poland*, Oxford, 1981, 2 vol., vol. I

Drujinina (E.I.), *Kutchuk-Kainardjiiskii mir 1774 goda,* Moscou, 1975 (*La paix de Kutchuk-Kaünardji en 1774*)

Kamenskii (A.B.), «*Pod senii Ekateriny*»: *ee znamenitye podvizniki,* Saint-Pétersbourg, 1992

Kamenskii (A.B.), *Jizn I soud'ba Ekateriny Velikoi,* Moscou, 1997 (*Vie et destinée de Catherine la Grande*)

Kizevetter (A.A.), *Imperatritsa Ekaterina II kak zakonodotel',* Moscou, 1912 (*L'impératrice Catherine II législatrice*)

Kozlov (I.), *Imperatritsa Ekaterina Velikaia,* Saint-Pétersbourg, 1904 (*L'Impératrice Catherine la Grande*)

Lord, *The Second Partition of Poland*, Cambridge Mass., 1915

Lukowski (J.), *The Partitions of Poland 1772-1793-1795,* Londres, 1999

Madariaga (I. de), *Catherine the Great : A Short History,* New Haven, 1990

– *Russia in the Age of Catherine the Great,* Londres, 1981

–*Britain, Russia and the Armed Neutralities of 1780,* Londres, 1963

Nazarevskii (V.V.), *Tsarstvovanie Imperatritsy Ekateriny II*, Moscou, 1913 (*Le règne de l'Impératrice Catherine II*)

Oldenburg (Z.), *Catherine de Russie,* Paris, 1966

Olivier (D.), *Catherine la Grande,* Paris, 1965

Omeltchenko (O.A.), *Zakonnaia monarhiia Ekateryni II*, Moscou, 1993 (*La monarchie légale de Catherine II*)

Pascal (P.), *La Révolte de Pougatchev*, Paris, 1971

Pokrovski (V.I.), *Ekaterina II. Ee Jizn'i sotchineniia*, Moscou, 1910 (*Catherine II. Sa vie et ses écrits*)

Poussou (J.), Mézin (A.), *L'Influence française en Russie au XVIIIe siècle*, Paris, 2004

Raeff (M.), *Catherine the Great. A Profile*, Londres, 1972

Stegnii (P.V.), *Khronika vremen Ekateriny II*, Moscou, 2001 (*Chronique du temps de Catherine II*)

–*Ekaterina II*, Moscou, 2002

–*Razdel Pol'chy I diplomatiia Ekateriny II*, Moscou, 2002 (*Le partage de la Pologne et la diplomatie de Catherine II*)

Stroev (A.), *La Russie et la France des Lumières. Monarques et philosophes. Écrivains et espions*, Paris, 2017

Tchaikovskaia (O.G.), *Imperatritsa. Tsarstvovanie Ekateriny II*, Moscou-Smolensk, 1998 (*L'Impératrice. Le règne de Catherine II*)

Tcherkassov (P.), *Ekaterina II I Lioudovik XVI*, Moscou, 2004 (*Catherine II et Louis XVI*)

–*Lioudovik XV i Emilian Pougatchev. Frantsuskaia diplomatiia i vostanie Pougatcheva*, Moscou, 1998 (*Louis XVI et Emelian Pougatchev. La diplomatie française et le soulèvement de Pougatchev*)

Vernadski (G.V.), *Russkoe masonstvo v tsarstvovanie Ekateriny II*, Petrograd, 1917 (*La franc-maçonnerie russe à l'époque du règne de Catherine II*)

波将金

Ekaterina II I G. A Potemkin. Litchnaia perepiska 1769-1791, Moscou, 1997 (*Catherine II et G. A Potemkine. Leur correspondance 1769-1791*)

Sebag-Montefiori (S.), *Prince of Princes. The Life of Potemkin*, Londres, 2001

第六章

Childer (N. K.), *Imperator Pavel I*, Saint-Pétersbourg, 1901 (*L'Empereur Paul Ier*)

Grünwald (C. de), *L'Assassinat de Paul Ier*, Paris, 1960

Kobeko (D.), *Tsarevitch Pavel Petrovitch 1754-1796*, Saint-Pétersbourg, 1883 (*Le tsarevitch Paul Petrovitch*)

Ragsdale (H.), *Paul I. A Reassessment of his Life and Reign*, Pittsburgh, 1979

Troyat (H.), *Paul Ier. Le tsar mal aimé,* Paris, 2002

第七章

Arkhangelskii (A.), *Alexandre Ier. Le feu follet,* Paris, 2000

Brian Chaninov (N.), *Alexandre Ier*, Paris, 1934

Childer (N.), *Imperator Aleksandr I ego jizn'i tsarstvovanie*, Saint-Pétersbourg, 1897, 4 vol. (*L'Empereur Alexandre Ier. Vie etrègne*)

Dictionnaire napoléon, Tulard (J.) dir., Paris, 1999, 2 vol.

Grinstead (P.), *The Foreign Minister of Alexander I,* Berkeley, 1969

Hartley (J.), *Alexander I,* Londres, 1994

Ivtchenko (I.), *Borodino Legenda i deistvitel'nost'*, Moscou, 2002 (*Borodino. La légende et la réalité*)

Lentz (T.) dir., *Napoléon et l'Europe: regards sur la politique européenne de Napoléon*, Paris, 2005

–*Diplomatie au temps de Napoléon*, Paris, 2015

–*Le Congrès de Vienne*, Paris, 2014

Lieven (D.), *Empire : The Russian Empire and its Rivals*, Londres, 2001

–*La Russie contre Napoléon. La bataille pour l'Europe 1807-1814*, Paris, 2012 (éd. anglaise 2009)

Mel'nikova (I.V.), *Armiia i pravoslavnaia tserkov Rossiiskoi imperii v epohu Napoleonovskih voin*, Moscou, 2007 (*L'armée et l'Église orthodoxe de Russie à l'époque des guerres napoléoniennes*)

Nicolas (grand-duc), *Les Relations diplomatiques de la Russie et de la France, 1808-1812*, Saint-Pétersbourg, 1905-1906, 6 vol.

Nicolas Mikhailovitch (grand-duc), *L'Empereur Alexandre Ier*, Saint-Pétersbourg, 1907, 2 vol.

Orlov (A.A.), *Soiouz Peterburga i Londona*, Saint-Pétersbourg, 2005 (*L'alliance de Pétersbourg et Londres*)

Palmer (A.), *Alexandre I. Tsar of War and Peace*, Londres, 1974

Popov (A.I.), *Velikaia armiia v Rossi Pogonia za mirajom*, Samara, 2002 (*La grande armée en Russie. La course au mirage*)

Promyslov (N.), *Frantsuskoe obchtchestvenoe mnenie o Rossi nakanune i vo vremia voiny 1812 goda*, Moscou, 2016 (*L'opinion publique française sur la Russie à la veille et durant la guerre de 1812*)

Ratchinski (A.), *Napoléon et Alexandre Ier*, Paris, 2002

Rey (M.P.), *Alexandre Ier*, Paris, 2009

–*L'Effroyable tragédie*, Paris, 2012

–*1814, un tsar à Paris*, Paris, 2014

Ringaud (L.), *Les Français en Russie et les Russes en France. L'Ancien Régime. L'émigration. Les invasions*, Paris, 1886

Sirotkine (V.), *Napoleon i Alksandr I. Diplomatiia i razvedka Napoleona i Aleksandra I v 1801-1812*, Moscou, 2002 (*Napoléon et Alexandre Ier. Diplomatie et renseignement de Napoléon et Alexandre Ier en 1801-1812*)

Tatichtchev (S.S.), *Alexandre Ier*, Paris, 1894

Totfalouchine (V.), *M. V Barklai de Tolli v otetchestvennoi voine 1812 goda*, Saratov 1991

(*M. V Barclay de Tolly dans la guerre patriotique de 1812*)

Troitski (N.), *1812 velikii god Rossii,* Moscou, 2007 (*1812, grande année russe*)

Troubetskoi (A.), *Imperial Legend : The Mysterious Disappearence of Tsar Alexander I*, New York, 2002

Troyat (H.), *Alexandre Ier. Le sphinx du Nord*, Paris, 1981

Vandal (A.), *Napoléon et Alexandre Ier,* Paris, 1891, 3 vol.

Waresquiel (E. de), *Talleyrand. Le prince immobile*, Paris, 2003

Zawadski (M.H.), *A Man of Honour: Adam Czartoryski as a State Man of Russia and Poland, 1795-1831,* Oxford, 1993

Zamoyski (A.), *1812: Napoleon's Fatal March on Moscow,* Londres, 2004

Zlotnikov (M.I.), *Kontinental'naia blokada i Rossia*, Moscou, 1966 (*Le blocus continental et la Russie*)

第八章

Andreeva (T.V.), Vyskotchkov (L.V.), *Nikolai I. Pro i contra*, Saint-Pétersbourg, 2011

April (S.), Huard (R.), Lévêque (P.), Mollier (J.Y.), *La Révolution de 1848 en France et en Europe*, Paris, 1998

Broglie (G. de), *La Monarchie de juillet, 1830-1848,* Paris, 2011

　　–*Guizot*, Paris, 1990

Cadot (M.), *La Russie dans la vie intellectuelle française, 1839-1856*, Paris, 1967

Caron (P.), *La France de 1815 à 1848*, Paris, 2000

Castries (R. de), *Louis-Philippe*, Paris, 1993

Childer (N.K.), *Imperator Nikolaï I*, Moscou, 1997

Custine (A. de), *La Russie en 1839,* Paris, 1843

Golovine (I.), *La Russie sous Nicolas Ier*, Paris, 1845

Grosvestins (C.F.S. de), *La Russie ramenée à l'ordre et l'Europe en 1857*, Paris, 1858

Grünwald (C. de), *La Vie de Nicolas Ier*, Paris, 1946

Guizot (F.), *Mémoires pour servir à l'histoire de mon temps*, Paris, 1858

Lacroix (M.), *Histoire de la vie et du règne de Nicolas Ier*, Paris, 1864

Liachtchenko (L.M.), *Nikolaï Pervoi: Sloutchainyi Imperator*, Moscou, 1913 (*Nicolas Ier Empereur fortuit*)

Lichtenhan (F.D.), *Astolphe de Custine. Voyageur et philosophe*, Paris, 1990

Lincoln (W.), *Nicholas I. Emperor and Autocrat of all the Russias*, Bloomington Un. Press, 1978

Lobanov-Rostovski (A.), *Russia and Europa 1825-1878*, Ann Arbor, 1954

Mazour (A.), *The First Russian Revolution 1825. The Decembrist Movement,* Stanford, 1937

Mironenko (S.V.), *Samoderjavie i reformy. Polititcheskaia bor'ba v Rossii v natchale XIX v.,* Moscou, 1989 (*Autocratie et réformes.Le combat politique en Russie au début du XIXe siècle*)

Puryear (V.J.), *England, Russia and the Straits Questions, 1844-1856*, Berkeley, 1960

Raeff (M.), *Comprendre l'ancien régime russe. État et société en Russie impériale*, Paris, 1982

Tatischtchev (S.), *Vnechniaia politika imperatora Nikolaia I^go*, Saint-Pétersbourg, 1897 (*La Politique extérieure de l'empereur Nicolas Ier*)

Tcherkassov (P.), *Russkii agent vo frantsii Iakov Nikolaevitch Tolstoï, 1791-1867*, Moscou, 2008 (*Un agent russe en France. Iakov Nicolaievitch, Tolstoï, 1791-1867*)

Tchoukarev (A.G.), *Tainaia politsiia Rossii 1825-1855 gg*, Moscou, 2005 (*La police secrète russe dans les années 1825-1855*)

Waresquiel (E. de), Yvert (B.), *Histoire de la Restauration 1814-1830. Naissance de la France moderne*, Paris, 2002

第九章

Bapst (E.), *Les Origines de la guerre de Crimée,* Paris, 1912

Carmona (M.), *Morny, le vice-empereur*, Paris, 2005

Charles-Roux (F.), *France et chrétiens d'Orient*, Paris, 1930

–*Alexandre II, Gortchakov et Napoléon III*, Paris, 1913

Girard (L.), *Napoléon III,* Paris, 1986

Gouttman (A)*, La Guerre de Crimée 1853-1856,* Paris, 2003

Grünwald (C. de), *Alexandre II et son temps*, Paris, 1963

Guillemin (R.), *La Guerre de Crimée*, Paris, 1981

Guizot (F.), *Mémoires pour servir à l'histoire de mon temps*, Paris, 1858

Maréchal (G.), *La Guerre de Crimée,* Paris, 1888

Marinin (O.V.), *Diplomatitcheskaia deiatel'nost' rossii na zaverchtaiuchtchem etape Krymskoi voiny. Parijski imirnyi Kongress 1856 goda,* Moscou, 2009 (*L'activité diplomatique de la Russie, l'étape finale de la guerre de Crimée. Le Congrès de la Paix de Paris de 1856*)

Milza (P.), *Napoléon III*, Paris, 2004

Mouraviev (B.), *L'Alliance russo-turque au milieu des guerres napoléoniennes*, Neuchâtel, 1954

Rossia i Tchernomorskie prolivy, Moscou, 1999 (*La Russie et les Détroits de la mer Noire*)

Rambaud (A.), *Français et Russes*, Paris, 1892

Rousset (C.), *Histoire de la guerre de Crimée,* Paris, 1877

Ryjova (R.I.), *Russko-frantsuskie otnocheniia v evrope posle krymskoi voiny,* Moscou, 2016 (*Les relations russo-françaises en Europe après la guerre de Crimée*)

Schule (E.), *Russland und Frankreich von Ansgang des krimkrieges bis zum Italienischen krieg 1856-1859*, Berlin, 1935

Smith (W.), *Napoléon III*, Paris, 2007

Tarle (E.), *Krymskaia voina,* Moscou-Leningrad, 1944, 2 vol. (*La guerre de Crimée*)

Thouvenel (I.), *Nicolas Ier et Napoléon III*, Paris, 1891

–*Trois années de la question d'Orient d'après les papiers inédits de Monsieur de Thouvenel*, Paris, 1897

Todleben (lieutenant général de), *Défense de Sébastopol*, Saint-Pétersbourg, 1863,

3 vol.

Tolstoï (L.), *Récits de la guerre de Crimée*

第十章

Bogdanovitch (A.), *Tri poslednih samoderdjtsa,* Moscou, 1990 (*Les trois derniers autocrates*)

Carrère d'Encausse (H.), *Alexandre II, le printemps de la Russie*, Paris, 2008

Grünwald (C. de), *Le Tsar Alexandre II et son temps*, Paris, 1963

Kolosov (A.), *Alexander II*, Londres, 1902

Liachtchenko (L.M.), *Tsar' osvoboditel' jizn' i deianiia Alexandre II*, Moscou, 1994 (*Le tsar libérateur. Vie et action d'Alexandre II*)

Mosse (M.), *Alexander II and the Modernization of Russia*, New York, 1992 (éd. complétée)

Paléologue (M.), *Le Roman tragique de l'Empereur Alexandre II*, Paris, 1963

Radzinski (E.), *Aleksandr II jizn' i smert' dokumental'nyi roman*, Moscou, 2006 (*Alexandre II vie et mort. Un roman document*)

Tatitchtchev (S.S.), *Imperator Aleksandr II, ego jizn'I tsarstvovanie*, Saint-Pétersbourg, 1902, 2 vol. (*L'Empereur Alexandre II. Sa vie et son règne*)

Troyat (H.), *Alexandre II*, Paris, 1990

对外政策

Kipianina (N.S.), *Osnovnye etapy politiki rossii v vostochnom krizise, 1875-1878 gg. Rossia i vostochnoi Krizis 70 g XIX veka*, Moscou, 1981 (*Principales étapes de la politique russe dans la crise orientale des années 1875-1878. La Russie et la crise orientale des années 70 du XIXe siècle*)

Kozik (V. I.), *Russkaia politika v Bolgarii,* Moscou, 1991 (*La politique russe en Bulgarie*)

McCenzie (D.), *Russia's Balkan Policies under Alexandre II, 1855-1881,* Cambridge Mass., 1993

Manfred (A.Z.), *Vnechniaia politika Frantsii 1871-1911*, Moscou, 1953 (*La politique étrangère de la France 1871-1911*)

Morny (Ch.), *Une ambassade en Russie 1856*, Paris, 1892

Narotchnitskaia (N.), *Rossia i otmena neitralizatsii tchernogo moria 1856-1871 gg k istorii vostotchnogo voprosa*, Moscou, 1989 (*La Russie et le rejet de la neutralisation de la mer Noire 1856-1871. Pour l'histoire de la question orientale*)

–*Rossiia i voiny Prussii v 60 godah za ob'edinenie Germanii «sverhu»*, Moscou, 1960 (*La Russie et les guerres de Prusse dans les années 60 pour l'unification allemande «par le haut»*)

Nolde (B. baron), *Peterburgskaia missia Bismarka 1859-1862. Rossiia I Evropa v natchale tsarstvovenia Aleksandra II*, Prague, 1925 (*La mission pétersbourgeoise de Bismarck 1859-1862. La Russie et l'Europe au début du règne d'Aleksandre II*)

Olivier (E.), *L'Empire libéral,* Paris, 1898

第十一章

Azéma (J.P.), Winock (M.), *La Troisième République,* Paris, 1976

Bensidoun (S.), *Alexandre III. 1881-1914,* Paris, 1990

Bonin (H.), *La Société générale en Russie,* Paris, 1994

Bovykin (V.P.), *Frantsuskie banki v Rossii, Konets XIX natchalo XX veka*, Moscou, 1999 (*Les banques françaises en Russie à la fin du XIXe siècle et au début du XXe siècle*)

Burn (P.I.), *Gambetta's Final Years. The Era Difficultie*s, New York, 1882

Cameron (R.), *La France et le développement économique de l'Europe 1800-1914*, Paris, 1987

Coriani (G.), *Une France russophile. Découverte, réception, impact. La diffusion de la culture russe en France de 1880 à 1940*, Strasbourg, 1998 (thèse)

Correspondance du baron de Staël ambassadeur de Russie à Londres (A. Meyendorf ed.), Paris, 1929

Cyon (E. de), *L'Alliance franco-russe,* Lausanne, 1895

Flourens (E.), *Alexandre III sa vie, son oeuvre*, Paris, 1984

Gerschenkron (A.), *L'Europe dans le miroir russe,* Paris, 1998

Geyer (D. von), *Russian Imperializm. The Interaction of Domestic and Foreign Policies 1860-1916*, Yale Un. Press, 1987

Girault (R.), *Emprunts russes et investissements français en Russie, 1887-1914*, Paris, 1973

Hoghenhuis-Selivestoff (A.), *Une alliance franco-russe. La France, la Russie et l'Europe au tournant du siècle dernier,* Bruxelles, 1997

  –*Juliette Adam 1836-1936. L'Instigatrice*, Paris, 2001

Kennan (G.), *The Fateful Alliance,* New York, 1984

  –*The Decline of Bismarck European Order. Franco-Russian Relations*, Princeton, 1979

  (Ces deux ouvrages sont fondamentaux)

Lamsdorff (V.N.), *Dnevnik 1891-1892*, Moscou, 1934 (*Journal 1891-1892*)

Nazarevski (V.V.), *Tsarstvovanie Imperatora Aleksandra III*, Moscou, 1910 (*Le règne de l'Empereur Alexandre III*)

Neuberger (I.), *Russland unter Kaiser Aleksander III*, Berlin, 1894

Nolde (baron), *L'Alliance franco-russe. Les origines du système diplomatique d'avant-guerre*, Paris, 1936

Notovitch (N.), *L'Empereur Alexandre III et son entourage,* Paris, 1893

  –*Livre d'or à la mémoire d'Alexandre III*, Paris, 1895

Nougaret (R.), *Le Crédit Lyonnais en Russie, 1878-1920,* Paris, 1992

Rybatchenok (I.S.), *Soiouz s Frantsii vo vnechnei politiki Rosssii v Kontse XIX veka*, Moscou, 1993 (*L'alliance avec la France dans la politique étrangère russe à la fin du XIXe siècle*)

Silvère (P.), *Un tsar ami de la France,* Paris, 1895

Soljénitsyne (A.), *La Roue rouge. Premier nœud, 1914,* Paris, 1983

Stoskopf (N.), *Les Patrons du Second Empire. Banquiers et financiers parisiens*,

Paris, 2002

Taube (baron), *La Politique russe d'avant-guerre et la fin de l'Empire des tsars*, Paris, 1928

Toutain (A.), *Alexandre III et la République française. Souvenirs d'un témoin, Paris, 1928*

Zaiontchkovski (P.A.), *Russkaia Armiia i flot na rubeje XIX-XX v*, Moscou, 1977 (*L'armée et la flotte russe au tournant du XIXe-XXe siècles*)

—*Rossiskoe samoderjavie v kontse XIX go stoletiia*, Moscou, 1970 (*L'autocratie russe à la fin du XIXe siècle*)

第十二章

Ananyitch (V.V.), Ganelin (R. Ch.), *Serguei Ioulevitch Vitte I ego vremia*, Saint-Pétersbourg, 1999 (*Sergei Ioulievitch Witte et son temps*), *The Cambridge History of Russia* (D. Lieven dir.), Cambridge, 2006

Bély (L.), *La Diplomatie française et la puissance russe au XVIIIe siècle. Russie-France. 300 ans de relations spéciales,* Moscou, 2010 (traduction russe)

Carrère d'Encausse (H.), *Nicolas II. La transition interrompue*, Paris, 1996

Chpiakov (V.I.), *Rossiia na vsemirnyh vystavkah 1851-2000*, Moscou, 2000 (La Russie dans les expositions universelles 1851-2000), spécialement pour l'Exposition de 1900

Dallin (D.), *The Rise of Russia in Asia,* Cambridge, 1950

Eltchaninov (A.), *Tsarstvovanie gosudaria Imperatora Nikolaia Aleksandrovitcha*, Saint-Pétersbourg, 1913 (*Le règne de l'Empereur Nicolas Alexandrovitch*), (publié avec l'accord de Nicolas II)

Ferro (M.), *Nicolas II*, Paris, 1990

Grünwald (C. de), *Le Tsar Nicolas*, Paris, 1965

Izvolski (A.), *Au service de la Russie. Correspondance diplomatique 1906-1911*, Paris, 1937-1939, 2 vol.

Khroustalev (V.M.), *Romanovy. Poslednie dni dinastii*, Moscou, 2013 (*Les Romanov.*

Les derniers jours de la dynastie)

Kostrikova (E.G.), *Russkoe obchtchestvo i vnechniaia politika nakenune pervoi mirovoi voiny. 1908-1914*, Moscou, 2007 (*La société russe et la politique étrangère à la veille de la Première Guerre mondiale, 1908-1914*)

Liechtenhan (F.D.), *Le Crépuscule des Empereurs*, Paris, 2012

Lieven (D.), *Nicolas II. Emperor of all Russias*, Londres, 1993

Massie (R.K.), *Nicolas and Alexandra*, New York, 1971

Mironenko (S.), *A Life Long Passion. Nicholas II and Alexandra*, Londres, 1996

Neilson (K.), *Britain and the Last Tsar. The British Policy and Russia. 1894-1917*, Oxford, 1996

Oldenbourg (S.), *Tsarstvovanie Imperatora Nikolaia II*, Belgrade-Munich, 1939 (*Le règne de l'empereur Nicolas Ier*)

Paléologue (M.), *Le Crépuscule des tsars. Journal 1914-1917*, Paris, 2007

Parr (J.F.), *Théophile Delcassé and the Practice of the Franco-Russian Alliances 1895-1905*, Fribourg, 1951

Penico (E.), *Frantsusko russkii soiouz natchala 1890 godov do revoliutsii 1917 goda v sveta dokumentov*, Moscou, 2010 (*L'alliance franco-russe du début des années 1890 à la révolution de 1917 à la lumière des documents*)

Radzynsky (E.), *Nicolas II. Le dernier tsar*, Paris, 2002

Ross (N.), *Ils ont tué le tsar*, Paris, 2018

Rybatchenok (I.S.), *Vnechnaia Torgovlia rossii I russko frantsuskie torgovye otnochenuiia*, Istoria SSSR I, 1982 (*Le commerce extérieur russe et les relations commerciales franco-russes*)

–*Evoliutsiia russo-frantsuskogo soiouza 1891-1893 godov natchale XX veka*, Moscou, 2010 (*Évolution de l'alliance francorusse au début du XXe siècle*)

第十三、十四章

Alain (J.C.), *Agadir. Une crise impérialiste en Europe pour la conquête du Maroc*, Paris,

1976

Avetian (A.S.), *Russko-Germanskie otnocheniia nakanune pervoi mirovoi voiny 1910-1914*, Moscou, 1985 (*Les relations russoallemandes à la veille de la Première Guerre mondiale 1010-1914*)

Bérenger (J.), *L'Empire austro-hongrois 1815-1918*, Paris, 2011 (2e éd.)

Bovykin (V.I.), *Iz istorii vozniknoveniia pervoi mirovoi voiny: otnocheniia Rossii i Frantsii v 1912-1914 g.*, Moscou, 1961 (*Histoire de l'émergence de la Première Guerre mondiale: les relations de la Russie et de la France dans les années 1912-1914*)

Bridge (F.), *From Sadowa to Sarajevo. The Foreign Policy of Austria 1866-1914*, Londres, 1972

Caillaud (J.), *Mes mémoires,* Paris, 1942-1947, 3 vol. (pour Agadir vol.2)

Chatsilo (K.), *Ot Portsmutskogo mira k pervoi mirovoi voiny*, Moscou, 2000 (*De la paix de Portsmouth à la Première Guerre mondiale*)

–*Rossiia pered per voi mirovoi voinoi*, Moscou, 1974 (*La Russie devant la Première Guerre mondiale*)

Clarck (C.), *Les Somnambules. Été 1914. Comment l'Europe a marché vers la guerre*, Paris, 2013

Girault (R.), *Diplomatie européenne. Nation et Impérialismes. 1871-1914*, Paris, 2004

Grant (N.) ed., *The Kaiser's Letters to the Tsar*, Londres, S. D

Hell (H.), *The Balkan Wars 1912-1913. Prelude to the First World War*, Londres, 1983

Izvol'ski (A.), *Au service de la Russie. Correspondance diplomatique, 1906-1911,* Paris, 1937-1939, 2 vol.

Katsioubinskii, *Russkii natsionalizm v natchale XX sloletiia*, Moscou, 2001 (*Le nationalisme russe au début du XXe siècle*)

Keigen (J.), *France and the Origins of the First World War*, Londres, 1983

Kokotsev (V.N.), *Iz moego prochlovo,* Paris, 1933, 2 vol. (*De mon passé*) ; ce sont des mémoires

Kostrikova (E.G.), *Istoriia vnechnei politiki Rossii. Konets XIX natchalo XX vv,*

Moscou, 1997 (*Histoire de la politique étrangère de la Russie. Fin du XIXe siècle et début du XXe*)

Laurens (H.), *Les Crises d'Orient 1768-1914*, Paris, 2017

Lieven (D.), *Russia and the Origins of the First World War*, Londres, 1983

Mc. Laren (D.), Mc Donald, *United Government and Foreign Policy in Russia 1900-1914*, Cambridge Mass., 1912

Marks (S.), *Road to Power. The Transsiberian Railroad and the colonization of Asian Russia 1850-1907,* Londres, 1991

Nish (I.), *The Origins of the Russian Japanese War*, Londres, 1985

Paléologue (M.), *Journal 1913-1914 : au quai d'Orsay à la veille de la tourmente*, Paris, 1947

Poincaré (R.), *Origines de la guerre*, Paris, 1921

–*Au service de la France. Neuf années de souvenirs*, Paris, 1926

Poitevin (R.), *L'Allemagne de Guillaume II à Hindenburg*, Paris, 1972

Renouvin (P.), *La Crise européenne et la grande guerre 1904-1918*, Paris, 1962

Rosen (baron de), *Evropeiskaia politika Rossii*, Petrograd, 1917 (*La politique européenne de la Russie*)

Rossos (A.), *Russia and the Balkans. Interbalkan Rivalries and Russian Foreign Policy*, Toronto, 1981

Soutou (G.H.), *L'Or et le sang. Les buts de la guerre économique de la Première Guerre mondiale*, Paris, 1989

Sazonov, *Les Années fatales. Souvenirs*, Paris, 1927

Taube (baron de), *La Politique d'avant-guerre et la fin de l'Empire des tsars 1904-1917*, Paris, 1927

Tomaszewski (F.), *A Great Russia. Russia and the Triple Entente*, Westport, 2002

第十五章

Amalrik (A.), *Raspoutine*, Paris, 1982

Anet (C.), *La Révolution russe*. Chroniques *1917-1920*, Paris, 2007

Anoble (E.), *La Révolution russe : une histoire française. Lectures et représentations depuis 1917*, Paris, 2016

Audouin-Ronzeau (S.), Prochasson (Ch.) dir., *Sortir de la grande guerre. Le monde et l'après 1918*

Becker (J. J.), *Le traité de Versailles*, Paris, 2002

Bourbon-Parme (Sixte de, prince), *L'Offre de paix séparée de l'Autriche*, Paris, 1920

Carr (E. H.), *The Bolshevik Revolution 1917-1922*, 3 vol., Londres, 1950

Colas (D.), *Lénine*, Paris, 2017

Daniels (R. V.), *Red October. The Bolshevik Revolution of 1917*, New York, 1967

Denikine (A.), *La Décomposition de l'armée et du pouvoir. Février-Septembre 1917*, Paris, 1921

Duroselle (J. B.), *La Grande Guerre des Français,* Paris, 1994

Evdokimov (P. P.), *Mejdu vostokom i zapadom. Problema separatnogo mira i manevry diplomatii avstro-germanskogo bloka v 1914-1917 g.*, Leningrad, 1985 (*Entre l'Orient et l'Occident. Le problème de la paix séparée et les manoeuvres de la diplomatie du bloc austro-allemand en 1914-1917*)

Feltchinski (Ju.), *Brestskii Mir. Otcherk. Otkiabr' 1917 noïabr',*1918 (*La paix de Brest*, essai)

Ferro (M.), *La Grande Guerre 1914-1918*, Paris, 1969

–*La Révolution russe de 1917,* Paris, 1967-1977, 2 vol.

Figes (O.), *La Révolution russe 1891-1924. La tragédie d'un peuple*, Paris, 2007

Fitzpatrick (S.L.), *The Russian Revolution*, Oxford, 2008

Fraiman (A.F.), *Revoiutsionnaia zachtchita Petrograda v Fevrale-Marte 1918,* Moscou-Leningrad, 1964 (*La défense révolutionnairede Petrograd en février-mars 1918*)

Fuhrman (J.), *Rasputin: a Life*, New York, 1990, Moscou, 1992 (*La paix de Brest, oct. 1917-nov.1918*)

Gatrell (A.), *A Whole Empire Walking. Refugees in Russia during Worl War I,* Bloo-

mington Ind., 2005

Golovine (N. général), *L'Effort militaire de la Russie pendant la guerre mondiale*, Paris, 1939, 2 vol.

Hartweg (W.), *Le Retour de Lénine en Russie,* Moscou, 1990

Ignatiev (A.V.), *Vnechniaia politika vremenogo pravitel' stva,* Moscou, 1974 (*La politique extérieure du Gouvernement Provisoire*)

Ioffe (A.E.), *Russko-frantsuskii otnocheniia v 1917 g.*, Moscou, 1958 (*Les relations franco-russes en 1917*)

Kerenski (A.), *La Révolution russe, 1917,* Paris, 1928

–*L'Allemagne et les problèmes de la paix pendant la Première Guerre mondiale*, 1962 et 1966, 2 vol.

Lenin i Lunatcharski. Pis'ma doklady dokumenty, Moscou, 1971 (*Lénine et Lounatcharski. Lettres, discours, documents*)

Mac Millan (M.), *Les Artisans de la paix. Comment Lloyd George, Clemenceau et Wilson ont redessiné la carte du monde*, Paris, 1989

Malia (M.), *Comprendre la révolution russe*

Mel'gounov (S.P.), *Legenda o separatnom mire,* Paris, 1957 (*La légende de la paix séparée*)

Milioukov (P.N.), *Istoriia vtoroi russkoï rïevoliutsii*, Sofia, 1921-1923, 3 vol., (*Histoire de la deuxième révolution russe*)

Nissel (A. général), *Le Triomphe des bolcheviks et la paix de Brest-Litovsk. Souvenirs 1917-1918*, Paris, 1940

Noulens (J.), *Mon ambassade en Russie,* Paris, 1939

Pascal (P.), *Mon journal de Russie,* Lausanne 1975-1982, 3 vol., spécialement t. 1

Pedroncini (G.), *Les Négociations secrètes pendant la Grande Guerre*, Paris, 1969

Pipes (R.), *La Révolution russe,* Paris, 1993

–*The Unknown Lenin,* Yale Un. Press

Reed (J.), *Dix jours qui ébranlèrent le monde,* Paris, 1967

Robien (L. de), *Journal d'un diplomate en Russie, 1917-1919*, Paris, 1933

Sadoul (J.), *Notes sur la révolution bolchévique*, Paris, 1971

Schapiro (L.), *Les Révolutions russes de 1917*, Paris, 1987

Sédouy (J.A. de), *Le Concert européen aux origines de l'Europe 1814-1914*, Paris, 2009

—*Ils ont refait le monde 1919-1920*, Paris, 2017

Service (R.), *Lenin, a Political Life*, Bloomington, 1985, 2 vol.

Soljénitsyne (A.), *La Roue rouge.* 3e Nœud, *Mars 17*, Paris, 1993

—*Lenin v Tsiurihe*, Paris, 1975 (*Lénine à Zurich*)

Soutou (G.H.), *La Grande Illusion. Quand la France perdait la paix, 1914-1920*, Paris, 2015

Steinberg (M.), *The Russian Revolutions, 1905-1917*, Oxford Histories, 2016

Stone (N.), *The Eastern Front. 1914-1917*, Londres, 2004, 2e édition

Sukhanov (N.), *Zapiski o Revoliutsii*, Moscou, 1991, 3 vol. (*Notes sur la révolution*)

Sumpf (A.), *La Grande Guerre oubliée: Russie 1914-1918*, Paris, 2014

Tchoubarian (A.), *Brestskii Mir*, Moscou, 1964 (*La paix de Brest*)

Trotsky (L.), *Histoire de la révolution russe*, Paris, 1950, 2 vol.

Tseretelli (I.), *Vospominaniia o fevrals'skoi revoliutsii*, Paris, 1963 (*Souvenirs de la révolution de février*)

Ulam (A.), *Les Bolcheviks*, Paris, 1973

Vassioukov (V.S.), *V nechniaia politikai vremenogo pravitel'stva*, Moscou, 1966 (*La politique extérieure du Gouvernement provisoire*)

Volkogonov (D.), *Lenin,* Moscou, 1994, 2 vol.

Wheeler-Benett (J.), *Brest-Litovsk : The Forgotten Peace*, New York, 1938

Zeeman (Z.) ed., *Germany and the Revolution in Russia*, Londres, 1958

后记

Bobo Lo, *Russia and the New World Disorder*, Chatam House, 2015

Carrère d'Encausse (H.), *Le Général de Gaulle et la Russie,* Paris, 2017

Coeure (S.), *La Grande Lueur à l'Est. Les Français et l'Union soviétique 1917-1939*, Paris, 1999

Conte (F.), *Un révolutionnaire diplomate. Christian Rakovski, l'Union soviétique et l'Europe 1922-1941*, Paris, 1978

Dullin (S.), *Des hommes d'influence. Les ambassadeurs soviétiques en Europe. 1930-1939*, Paris, 2001

Komintern ideia mirovoi revoliutsii Dokumenty, Moscou, 1998 (*Le Komintern et l'idée de la révolution mondiale*)

Maiski (I.), *Foreign Policy of the Russian Soviet Federal Republic*, Moscou, 1923

Malofeev, *Loui Bartu, politik I diplomat*, Moscou, 1987 (*Louis Barthou, le politique et le diplomate*)

Marchand (P.), *Géopolitique de la Russie. Une nouvelle puissance en Asie*, Paris, 2014

Moltchanov (N.), *Vnechniaia politika frantsii monografia*, Moscou, 2016 (*La politique étrangère de la France. Monographie*)

Narinski (M.), du Réau (E.), Soutou (G.H.), Tchoubarian, dir., *L'URSS et l'Europe dans les années Vingt*, Paris, 2000

Moullec (G.), *Pour une Europe de l'Atlantique à l'Oural. Les relations franco-soviétiques 1956-1974*, Paris, 2016

Rey (M.P.), *La Tentation du rapprochement. France et URSS à l'heure de la détente*, Paris, 1991

Soutou (G.H.), *La Guerre de cinquante ans. Les relations Est-Ouest 1943-1990*, Paris, 2001

Ulam (A.), *Expansion and Coexistence the History of Soviet Foreign Policy*, Londres, 1968

Vaïsse (M.), *De Gaulle et la Russie*, Paris, 2006